Horizonte

7/8

Geschichte · Gymnasium Rheinland-Pfalz

Herausgegeben von
Ulrich Baumgärtner
Ralph Erbar
Klaus Fieberg
Wolfgang Woelk

Erarbeitet von
Thomas Martin Buck
Ulrich Baumgärtner
Johannes Derichs
Peter Johannes Droste
Ralph Erbar
Klaus Fieberg
Anne Frey
Gregor Meilchen
Nicola Pütz
Ernst Rieber
Herbert Rogger
Ulrike Roos
Klaus Scherberich
Silke Schneider
Stefan Stadler
Hildegard Wacker
Wolf Weigand
Wolfgang Woelk
Wolfram Wrobel
Isabel Zeilinger

westermann

Eine kommentierte Linkliste finden Sie unter:
www.westermann.de/geschichte-linkliste.de

Westermann Schroedel Diesterweg Schöningh Winklers GmbH, Braunschweig
www.westermann.de

Druck A[1] / Jahr 2010
Alle Drucke der Serie A sind im Unterricht parallel verwendbar.

Redaktion: Christoph Meyer, Andrea Schulz, Dorle Bennöhr, Lisa Mros
Herstellung: Udo Sauter
Typografie: Thomas Schröder
Satz: PixelParc GmbH Mediendesign, Landau
Druck und Bindung: westermann druck GmbH, Braunschweig

ISBN 978-3-14-**11 1080**-7

Methodenseiten im Überblick

Vertiefungen im Überblick

Foto der zerstörten Rheinbrücke in Köln, 1945

Porta Nigra in Trier

Aus dem Familienalbum

Der Neandertaler,
Rekonstruktion

Ein Grabstein aus der Römerzeit,
gefunden in Mainz-Weisenau

M 1 Eine Bildquelle
Napoleon als Imperator, Gemälde von François Gérard, 1810

M 2 Eine Schriftquelle
Ausschnitt aus einer Urkunde Ludwigs des Deutschen mit seinem Monogramm, 848 n. Chr.

Geschichte – Vorstellung von der Vergangenheit

Geschichtswissenschaft – Ein Puzzlespiel

Die Vergangenheit ist unwiderruflich vergangen. Sie lässt sich nicht zurückholen. Das ist das Grundproblem der Geschichtswissenschaft. Vieles nämlich wird vergessen; vieles geht verloren. Nur aus dem, was in irgendeiner Form erhalten geblieben ist, können Informationen über die Vergangenheit entnommen werden. Aus diesen sogenannten Geschichtsquellen versuchen Historiker, verlässliche Erkenntnisse über die Vergangenheit zu gewinnen: Sie sammeln sie, werten sie aus und bringen die daraus gewonnenen Informationen in einen Zusammenhang wie die Teile eines Puzzles. Die so entstandene Vorstellung von der Vergangenheit ist die „Geschichte“. Nur: Das Puzzle wird niemals fertig, da niemals alle Einzelteile vorhanden sind.

Geschichtsquellen – Zeugen der Vergangenheit

Geschichtsquellen sind also Zeugnisse vergangener Zeiten. Ihnen verdanken wir unser Wissen über die Vergangenheit. Man kann folgende Quellentypen unterscheiden:

- Die *mündliche Überlieferung:*
  Darunter versteht man die oft von Generation zu Generation weitererzählten Erinnerungen.
- Die *gegenständliche Überlieferung:*
  So bezeichnet man Gegenstände aller Art, wie zum Beispiel Bauwerke, Waffen, Münzen, Gräber, Werkzeuge.
- Die *bildliche Überlieferung:*
  Dazu zählt man Höhlenzeichnungen, Buchillustrationen, Gemälde, Zeichnungen und Fotos.
- Die *schriftliche Überlieferung:*
  Das sind alle geschriebenen Texte, wie zum Beispiel Inschriften, Urkunden, Briefe, Chroniken, Zeitungen.

Überprüfung der Quellen

Quellen sind leider nicht objektiv: Mündliche Erzählungen, bildliche Darstellungen und schriftliche Berichte geben oft die persönliche Sicht der Dinge wieder. Wie Zeugen vor Gericht können Quellen die Wahrheit verschweigen, durch einseitige Darstellung verändern oder sogar völlig falsch wiedergeben. Aufgabe des Historikers ist es, aus den verschiedenen, sich manchmal sogar widersprechenden „Zeugenaussagen“ die historische Wahrheit herauszufiltern. Erst durch den kritischen Vergleich der Quellen kann es gelingen, der Wahrheit möglichst nahezukommen, die Zusammenhänge zu durchschauen und ein Urteil zu fällen.

Quellen zum Sprechen bringen

Viele Texte sind jedoch in fremden Sprachen wie Lateinisch oder Griechisch geschrieben. Sie müssen erst gelesen, übersetzt oder bearbeitet werden. Das Entziffern alter Schriften ist eine Wissenschaft für sich. Bis zur Erfindung des Buchdrucks wurde alles von Hand geschrieben. Bis Ende des 19. Jahrhunderts wurden noch fast alle Briefe, Amtspapiere und selbst Personalausweise handschriftlich ausgefertigt. In der ersten

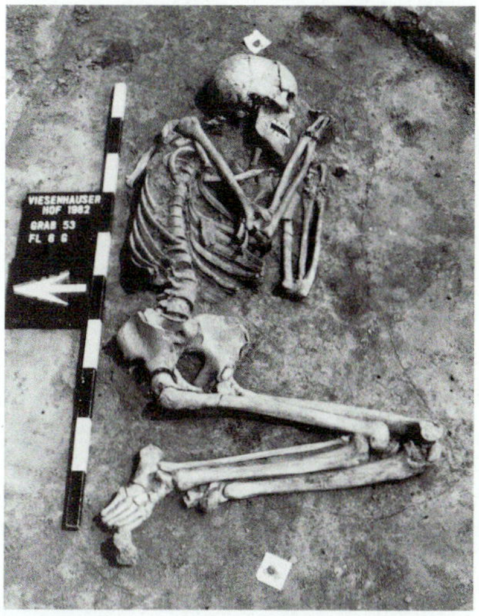

M 3 Ein archäologischer Fund
Der Tote ist in Schlafstellung als „Hocker" bestattet und in gutem Erhaltungszustand, etwa 4000 v. Chr, bei Stuttgart.

Hälfte des 20. Jahrhunderts schrieben viele Menschen eine andere Handschrift als heute üblich, die Kurrentschrift.

Archäologen – Schatzsucher im Dienste der Wissenschaft
Die Archäologie beschäftigt sich mit dem Aufspüren, Ausgraben und Auswerten von sogenannten Bodenfunden. Bei diesen „Schätzen" handelt es sich meist um Bruchstücke, die in mühevoller Kleinarbeit am Fundort freigelegt, in ihrer Lage beschrieben, vermessen, fotografiert und später zusammengesetzt oder rekonstruiert werden müssen.

Eine Hauptaufgabe der Archäologen ist es, solche Zeugen früherer menschlicher Kultur vor dem Verfall zu schützen und auszuwerten. Sie müssen also diese scheinbar stummen Zeugen der Geschichte zum Sprechen bringen. Wie Kriminalisten oder Gerichtsmediziner gehen sie vor, wenn sie diese Funde buchstäblich unter die Lupe nehmen. Mauerreste, Knochen, Tonscherben oder die Inhalte von Abfallgruben verraten dem Fachmann erstaunlich viel über die Lebensumstände der Menschen in früheren Zeiten.

Bei der Suche nach diesen verborgenen „Schätzen" werden heute moderne Hilfsmittel eingesetzt wie zum Beispiel Luftaufnahmen aus dem Flugzeug. Dabei nutzt man die Tatsache, dass sich im Boden verborgene Mauerreste oder Gruben (Gräben, Vorratsgruben, Gräber) auf die Färbung und auf die Wuchshöhe der darüber liegenden Wiesen oder Getreidefelder auswirken. Es gibt also ein reichhaltiges „unterirdisches Archiv", das wichtige Informationen bereithält.

M 4 Luftbildarchäologie
Aus der Luft noch heute erkennbar: Reste eines römischen Landhauses im Kreis Euskirchen in Nordrhein-Westfalen, erbaut Anfang des 3. Jahrhunderts nach Christus.

Alte Dokumente entziffern

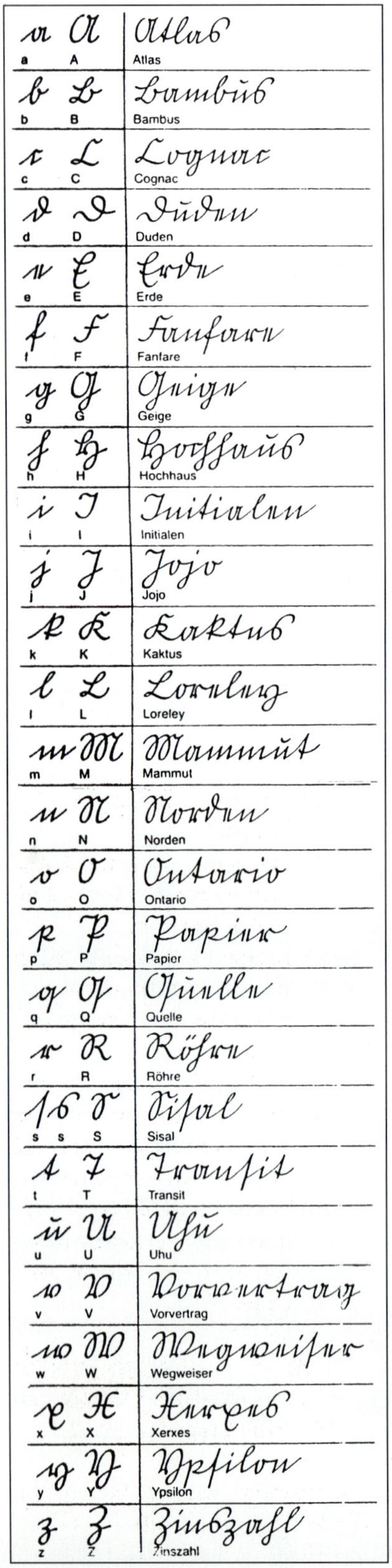

M 5 Kurrentschrift

Als Kurrentschrift bezeichnet man eine Schrift, bei der die einzelnen Buchstaben miteinander verbunden sind (Schreibschrift).

a	A	1
b	B	2
c	C	3
d	D	4
e	E	5
f	F	6
g	G	7
h	H	8
i	I	9
j	J	0
k	K	
l	L	
m	M	
n	N	
o	O	
p	P	
q	Q	
r	R	
s	S	
t	T	
u	U	
v	V	
w	W	
x	X	
y	Y	
z	Z	
ß		
ä	Ä	
ö	Ö	
ü	Ü	

M 6 Frakturschrift

Als Frakturschrift bezeichnet man Schriften, bei denen die Bögen der geschriebenen Buchstaben gebrochen sind. Diese Schrift wird heute nur noch selten verwendet, da man manche Buchstaben nur schlecht voneinander unterscheiden kann.

Personalausweis

für

den deutschen Reichsangehörigen

Volksschullehrer Georg Wrobel

aus Zirlau

Kreis Schweidnitz Haus ~~Straße~~ Nr. 134

Personbeschreibung.

Geburtstag und Jahr 21. April 1871.

Wuchs schlank, Größe 1,81 m.

Augen blau.

Haare dunkelblond, im Ergrauen, lockig.

Gesicht oval.

Mund gewöhnlich.

Nase schmal, gebogen.

Bes. Kennzeichen keine.

(Unterschrift) Georg Wrobel.

Der Inhaber ist die durch das Lichtbild dargestellte Persönlichkeit und hat die darunter befindliche Unterschrift eigenhändig vollzogen.

Ausgefertigt Zirlau, den 9. August 1918

Der Amtsvorsteher

[illegible]

M 7 **Personalausweis,** 1918

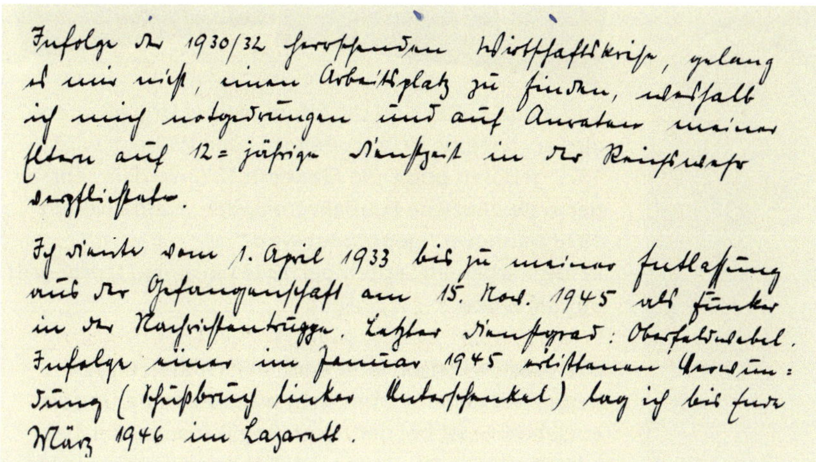

Infolge der 1930/32 herrschenden Wirtschaftskrise, gelang es mir nicht, einen Arbeitsplatz zu finden, weshalb ich mich notgedrungen und auf Anraten meiner Eltern auf 12=jährige Dienstzeit in der Reichswehr verpflichtete.

Ich diente vom 1. April 1933 bis zu meiner Entlassung aus der Gefangenschaft am 15. Nov. 1945 als Funker in der Nachrichtentruppe. Letzter Dienstgrad: Oberfeldwebel. Infolge einer im Januar 1945 erlittenen Verwundung (Schußbruch linker Unterschenkel) lag ich bis Ende März 1946 im Lazarett.

M 8 **Aus einem Lebenslauf,** geschrieben in Kurrentschrift, 1947

Aufgaben

1. a) Was bedeutet für Historiker „Quelle"?
   b) Überlege, welche Abbildungen auf den Seiten 6 bis 11 Quellen sind.
   c) Ordne die Quellen in einer Tabelle nach Quellentypen: schriftlich, bildhaft, gegenständlich.
   → Text, Auftaktseite, M1-M8
2. a) Entziffere den Auszug aus dem Lebenslauf und die Angaben im Ausweis.
   b) Nenne Unterschiede zwischen dem Personalausweis von 1918 und einem heutigen.
   → M5–M8
3. Warum sind archäologische Funde wichtig für das Wissen über die Vergangenheit?
   → M3, M4
4. Überlege, wie die römische Villa ausgesehen haben könnte.
   → M4

Aus dem Familienalbum

Beim Betrachten eines Familienalbums begegnet man der eigenen Geschichte und der Geschichte der Familie. Seit etwa 150 Jahren gibt es Fotos. Sie zeigen manchmal Personen, die schon tot sind. Hinzu kommen weitere Unterlagen, die sich in einer Familie angesammelt haben. Historiker verwenden dafür den Begriff „Quelle", weil man aus ihnen Aufschluss über die Vergangenheit gewinnen kann. Jede Familie hat ihre eigene Geschichte. Die Geschichte dieser Familie beginnt im Jahr 1871.

Bild 1: 1871 werden mein Urgroßvater Franz und meine Urgrossmutter Martha geboren. 1927 entsteht dieses Bild mit meinen Ururgroßeltern und ihren Kindern: Helene, Eugen, Augustin, Elisabeth und Hugo (von links), Augustin ist damals schon katholischer Priester, und der Kleine im Matrosenanzug wird später Politiker in Baden-Württemberg.

Bild 2 und 3: Das sind die Eltern meines Urgroßvaters, also auch meine Ururgroßeltern. Opa Wilhelm wird 1877 geboren und Oma Elisabeth 1878, in dem Jahr, als der erste deutsche Fußballverein, der „Fußballverein 1878 Hannover" gegründet wird.
Beide sterben im September 1944 bei einem Luftangriff auf Karlsruhe.

Bild 4: Mein Urgroßvater wird 1939 Soldat, und er, der immer gegen einen Krieg war, muss eine Uniform anziehen. Er ist bei der Besetzung Dänemarks dabei, bekommt Heimaturlaub und darf seine Frau, meine Urgroßmutter Elisabeth, besuchen.

Bild 6: Das sind meine Eltern, geboren im Jahr 1964. 1994 heiraten meine Eltern.

Bild 7: Das bin ich, Vanessa, geboren im Jahr 1995. Ich wohne in einer süddeutschen Großstadt und gehe inzwischen zur Schule.

Bild 5: Das sind meine Großeltern, Mechthild (1935 geboren) und Hubert (1925 geboren). Ostern 1958 verloben sie sich und heiraten auch bald danach.

M 1 Stundenplan von 1932

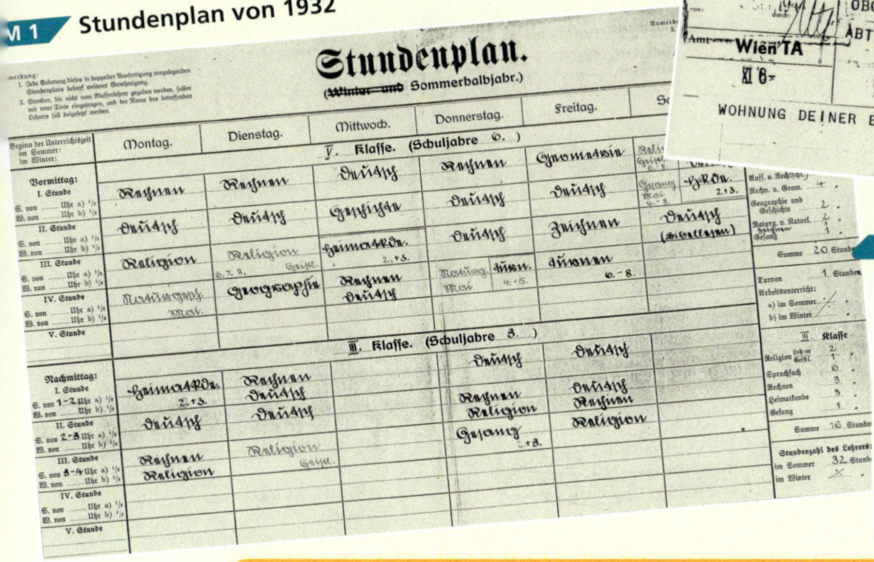
Stundenplan.
(Winter- und Sommerhalbjahr.)

Beginn der Unterrichtszeit	Montag.	Dienstag.	Mittwoch.	Donnerstag.	Freitag.
Vormittag: I. Stunde	Rechnen	Rechnen	Deutsch	Rechnen	Gymnastik
II. Stunde	Deutsch	Deutsch	Geschichte	Deutsch	Deutsch
III. Stunde	Religion	Religion	Heimatkunde	Deutsch	Zeichnen
IV. Stunde	Naturkunde	Geographie	Rechnen		
Nachmittag: I. Stunde	Heimatkunde	Rechnen			Deutsch
II. Stunde	Deutsch	Deutsch		Rechnen, Religion	Rechnen
III. Stunde	Rechnen, Religion	Religion		Gesang	Religion

M 2 Telegramm von 1944

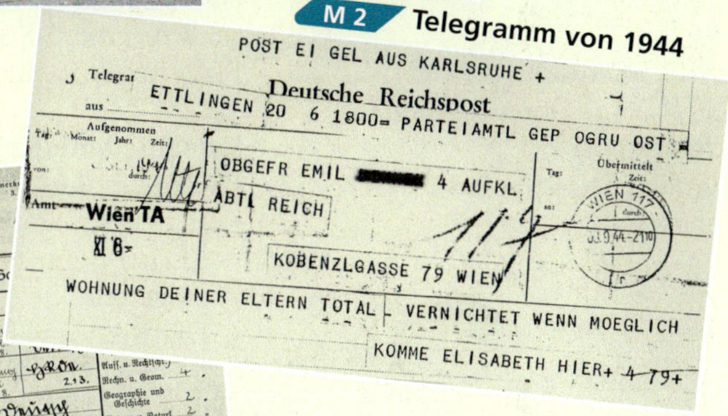
POST EI GEL AUS KARLSRUHE +
Deutsche Reichspost
Telegramm aus ETTLINGEN 20 6 1800= PARTEIAMTL GEP OGRU OST
OBGEFR EMIL [redacted] 4 AUFKL.
ABTL REICH
Wien TA
KOBENZLGASSE 79 WIEN
WOHNUNG DEINER ELTERN TOTAL VERNICHTET WENN MOEGLICH
KOMME ELISABETH HIER+ 4 79+

M 3 Kinderzeichnung von 1999

Aufgaben

1. a) Wer erzählt die Geschichte der Familie?
   b) Fertige einen Stammbaum der Familie an.
2. Vergleiche die einzelnen Bilder. Welche Unterschiede und welche Gemeinsamkeiten fallen auf?
3. a) Ordne den Stundenplan, das Telegramm und die Kinderzeichnung den entsprechenden Familienmitgliedern zu. Bei der Entzifferung der Schrift hilft die Tabelle auf der vorherigen Seite.
   b) Wie bedeutsam sind die einzelnen Schriftstücke für die Familiengeschichte?
   c) Prüfe, welche Informationen aus den Schriftstücken – über die Familiengeschichte hinaus – von allgemeinem Interesse sein können.
   → M1, M2, M3
4. Erforsche deine eigene Familie. Suche nach geeigneten Quellen. Befrage auch Familienmitglieder. Erstelle einen Stammbaum.

M 1 **Räderuhr mit Stundenschlag**
Nürnberg, 1. Hälfte des 15. Jahrhunderts

Die Zeit

Zeitrechnung und Zeitmessung

„Die Zeit vergeht wie im Flug." – „Die Zeit wollte einfach nicht vergehen." Solche Redensarten zeigen, dass die Zeit von Menschen unterschiedlich wahrgenommen werden kann. Der persönliche Eindruck ist also ein unsicheres Maß für die zeitliche Dauer. Deshalb haben die Menschen immer schon versucht, die Zeit zu messen. Dabei orientierten sie sich zunächst am Wechsel von Tag und Nacht. Da aber die Dauer des Tages schwankt, ist dies ein ungenaues Zeitmaß. Um die Zeit einzuteilen und Zeitabläufe zu messen, entwickelten die Menschen immer feinere Instrumente.

Mond- und Sonnenjahr

Der Sonnenstand und die wechselnden Mondphasen waren seit jeher für die Menschen ein wichtiger Anhaltspunkt für die Einteilung eines Tages oder eines Jahres. Das Mondjahr, das 12 Mondphasen umfasst, ist allerdings deutlich kürzer als ein Sonnenjahr mit 365 Tagen. Während in einem Sonnenkalender die Jahreszeiten immer einen festen Platz haben, wandern sie in einem Mondkalender durch das Jahr.

Verschiedene Kalender

Um Ereignisse zu datieren, benötigt man einen Bezugspunkt:

- In der christlich geprägten Welt wird der Zeitverlauf in die Zeit „vor Christi Geburt" (v. Chr.) und die Zeit „nach Christi Geburt" (n. Chr.) eingeteilt.
- Die Römer wählten als Anfangspunkt ihrer Zeitrechnung das Jahr der Gründung Roms („ab urbe condita"). Dieses entspricht in unserer Zeitrechnung dem Jahr 753 vor Christi Geburt.
- In der arabischen Welt gilt als Ausgangspunkt der Zeitrechnung das Jahr, in dem der Prophet Mohammed von Mekka nach Medina flüchtete. In unserer Zeitrechnung entspricht das dem Jahr 622 nach Christi Geburt.
- Die jüdische Zeitrechnung beginnt mit der Schöpfung der Welt, die sich nach jüdischem Glauben aus den Angaben der Bibel errechnen lässt und – entsprechend dem christlichen Kalender – auf das Jahr 3761 vor Christus datiert wird.

M 2 **Zeitstrahl**

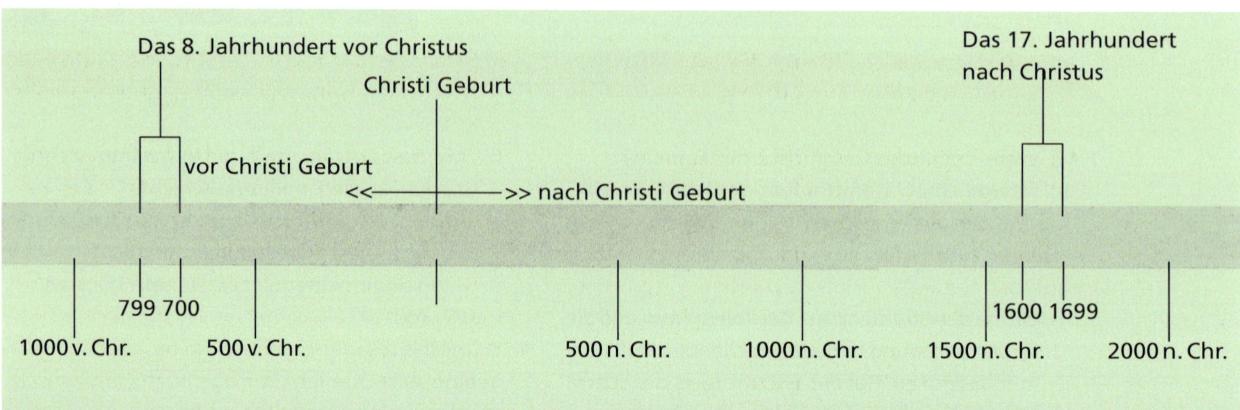

Geräte zur Zeitmessung – Gegenständliche Quellen untersuchen

M 3 **Griechische Sonnenuhr**
3. Jahrhundert v. Chr.

M 4 **Sanduhr**
aus dem 19. Jahrhundert

M 5 **Bahnhofsuhr am Frankfurter Hbf**

M 6 **Uhr mit digitaler Anzeige in Bremen**

Aufgaben

1. a) Zeichne einen Zeitstrahl für die Zeit von 100 v. Chr. bis 50 n. Chr. (10 Jahre entsprechen 1 cm).
   b) Trage folgende Jahre und Zeiträume ein:
   - die zweite Hälfte des 1. vorchristlichen Jahrhunderts
   - das Todesjahr von Julius Cäsar (44 v. Chr.)
   - das 4. Jahrzehnt des 1. Jahrhunderts n. Chr.
2. Berechne das Alter einer Münze, die im Jahr 132 v. Chr. geprägt wurde.
3. a) Beschreibe, wie eine Sanduhr und eine Sonnenuhr funktionieren.
   b) Überlege dir, wie du selbst mit einfachen Mitteln ein Gerät zur Zeitmessung herstellen könntest.
4. Bei welchen Gelegenheiten ist es heute wichtig, sich genau nach der Uhrzeit zu richten? Bei welchen Gelegenheiten „geht es nicht so genau“? Erkläre den Unterschied.
5. a) Rechne aus, in welchem Jahr du nach den unterschiedlichen Kalendersystemen geboren bist.
   b) In welchem Jahr befinden wir uns jetzt nach dem islamischen oder nach dem jüdischen Kalender?

Geräte aus Bronze, 750 v. Chr.

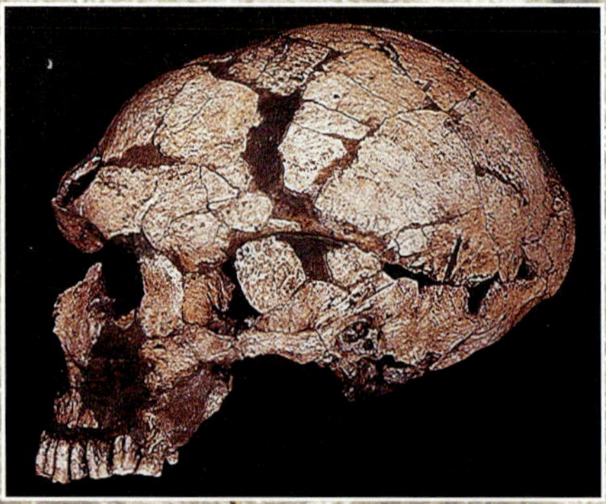

Schädel eines Neandertalers

Ein „Haus-Zelt“ aus der Altsteinzeit

Ein jungsteinzeitliches Dorf

Archäologen bergen ein Grab

Die Entwicklung zum Menschen

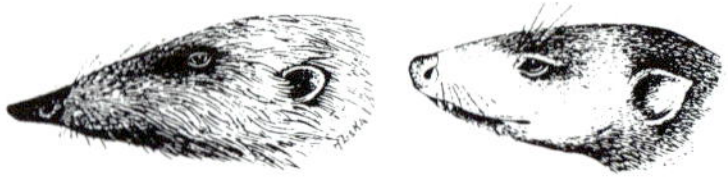

M 1 Spitzmausartige Säugetiere
Rekonstruktionszeichnung nach archäologischen Funden

Die Sonderstellung des Menschen

Gewaltige Klimaveränderungen brachten den Sauriern schon lange vor dem sagenhaften Meteoriteneinschlag vor 65 Millionen Jahren das Ende. Nun gehörte kleinen, spitzmausartigen Säugetieren die Zukunft. Teil dieser Zukunft ist der Mensch, den Wissenschaftler „Homo sapiens" – zu deutsch der „weise Mensch" – nennen. Was aber macht uns „weise" und unterscheidet uns damit vom Tier? Es ist die einmalige Kombination von verschiedenen, in Millionen von Jahren erworbenen Eigenschaften:

- aufrechter Gang,
- Fertigung von Werkzeugen und deren ständiges Mitführen,
- kontrollierte Feuernutzung,
- Sprachvermögen und systematisches, planendes Verhalten,
- enge Gruppenbindung des Einzelnen,
- Entwicklung von Technik, Kunst und Religion.

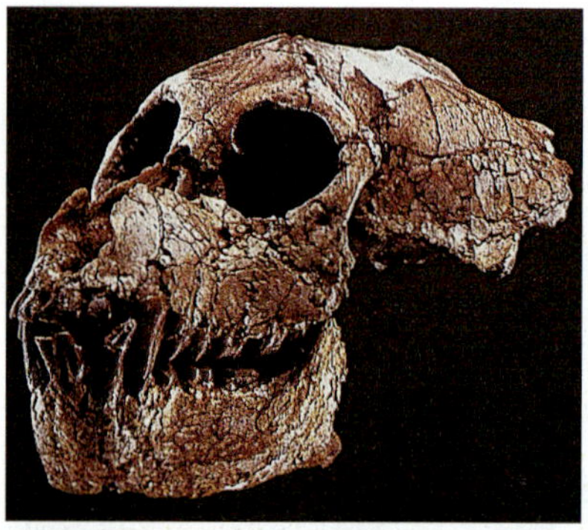

M 2 Propliopithecus
Originalschädel, Alter etwa 25 Millionen Jahre

Vom Tier zum Menschen

Die Entwicklung zum Menschen vollzog sich über einen langen Zeitraum. Im Folgenden sind die wichtigsten Etappen zusammengefasst:

- Vor 25 Millionen Jahren besetzten in verhältnismäßig kurzer Zeit die Säugetiere die Lebensräume zu Lande, zu Wasser und in der Luft. Im Gebiet des heutigen Ägypten lebte ein unscheinbares, etwa einen Meter großes Tier, das Wissenschaftler „Propliopithecus" nennen. Seine gleich langen Vorder- und Hintergliedmaßen ermöglichten ihm – im Gegensatz zu den langarmigen Baumhanglern – den aufgerichteten Gang auf dem Boden.
- Vor 20 bis 15 Millionen Jahren ließ ein Klima mit hohen Niederschlägen üppige Wälder gedeihen. In solchen Gebieten lebte ein Affe, der sogenannte Proconsul. Noch weit mehr als sein Vorfahre aus Ägypten war er imstande, auch ein Bodenleben zu führen. Darum steht er dem Menschen wiederum ein Stück näher.
- Vor 15 bis 8 Millionen Jahren wurde es in Afrika kühler und trockener. Die Waldgebiete lockerten auf und es entstanden offene Landschaften, die auch von Raubtieren bevölkert waren. Die Vorfahren des Menschen überlebten durch engen Zusammenschluss in Gruppen und durch den aufrechten Gang. Dieser ermöglichte eine bessere Übersicht. Viele Funde beweisen, dass in den vielfältigen Landschaften damals eine Reihe von Affenarten lebte.
- Für die Zeit vor etwa 7 Millionen bis vor 150 000 Jahren sind schließlich verschiedene Urmenschen nachweisbar, die für die Entwicklung zum Menschen von Bedeutung waren.

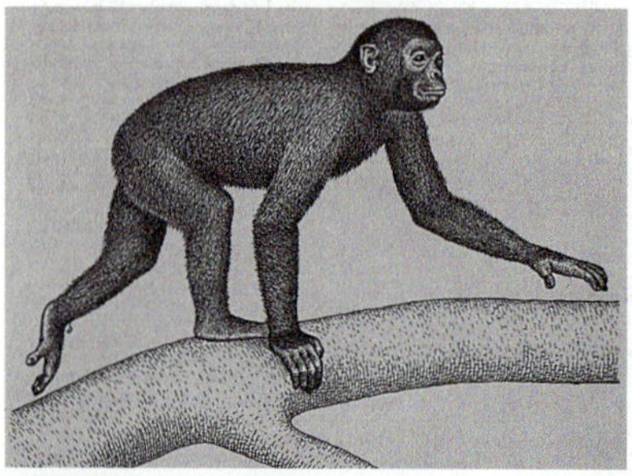

M 3 Proconsul
Rekonstruktionszeichnung

Die frühesten Menschen – Die Urmenschen

Zwei Formen, die schon vor etwa 2,5 Millionen Jahren lebten, rechnet man heute der Gattung Mensch zu: den „Homo habilis", der „begabte Mensch", und den „Homo rudolfensis". Beide konnten Werkzeuge bewusst herstellen und mitführen. Selbst der begabteste Schimpanse – heute unser nächster Verwandter – verwendet Werkzeug nur nach dem Zufallsprinzip und lässt es dann liegen.

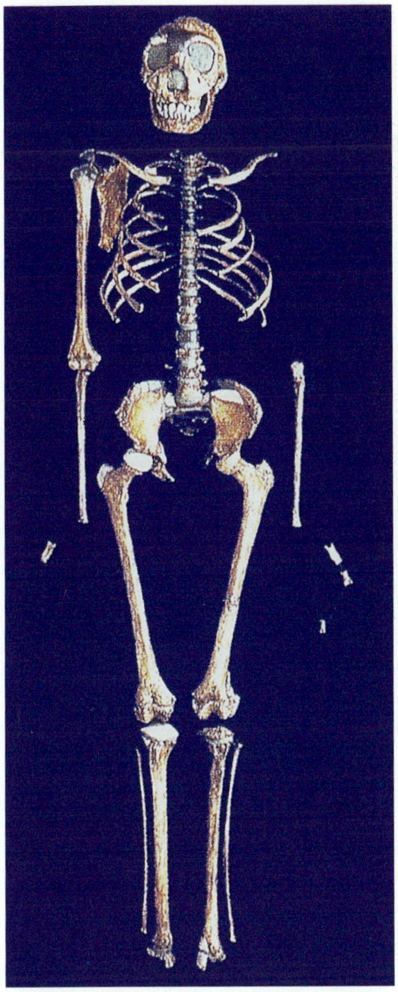

M 4 **Skelett des Homo erectus**
Sogenannter Turkana Junge, 1,58 m groß; er starb im Alter von elf Jahren.

Noch während diese frühen Menschen zu überleben suchten, begann in den Steppen und Savannen Ostafrikas vor etwa zwei Millionen Jahren ein weiterer Mensch seine stets gefährdete Karriere: der „Homo erectus“, der „aufgerichtete Mensch“. Die frühesten Exemplare des Homo erectus waren so groß wie heutige Menschen. So erreichte der sogenannte Junge von Turkana mit elf Jahren die Größe von 1,58 m. Spuren des Homo erectus sind nahezu auf der ganzen Welt zu finden. Mit bis zu zwei Meter langen Lanzen wurde gefährliches Großwild wie Nashorn, Elefant, Bison, Hirsch und Bär gejagt.

Der „Neandertaler“

Einer der berühmtesten Urmenschen ist der „Homo sapiens neandertalensis“. Er ist trotz seiner altertümlich erscheinenden Merkmale ein moderner Mensch. Sein Körperbau, der an einen Schwerathleten erinnert, war für seine äußerst gefährliche Lebensweise gut geeignet. Er war zum Nahrungserwerb ständig unterwegs und er nutzte Felsüberhänge und Höhleneingänge als vorübergehenden Aufenthalt.

Bei der Jagd auf Großwild wurde er häufig schwer verletzt, aber seine Gemeinschaft half ihm zu überleben. Dieser urzeitliche Mensch beerdigte seine Toten und stellte Schmuck zum Beispiel aus Bärenzähnen her. Vermutlich konnte der Neandertaler auch sprechen. Wissenschaftler haben herausgefunden, dass das für die Sprache wichtige Zungenbein von dem heutiger Menschen nicht zu unterscheiden ist.

M 5 **Neandertaler**
Leben der Neandertaler, nachgestellte Szene im Neanderthal Museum Mettmann

Der Homo sapiens sapiens – der Jetztmensch

Vor etwa 150 000 Jahren lebte schließlich der „Homo sapiens sapiens“. Er stammt aus Afrika und verbreitete sich über große Teile der Welt, vor etwa 40 000 Jahren auch über Europa. Eine bessere Werkzeugtechnik, die Fähigkeit zur exakten Naturbeobachtung und die Fähigkeit, vorausschauend zu handeln, garantierten seinen Erfolg.

Ausbreitung des Jetztmenschen – Arbeiten mit Karte und Darstellung

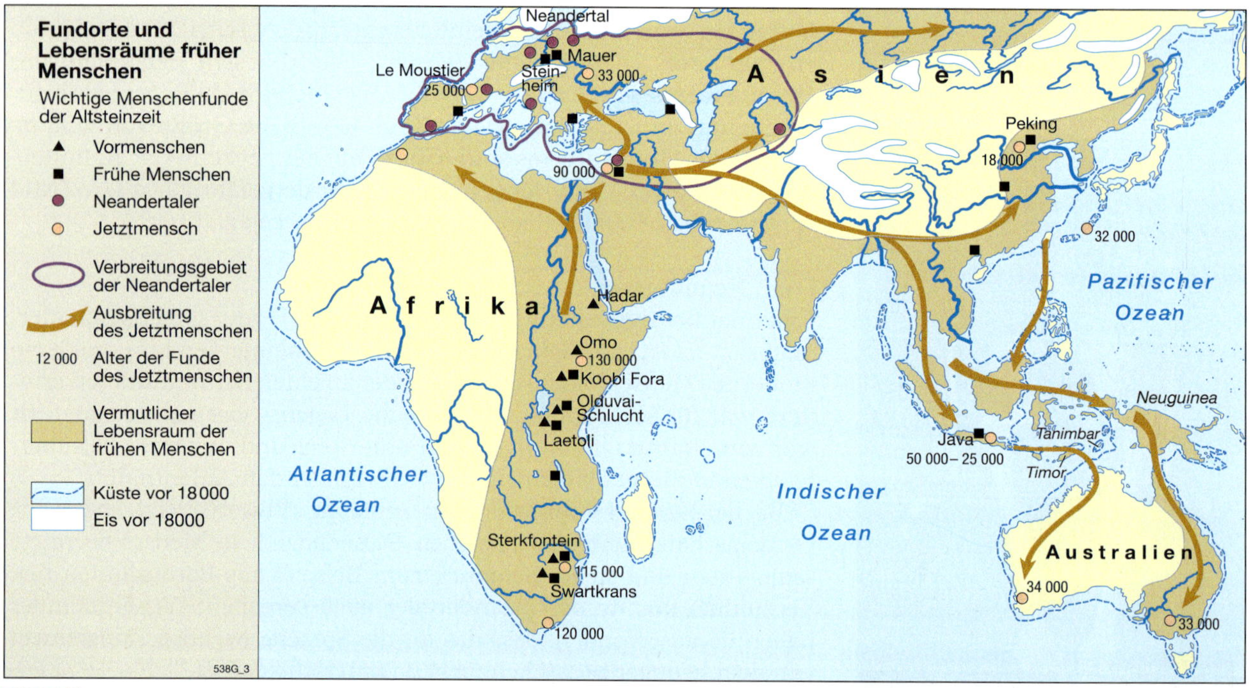

M 6

M 7 **Die Besiedlung Australiens**

Der amerikanische Wissenschaftler Jared Diamond hat sich ausführlich mit der Besiedlungsgeschichte der Erde befasst. In seinem Buch „Arm und Reich" schreibt er über die Besiedlung von Australien und Neuguinea Folgendes:

Um vom asiatischen Festland nach Australien/Neuguinea zu gelangen, mussten mindestens acht Tiefseerinnen überquert werden, von denen die breiteste wohl über 80 Kilometer maß. Während die meisten dieser Rinnen zwischen Inseln lagen, die sich in Sichtweite voneinander befanden, war Australien selbst von den nächstgelegenen indonesischen Inseln Timor und Tanimbar aus niemals sichtbar. […]
Deshalb ist die Besiedlung von Australien/Neuguinea insofern besonders bedeutsam, als dafür Wasserfahrzeuge erforderlich waren und somit der älteste Beweis für den Gebrauch solcher Fahrzeuge durch den Menschen erbracht war. Erst rund 30 000 Jahre später tauchten Boote in einem anderen Teil der Welt auf, und zwar im Mittelmeerraum.
Anfangs hielten es die Archäologen für möglich, dass die Besiedlung von Australien/Neuguinea zufällig durch eine Handvoll Menschen erfolgte, die beim Fischen auf einem Floß nahe der indonesischen Inseln aufs Meer getrieben wurden. Im Extremfall hätte es sich bei den ersten Siedlern um eine einzige schwangere Frau mit einem männlichen Fötus (Kind ab dem dritten Schwangerschaftsmonat) im Leib handeln können. Die Verfechter dieser Zufallstheorie mussten sich jedoch von neueren Entdeckungen überraschen lassen, die ergaben, dass kurz nach der Besiedlung Neuguineas noch andere, weiter östlich gelegene Inseln […] in Besitz genommen wurden.
Daraus folgt, dass die ersten Australier und Neuguineer wahrscheinlich in der Lage waren, gezielte Reisen über das Wasser zu unternehmen, um in Sichtweite gelegene Inseln zu erreichen.
Außerdem dürften sie häufig genug mit Flößen oder einfachen Booten hinaus aufs Meer gefahren sein, um wiederholt auch außer Sichtweite liegende Inseln durch Zufall zu entdecken und zu besiedeln.

Jared Diamond, Arm und Reich. Die Schicksale menschlicher Gesellschaften, Frankfurt am Main, 1998, S. 53 ff.

Der Neandertaler – Fund und Rekonstruktionen vergleichen

M 8 Der Neandertaler in einer Rekonstruktion von 1909

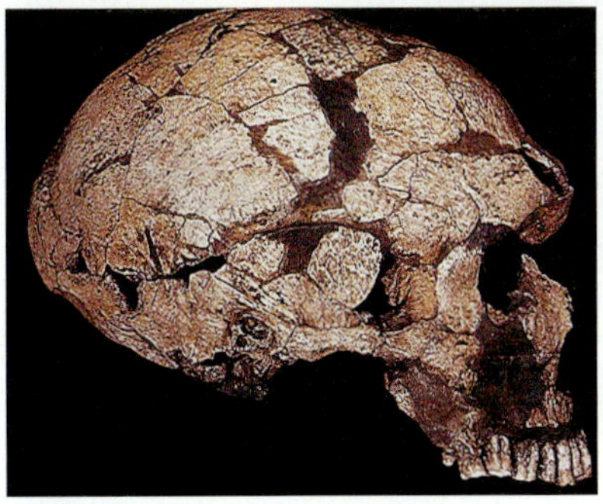

M 9 Dieser Neandertaler hatte eine Größe von 1,70 m und war etwa 80 kg schwer.

M 10 Neandertaler Modell nach neuesten wissenschaftlichen Erkenntnissen

Aufgaben

1. Was unterscheidet den Menschen vom Tier? Erkläre die im Text genannten Eigenschaften des Menschen.
   → Text
2. Fasse die Aussagen der Karte (M6) zusammen. Verwende dazu auch die Informationen aus der Kartenlegende. → M6
3. a) Suche die im Text von Jared Diamond genannten Länder und Inseln auf der Karte.
   b) Fasse die Besiedlungsgeschichte von Australien/Neuguinea mit eigenen Worten zusammen.
   c) Jared Diamond benutzt im Text die Begriffe „für möglich halten" oder „wahrscheinlich". Warum?
   → M6–M7
4. a) Vergleiche die Rekonstruktion des Neandertalers von 1909 mit dem modernen Neandertalerbild. Welche Unterschiede, aber auch welche Gemeinsamkeiten haben beide Rekonstruktionen?
   b) Welche Gründe gibt es für die Unterschiede?
   → M8–M10

M 1 **Herstellung eines Faustkeils**

Jäger und Sammler der Altsteinzeit

Werkstoff Stein

Stein war das erste dauerhafte Material, aus dem Menschen Werkzeuge herstellten und so ihr Überleben sicherten. Diese Phase der Menschheitsentwicklung wird deshalb als „Steinzeit“ bezeichnet. Die Kunst der Steinbearbeitung entwickelte sich im Lauf der Zeit immer weiter, sodass wir die Steinzeit in eine Alt-, Mittel- und Jungsteinzeit einteilen.

Schon vor mehr als zwei Millionen Jahren wurden einfache Steinwerkzeuge benutzt. So genügte damals ein aus einem Geröll gefertigtes „Handbeil“, um an das nahrhafte Knochenmark von Beutetieren heranzukommen. Dazu war Stein von großer Härte, der beim Anschlag leicht absplitterte und scharfe Kanten und Klingen bildete, gut geeignet. Die besten rasiermesserscharfen Abschläge für Klingen, Schaber, Messer und Beile lieferte Flint- oder Hornstein. Rasch lernte der Mensch, Werkzeug hoher Qualität herzustellen. Deshalb sicherte das Wissen von Flintsteinlagerstätten die Überlebensfähigkeit der Gruppe.

Lebensgrundlage: Jagen und Sammeln

Die erfolgreiche Jagd auf Großwild – Mammut, Ur, Nashorn, Ren, Hirsch, Pferd – stellte in der Altsteinzeit die Existenz der Menschen sicher. Sie war jedoch äußerst gefährlich: Mammute und Ure griff man mit bis zu 2,4 m langen Stoßlanzen an. Oft waren schwere Verlet-

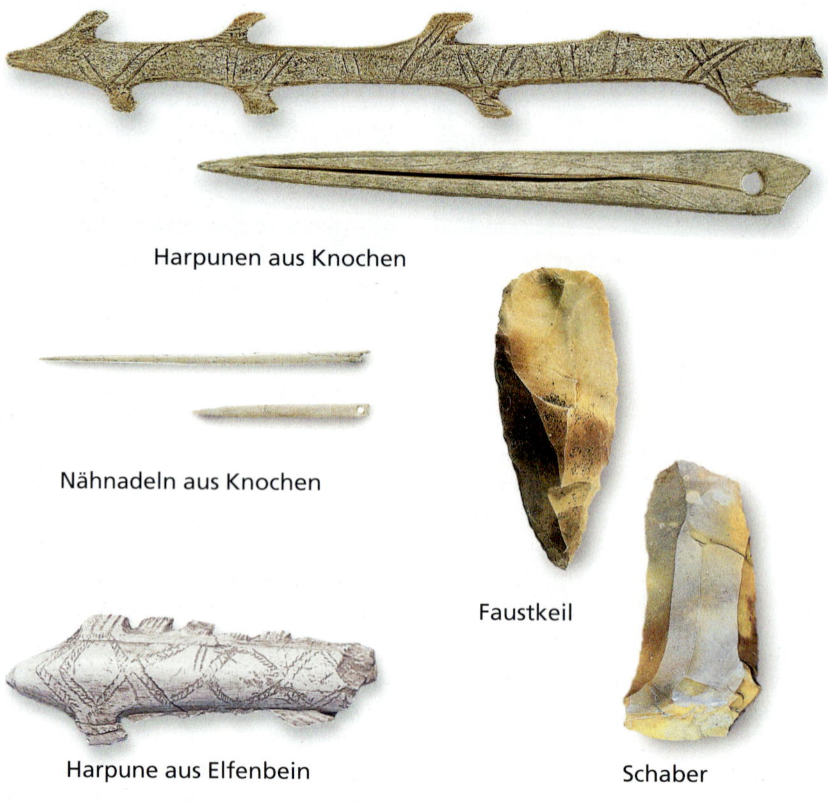

M 2 **Werkzeuge und Waffen aus der Altsteinzeit**

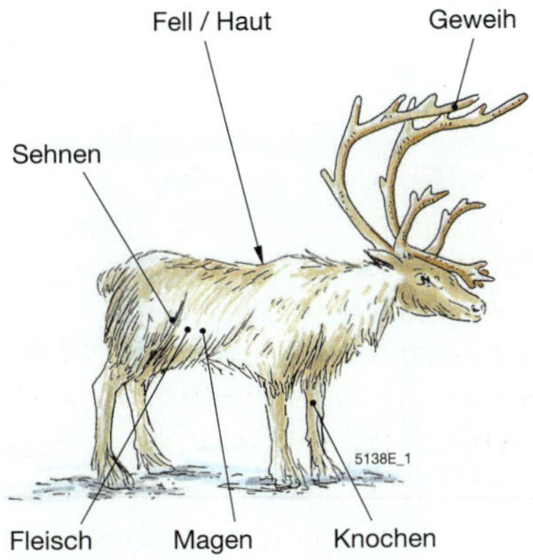

M 3 Ein „Nutz-Tier"
Schemazeichnung

M 4 Tier oder Mensch?
Vermutlich ein Zauberer, der für eine Jagdzeremonie Fell und Geweih eines Jagdtiers angelegt hat. Nachzeichnung eines Höhlenbildes von Trois-Frères in Südfrankreich.

zungen der Menschen die Folge. Auch der Fang eines Elefanten erforderte sehr viel Mut. Das Tier wurde in eine Grube getrieben, wo es auf einen zugespitzten Pfahl fiel. Bumerang – der keine australische Erfindung ist – Speer, Speerschleuder, Bogen und Pfeil vergrößerten die Distanz zum gefährlichen Großwild. Außerdem konnte man nun schnelles Wild, wie zum Beispiel Hirsche, leichter erlegen. Die getöteten Tiere wurden vielseitig verwertet.

Neben Nahrungspflanzen wie Früchten, Pilzen, Nüssen, Wildgetreide und Wurzeln sammelten die Steinzeitmenschen auch Heilpflanzen wie Thymian und Rosmarin. Holz, dazu Zunderschwamm und Pyrit, der eigentliche Feuerstein, mussten ständig neu zusammengetragen werden, um Feuer machen zu können.

Abhängigkeit von der Natur

In ganz anderem Ausmaß als heute war der Mensch damals der Natur ausgeliefert. Die Schwankungen der Jahreszeiten, das Ausbleiben von Jagdwild und geringer Ertrag beim Sammeln von Nahrungspflanzen konnten die altsteinzeitlichen Familiengruppen oft an den Rand der Existenz bringen. Sie mussten dann beschwerliche Wanderungen unternehmen, um wieder zu ausreichender Nahrung zu kommen. Daher folgten die Menschen dem Wild. Sie lebten ohne festen Wohnsitz als Nomaden. Auch um am Wohnplatz Unterkünfte zu errichten, mussten die Menschen Material sammeln. Während der frühen Altsteinzeit dürften die Unterkünfte aus einfachen Regen- und Windschutzzelten bestanden haben.

Eine arbeitsteilige Gesellschaft

Die Vielzahl lebensnotwendiger Beschäftigungen und die unterschiedlichen Fähigkeiten des Einzelnen führten zur Arbeitsteilung. Da schwere Verletzungen ausschließlich an männlichen Skeletten feststellbar sind, war die gefährliche Jagd auf Großwild vermutlich den Männern vorbehalten. Die kleineren Kinder blieben wohl zunächst der mütterlichen Obhut anvertraut, allerdings nahm, wie man aus einem Fund erschließen kann, ein steinzeitlicher Bergmann ein 4-jähriges Kind in die Grube mit.

Bereits in der Altsteinzeit vor über 35 000 Jahren begann der Handel zu blühen. So wurden zum Beispiel Flintsteine aus Oberitalien in Polen, Deutschland und in der Schweiz gefunden.

Die Religion des Steinzeitmenschen

Unwetter wie Steppenbrände, Erdbeben oder Überflutungen gingen in der Vorstellung der Urmenschen auf lebensbedrohliche Kräfte zurück. Ihnen war man völlig ausgeliefert. Sie schienen über den Ausgang eines Kampfes mit konkurrierenden Gruppen zu bestimmen.

So wurde ein erfahrener Jäger bei einem Unfall schlagartig zu einem Invaliden, den die Gruppe mit versorgen und durchbringen musste. Der Tod des geliebten Nächsten wurde für die damaligen Menschen offenbar durch ein Geisterwesen bewirkt, das man sich geneigt machen musste. Vielleicht stellten Schamanen den Kontakt zur Geisterwelt her. Diese versuchten mithilfe von Amuletten und Zeremonien Krankheiten zu heilen und Sicherheit für die Gruppe zu erreichen.

Leben in der Altsteinzeit – Rekonstruktionen vergleichen

M 5 Leben in der Altsteinzeit
Rekonstruktionszeichnung nach archäologischen Funden

M 6 Ein „Haus-Zelt"
Rekonstruktion nach archäologischen Resten eines Lagerplatzes bei Neuwied im Rheintal, Behausung vor 12 000 Jahren.

Werkzeuge aus der Steinzeit untersuchen

M 7 **Arbeiten mit Werkzeugen**

Aufgaben

1. a) Welche Schwierigkeiten hatten die Steinzeitmenschen bei der Jagd zu überwinden?
   b) Wofür wurden die Teile des Tieres verwendet?
   → Text, M3
2. Beschreibe die Werkzeuge der Altsteinzeit und erkläre ihre Funktionen.
   → Text, M1, M2, M7
3. a) Vergleiche die Rekonstruktionszeichnung über das Leben in der Steinzeit mit dem Darstellungstext und den anderen Materialien. Welche Aussagen des Textes findest du in der Grafik wieder? Was fehlt?
   b) Ist deiner Meinung nach die Rekonstruktionszeichnung historisch korrekt? Begründe.
   → Text, M5, M6

M 1 **In der Höhle von Lascaux**

Die Untersuchung der Felsbilder ergab, dass diese in der Zeit zwischen 15 000 und 14 000 v.Chr. entstanden sind, vermutlich um 14 500 v. Chr. Eine in der Höhle gefundene Fett-Lampe belegt, dass das Innere erleuchtet wurde. Das vorliegende Bild befindet sich im sogenannten Schacht, einer tiefen, schwer zugänglichen Stelle in der Höhle. Bei der Herstellung wurde nur schwarze Farbe verwendet. Die Umrisse der Figuren wurden eingeritzt, bevor die Farbe aufgeblasen und dann mit Fingern verstrichen wurde.

M 2 **Das Rätsel von Lascaux**

Der Wissenschaftler Michael Rappenglück stellt in seinem Buch über Lascaux verschiedene Deutungen vor:

a) Die meisten Forscher erkennen in der Bildfolge die „älteste Darstellung" einer Jagd mit allem, was so dazugehören solle: Jäger (Vogelmensch), Jagdbeute (verwundeter Bison), Jagdwaffen (Pfeil, Speer), Tarnmaske (Vogelkopf des Vogelmenschen). Für einen oder mehrere der Beteiligten (Vogelmensch, Bison) endete die Begegnung sicher gesundheitsschädigend, wenn nicht gar tödlich: Ein „Jagdunfall" sei dargestellt, eine Szene, in der es um Leben und Tod ging. […]

b) Wenn in dieser Szene ein menschenähnliches Wesen zu Tode kommt, dann lag es für viele Interpreten nahe, hier ein „Begräbnis" in einer unterirdischen „Gruft" und in der ganzen Szene ein „Totenritual" gewissermaßen zum „Gedenken" dargestellt zu sehen. Dieser Deutung zufolge ist der Vogel auf dem Stab schlicht ein Grabpfosten und der Vogelmensch der „Geist des Jägers". Für manchen Forscher verbirgt sich hinter der seltsamen Gestalt gar noch pompöser der „Höhlengeist". Nur sollte dann im weiteren Gedankenschluss auch das „Grab eines Jägers" im Boden des Schachtes auszugraben sein. Allerdings wurden Nachgrabungen, die im Jahre 1949 erfolgten, nicht fündig. […]

c) Immer wieder beziehen die Forscher die „Szene" auf „magische" Handlungen und Vorstellungen. Dabei sind sie sich nicht nur untereinander, sondern sogar in ein und derselben Person uneinig. In diesen Interpretationen ist der Vogelmensch ein Magier oder Zauberer bzw. wird selbst behext. […]

d) Die Szene gebe einen Opferritus wieder. Sie zeige, wie nach erfolgreicher Jagd das erste erbeutete Tier, ein Bison, dem Sonnengott geschlachtet werde.

Michael A. Rappenglück, Eine Himmelskarte aus der Eiszeit?, Frankfurt am Main 1999, S.19 ff.

Umgang mit bildlichen Quellen

Bildliche Darstellungen sind wichtig, um Aufschluss über die Vergangenheit zu erhalten. Dabei gibt es allerdings ganz verschiedene Formen: Fotografien, Gemälde, Karikaturen, Zeichnungen, Buchmalereien, Reliefs – und auch Malereien in Höhlen. Über die einzelnen Bilder weiß man unterschiedlich viel. Manchmal kann man genau nachvollziehen, wie ein Bild entstanden ist, wer den Auftrag gegeben hat, wer dafür bezahlt hat, was der Künstler damit ausdrücken wollte und wie es auf die Betrachter gewirkt hat. Oft weiß man leider sehr wenig, und es ist schwierig, nähere Informationen zu erhalten.

Bilder „zu lesen" ist aber auch deshalb schwierig, weil die „Bildersprache" sich ändert. Jede Zeit hatte zum Beispiel ihre eigene Vorstellung, was ein „schöner Mensch" ist. Die „Bildersprache" ist darüber hinaus auch nicht eindeutig. Wir können zwar die Bilder erkennen und beschreiben, aber wir können nicht immer entnehmen, welche Bedeutung damit verbunden ist. So ist es, wenn man etwas über die Vergangenheit erfahren will, interessant und ergiebig, sich mit Bildern zu beschäftigen, auch wenn sich dabei – wie im Beispiel der Höhlenmalereien – nicht alle Fragen klären lassen.

Fragen an bildliche Quellen

1. Entstehung des Bildes

a) Wie alt sind die Höhlenmalereien?
b) Welche Informationen hat man von der Entstehung dieser Bilder?

2. Beschreibung des Bildes

a) Welchen Gesamteindruck vermittelt das Bild?
b) Was ist im Einzelnen dargestellt?
c) Wo befinden sich die einzelnen Teile?
d) Lässt sich eine bestimmte Anordnung der einzelnen Teile erkennen?
e) Welche Farben werden verwendet?
f) Wie kann man die Art der Darstellung (Malweise) charakterisieren?

3. Deutung des Bildes

a) Was erfährt man aus dem Bild über die Vergangenheit?
b) Welche der Deutungen erscheint dir am überzeugendsten? Begründe deine Meinung.

M 1 **Äxte und Tongefäß aus der Jungsteinzeit**

Die Menschen werden zu Bauern

Die „neolithische Revolution"

Eine der größten Veränderungen in der Geschichte war die Änderung der Lebensweise der Menschen in der Steinzeit: Aus Jägern und Sammlern wurden Bauern. Die mit dem Menschen vertrauten Tiere wurden zunächst in Pferchen gehalten, dann gezüchtet. Neuesten Ausgrabungen zufolge geschah dies bereits schon vor fast 10 000 Jahren. Zuerst zähmte der Mensch Schafe und Ziegen, dann kamen Schweine, Pferde und andere Tiere hinzu.

Mit dem regelmäßigen Sammeln von Wildgetreide begann eine Entwicklung, die zum Ackerbau führte. Roggen, Weizen und andere Getreidearten wurden bereits vor 9 000 Jahren angepflanzt. Diese Kenntnisse von Viehzucht und Ackerbau verbreiteten sich allmählich über den Balkan nach Mitteleuropa. Dieser Übergang zur bäuerlichen Lebensweise wird als Neolithische Revolution bezeichnet: als „Revolution", weil diese Veränderung so einschneidend war, als „neolithisch", weil sie in der Jungsteinzeit stattfand. „Neolithikum" leitet sich von den griechischen Wörtern für „neu" und „Stein" ab.

Das Ende der Eiszeit

In den Jahrtausenden davor, vor etwa 20 000 Jahren, brachte eine lang anhaltende Erwärmung die Gletscher zum Schmelzen und ließ eine wechselvolle, hügelige Landschaft entstehen. Schnell breiteten sich Pflanzen, Tiere und der Mensch in diesen Gebieten aus. Der reiche Wildbestand – Wildschwein, Ur, Wisent, Rothirsch, Reh, Elch und Pferd – lieferte den Menschen einen größeren Nahrungsvorrat. Im

M 2

M 3 **Getreidemahlstein aus der Jungsteinzeit**

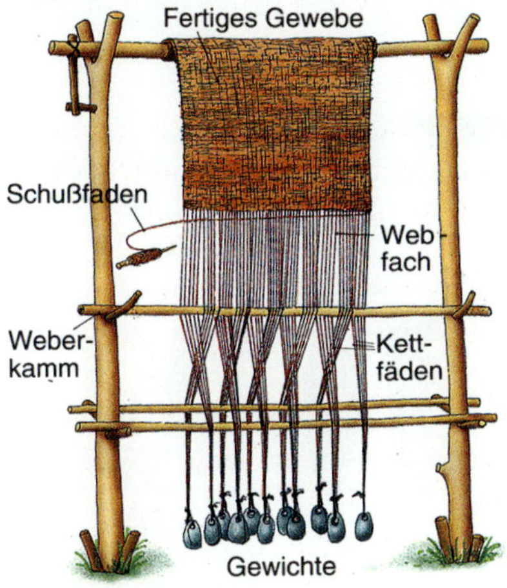

M 4 **Webstuhl aus der Jungsteinzeit**
Rekonstruktion nach einer Felszeichnung

M 5 **Der Fund**
Die Leiche im Eis, Foto von 1991

Mittelmeerraum nahmen im Lauf der Zeit die Graslandschaften zu und der Mensch konnte eine viel größere Zahl an Nahrungspflanzen nutzen. Auch wurden die Werkzeuge immer genauer und die Jagdtechnik immer ausgeklügelter. Bootsbau, Verwendung von Fischreusen und Harpunen sowie neue Grabwerkzeuge und Hacken ermöglichten es, den Speiseplan abwechslungsreicher zu gestalten. Der Hund, das älteste Haustier der Welt, wurde vor mehr als 14 000 Jahren zum Jagdbegleiter des Menschen. Der Mensch begann nun länger an günstigen Standorten zu bleiben. Langsam wurden aus Lagerplätzen Siedlungen, und die Lebensgrundlagen veränderten sich: Viehzucht und Ackerbau ergänzten das Jagen und Sammeln.

Leben in der Jungsteinzeit

Mit Grabstöcken und Hacken lockerten die ersten Bauern den Ackerboden. Der Pflug, der den Anbau erheblich verbesserte, wurde erst viel später erfunden. Sicheln aus Feuerstein, mit Pech auf eine hölzerne Unterlage gekittet, schnitten das Getreide. Auf steinernen Mahlsteinen wurde das Mehl gemahlen. Daraus backte man Fladenbrote. Nachdem die Menschen die Kunst der Töpferei erfunden hatten, gab es auch eine dauerhafte Vorratshaltung: die Familie konnte ihre Nahrungsmittel sicher in Krügen und Töpfen aufbewahren. Weitere Errungenschaften der Jungsteinzeit waren schließlich das Spinnen und das Weben sowie das durchbohrte und geschliffene Steinbeil.

Der „Ötzi“ – Ein Sensationsfund

Im Herbst 1991 unternahm ein deutsches Ehepaar eine Bergtour in den Südtiroler Alpen und entdeckte auf seinem Weg über einen Gletscher einen Leichnam. Die ursprüngliche Vermutung, es handele sich um einen verunglückten Bergsteiger, stellte sich schnell als unzutreffend heraus. Die gefundene Mumie, die nach ihrem Fundort in den Ötztaler Alpen „Ötzi“ genannt wurde, ist nämlich etwa 5300 Jahre alt. Der Fund, der heute in einem Museum in Bozen zu besichtigen ist, gilt weltweit als Sensation.

Viele Experten untersuchten Ötzi mit modernsten Mitteln und fanden heraus, dass er 1,61 m groß war, etwa 58 kg wog und ungefähr 46 Jahre alt wurde. Es wurden geheilte und frische Rippenbrüche festgestellt. Auch das Nasenbein war gebrochen. Die Gelenke wiesen Merkmale von Arthritis auf. In der linken Schulter des Mannes aus dem Eis steckte eine Pfeilspitze. Die Lunge wies Rauchschäden und Schwermetallstaub auf und in den Haaren lag die Konzentration von Arsen, Kupfer, Kobalt, Nickel und Mangan bis zu fünfzehnmal höher als bei Durchschnittsmenschen. Dies ist heute von Bergleuten bekannt.

Seine Ausrüstung bestand aus einer wintertauglichen Lederkleidung und er führte eine Reihe von Werkzeugen mit sich. Dies deutet darauf hin, dass er auf dem Weg durch die Alpen war und vermutlich in einem Schneesturm ums Leben kam und dann für Jahrtausende im Gletschereis verborgen blieb.

Das Besondere ist, dass er sowohl Stein- als auch Metallwerkzeuge bei sich hatte. Ötzi lebte also zwischen der Stein- und der Metallzeit. Beide Zeitalter folgten also nicht genau aufeinander, sondern überlagerten sich.

Hausbau in der Jungsteinzeit – Arbeiten mit verschiedenen Bildern

M 6 Insel im Waldmeer
Modell einer jungsteinzeitlichen Siedlung

M 7 Rodung
Rekonstruktionszeichnung

M 8 Ein jungsteinzeitliches Dorf
Rekonstruktionszeichnung eines Dorfes bei Twann in der heutigen Schweiz

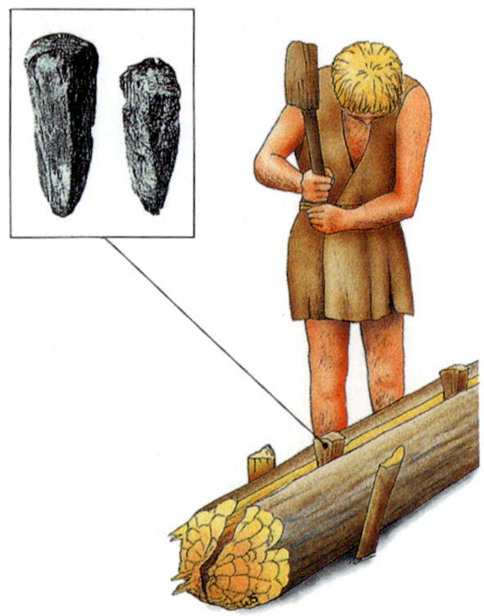

M 9 Herstellung von Bauholz
Rekonstruktionszeichnung

M 10 Nachbau eines jungsteinzeitlichen Hauses im Freilichtmuseum Oerlinghausen (Nordrhein-Westfalen)

Ötzi – Vergleich Rekonstruktion und Original

M 11 **„Ötzi"**
Modell nach den archäologischen Funden

M 12 **Das Gepäck von Ötzi**
Originalgegenstände

Aufgaben

1. Erkläre in einem kurzen Vortrag, wie es vermutlich zur Sesshaftigkeit der Menschen kam.
   → Text
2. Vergleiche die jungsteinzeitlichen Werkzeuge mit den Werkzeugen aus der Altsteinzeit.
   → M1, Kapitel: Jäger und Sammler der Altsteinzeit, Seite 22 bis 25
3. a) Beschreibe anhand der verschiedenen Abbildungen, wie in der Jungsteinzeit Häuser gebaut wurden.
   b) Vergleiche die Häuser der Jungsteinzeit mit den Behausungen der Altsteinzeit.
   → M6–M10, Kapitel: Jäger und Sammler der Altsteinzeit, Seite 22 bis 25
4. Suche die gefundenen Originalgegenstände von „Ötzi" im Modell.
   → M11, M12

„Eine weltgeschichtliche Veränderung: Die Menschen werden zu Bauern“

Im Geschichtsunterricht und in anderen Fächern kommt es immer wieder vor, dass du aus Texten, z. B. aus dem Lehrbuch, die wichtigsten Informationen herausarbeiten sollst. Hierzu gibt es verschiedene Schritte und Verfahren.

Im ersten Verfahren geht es darum, in einem Textabschnitt die wichtigsten Informationen (zentrale Begriffe, Schlüsselwörter) zu markieren. Achte darauf, dass du nicht zu viel markierst und markiere nur das Wichtigste!

1. Verfahren: Unterstreichen von zentralen Begriffen und wichtigen Textpassagen

Die Menschen werden zu Bauern

Die „neolithische Revolution“

Eine der größten Veränderungen in der Geschichte war die Änderung der Lebensweise der Menschen in der Steinzeit: Aus Jägern und Sammlern wurden Bauern. Die mit dem Menschen vertrauten Tiere wurden zunächst in Pferchen gehalten, dann gezüchtet. Neuesten Ausgrabungen zufolge geschah dies bereits schon vor fast 10 000 Jahren. Zuerst zähmte der Mensch Schafe und Ziegen, dann kamen Schweine, Pferde und andere Tiere hinzu.

Mit dem regelmäßigen Sammeln von Wildgetreide begann eine Entwicklung, die zum Ackerbau führte. Roggen, Weizen und andere Getreidearten wurden bereits vor 9 000 Jahren angepflanzt. Diese Kenntnisse von Viehzucht und Ackerbau verbreiteten sich allmählich über den Balkan nach Mitteleuropa. Dieser Übergang zur bäuerlichen Lebensweise wird als Neolithische Revolution bezeichnet: als „Revolution“, weil diese Veränderung so einschneidend war, als „neolithisch“, weil sie in der Jungsteinzeit stattfand. „Neolithikum“ leitet sich von den griechischen Wörtern für „neu“ und „Stein“ ab.

2. Verfahren: Erstellen einer geordneten Stichwortsammlung

Die geordnete Stichwortsammlung soll die wichtigsten Informationen des Textes beinhalten. Dabei kannst du die Stichworte bestimmten Aspekten zuordnen (z. B.: Begriff, Zeitraum), sie in Gruppen anordnen oder auch einzelne Stichworte durch Hinweiszeichen hervorheben.

Hinweis: In deiner Stichwortsammlung müssen die Informationen nicht unbedingt in der Reihenfolge erscheinen, in der sie im Text stehen.

Stichwortsammlung zum ersten Hauptabschnitt des Textes „Eine weltgeschichtliche Veränderung: Die Menschen werden zu Bauern“

Die „Neolithische Revolution“

- Begriff:
  Revolution = einschneidende Veränderung
  neolithisch = in der Jungsteinzeit (griech. Wortbestandteile für „neu“ und „Stein“)
- Zeitraum: fand statt vor ca. 10.000 Jahren
- Übergang der Menschen zur bäuerlichen Lebensweise: Sammler und Jäger → Bauern und Viehzüchter
  - Ackerbau: Roggen, Weizen und andere Getreidearten
  - Viehzucht: Schafe, Ziegen, Schweine, Pferde und andere Tiere
- neolithische Revolution = eine der größten Veränderungen in der Geschichte

3. Verfahren: Erstellen einer Mindmap

Auch mithilfe einer Mindmap kannst du die wichtigsten Informationen aus einem Text oder Textabschnitt übersichtlich anordnen.

Mindmap bedeutet wörtlich übersetzt „Gedankenkarte". Mit ihr kannst du die Beziehungen zwischen verschiedenen Begriffen darstellen. Du kannst eine solche Mindmap zum Lernen, zum Wiederholen oder für einen kurzen Vortrag nutzen.

Und so kannst du vorgehen:
In der Mitte notierst du in einem Kreis (oder Kästchen) den Begriff, um den es geht (neolithische Revolution); verbunden durch Linien/Pfeile, schreibst du um den zentralen Begriff herum in eigenen Kästchen oder Kreisen die wichtigsten Aspekte des Textes (Begriff, Zeitraum, Geschehen, Bedeutung); von diesen Kästchen (oder Kreisen) gehen Linien/Pfeile zu Kästchen (oder Kreisen), in denen du die wichtigsten Informationen zu diesen Aspekte notierst.

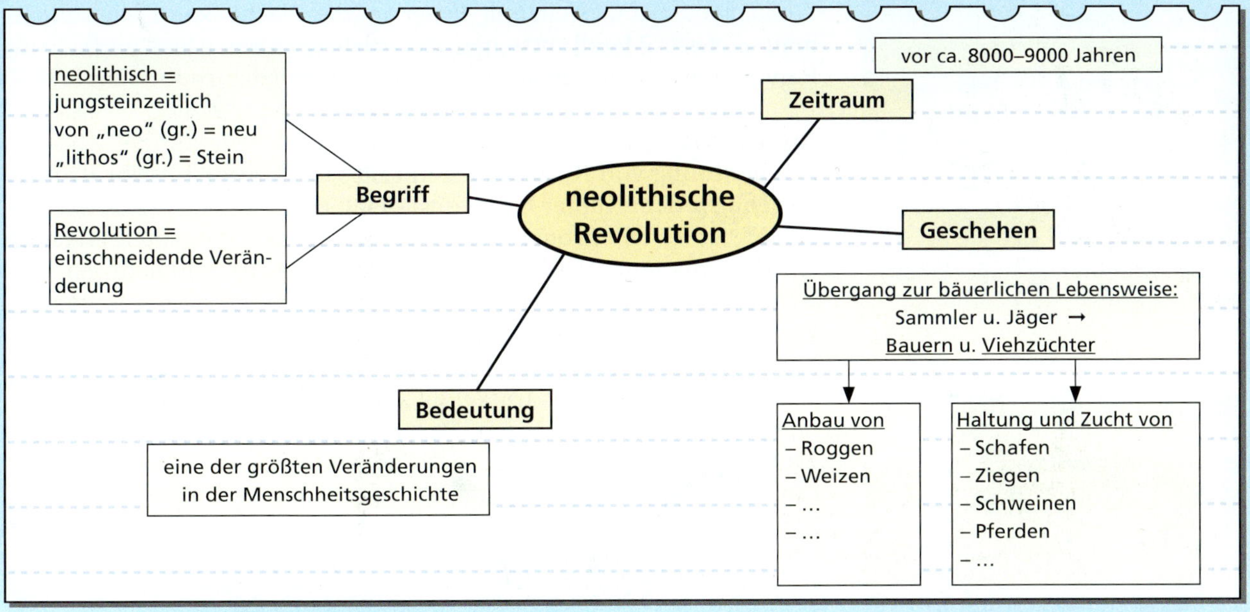

Fragen an darstellende Texte

Auf dieser Doppelseite wurde das Vorgehen am Beispiel des ersten Abschnitts von Seite 28 vorgemacht. Probiere es nun selbst aus:

1. Verstehen von Darstellungen

a) Lies den Textabschnitt auf Seite 29 „Der Ötzi – ein Sensationsfund" – eventuell mehrmals – aufmerksam durch.
b) Was verstehst Du nicht? Ziehe zur Erklärung das Minilexikon oder ein anderes Nachschlagewerk heran.

2. Aufbau von Darstellungen

a) Vorgehen 1: Kopiere die Seite 29 und markiere im Abschnitt „Der Ötzi – ein Sensationsfund" Schlüsselbegriffe.
b) Vorgehen 2: Fertige eine geordnete Stichpunktsammlung zum Abschnitt „Der Ötzi – ein Sensationsfund" an.
c) Vorgehen 3: Erstelle eine Mindmap zum Abschnitt „Der Ötzi – ein Sensationsfund".

Bronze, Eisen und Salz

Der Ofen wird mit Kupfererz und Holzkohle gefüllt, das Feuer mit einem Blasebalg angefacht.

Flüssiges Kupfer (ca. 1100 °C) setzt sich ab. Abstechen der Schlacke.

Schlacke und Kupfer werden entnommen.

Metall statt Stein

Viele Werkzeuge, die heute verwendet werden, sind nicht mehr aus Stein, sondern aus Metall. Wann der Mensch zum ersten Mal solche Metallwerkzeuge benutzte, werden wir wahrscheinlich nie ganz genau wissen. Allerdings zeigen Funde aus Vorderasien, dass dies schon vor mindestens 7000 Jahren der Fall war. Seit etwa 3000 v. Chr. lösten Gegenstände aus Metall zusehends diejenigen aus Stein ab.

Kupfer, Bronze und Eisen waren die wichtigsten Metalle. Die archäologische Untersuchung der frühesten Schmelzöfen beweist, dass Kupfer das erste Metall im praktischen Gebrauch war. Kupferwerkzeuge hatten gegenüber Stein den Vorteil, dass die Klingen nachgeschärft oder eingeschmolzen und neu gegossen werden konnten. Die Entdeckung des Kupfers hing mit dem Abbau des Flintsteins zusammen. Wenn man das Gestein mit Feuer mürbe macht, kann ein rötlichbraunes, festes Metall entstehen, das sich leicht formen lässt und scharfe Ränder aufweist. Mit etwas Geschick ist es beliebig zu formen.

Bronze und Eisen

Die Mischung von Kupfer mit Zinn im Verhältnis 9:1 ergibt Bronze. Gegenüber dem Kupfer hat dieses Metall den Vorteil, dass es wesentlich härter ist. Die Bronze setzte sich in Kleinasien, Ägypten und dem Zweistromland seit etwa 3000 v. Chr. durch. In Mitteleuropa entwickelte es sich erst ab etwa 1800 v. Chr. zum wichtigsten Werkstoff. Dieser Zeitabschnitt, der ungefähr bis 800 v. Chr. dauerte, wird deshalb Bronzezeit genannt.

Ab etwa 2000 v. Chr. trat an die Stelle von Kupfer und Bronze allmählich aber auch das Eisen. Das neue Material, widerstandsfähiger als Kupfer und Zinn, begann auch die Landwirtschaft zu revolutionieren: Der Eisenpflug gestattete nun, auch schwere Böden zu pflügen. Eiserne Waffen setzten sich rasch durch. Die Eisenzeit begann.

M 1 Erzbergbau und Kupferschmelzofen in der Metallzeit
Rekonstruktionszeichnung

M 2 **Keltischer Eisenhelm**
Südwestfrankreich,
4. Jahrhundert v. Chr.

Die Kelten, eine europäische Kultur

Ein Zentrum dieser Kultur war von 1300 bis 500 v. Chr. Hallstatt im heutigen Österreich. Salz spielte hier eine wichtige Rolle. Der Handel mit Salz reichte bis in den Mittelmeerraum. Von Hallstatt bis nach Nordfrankreich erstreckte sich das Gebiet der Hallstattfürsten. Die Hallstattsiedlungen wurden etwa im 6. Jahrhundert v. Chr. verlassen.

Von Norden breitete sich dann eine jüngere keltische Kultur in ganz Europa aus, für die Gold- und Bronzeschmuck mit Tier- und Pflanzenmotiven typisch ist. Sie wird nach dem Fundort La Tène in der Schweiz benannt. Für den Untergang der La Tène-Kultur sind vermutlich viele Ursachen verantwortlich: Verlegung der Handelswege, Erschöpfung der Ressourcen Salz, Erz und Holz sowie Bevölkerungszunahme und Machtkämpfe.

Eine arbeitsteilige Gesellschaft

Gegenüber den früheren Kulturen herrschte bei den Kelten ein hohes Maß an Arbeitsteilung und es bestand ein klarer Herrschaftsaufbau. Während die Spezialisten für Bergbau und Hüttenwesen neben den Dingen des täglichen Bedarfs kostbaren Schmuck, Waffen und teure Luxusgegenstände herstellten, sorgte die bäuerliche Bevölkerung für die Nahrungsgrundlage. Eine Gruppe von waffenfähigen Anführern übernahm den Schutz der Gemeinschaft.

Woher wissen wir etwas über die Kelten?

Da die Kelten ihre Verstorbenen beisetzten und ihnen ihre Habe mitgaben, lassen sich aus den Grabfunden wertvolle Erkenntnisse gewinnen. Auch sind Reste ihrer Siedlungen erhalten geblieben. Schließlich berichten römische Autoren über die Kelten. Von den Kelten selbst sind hingegen keine schriftlichen Zeugnisse überliefert.

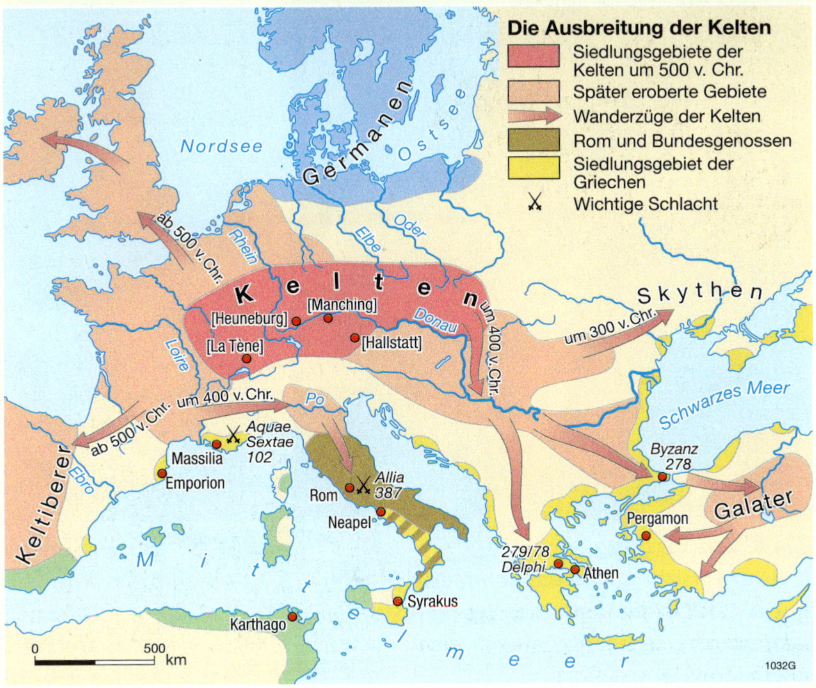

M 3

Eine archäologische Grabung nachvollziehen

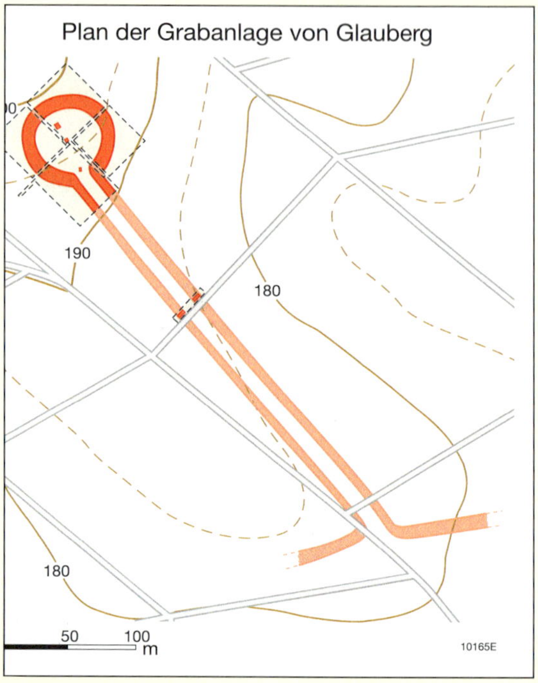

M 4 Der keltische Fürstengrabhügel Glauberg

Etwa 30 km nordöstlich von Frankfurt/Main entdeckten Archäologen im Jahr 1994 einen frühkeltischen Grabhügel von 48 m Durchmesser mit zwei reich ausgestatteten Fürstengräbern des 5. Jahrhunderts v. Chr., zu denen eine 350 m lange und 10 m breite Prozessionsstraße hinführt.

M 5 Die Bergung

Äußerst vorsichtig wird das komplette Grab in einem Block in die Restaurierungswerkstatt des Landesamts für Denkmalpflege Hessen nach Wiesbaden transportiert.

M 6 Die wissenschaftliche Auswertung

Hier wird vom Grab eine Röntgenaufnahme gemacht. Anschließend bergen Wissenschaftler mit Lupe und Pinzette eine Fülle von Schätzen, die sorgfältig restauriert und konserviert werden.

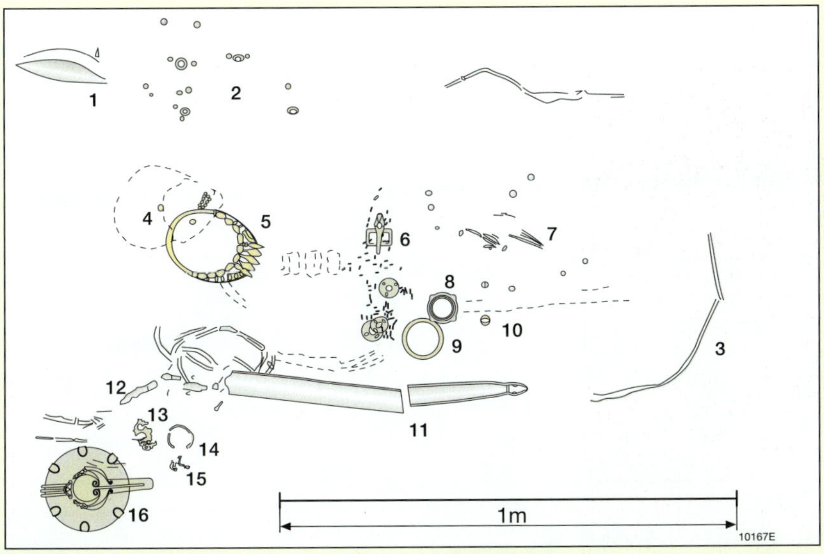

Fundstücke:

1 Eiserne Lanzenspitzen
2 Bronzeringe und -nieten eines unbekannten Gegenstandes
3 Eiserne Schildrandbeschläge
4 Zwei goldene (?) Ringlein
5 Goldener Halsring
6 Bronzener Gürtelhaken mit Gürtelringen und -beschlagteilen
7 Eisenreste
8 Bronzeringe
9 Goldener Armring
10 Goldener Fingerring
11 Eisernes Schwert mit bronzenen Scheidenbeschlägen
12 Verschiedene Eisenreste
13 Bronzene tiergestaltige Fibel
14 Bronzering
15 Zwei Bronzefibeln
16 Bronzene Schnabelkanne

Knochen des Skelettes sind durch gepunktete Linien dargestellt.

10167E_1

M 7 **Plan von Grab 1 nach Röntgenbildern**

M 8

M 9

M 10

Aufgaben

1. Erkläre anhand der Abbildungen, wie Kupfer hergestellt wurde.
   → M1
2. Vergleiche das Luftbild vom Glauberger Fürstenhügel mit dem Plan der Anlage. Versuche, den Grabhügel und die Prozessionsstraße auf dem Luftbild zu identifizieren (auf dem Foto ist nur ein Teil der Straße abgebildet). → M4
3. Beschreibe die Bilder. Warum hat man das Grab in einem Block in die Restaurierungswerkstatt gebracht?
   → M5, M6
4. Vergleiche den Plan mit den abgebildeten Fundstücken aus dem Grab. Um welche Fundstücke handelt es sich?
   → M7–M10

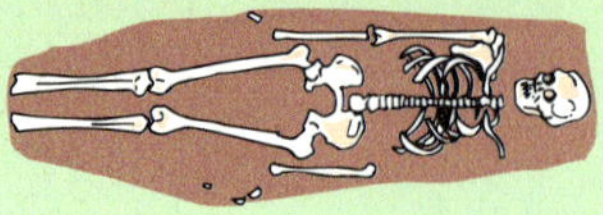

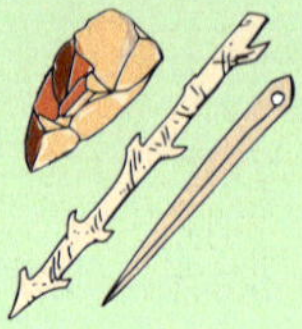

Vorfahren des Menschen >>>

Frühmenschen >>>

Altsteinzeit (600 000–15 000 v.C

65 000 000 | 2 500 000 | 2 000 000 | 700 000 | 600 000

Zusammenfassung

Die Entwicklung zum Menschen und die Entwicklung des Menschen war ein außerordentlich langer Prozess, der sich über Millionen von Jahren erstreckte. Dabei bildeten sich nach und nach besondere Eigenschaften heraus, die den Menschen vom Tier unterscheiden: der aufrechte Gang, die Benutzung von Werkzeugen, die Beherrschung des Feuers, ein ausgeprägtes Sozialverhalten und die ausgiebige sprachliche Kommunikation sowie die Fähigkeit zu planen.

Das Jagen von Tieren und das Sammeln von Pflanzen bildete die Lebensgrundlage der frühen Menschen. Nach und nach kamen die Fähigkeit zur Viehzucht und zum Ackerbau hinzu. Die Menschen wurden sesshaft. Dies ist ein bedeutender Vorgang innerhalb der Geschichte der Menschheit. Die frühen Menschen entwickelten auch schon religiöse Vorstellungen.

Da die benutzten Werkzeuge aus Stein waren, bezeichnet man diese Zeit als Steinzeit. Je nachdem wie die Werkzeuge gearbeitet sind, kann man eine Alt-, eine Mittel- und eine Jungsteinzeit unterscheiden.

Die Menschen lernten in der Folge, auch Metall zu gewinnen und zu bearbeiten, nämlich Kupfer, Bronze und Eisen. In dieser Zeit ist schon die Gewinnung von Salz nachweisbar und es bestand ein lebhafter Handel durch ganz Europa. Eine wichtige Kultur in der damaligen Zeit war die der Kelten.

Neandertaler

Jetztmenschen

Sesshaftigkeit (10 000 v. Chr.)

Jungsteinzeit (10 000–2 000 v. Chr.)

00000 | 400000 | 300000 | 200000 | 100 000 | Chr. Geburt

Daten

Vor etwa 2 Millionen Jahren:
Auftreten des Frühmenschen

Seit etwa 10 000 v. Chr.:
Übergang zur Sesshaftigkeit

Begriffe

Archäologie
Quelle
Darstellung
Altsteinzeit
Jungsteinzeit
Neolitische Revolution

Personen

Tipps zum Thema: Die Menschen in der Vorgeschichte

Filmtipp

Leben in der Steinzeit (FWU), DVD-Video, 56 min, Bundesrepublik Deutschland 2006

Der Ötztalmann und seine Welt. Das Jahr bevor er schlief, 93 min, Deutschland/Österreich/USA 1999

Lesetipp

Wolfgang Kuhn und Michael Olschowy: Mit Jeans in die Steinzeit, München 1996

Gabriele Beyerlein und Tilman Michalski: Der Berg des weißen Goldes, Stuttgart 2005

Neil Grant: Die Kelten, Alltagsleben damals, Nürnberg 2003

Museen

Keltendorf in Steinbach am Donnersberg

Museum für die Archäologie des Eiszeitalters Schloss Monrepos, Neuwied

Kommentierte Links: www.westermann.de/geschichte-linkliste

Unfertiger Obelisk bei Assuan

Nillandschaft heute

Hieroglyphen

Wandmalerei aus einem ägyptischen Grab

Die Pyramiden von Gise

Sarkophag des Tutanchamun

Mumie Ramses' II.

M 1

Ägypten – Ein „Geschenk des Nil"

Ein Fluss trotzt der Wüste

Archäologische Forschungen haben gezeigt, dass die größte Wüste der Welt, die Sahara, die heute fast den gesamten Norden des afrikanischen Kontinents bedeckt, vor etwa 10 000 Jahren eine sehr fruchtbare Landschaft war. Danach änderten sich in dieser Region allmählich die klimatischen Bedingungen. Wegen der zunehmenden Trockenheit breitete sich die Wüste weiter aus. Für die Menschen wurde dadurch ein Fluss immer wichtiger, der trotz der zunehmenden Trockenheit regelmäßig Wasser führte: der Nil. Dieser Strom entspringt in den regenreichen Gebieten Zentralafrikas und ist mit 6671 km Länge der längste Fluss der Erde. Bis heute kann er der Wüste trotzen.

Ein neuer Lebensraum – Die Flussoase

Dieser Fluss wies viele Besonderheiten auf. Auf einer Länge von über 1000 km bildete der Nil eine Flussoase inmitten der Wüste. Das heißt: Er war die einzige Wasserquelle und nur entlang seiner Ufer war in einem Streifen von bis zu 20 km Breite Ackerbau möglich. Innerhalb dieser Oase war der Boden sehr fruchtbar. Zudem sorgte das stabile heiße Klima dafür, dass viele Nutzpflanzen wie Getreide, Linsen, Erbsen, Bohnen und weitere Gemüsesorten – Bewässerung vorausgesetzt – sehr gut gediehen und sogar mehrere Ernten im Jahr möglich waren. Größere Ackerflächen gab es nur ganz im Norden an der Mündung des Nil ins Mittelmeer, da der Fluss sich dort in mehrere Arme teilte und ein breites Delta bildete. Dieses Gebiet nannten die Bewohner Unterägypten, die Flussoase Oberägypten.

Der Segen der Überschwemmungen

Der Wasserstand des Nil wechselte in regelmäßigen Abständen. Wegen der unterschiedlichen Niederschlagsmengen in den Quellgebieten des Flusses konnte den Unterschied in der Wasserhöhe bis zu acht Meter betragen. Der Strom führte große Mengen von Schlamm mit sich, der sich während des Hochwassers auf den überschwemmten Flächen ablagerte und den Boden fruchtbar machte. In vielerlei Hinsicht war also Ägypten – wie der griechische Geschichtsschreiber Herodot im 5. Jahrhundert v. Chr. sagte – „ein Geschenk des Nil". Die Abhängigkeit der alten Ägypter vom Nil war sehr groß. Eine ausbleibende, zu hohe oder zu niedrige Überschwemmung konnte sehr schnell zu einer Hungersnot führen.

Erst Mitte des 20. Jahrhunderts n. Chr. wurde der Lebensraum am Nil durch den Menschen entscheidend verändert. Durch den Bau des Assuan-Staudamms im südlichen Oberägypten entstand ein riesiger Stausee. Er ermöglicht einerseits eine regelmäßige Wasserversorgung der Flussoase. Andererseits fehlt nun den ägyptischen Bauern der fruchtbare Schlamm.

Die Menschen organisierten ihr Leben

Die Menschen im Alten Ägypten passten ihre Lebensweise der Umgebung an. Mithilfe der Überreste der alten ägyptischen Kultur und durch einen Vergleich mit der Arbeitsweise der heutigen ägyptischen Landbevölkerung ist es möglich, diese Entwicklung zu erschließen.

M 2 Nordägypten heute
Satellitenaufnahme aus einer Höhe von 915 km

In der Flussoase lebten die Bauern auf engem Raum zusammen. Um Konflikte um das kostbare Wasser und den knappen fruchtbaren Boden zu vermeiden, haben sich verbindliche Regeln und Gesetze entwickelt. Darauf deutet das komplizierte Bewässerungssystem hin, das bis heute die Flussoase durchzieht. Denn das System konnte nur funktionieren, wenn es durch alle Bauern gemeinsam instand gehalten wurde und sich jeder an festgelegte Bewässerungszeiten hielt. Ähnliches galt für das gemeinsame Anlegen von Getreidevorräten und deren Verteilung.

Ursprünglich lebten die Bewohner des Nillandes wahrscheinlich in kleineren Gemeinschaften zusammen. Im Laufe der Zeit entstanden dann größere organisatorische Einheiten und im späten 4. Jahrtausend v. Chr. führte diese Entwicklung zum ersten gesamtägyptischen Staat. In Erinnerung blieb dieser etwa 200 Jahre andauernde historische Prozess als die „Vereinigung von Ober- und Unterägypten“. Die Ägypter nannten ihr Land „Kemet“, das „Schwarze Land“, im Gegensatz zur Wüste, dem „Roten Land“.

Schrift, Vermessung und Kalender

Aus dem Land am Nil sind Schriftzeichen, die sogenannten Hieroglyphen, überliefert. Offenbar war es notwendig geworden, bestimmte Sachverhalte aufzuzeichnen, zum Beispiel, wem welches Grundstück gehörte, da alle Markierungen durch die jährliche Überschwemmung vernichtet wurden.

Um die einzelnen Grundstücke nach den Überschwemmungen wieder zu vermessen, entwickelten die Ägypter die Geometrie, die mathematische Disziplin der Landvermessung. Lebenswichtig war für sie zudem, den Zeitpunkt der jährlichen Nilschwelle in Erfahrung zu bringen. Dies war jedes Mal der Fall, wenn ein bestimmter Stern, der Sirius, am Abendhimmel erschien. Heute ist dies Anfang August der Fall. So beschäftigten sich die Ägypter mit der Sternenbeobachtung, der Astronomie, und entwickelten daraus einen eigenen Kalender.

M 3 Nillandschaft
Heutiger Zustand

Die Nilschwelle – Arbeiten mit Diagrammen, Schaubildern und Quellen

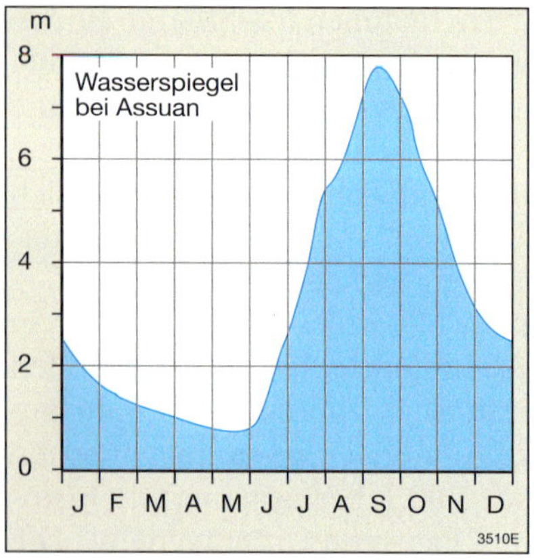

M 4 Wasserstand des Nil
Eingetragen sind die Pegelstände des Nil im Jahresverlauf beim Ort Assuan in Oberägypten vor dem Staudammbau, Diagramm.

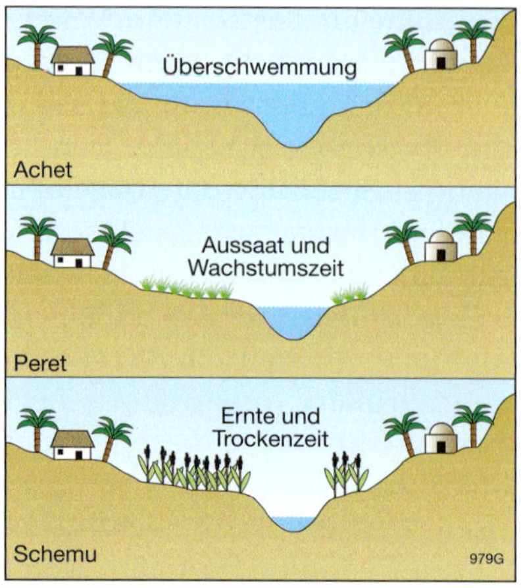

M 5 Die „Jahreszeiten" Ägyptens
Schemazeichnung

M 6 Bewässerungssystem damals, Wandmalerei aus einem ägyptischen Grab, etwa 2000 v. Chr.

M 7 Bewässerungssystem
Rekonstruktionszeichnung

M 8 Bewässerungssystem heute
Foto

M 9 Ein altägyptischer Text über den Nil

Aus dem Alten Ägypten ist folgender Text überliefert:

Heil Dir, o Nil, der Du der Erde entspringst und nach Ägypten kommst, um es am Leben zu erhalten, der die Wüste tränkt, und den Ort, der dem Wasser fern ist.

Wenn Dein Wasser über die Ufer tritt, wird Dir geopfert und große Geschenke werden Dir dargebracht. Vögel werden für Dich gemästet, Löwen werden für Dich in der Wüste erlegt und Feuer werden für Dich angezündet.

So ist es, o Nil. Grün bist Du, der Du es möglich machst, dass Mensch und Rind leben.

Aus: Adolf Ermann, Die Literatur der Ägypter, Leipzig 1923, S.193 f.

M 10 Ein Bericht über Ägypten

Der Grieche Herodot sammelte im 5. Jahrhundert v. Chr. alles Wissenswerte seiner Zeit über Ägypten. In seinem Bericht heißt es unter anderem:

Die Ägypter waren die ersten, die die Länge des Jahres feststellten und es in seine zwölf Zeiten einteilten. Die Sterne, sagten sie, hätten sie darauf gebracht. Ihre Berechnungsweise ist klüger als die der Hellenen, scheint mir, weil die Hellenen in jedem dritten Jahr einen Schaltmonat einschieben, um mit dem natürlichen Jahr in Übereinstimmung zu bleiben, während die Ägypter zwölf Monate zu je dreißig Tagen zählen und in jedem Jahr noch fünf Tage hinzutun. So treffen das Kalenderjahr und das natürliche Jahr immer zusammen.

Herodot, Historien, übers. von A. Horneffer, Stuttgart 1971, S. 100.

Aufgaben

1. Welche Informationen über das Land lassen sich aus den Fotos vom heutigen Ägypten entnehmen?
   → M2, M3, M8
2. a) Wie veränderte sich der Wasserstand des Nil im Jahresverlauf?
   b) Welche unserer Monate entsprechen den jeweiligen ägyptischen „Jahreszeiten"?
   c) Welche Arbeiten mussten die Bauern in den verschiedenen ägyptischen Jahreszeiten jeweils verrichten?
   → Text, M4, M5
3. a) Welche Eigenschaften schrieben die Ägypter dem Nil zu?
   b) Um welche Art von Text handelt es sich?
   c) Erstelle aus den Informationen einen kurzen Sachtext.
   → M9
4. Arbeite auch mit dem Erdkundeatlas.
   a) Suche den Assuan-Staudamm. Wie weit ist der Damm etwa von der Nilmündung entfernt?
   b) Wo entspringt der Nil?
   → Erdkundeatlas, M1
5. a) Welche wichtige Erfindung der Ägypter ist auf der Wandmalerei dargestellt?
   b) Vergleiche die Wandmalerei mit dem heutigen Foto. Benenne Gemeinsamkeiten und Unterschiede.
   c) Erkläre anhand der Rekonstruktionszeichnung das Bewässerungssystem der Ägypter.
   → M6, M7, M8
6. a) Erkläre mithilfe des Berichts von Herodot den Kalender der Ägypter und vergleiche ihn mit unserer heutigen Jahreseinteilung.
   b) Über welche Kenntnisse mussten die Ägypter verfügen, um einen derartigen Kalender zu entwickeln?
   → M10

Die ägyptische Gesellschaft

Der Pharao – Die Spitze der ägyptischen Gesellschaft
Auch heute sind Könige Oberhäupter in einigen europäischen Staaten. Auf wichtige politische Entscheidungen haben sie allerdings kaum Einfluss. Im Alten Ägypten war das anders. Der Legende nach erschuf der Sonnengott Re, der oberste ägyptische Gott, jeweils zusammen mit der Frau des regierenden Königs den Nachfolger, sodass jeder Pharao als Sohn des Sonnengottes galt und in dessen Namen regierte. Sowohl das gesamte Land als auch die Menschen und Tiere waren nach der Vorstellung der Ägypter sein direktes Eigentum. Er hatte die absolute Befehls- und Verfügungsgewalt. Das Amt des Pharao wurde in der Regel vom Vater auf den Sohn vererbt. Das Wort „Pharao“ selbst bedeutete ursprünglich „das große Haus“, womit der Palast des Königs gemeint war, von dem aus das ganze Land verwaltet und regiert wurde. Fast alle Pharaonen aus der Jahrtausende dauernden altägyptischen Geschichte sind sogar namentlich bekannt. Über manche wissen wir aus schriftlichen und bildlichen Quellen Genaueres.

Die Helfer des Pharao – Beamte und Priester
Der oberste Beamte, der Wesir, kann fast als Stellvertreter des Pharao bezeichnet werden. Ihm unterstanden weitere Beamte mit eigenen

M 1 Tempel von Abu Simbel
Der Felsentempel wurde um 1200 v. Chr. erbaut. Die vier 20 m hohen Statuen stellen Pharao Ramses II. dar. Um das Versinken des Tempels im Bett des Assuan-Stausees zu verhindern, wurde er zwischen 1964 und 1968 stückweise abgetragen und 65 m oberhalb des Stausees wieder aufgebaut, heutiger Zustand.

Aufgabenbereichen, zum Beispiel Eintreiben und Verwalten der Steuern, Errichtung von Bauwerken oder Organisation der Vorratshaltung für Getreide.

Beamte waren auch für die Einhaltung von Gesetzen zuständig und als Richter tätig. Im Verhältnis zur Gesamtbevölkerung handelte es sich hier aber um eine sehr kleine Gruppe. Ägyptische Inschriften oder die oft prächtig ausgestatteten Gräber hoher Beamter zeigen, dass diese Männer angesehen, mächtig und wohlhabend waren.

Die Priester übernahmen die Aufgaben des Pharao im religiösen Bereich. Als Mittler zwischen Menschen und Göttern hatten sie für die alten Ägypter eine wichtige Aufgabe. Auch sie waren reich und angesehen und konnten die Entscheidungen des Pharao beeinflussen.

Handwerker und Händler

Sowohl in den Dörfern als auch in den Städten gab es eine Vielzahl von Handwerkern. Diese produzierten die verschiedensten Güter wie zum Beispiel Stoffe, Backwaren oder Keramik. Es herrschte damals Tauschhandel. Das heißt: Es wurde nicht mit Geld bezahlt, sondern verschiedene Waren wurden direkt getauscht. Auch die Maler und Bildhauer, die die uns überlieferten Kunstwerke schufen, galten im Alten Ägypten als Handwerker.

Die Anzahl der Kaufleute war im Alten Ägypten gering. Aus dem Ausland wurden im Auftrag des Pharao in der Regel nur Rohstoffe eingeführt, die es im eigenen Land nicht gab. Dazu kamen noch einige Luxusgüter wie etwa Holz aus dem Libanon und Gewürze aus Asien.

M 2 Ein hoher Beamter
Sennefer und Senai mit ihrer Tochter, Skulptur aus Granit, um 1420 v. Chr. Sie steht heute im Ägyptischen Museum in Kairo.

Die Bauern

Die weitaus größte Bevölkerungsgruppe im Alten Ägypten waren die Bauern. Sie sicherten mit dem Anbau von Getreide die Grundlage für den Wohlstand der anderen Schichten sowie den Reichtum und die Macht des Pharao. Dafür mussten sie trotz der Fruchtbarkeit des Niltals schwere körperliche Arbeit leisten. Zudem wurden sie während der Überschwemmungszeit, wenn auf den Feldern nicht gearbeitet werden konnte, auch zu anderen Arbeiten, wie Mithilfe bei der Errichtung von großen Bauwerken, herangezogen. Da alles Land dem Pharao gehörte, mussten sie einen Teil der Ernte als Steuern an den Staat abliefern und teils auch noch Abgaben an die Beamten oder an die Tempelpriester leisten. Da die Bauern weder lesen noch schreiben konnten, haben wir kaum Quellen, die ihr Leben aus ihrer eigenen Sicht schildern. Das meiste, was wir wissen, stammt aus Aufzeichnungen der Verwaltung.

Das Verhältnis von Mann und Frau

Zwar sind kaum weibliche Beamte überliefert, aber in der Familie des Pharao konnten Frauen eine bedeutende politische Rolle spielen. In einer Ehe verfügte eine Frau frei über ihr Eigentum und hatte bei einer Scheidung Anspruch auf Unterhalt durch ihren Mann. Vor Gericht konnte sie sich selbst vertreten. Als „Herrin des Hauses“ war sie in einer Ehe für die im Haushalt notwendigen Arbeiten zuständig, was vermutlich nicht als Zurücksetzung gegenüber dem Mann empfunden wurde.

Der Pharao – Herrscherdarstellungen untersuchen

M 3 Sarkophag mit der Totenmaske des Pharao Tutanchamun

Im Sarkophag befand sich die Mumie des Pharao (Regierungszeit 1347–1337 v. Chr.).
Die Totenmaske gilt als eines der wertvollsten ägyptischen Kunstwerke. Die zentralen Herrschaftszeichen eines Pharao sind zu erkennen:

- Krummstab (Hirtenstab): Zeichen für die Anführerschaft,
- Geißel (Peitsche): Zeichen für die richterliche Gewalt und Macht,
- aufgebäumte Kobra, sogenannte Uräusschlange: Machtsymbol, auch Wappentier von Unterägypten,
- Geierkopf, genannt Nechbet: Wappentier von Oberägypten,
- künstlich umgebundener, sogenannter Ritualbart,
- gefaltetes Kopftuch, Nemes genannt.

M 4 Statue der Pharaonin Hatschepsut

(Regierungszeit 1490–1468 v. Chr.)
In seltenen Fällen kam es vor, dass Frauen, zum Beispiel für ihren minderjährigen Sohn, die Regierungsgewalt übernahmen.

Das Leben der Bauern – Arbeiten mit einer Bildquelle

M 5 Bauern, Aufseher und Schreiber
Grabmalerei aus Theben, um 1400 v. Chr.

Aufgaben

1. Vergleiche die Abbildungen der Pharaonen.
   a) Was fehlt jeweils, um das Erscheinungsbild des Pharao zu vervollständigen?
   b) Was überrascht an der Darstellung der Hatschepsut?
   c) Erläutere, welche Vorstellungen über den Pharao in den Abbildungen deutlich werden.
   → Text, M1, M3, M4
2. a) Beschreibe die einzelnen Szenen der Wandmalerei über die Landwirtschaft.
   b) Welche Gruppen kannst du unterscheiden?
   c) Inwiefern lassen sich auf den Abbildungen aus den Gräbern Elemente einer hierarchischen Gesellschaft erkennen?
   → M5
3. a) Weshalb sind ägyptische Grabmalereien wertvolle Quellen?
   b) Erkläre, welche Probleme es bei ihrer Auswertung gibt.
   → Text, M5

M 1

M 2

Pharao = Herrschaft

Beamte = Verwaltung

Handwerker = Warenproduktion

Bauern = Produktion der Lebensgrundlage

M 3

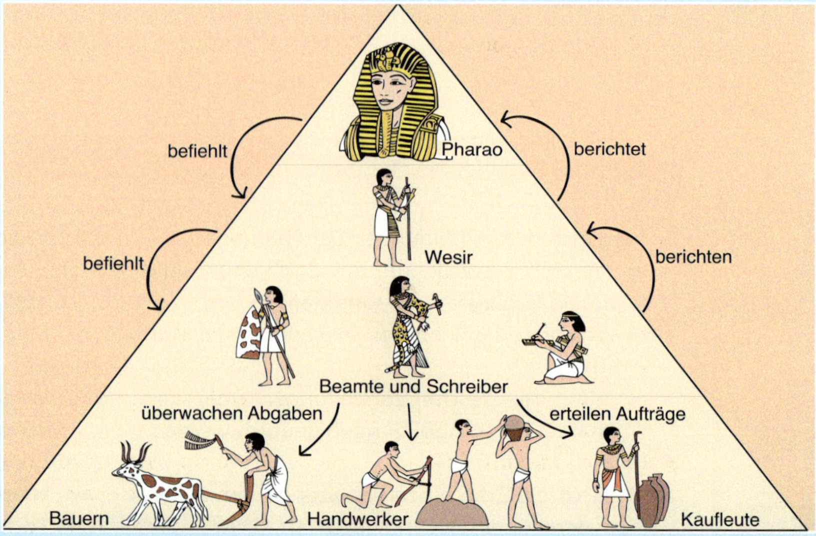

Schaubilder – Ein Versuch, Zusammenhänge darzustellen

Um schwierige Zusammenhänge auf einen Blick darzustellen, werden oft Schaubilder verwendet. Diese enthalten zur Veranschaulichung Zeichnungen, Bilder, Symbole, Beschriftungen und verschiedene Farben. Zu beachten ist dabei, dass die Schaubilder in der Regel nicht von den Menschen der damaligen Zeit erstellt wurden. Sie geben also wieder, wie wir aus heutiger Sicht die Vergangenheit deuten und sind daher keine historischen Quellen.

Auch können Schaubilder zum gleichen Thema ganz unterschiedlich aussehen, je nachdem, welche Zusammenhänge und Sachverhalte wichtig erscheinen. Oftmals entstehen verschiedene Zeichnungen zu einem Thema dadurch, dass man Personengruppen mit jeweils verschiedenem Vorwissen ansprechen will.

Schließlich ist nicht auszuschließen, dass der Verfasser des Schaubildes – aus welchen Gründen auch immer – die Zusammenhänge bewusst oder unbewusst unrichtig darstellt. Dies ist gefährlich, da damit ein falsches Bild der Vergangenheit entstehen kann.

Schaubilder müssen also immer kritisch danach beurteilt werden, ob sie mit unserem Kenntnisstand über die Vergangenheit übereinstimmen. Wenn sich dieser ändert, muss man auch dic Zeichnung verändern.

Fragen an Schaubilder

1. Thema des Schaubildes
a) Was wird im Schaubild veranschaulicht?
b) Finde passende Überschriften zu den Schaubildern.

2. Typ des Schaubildes
a) Prüfe, ob eine Entwicklung oder ein Zustand dargestellt wird.
b) Welche Bedeutung hat die Pyramidenform?

3. Ausgestaltung des Schaubildes
a) Vergleiche die Größenverhältnisse in den jeweiligen Schaubildern.
b) Weshalb ist für den Pharao unterschiedlich viel Platz vorgesehen?
c) Welche Informationen enthalten die Pfeile?

4. Aussagewert des Schaubildes
a) Welche Informationen enthalten die Schaubilder jeweils über den Pharao?
b) Welche Informationen sind nicht enthalten?

5. Kritik des Schaubildes
a) Welches Schaubild ist deiner Meinung nach am besten?
b) Erstelle selbst ein Schaubild, wenn du mit den Darstellungen nicht einverstanden bist.

M 1 **Der Stein von Rosette,** Foto

Hieroglyphen – „Heilige Eingrabungen“

Ein bedeutender Fund

Vor größten Schwierigkeiten beim Entziffern der ägyptischen Schriftzeichen standen Wissenschaftler vor rund 200 Jahren, als man in Europa begann, sich für die altägyptische Geschichte zu interessieren. Schon in der Antike war nämlich die Kenntnis über die Bedeutung und Funktionsweise dieser Schrift verloren gegangen. Niemand konnte also die vielen Inschriften in den Tempeln und Gräbern lesen. Vieles aus der ägyptischen Geschichte schien den Menschen verschlossen zu sein.

Ein einzigartiger Fund veränderte diese Situation allerdings vollständig. In der Ortschaft Rosette im Nildelta wurde um 1800 n. Chr. eine Steintafel gefunden, auf der der gleiche Text in drei verschiedenen Schriftarten eingraviert war: In der unbekannten Alltagsschrift der Ägypter, in Hieroglyphen und in der den Forschern bekannten altgriechischen Schrift. Der Stein wurde nach Europa gebracht, wo sich der französische Sprachwissenschaftler Jean François Champollion mit den Inschriften beschäftigte.

Die Entzifferung der ägyptischen Schriftzeichen

Schon länger war bekannt, dass die alten Ägypter den Namen des Pharao mit einem ovalen Rahmen, der sogenannten Kartusche, umgaben. Im altgriechischen Text wurde der Name des Pharao Ptolemäus genannt. Champollion konnte also nun den altägyptischen und altgriechischen Text an einer kleinen Stelle miteinander vergleichen. Davon ausgehend gelang dem Franzosen zwischen 1822 und 1841 die Entzifferung der altägyptischen Schrift, eine wissenschaftliche Meisterleistung. Erst ab diesem Zeitpunkt öffneten sich wirklich die Tore zur Erforschung der Zeit der Pharaonen.

Ägyptische Schreibwerkstatt

Das altägyptische Schriftsystem ist sehr kompliziert. Die Schriftzeichen wurden schon von den alten Griechen als Hieroglyphen, als „heilige Eingrabungen“, bezeichnet. Dies kam daher, dass sich viele dieser Hieroglyphen in Stein eingemeißelt in den altägyptischen Tempeln finden. Die Schriftzeichen wurden aber auch mit Pinsel und Tinte auf Papyrusrollen geschrieben. Die ältesten dieser Zeichen stam-

M 2 **Herstellung von Papyrus,** Schaubild

M 3 Ein Schreiber
Statue, um 1400 v. Chr.

men aus der Zeit um 3300 v. Chr. In seiner klassischen Form benutzte das Ägyptische etwa 700 verschiedene Schriftzeichen, allerdings sind die meisten Texte mit viel weniger Zeichen geschrieben.

Die Hieroglyphen

Die Hieroglyphen sind ursprünglich Bildzeichen. „Mann" wird mit einer kleinen Zeichnung eines Mannes, „Frau" mit der Abbildung einer Frau geschrieben. Noch im späten 4. Jahrtausend v. Chr. begann man aber aus den Bildzeichen einen bestimmten Lautwert zu bilden und dieses Zeichen immer dann zu schreiben, wenn dieser Laut in einem Wort auftrat. Das Wort für „Haus" zum Beispiel wurde mit dem Bildzeichen eines einfachen rechteckigen Hausgrundrisses geschrieben. Nun hat „Haus" im Ägyptischen die Konsonantenfolge p und r. Das hatte zur Folge, dass in allen Wörtern, in denen diese Konsonantenfolge p und r vorkam, das Zeichen des Hausgrundrisses verwendet werden konnte. Im Ägyptischen wurden im Übrigen nur Konsonanten geschrieben und keine Vokale, wie dies heute noch im Arabischen der Fall ist. Heute fügt man hilfsweise Selbstlaute ein. Für alle Konsonanten gibt es also ein bestimmtes Zeichen. Gleichzeitig wurde der Bildcharakter vieler Zeichen beibehalten und so schrieb man die Wörter zumeist in einer Mischung aus Laut- und Bildzeichen.

Daneben entwickelte sich eine Schreibschrift, die mit Binsenkiel und Tinte viel schneller zu schreiben war.

Hieroglyphe	Aussprache	Dargestelltes Objekt
	a (kurz)	ägyptischer Geier
	i (kurz) oder j	Blütenrispe des Schilfrohrs
	a (lang)	Vorderarm
	u (kurz oder lang) oder w	Wachtelküken
	b	Fuß (mit Unterschenkel)
	p	Sitz, Untersatz
	f	Hornviper
	m	Eule
	n	Wasserlinie
	r	Mund
	h	Hof, Gehege
	scharf gehauchtes h	gewundener Flachs, Docht
	dsch	Kobra

Hieroglyphe	Aussprache	Dargestelltes Objekt
	wie ch in „ach"	Placenta? (oder: Korb von oben gesehen?)
	wie ch in „ich"	Tierbauch mit Zitzen und Schwanz
	stimmhaftes s wie in „so"	Riegel
	stimmloses s wie in „das"	gefaltetes Stück Stoff
	wie sch in „schon"	Teich
	wie arabisch q	Hügel
	k	Korb mit Henkel
	g	Kruguntersatz
	t	Brotlaib
	tsch	Stück Schnur zum Festbinden von Tieren
	d	Hand

Deutzeichen: Mann Frau — Ring, in den der Name des Königs eingeschrieben wird (Kartusche)

M 4 Ein „Hieroglyphen-Alphabet"

Aufgaben

1. Untersuche, wie die Hieroglyphen für n und r entstanden sein könnten. → M4
2. Schreibe folgende Wörter mit Hieroglyphen: Amun – Re und Tutanchamun. Achte dabei auf die im Darstellungsteil beschriebenen Möglichkeiten.
3. a) Schreibe deinen eigenen Namen mithilfe von Hieroglyphen.
   b) Stellt eine „hieroglyphische" Namensliste der Klasse zusammen.

M 1 **Pyramide von Sakkara**
Etwa 100 Jahre vor den Pyramiden von Gise entstand dieses Bauwerk für den Pharao Djoser. Es gilt als die älteste Pyramide Ägyptens, heutiger Zustand.

Das Weltwunder der Pyramiden

Ägypten – Das Land der Pyramiden

Viele Menschen verbinden heute mit dem Alten Ägypten die Pyramiden. Dies ist allerdings nicht neu. Schon in der Antike galten die Pyramiden als eines der sieben damals bekannten Weltwunder. Gemeint waren die drei Pyramiden der Pharaonen Cheops, Chefren und Mykerinos, die sich in Gise in der Nähe von Kairo, der heutigen Hauptstadt Ägyptens, befinden. Das größte dieser Bauwerke – die Cheopspyramide – entstand etwa um 2600 v. Chr. und ist bis heute eines der größten von Menschen errichteten Steinbauwerke.

Warum wurden diese Bauwerke errichtet? Wie kam es zu der erstaunlichen Pyramidenform? Wie konnten sie ohne die technischen Hilfsmittel der heutigen Zeit errichtet werden? Was befindet sich in den Pyramiden? Auf manche dieser Fragen können die Geschichtswissenschaftler und Archäologen heute eine wissenschaftlich gesicherte Antwort geben. Teilweise sind sie aber auf Vermutungen angewiesen.

Die Pyramiden von Gise in der Nähe von Kairo sind keineswegs die einzigen solcher Bauwerke in Ägypten. Vor und nach ihnen sind zu verschiedenen Zeiten eine Vielzahl weiterer Pyramiden entweder aus Stein oder aus Lehmziegeln errichtet worden. Die meisten von ihnen waren aber viel kleiner als die Pyramiden von Gise.

Pyramiden – Gewaltige Gräber

Die Pyramiden waren vor allem Gräber für die Pharaonen. Ursprünglich wurden diese, wie die übrigen Ägypter auch, in einer Grube im Wüstenboden bestattet, über die man zur Markierung des Grabes einen Haufen Sand aufschüttete, der von Ziegelmauern eingefasst war. Daraus entstand ein zunächst rechteckiger massiver Graboberbau aus Ziegeln, der mehrere Meter hoch sein konnte. Um die Grabanlagen der Pharaonen noch großartiger zu gestalten, schichtete man seit etwa 2700 v. Chr. zunächst mehrere solcher Bauten – nun auf quadratischem Grundriss und aus Kalksteinblöcken bestehend – auf. Es entstand so die erste Stufen-Pyramide. Einige Jahrzehnte später wurde dann die erste echte Pyramide mit allseitig glatten Oberflächen errichtet.

Neben den gewaltigen Bauwerken der Könige befanden sich kleinere Pyramiden für deren Angehörige sowie für hochgestellte Persönlichkeiten. Zudem errichteten dort die Ägypter auch Tempel zur Verehrung der verstorbenen göttlichen Pharaonen.

Die Cheopspyramide

Die Pyramide des Pharao Cheops gehört zu den größten jemals erbauten Pyramiden. Ihre Grundfläche besteht aus einem Quadrat mit einer Seitenlänge von 227,5 Metern – das entspricht mehr als sieben Fußballfeldern. Ihre ursprüngliche Höhe betrug 146 m.

Für dieses Bauwerk wurden über zwei Millionen Kalksteinblöcke mit einem durchschnittlichen Gewicht von 2,5 t – dem Gewicht von drei Kleinwagen – benötigt. Diese wurden größtenteils in Steinbrüchen vor Ort abgebaut, teils aber auch von weiter entfernt liegenden Stellen mit Schiffen zur Baustelle gebracht, wo sie eingepasst werden sollten. Da die Ägypter zu dieser Zeit das Rad noch nicht kannten, war der

M 2 Die Pyramiden von Gise
Rechts die Pyramide des Pharao Cheops, links daneben die seines Sohnes Chefren und links davor die seines Enkels Mykerinos. Die Cheopspyramide ist die höchste, wirkt jedoch kleiner im Bild, da sie sich im Hintergrund befindet, heutiger Zustand.

Transport außerordentlich beschwerlich. Erst an Ort und Stelle wurden die Blöcke wohl mit Werkzeugen aus Kupfer – Eisen war nicht bekannt – und sehr hartem Dioritstein so exakt behauen, dass sie ohne Mörtel fugenlos seit 4500 Jahren bis heute zusammenhalten. Über die genauen Abläufe beim Bau der Pyramide können wir allerdings nur Vermutungen anstellen, da uns entsprechende Quellen fehlen. Noch heute ist an einigen Stellen der Außenfassade zu erkennen, dass die Pyramide ursprünglich mit weißen polierten Kalksteinplatten abgedeckt war. In der gleißenden ägyptischen Sonne muss das Bauwerk also sonnengleich gestrahlt haben.

Zweifellos stellt der Bau der Cheopspyramide eine außerordentliche Leistung dar. Es waren nicht nur technische, sondern auch organisatorische Probleme zu lösen. So musste eine große Zahl von Menschen Tag für Tag nach einem festgelegten Plan arbeiten und mit Baumaterial sowie Lebensmitteln versorgt werden.

Schutz vor Räubern

Dieser ungeheure Aufwand diente dem Zweck, dem toten Pharao eine würdige Stätte zu errichten. Mehrere Kammern und Schächte im Inneren der Pyramide zeugen von dieser Absicht, wobei der Sinn einiger Gänge bis heute nur vermutet werden kann. Die alten Ägypter verschlossen alle Gänge und Kammern sorgfältig mithilfe von Steinplatten, um die Schätze, die zusammen mit dem Pharao hier begraben wurden, vor Räubern zu sichern. Gelungen ist ihnen das allerdings nicht. Schon seit langem ist die Pyramide bis auf einen Sarkophag leer. Die Mumie des Pharao Cheops wurde nicht gefunden.

Die Pyramiden – Arbeiten mit Schaubildern

M 3 Eine Pyramide aus Nilschlamm

Diese Pyramide wurde für den Pharao Amenemhet III. errichtet, der von 1842 bis 1797 v. Chr. regierte, heutiger Zustand.

M 4 Bau einer Pyramide

Über den konkreten Bauvorgang der Pyramiden gibt es keine Quellen. Heutige Forscher sehen grundsätzlich zwei Möglichkeiten:

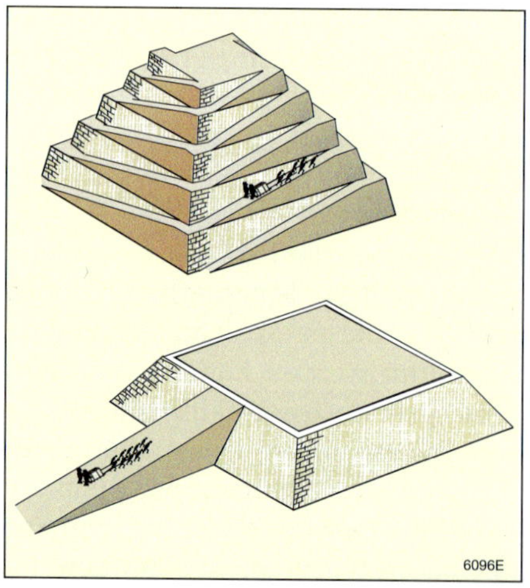

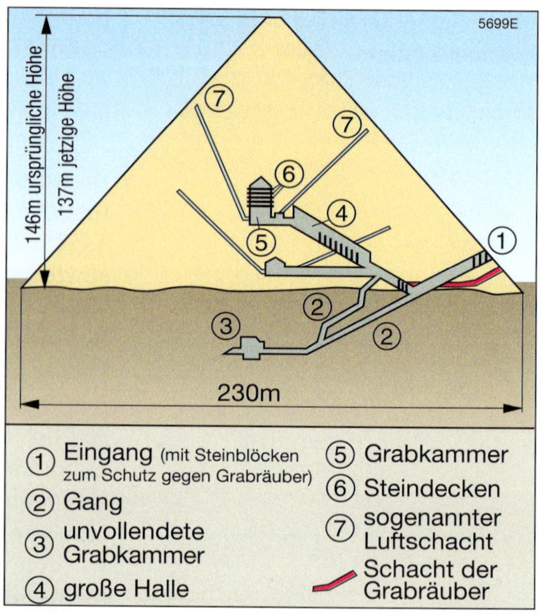

M 5 Die Cheopspyramide

Die Pyramiden – Ein Interview auswerten

M 6 Der Bau der Pyramiden

Aus einem Interview mit dem deutschen Ägyptologen Rainer Stadelmann:

Warum […] haben die Ägypter Pyramiden gebaut?
[…] Die Pyramide […] ist die Wohnung des Königs, der nun Totenherrscher für alle wird. Der tote Gott geht nicht mehr fort, sondern herrscht in einer für alle sichtbaren Pyramide, dem Sinnbild einer künftigen neuen Welt. […]

War [die] Oberschicht auch für die Organisation der Bauarbeiten zuständig?
Solch ein Bauwerk konnte nur von gut trainierten und hoch angesehenen Spezialisten erstellt werden, keineswegs etwa von Sklaven […].
Ist ihnen nicht aufgefallen, dass sie überhaupt keine Darstellungen […] über den Pyramidenbau finden? […]
[Der Pyramidenbau] war für die Ägypter ein Gottesdienst.

Wie viele Menschen haben mit dem Bau [einer Pyramide] zu tun gehabt?
Rund 25 000 – etwa ein Prozent der damaligen ägyptischen Bevölkerung […]. Mit dem Bau selbst waren 15 000 Mann beschäftigt – und zwar jeweils zu einem Drittel direkt auf der Baustelle und in den Steinbrüchen von Gise und Mokazam. Wobei sich 1 000 Mann ausschließlich um [die Werkzeuge] gekümmert haben. Für die Transporte [der Steinblöcke] waren weitere 5 000 Mann zuständig. Zwar wurden die meisten Steine von Ochsen herbei- und heraufgeschleppt, aber manche auch von Menschen. Wir haben nachgewiesen, dass 18 Mann einen solchen Steinklotz eine Böschung mit zwölf Prozent Steigung hochbringen können. Und noch einmal rund 5 000 Leuten – etwa Bäckern und Köchen – oblag die Versorgung.

Wie lange dauerte der Bau?
Immerhin gibt es ein paar Daten, aus denen Rückschlüsse erlaubt sind. Danach würde ich sagen, etwa 30 Jahre – samt aller Kultgebäude, die bei späteren Pyramiden immer mehr an Wichtigkeit gewannen.

Und dorthin pilgerten die frommen Ägypter?
Ja, aber [es] wohnten auch Hunderte von Menschen direkt bei den Pyramiden – als Totenpriester, die Opferhandlungen zu verrichten hatten, als Nachtwächter, als Reparaturhandwerker.
Während im Umfeld der Cheops-Pyramide noch kein einziges Vorratslager zu finden ist – alle für den Kult in den Totentempeln erforderlichen Dinge sind täglich angeliefert worden –, entstanden bei späteren Pyramiden große Magazine für die Versorgung der Kultbediensteten.
Es entwickelte sich ein riesiger Apparat für die Jenseitsversorgung: für die Logistik, die Verwaltung der königlichen Stiftungen und so weiter. Und allmählich wuchsen ganze Pyramidenstädte heran, mit eigener Landwirtschaft, eigenen Einkünften.

Geo Epoche, Das Reich der Pharaonen, Hamburg 2000, S. 62 ff.

Aufgaben

1. a) Beschreibe die beiden Möglichkeiten des Bauvorganges einer Pyramide.
   b) Überlege, welche Vor- und Nachteile die Möglichkeiten jeweils hatten.
   → M4
2. Erkläre anhand der Skizze, wie die Ägypter versucht hatten, die Grabkammer des Pharao zu schützen.
   → M5
3. Vergleiche den heutigen Zustand der verschiedenen Pyramiden. Suche Gründe für das jeweilige Aussehen.
   → M1, M2, M3
4. Fasse die Ausführungen des Wissenschaftlers Rainer Stadelmann mit eigenen Worten zusammen.
   → M6
5. Suche Abbildungen prunkvoller Gräber aus späterer Zeit. Worin unterscheiden sich diese von den Pyramiden?

M 1 **Ein Götterbild**
Die Figur in der Mitte verkörpert zugleich den Sonnengott Re und den Totengott Osiris. Die Ägypter wollten damit den Kreislauf des Lebens symbolisieren, um 1250 v. Chr.

Der Glaube der alten Ägypter

Die ägyptischen Götter

Darstellungen der ägyptischen Götter sind als große Statuen oder auch als Wandmalereien in den Gräbern der alten Ägypter erhalten geblieben. Dabei fällt auf, dass auf menschlichen Körpern häufig Tierköpfe sitzen. So hat Thot, der Gott der Schreiber, einen Vogelkopf, während der Totengott Anubis den Kopf eines Schakals trägt. Die Ägypter stellten ihre Götter als Mischwesen zwischen Mensch und Tier dar, weil sie damit ihre Göttlichkeit besonders betonen wollten.

Mithilfe der verschiedenen Erzählungen über die Götter – den sogenannten Mythen – versuchten die Ägypter, die sie umgebende Welt sowie ihr eigenes Leben zu erklären. Wegen der Vielzahl der Gottheiten wird der altägyptische Glauben heute als polytheistische Religion bezeichnet (griech. poly = viel; Theismus = Gottesglaube). Der Polytheismus ist für viele frühe Hochkulturen typisch. Auch heute ist noch eine der großen Weltreligionen, nämlich der in Indien vorherrschende Hinduismus, polytheistisch.

Osiris und die Unterwelt

Eine wichtige Gottheit war Osiris, der als Herrscher über die Unterwelt oft mit den gleichen Herrschaftszeichen wie der Pharao dargestellt wurde. Osiris stammte vom Sonnengott Re ab und regierte zusammen mit seiner Gattin und Schwester Isis Ägypten, wobei er den Menschen auch die Kenntnis der Landwirtschaft brachte. Aus Neid ermordete ihn sein Bruder Seth, zerstückelte ihn und warf die einzelnen Teile in den Nil. Isis suchte diese, setzte sie wieder zusammen, erweckte Osiris zum Leben und empfing von ihm den falkenköpfigen Gott Horus. Dieser trat die Nachfolge seines Vaters an, während Osiris zum Herrscher des Totenreiches wurde. Der lebende Pharao wurde nun mit Horus, der tote mit Osiris gleichgesetzt.

M 2 **Der Totengott Anubis bei einer Mumifizierung**
um 1250 v. Chr.

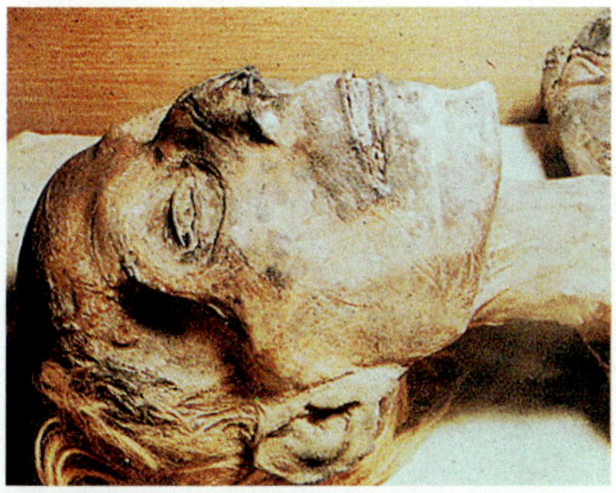

M 3 Eine Mumie
Der Pharao Ramses II. starb 1213 v. Chr. Seine Leiche wurde durch Austrocknung und Einbalsamierung dauerhaft haltbar gemacht, heutiger Zustand.

Die Vorstellung vom Jenseits

Die Ägypter gingen davon aus, dass die Seele nach dem Tod des Körpers weiterlebte. Sie glaubten, dass sich die Seele vom Leichnam zunächst entfernen würde und im Westen, also in der Region des Sonnenuntergangs, das Totengericht bestehen müsste. Ging diese Prüfung positiv aus, so kehrte nach ägyptischer Vorstellung die Seele während des Tages in den toten Körper zurück, in der Nacht durchquerte sie dagegen auf der Barke des Re die Unterwelt. Die sogenannten Totenbücher stellen solche Totengerichte dar.

Die Angehörigen mussten dafür sorgen, dass der Körper möglichst gut erhalten blieb, damit die Seele in ihn zurückkehren konnte. Die Ägypter entwickelten daher die Kunst der Mumifizierung.

Die Mumifizierung der Toten

In einem komplizierten Verfahren, das bis zu 70 Tage dauern konnte, wurden dem Leichnam zunächst die Eingeweide und das Gehirn entnommen. Der Körper wurde dann mit unterschiedlichen Flüssigkeiten behandelt und schließlich – wie Osiris – in Binden eingewickelt.

Dem Toten sollte in seinem Grab nichts fehlen, was er in seinem vorherigen Leben hatte. So fanden sich in Gräbern Gegenstände des täglichen Lebens, aber auch Reste von Lebensmitteln und Getränken. Je höher der Rang des Verstorbenen war, desto prunkvoller war diese Ausstattung. Da Statuen und Wandmalereien nach der Vorstellung der Ägypter die gleiche Funktion wie die realen Gegenstände erfüllten, wurden die Gräber reichhaltig ausgestattet.

Die Darstellungen in Gräbern sind also äußerst wichtige Quellen für das Alltagsleben im alten Ägypten. Allerdings konnten sich nur sehr reiche Ägypter eine aufwendige Mumifizierung sowie ein prunkvolles Grab leisten. Die meisten Menschen wurden in einfachen Grabschächten in der Wüste bestattet.

M 4 Mundöffnung
Mit dem Mundöffnungsritual begann nach der Vorstellung der Ägypter die Wiedererweckung der Verstorbenen. Priester in weißen Schürzen stellen Horus dar. Sie benetzen die Lippen der Mumie mit Wasser. Anubis richtete die Mumie auf, sodass der Mund geöffnet werden konnte. Es sollte dem Toten ermöglicht werden, zu essen, zu trinken und zu sprechen,
Papyrus von 1290 v. Chr.

Ein Totengericht – Eine Bildquelle auswerten

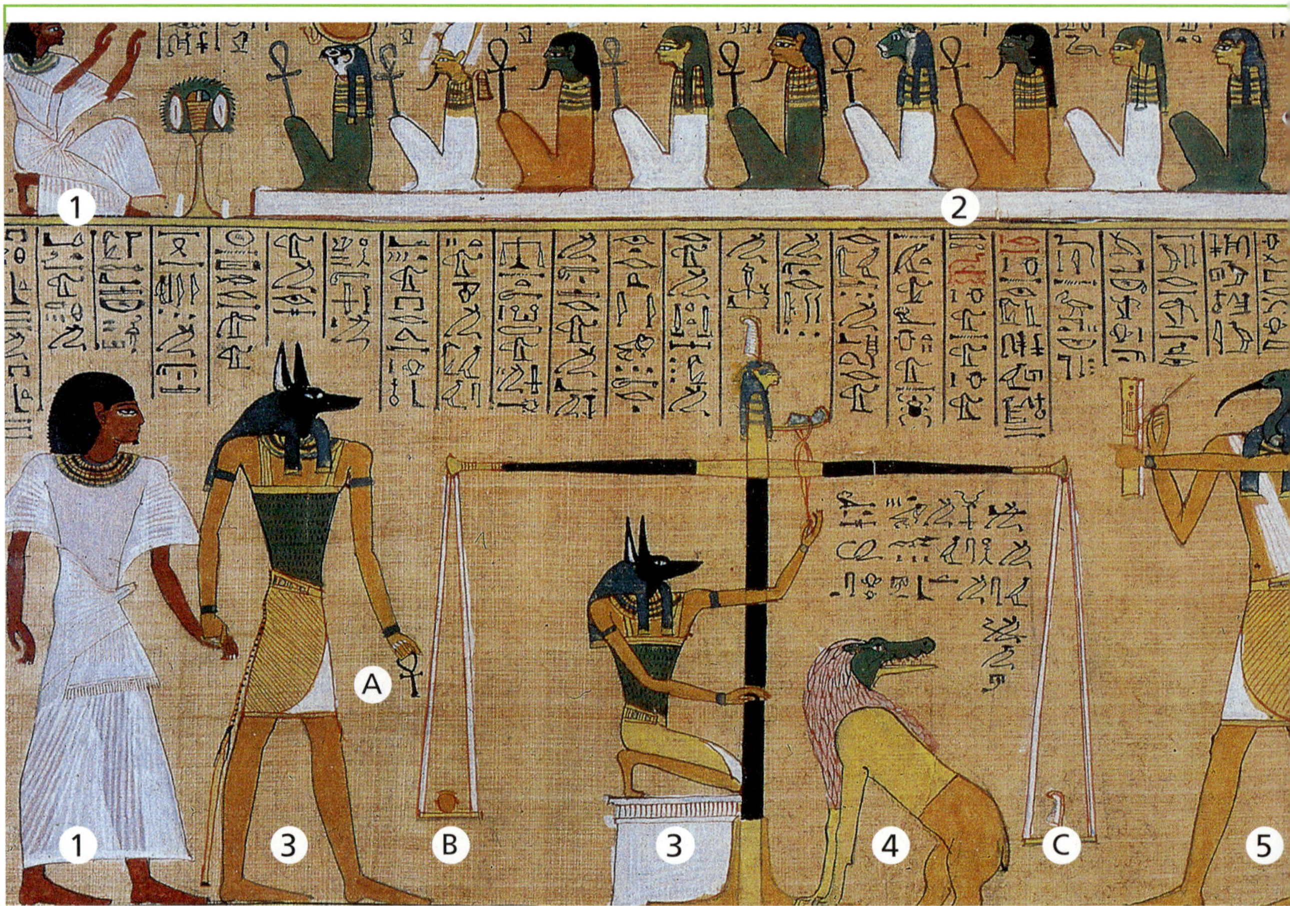

M 5 Das Totengericht des Schreibers Hunefer
In den Totenbüchern der Ägypter kann man erfahren, wie sich die Ägypter den Weg ins Jenseits vorgestellt haben. Dieses Bild aus dem Grab des königlichen Schreibers Hunefer, das man wie einen Comic „lesen" kann, stellt das Totengericht dar. Es zeigt insgesamt vier große Szenen.
Die Ziffern und Buchstaben geben Auskunft darüber, um welche Personen oder Gegenstände es sich handelt.

① = Hunefer, königlicher Schreiber unter Pharao Sethos I.
② = 14 Gottheiten
③ = Anubis, der Totengott
④ = Ammit, Fresserin der Sünder
⑤ = Thot, der Schreibergott
⑥ = Horus, Sohn des Osiris
⑦ = Osiris, der Herrscher des Jenseits
⑧ = Isis und Nephthys, Schwestern des Osiris
Ⓐ = Anch (Henkelkreuz; Zeichen des Lebens)
Ⓑ = Gefäß mit Hunefers Herz
Ⓒ = Feder der Maat; Maat ist die Göttin der Gerechtigkeit

Szene 4

M 6 **Ein Toter spricht**

In den Totenbüchern finden sich auch Sprüche zu den einzelnen abgebildeten Ereignissen. Im Grab des Schreibers Hunefer wurde folgendes Papyrus gefunden:

Ich habe kein Unrecht gegen Menschen begangen, und ich habe keine Tiere misshandelt. Ich habe nichts Krummes an Stelle von Recht getan.[...] Ich habe keinen Gott beleidigt. Ich habe kein Waisenkind an seinem Eigentum geschädigt. Ich habe nicht getan, was die Götter verabscheuen. Ich habe keinen Diener bei seinem Vorgesetzten verleumdet. Ich habe nicht Schmerz zugefügt und [niemand] hungern lassen. Ich habe keine Tränen verursacht. Ich habe nicht getötet, und ich habe nicht zu töten befohlen.

E. Hornung, Das Totenbuch der Ägypter, Zürich 1990.

Aufgaben

1. a) Beschreibe die Szenen des Totengerichts.
   b) Der Spruch bezieht sich auf die erste Szene im Bild. Was sagt Hunefer über sich selbst? Was will er damit zum Ausdruck bringen?
   c) Welches Ergebnis hat das Totengericht über Hunefer? → M5, M6
2. a) Was erfahren wir aus dem Bild über die Jenseitsvorstellungen der Ägypter?
   b) Vergleiche die Jenseitsvorstellungen der Ägypter mit den christlichen Vorstellungen vom Leben nach dem Tod. → M5
3. Suche in Lexika, Sachbüchern oder im Internet nach Informationen zu den im Totengericht dargestellten Gottheiten. Verfasse jeweils einen „Göttersteckbrief". → M5, Lexikon, Internet

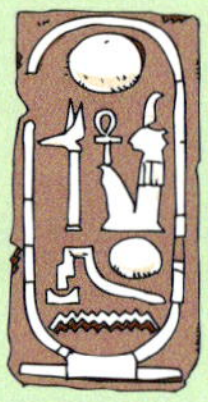

Erste Schriftzeichen

Entstehung des ägyptischen Reichs

Pyramiden

Kulturelle Blütezeit

3000 | 2500 | 2000 | 150

Zusammenfassung

Seit dem 4. Jahrtausend v. Chr. wurde die Flussoase des Nil besiedelt. Die regelmäßig wiederkehrenden Überschwemmungen bestimmten das Zusammenleben der Menschen im Alten Ägypten. Astronomische Beobachtungen waren die Grundlage des ägyptischen Kalenders. Mithilfe der Geometrie konnte das Land vermessen werden. Die Hieroglyphenschrift und die Herstellung von Papyrus ermöglichten Aufzeichnungen verschiedenster Art.

Im Alten Ägypten bildete sich eine hierarchische Gesellschaft heraus. An der Spitze stand der Pharao, der nicht nur als unumschränkter Herrscher, sondern auch als Gott galt. Beamte und Priester sowie Handwerker und Bauern bildeten verschiedene soziale Gruppen.

Der Glaube im Alten Ägypten kannte eine Vielzahl verschiedener Götter, war also polytheistisch. Er beruhte auf der Vorstellung von einem Weiterleben nach dem Tod. Die Pyramiden waren prächtige Grabanlagen für die Pharaonen.

Das Alte Ägypten ist allerdings nur ein Beispiel für eine frühe Hochkultur. Auch in anderen Teilen der Welt gab es damals ähnliche Entwicklungen. Andere Gebiete, zum Beispiel auch Mitteleuropa, blieben davon unberührt.

Das alte Ägyptische Reich hatte eine erstaunlich lange Lebensdauer: rund 3000 Jahre lang regierten die Pharaonen das Land am Nil. Erst im Jahr 30 v. Chr. gelang es den Römern, das Land ins Römerreich einzugliedern.

3te Ausdehnung
ägyptischen Reichs

Auszug der Hebräer
aus Ägypten (um 1230)

30 v. Chr.
Römer erobern Ägypten

70 n. Chr. Zerstörung des
Tempels in Jerusalem

1000 | 500 | Chr. Geburt

Daten

Ab 3000 v. Chr.:
Hochkultur in Ägypten

Begriffe

Papyrus
Hieroglyphen
Pharao
Pyramiden
Judentum

Personen

Tutanchamun
Hatschepsut
Hunefer

Tipps zum Thema: Ägypten – Eine frühe Hochkultur

Filmtipp

Die Pyramide.
Ein Weltwunder entsteht,
60 min, Deutschland 2003

Lesetipp

Christian Jacq:
Die Pharaonen, München/Wien 1998

Eloise Jarvis McGraw:
Der goldene Kelch, Weinheim/Basel 2001

Museen

Ägyptisches Museum und Papyrussammlung, Berlin

Museum für Völkerkunde, Hamburg

Kommentierte Links: www.westermann.de/geschichte-linkliste

Altes Museum in Berlin

Die Propyläen in München

Thronender Zeus
Bronzestatuette, 6. Jahrhundert v. Chr.

Ein Werbeplakat von 1928

Vase, 6. Jahrhundert v. Chr.

Der Deutsche Bundestag

Griechische Hoplitenphalanx
Kanne, um 650 v. Chr.

Α	α	Alpha	a
Β	β	Beta	b
Γ	γ	Gamma	g
Δ	δ	Delta	d
Ε	ε	Epsilon	e
Ζ	ζ	Zeta	z
Η	η	Eta	ä
Θ	ϑ	Theta	t (th)
Ι	ι	Jota	i, j
Κ	κ	Kappa	k
Λ	λ	Lambda	l
Μ	μ	My	m
Ν	ν	Ny	n
Ξ	ξ	Xi	x
Ο	ο	Omikron	o (kurz)
Π	π	Pi	p
Ρ	ρ	Rho	r
Σ	σ	Sigma	s
Τ	τ	Tau	t
Υ	υ	Ypsilon	ü, u
Φ	φ	Phi	f (ph)
Χ	χ	Chi	ch
Ψ	ψ	Psi	ps
Ω	ω	Omega	o (lang)

M 1

M 2 Homer
Zu den Legenden, die sich um Homer ranken, gehört seine Blindheit, römische Kopie einer griechischen Büste von etwa 460 v. Chr.

Was machte die Griechen zu Griechen?

Vermutungen über die Anfänge der griechischen Antike
Über den Beginn der griechischen Kultur wissen wir nur wenig. Wissenschaftler vermuten, dass es seit etwa 2000 v. Chr. zu Wanderungen von verschiedenen Stämmen kam, woraus sich nach und nach eine einheitliche griechische Kultur entwickelte. Erst ab 800 v. Chr. lassen sich mehrere griechische Stämme unterscheiden, die durch gemeinsame Sprache, Lebensweise und Religion miteinander verbunden waren.

Polis – Der Heimatort der Griechen
Es entstand jedoch kein einheitlicher griechischer Staat, sondern einzelne Stadtstaaten mit meist nur ein paar Tausend Einwohnern. Das hängt vermutlich mit der Landschaft zusammen: Wenige Ebenen, tiefe Flusstäler, abgeschiedene Buchten und hohe Gebirge erschwerten die Verbindung zwischen den Siedlungen und Städten. Ihren Heimatort nannten die Griechen „Polis" (Mehrzahl: Poleis). Die Polis war politischer und religiöser Mittelpunkt des umliegenden Gebietes. Die Bürger achteten auf die politische Selbstständigkeit und waren stolz auf ihre Freiheit und ihr eigenes Recht.

Schrift und Sprache
Die Seefahrt brachte die Griechen in Kontakt mit dem Volk der Phöniker, das an der Ostküste des Mittelmeers beheimatet war. Von diesem übernahmen sie das Alphabet, woraus sich eine eigene Schrift entwickelte. Die gemeinsame Sprache und Schrift festigten das Zusammengehörigkeitsgefühl der Griechen. Sie bezeichneten sich selbst als Hellenen und alle Fremden, die nicht griechisch sprachen, als Barbaren.

Die große Kolonisation
Griechen lebten aber nicht nur in Griechenland. Im 8. Jahrhundert v. Chr. besiedelten sie den gesamten Mittelraum, indem sie an geeigneten Stellen Poleis, d. h. neue Stadtstaaten, gründeten. Diesen Vorgang bezeichnet man als Große Kolonisation. Die Motive für die Gründung griechischer Kolonien waren zahlreich: Bevölkerungswachstum, Landnot und Ernährungskrisen, Handelsinteressen und der verbesserte Zugang zu Metallvorkommen oder Schiffbauholz, der Ehrgeiz von Einzelpersonen und der Abbau von Konflikten im Inneren der Gemeinschaft.

Homers Erzählungen
Für die antiken Griechen gehörten die Werke Homers, die „Ilias" und die „Odyssee", zum grundlegenden Wissen. Die „Ilias" erzählt von der Belagerung Trojas durch die Griechen. Von den Irrfahrten des Odysseus während seiner Heimkehr erzählt die „Odyssee". Diese Geschichten wurden mündlich verbreitet und schließlich schriftlich aufgezeichnet. Die Griechen waren davon überzeugt, dass es Homer tatsächlich gegeben habe. Der Name steht jedoch vermutlich nicht für einen einzelnen Autor.

M 3 Thronender Zeus
griechische Bronzestatuette, Höhe 12 cm, 6. Jahrhundert v. Chr.

Die Religion der Griechen

Die Religion der Griechen war polytheistisch, das heißt, es wurden viele Götter verehrt. Die Griechen stellten sich ihre Götter - abgesehen von deren ewiger Jugend und Macht - sowohl vom Aussehen als auch vom Verhalten wie Menschen vor. Daher gab es unter den Göttern Freundschaft, Streit, ja sogar Betrug und Feindschaft. Sie lebten auf dem Berg Olymp.

An der Spitze der olympischen Götterfamilie stand Zeus. Zunächst war er ein Gott, der für Himmelserscheinungen wie Blitz und Donner zuständig war. Auf diese Weise konnten sich die Menschen ihnen unverständliche Ereignisse erklären. So glaubten die Griechen bei Gewittern, Zeus sei zornig. Die Liebe war für sie das Werk der Aphrodite, der Göttin der Liebe. Überhaupt erschien den Griechen die gesamte Welt voller Götter. In Quellen wohnten Nymphen, Bäume wurden von Satyrn oder Faunen bevölkert und Flüsse von Flussgöttern.

Formen religiöser Verehrung

Im Zentrum der religiösen Handlungen stand das Opfer. Um die Götter für sich zu gewinnen, schlachteten die Priester Tiere und verbrannten ausgewählte Stücke davon auf dem Opferaltar. Allerdings konnte auch der einzelne Gläubige opfern. Eine wesentliche Rolle spielten religiöse Zentren und Kultstätten. In Delphi zum Beispiel äußerte sich nach der Vorstellung der Griechen der Gott Apollon. Die Pythia, eine Priesterin, saß in ihrer „Cella“ auf einem dreifüßigen hohen Stuhl aus Bronze und wurde unter der Einwirkung von Dämpfen in eine Art Rauschzustand versetzt. Die Griechen glaubten, dass die Pythia in diesem Zustand göttliche Botschaften verkündete.

M 4 Das Heiligtum in Delphi
Heutiger Zustand

Griechische Götter – Informationen sammeln

M 5 **Apollon**
Marmorstatue, 1,97 m, römische Kopie des griechischen Originals von 460 v. Chr., gefunden 1771. Die Gegenstände, die Apollon hält, sind moderne Ergänzungen.

M 6 **Athena**
2,01 m, Rekonstruktion nach römischer Kopie, das Original bestand aus Bronze und entstand um 450 v. Chr.

M 7 **Lexikonartikel**

In einem modernen Lexikon stehen folgende Informationen zu den zwei wichtigen Göttern:

a) Apoll
griechisch Apollon, lateinisch Apollo, griechischer Gott, bei Homer Sohn des Zeus und der Leto. Bruder der Artemis, ursprünglich aber orientalischer Herkunft: Dies bezeugt sein Name, in dem das babylonische Wort abullu (Tor) vermutet wird; Hüter der Tore war der babylonische Sonnengott Schamasch. Ihm waren die Löwen heilig, die auf Delos, dem mythischen Geburtsort A.s, Symbol des A. sind. Den Griechen vor Troja war A. nach Homer noch feindlich, seine Pfeile brachten Tod und Verderben. Wer Tod und Krankheit sendet, vermag nach antikem Glauben das Übel auch abzuwehren. So wurde A. zum Heilgott (später von seinem mythischen Sohn Äskulap abgelöst) und – da Wege zur Heilung bes. durch Weissagung gewiesen wurden – zum Gott der Orakel [...].

b) Athene, Pallas Athene
griechisch auch Athena, griechische Göttin. Tochter des Zeus, zunächst wohl kretische Palastgöttin und Schutzgöttin der mykenischen Herren, bei Homer ‚Vorkämpferin' in der Schlacht und zugleich Werkkundige'; sie lehrt die Frauen das Weben, die Männer das Zimmern.
Das Bild, das Palladion, wurde auf der trojanischen Burg verehrt, dennoch gewährte sie den Trojanern keinen Schutz. Geboren aus dem Haupt des Zeus, ist A. die ‚Jungfräuliche' (Parthenos), die nie ein Liebesbündnis eingeht. In dem mit ihr verbundenen Athen barg der ‚Alte Tempel' ihr Holzbild, das jährlich an den Panathenäen ein neues Gewand erhielt.
Für sie wurde ein neuer Tempel, der Parthenon, errichtet. Ihre Attribute waren der Ölbaum und die Eule [...].

dtv Brockhaus Lexikon, 20. Bde., München 1984, hier Bd. 1, S. 230 f. und S. 311 f.

Griechische Kolonisation – Eine Textquelle auswerten

M 8 Die Gründung einer Kolonie

Herodot (etwa 484–430 v. Chr.) gilt als Begründer der Geschichtsschreibung. In seinen „Historien" berichtet er unter anderem über die Gründung von Kyrene in Nordafrika:

Theras stammte also aus dem Geschlecht des Kadmos und war der Mutterbruder der Söhne des Aristodemos, Eurysthenes und Prokles. Solange diese Söhne noch Kinder waren, hatte Theras als ihr Vormund den Königsthron von Sparta inne. Aber die Brüder wuchsen heran und übernahmen selber die Herrschaft, und Theras, dem es unerträglich war, einen Herrscher über sich zu haben, da er selber das Herrschen geschmeckt hatte, wollte nicht länger in Lakedaimon bleiben und sagte, er wolle auswandern zu seinen Verwandten. Nun wohnten auf der Insel Thera, früher Kalliste genannt, die Nachkommen eines Phoinikers […].

Zu ihnen also wollte Theras mit einem Teil der Spartiaten auswandern; er wollte gemeinsam mit ihnen wohnen und ihr Freund werden, nicht sie vertreiben. […] Die Insel Kalliste aber erhielt nach Theras, der sich auf ihr ansiedelte, den Namen Thera. […].

Ein Nachkomme jenes Theras, Grinnos […], König der Insel Thera, kam nach Delphi, um im Namen seiner Stadt eine Hektakombe [Festopfer] zu opfern. Einige Bürger reisten mit ihm, darunter Battos […]. Während nun der König Grinnos von Thera das Orakel befragte, gab die Pythia eine ganz andere Antwort: er solle eine Stadt in Libyen gründen. Er erwiderte darauf:

„Herr! Ich bin zu alt und müde, mich auf den Weg zu machen. Heiße doch einen der Jüngeren hier die Sache unternehmen!"

Mit diesen Worten wies er auf Battos. Weiter geschah damals nichts, und als sie heimgekehrt waren, ließen sie den Orakelspruch auf sich beruhen. […]

Nun aber blieb sieben Jahre lang der Regen in Thera aus, und während dieser Jahre verdorrten alle Bäume auf der Insel mit Ausnahme eines einzigen. Die Theraier befragten das Orakel, und die Pythia erinnerte sie an das Gebot des Gottes, eine Kolonie in Libyen zu gründen. Da sie sich nicht anders zu helfen wussten, schickten sie Boten nach Kreta, um nachzuforschen, ob vielleicht ein Kreter oder ein Fremder, der sich in Kreta aufhielt, einmal nach Libyen gekommen sei. Die Boten zogen auf der Insel umher und kamen endlich auch in die Stadt Itanos. Dort fanden sie einen Fischer, namens Korobios, der sagte, er sei einmal von den Stürmen nach Libyen verschlagen worden und sei zu der Insel Platea an der libyschen Küste gelangt. Diesem Manne gaben sie Geld und brachten ihn mit nach Thera, und es fuhren nun zuerst wenige Männer aus, um das libysche Land auszukundschaften. Korobios führte sie nach jener Insel Platea, und sie ließen ihn dort zurück, gaben ihm auch Nahrungsmittel für einige Monate und segelten eiligst nach Thera zurück, um die Kunde von jener Insel ihren Landsleuten zu überbringen. […]

Als die Theraier, die den Korobios in Platea zurückgelassen hatten, nach Thera heimkamen, meldeten sie, sie hätten eine Insel an der Küste Libyens für die Ansiedlung besetzt. Die Theraier beschlossen, dass aus allen sieben Gemeinden der Insel immer je einer von zwei Brüdern auswandern sollte. Führer und König der Auswanderer sollte Battos sein. So gingen denn zwei Fünfzigruderer nach Platea ab.

Herodot, Historien, übers. von A. Horneffer, Stuttgart 1971, S. 305 ff.

Aufgaben

1. a) Beschreibe die beiden Statuen. Berücksichtige auch die Haltung und den Gesichtsausdruck.
   b) Bearbeite die beiden Lexikonartikel. Welche Aufgabe haben die beiden Götter?
   c) Erläutere, welche Eigenschaften sich an den Statuen ablesen lassen.
   → M5, M6, M7
2. Fasse die Aussagen des Textes von Herodot zusammen. Achte besonders auf die Gründe für die Auswanderung und die entstandenen Schwierigkeiten.
   → Text, M8

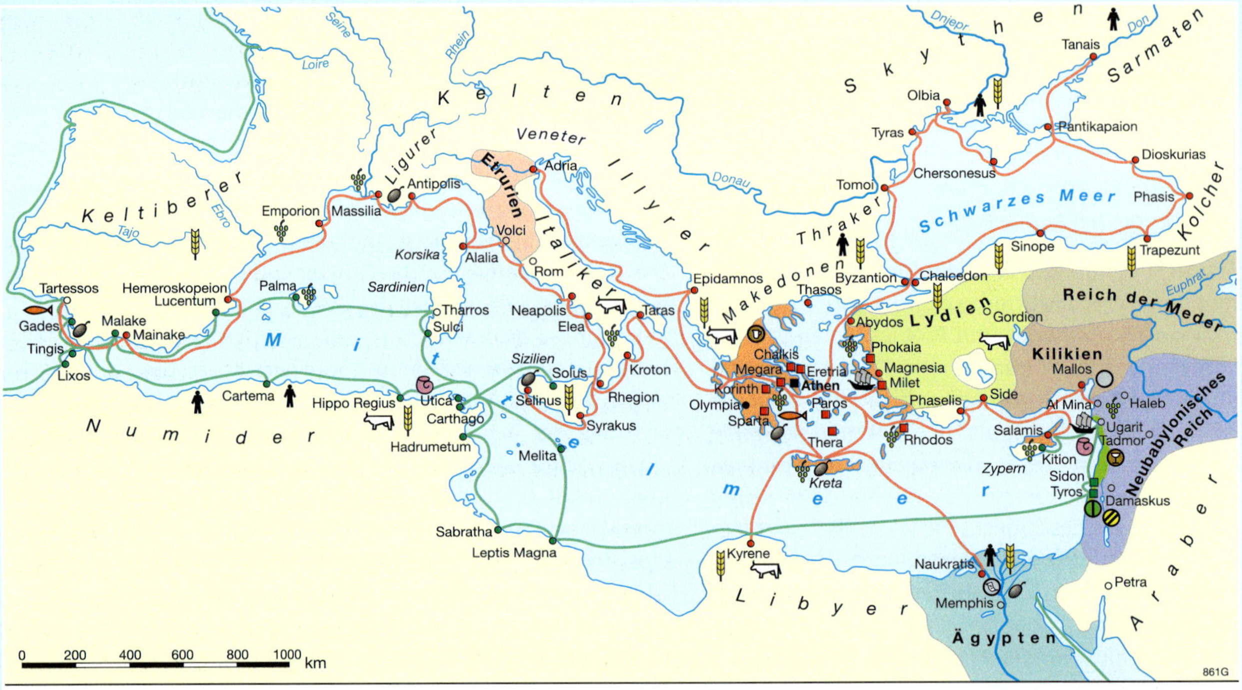

Die griechische Kolonisation

Phönikische Kolonisation (11.–7. Jahrh. v. Chr.)
- Herrschaftsgebiet
- Mutterstadt
- Tochter- oder Enkelstadt (Auswahl)

Griechische Kolonisation (8.–6. Jahrh. v. Chr.)
- Herrschaftsgebiet
- Mutterstadt
- Tochter- oder Enkelstadt (Auswahl)

Handelswege
- Phöniker
- Griechen

Kelten Stammesgebiet

sonstige Siedlung

Landwirtschaft
- Getreide
- Wein
- Olivenöl
- Holz
- Fischfang
- Viehzucht

Gewerbe
- Keramik
- Glas
- Papyrus
- Kosmetika
- Wolle, Wollwaren
- Purpur
- Schiffbau
- Sklaven

M 1

Umgang mit Geschichtskarten

Was ist eine Geschichtskarte?
Geschichtskarten sind nachträgliche Darstellungen von historischen Gegebenheiten. Ausgangspunkt ist dabei eine geografische Karte. Geschichtskarten stellen vor allem die räumliche Dimension der Geschichte dar.

Historische Informationen werden unter anderem mithilfe von Symbolen, Linien, Flächenfarben und Beschriftungen eingetragen. Jede Karte sollte neben einer Überschrift sowie der Angabe des Maßstabes auch eine Legende enthalten, die die „Zeichensprache" der Karte erklärt. Das richtige Lesen einer Geschichtskarte ermöglicht es, sich schnell und umfassend über einen Sachverhalt zu informieren.

Vorsicht beim Umgang mit Geschichtskarten
Geschichtskarten vermitteln oft den Eindruck, dass der Kenntnisstand über historische Gegebenheiten sicher ist. Dieser Eindruck kann jedoch trügen. So lässt sich zum Beispiel die Lage von Ortschaften nicht immer sicher zuweisen. Ähnliches gilt für die Verbreitung von

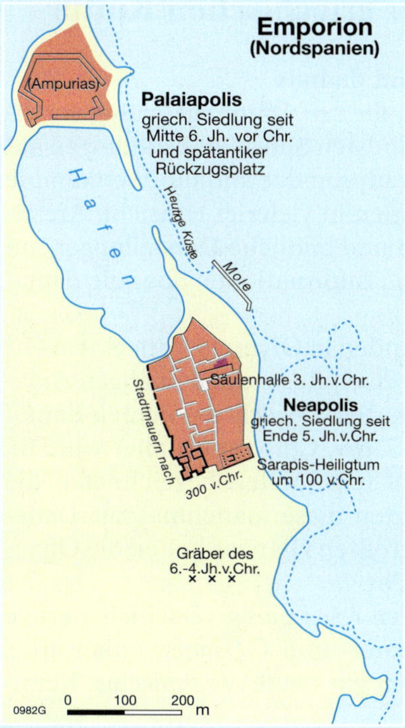

M 2

Handelsgütern. Lässt der Fund einiger weniger griechischer Luxusvasen etwa im keltischen Siedlungsgebiet auf beständigen und regen wirtschaftlichen Austausch schließen? Wurden Handelsrouten, wie sie auf der Karte angegeben sind, regelmäßig genutzt und wenn ja mit welcher Intensität?

Geschichtskarten sind vereinfachte Darstellungen

Auch die Abbildung selbst entspricht nicht vollkommen der historischen Wirklichkeit: Um dem modernen Betrachter zum Beispiel die regionale Verbreitung von Siedlungsgebieten zu veranschaulichen, muss der Kartograf die Karte vereinfachen. Unter Umständen fallen wichtige Informationen über Gebirgszüge und Flussläufe weg, damit sich der Betrachter auf die historischen Hauptaussagen der Karte konzentrieren kann. Selbst der Umriss der Küstenlinien ist meist vereinfacht und berücksichtigt nicht unbedingt den Verlauf der historischen Küstenlinien.

Bei den Symbolen, die der Kartograf auswählt, muss er ebenfalls vereinfachen. So wird dem Leser zwar klar, dass im Mittelmeerraum Getreide transportiert wurde. Um welche Form von Getreide es sich handelte, erfährt er aus der Karte nicht, weil jede zusätzliche Information unter Umständen die Karte nur schwer oder gar nicht verständlich erscheinen ließe.

Fragen an Geschichtskarten

1. Bestandteile der Karte

a) Wie lautet die Überschrift der Karte? Welche Gebiete sind auf der Karte abgebildet?
b) Berechne den Maßstab der Karte.
c) Was enthält die Legende?
d) Wofür werden Symbole, wofür Striche und wofür Flächenfarben verwendet? Findest du die Karte übersichtlich gestaltet?

2. Art der Karte

a) Wird ein Zustand oder eine Entwicklung dargestellt?
b) Handelt es sich um eine politische, eine soziale, eine militärische oder eine Wirtschaftskarte?

3. Aussagewert der Karte

Beantworte mithilfe der Karten folgende Fragen:
a) Wann fand die griechische Kolonisation statt?
b) Nenne die südlichste, die westlichste, die nördlichste und die östlichste griechische Tochter- oder Enkelstadt.
c) Beherrschten die Griechen den ganzen Mittelmeerraum?
d) Wo wurde Keramik hergestellt?
e) Woher kam das Getreide, das in Athen benötigt wurde?
f) Beschreibe den Weg, den ein Schiff von Athen nach Emporion nahm.
g) Welche Bauphasen kann man in Emporion unterscheiden?
h) Weshalb war Emporion als Kolonie gut geeignet?
i) Welche Informationen erhält man nicht aus der Karte?

M 1 Ein Werbeplakat

Olympia – Ein Zentrum der griechischen Kultur

Die Olympischen Spiele – Heute und damals

Die Olympischen Spiele der Neuzeit, die seit 1896 regelmäßig veranstaltet werden, zählen zu den bedeutendsten Sportveranstaltungen auf der Welt. Sie knüpfen zwar an die Tradition der antiken Wettkämpfe an, unterscheiden sich jedoch von ihnen in vielerlei Hinsicht. Archäologische Funde, schriftliche Quellen und bildliche Darstellungen auf Vasen und Schalen enthalten wichtige Informationen über die damaligen Veranstaltungen.

Die antiken Olympischen Spiele fanden in Olympia statt, einem Ort im Westen der Peloponnes, wo heute noch Reste der damaligen Anlagen zu besichtigen sind. Die überlieferten Siegerlisten deuten darauf hin, dass die Spiele seit mindestens 776 v. Chr. veranstaltet wurden. Den vierjährigen Abstand zwischen den Spielen bezeichneten die Griechen als Olympiade und benutzten diese manchmal zur Datierung von Ereignissen. Die Zeit ihres größten Glanzes hatten die Olympischen Spiele im 5. Jahrhundert v. Chr.

Aber auch an anderen Orten fanden regelmäßig verschiedenartige Wettkämpfe statt, zum Beispiel Theater- und Gesangswettbewerbe. Diese Lust, Wettbewerbe auszutragen, gilt heute als typisches Kennzeichen der griechischen Kultur.

Ein religiöses Fest

Die antiken Olympischen Spiele waren jedoch mehr als sportliche Auseinandersetzungen. Sie waren eines der wichtigsten religiösen Feste in ganz Griechenland. Die Griechen widmeten sie ihrem wichtigsten Gott Zeus, und das Opferfest zu seinen Ehren war der wichtigste Teil der Spiele. Sein Standbild, das im zentralen Tempel im Heiligtum von Olympia aufgestellt war, hatte der Bildhauer Phidias um 430 v. Chr. aus Gold und Elfenbein gefertigt. Diese Zeus-Statue wurde zu den sieben Weltwundern der Antike gezählt.

Für das Zusammengehörigkeitsgefühl der Griechen waren die Olympischen Spiele von zentraler Bedeutung, da aus dem ganzen Mittelmeerraum Teilnehmer und Zuschauer zusammenkamen und sich trotz aller Unterschiede ihrer Gemeinsamkeiten in Sprache, Religion und Kultur bewusst wurden. Mehr noch: Ein Fest wie in Olympia bot Gelegenheit, politisch zu verhandeln und Verträge zu schließen.

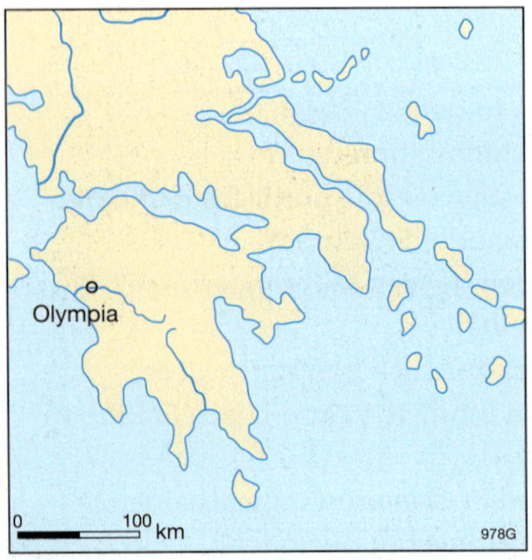

M 2

Der Ablauf der Olympischen Spiele

An den Wettkämpfen in Olympia durften nur freie griechische Männer teilnehmen. Für junge Frauen fand jedoch außerhalb der Spiele alle vier Jahre ein Wettlauf über 160 m zu Ehren der Göttin Hera statt, die als Gemahlin von Zeus auch in Olympia verehrt wurde.

Ein Start bei den Olympischen Spielen war nur aussichtsreich, wenn intensiv trainiert werden konnte. Das setzte die finanzielle Unabhängigkeit der Athleten voraus. Aus diesem Grund bestritten in der frühen Zeit der Spiele vor allem Adlige die Kämpfe. In späterer Zeit unterstützten die Poleis ihre Sportler.

Um eine ungefährdete Anreise zu ermöglichen, wurde schon im Frühjahr ein für ganz Griechenland geltender Friede verkündet. Dieser wurde aber nicht immer eingehalten. Der Andrang war so stark, dass die große Anzahl der Teilnehmer, der Schaulustigen und Händler im Freien oder in Zeltstädten übernachtete. Die Spiele hatten daher immer auch den Charakter eines Volksfestes.

Das Fest dauerte mehrere Tage. Es begann mit Opferungen und der Vereidigung der Teilnehmer vor dem Standbild des Zeus im Ratsgebäude, dem Bouleuterion. Die Wettkämpfe für Männer und Jungen fanden an den folgenden Tagen statt. Höhepunkt war das Opferfest für Zeus, das mit dem Vollmond zusammenfiel. Dabei wurden Ochsen geschlachtet und teilweise auf dem Aschealtar verbrannt. Dieser, so wird berichtet, war mehrere Meter hoch. Die Olympischen Spiele endeten mit der Siegerehrung.

Die Namen der Sieger wurden öffentlich verkündet und in Siegerlisten festgehalten. Als Siegespreis winkte in Olympia lediglich ein Lorbeerkranz. In den jeweiligen Heimatstädten wurden die Sieger jedoch bei der Heimkehr glänzend empfangen, reich beschenkt und mit vielen Vorrechten versehen, sodass sich ein Sieg auch finanziell lohnte. Manche Athleten ließen Siegerstatuen aufstellen. Darüber hinaus bekleidete mancher Sieger später ein wichtiges Amt in seiner Polis.

Ende und Neuentdeckung der Olympischen Spiele

Auch als Griechenland später unter römische Herrschaft kam, wurden weiterhin Olympische Spiele veranstaltet. Erst die allgemeine Ausbreitung des Christentums führte zum Verbot. Die letzten Wettkämpfe fanden 395 n. Chr. statt. Erst Ende des 19. Jahrhunderts setzte sich der französische Pädagoge und Historiker Pierre de Coubertin (1863–1937) für die Wiederbelebung des olympischen Gedankens ein. Das 1894 gegründete Internationale Olympische Komitee richtete 1896 in Athen die ersten Spiele der Neuzeit aus, die seitdem in der Regel alle vier Jahre veranstaltet werden.

M 3 Ringkampf
Vasenbild, um 520 v. Chr.

Olympia – Vergleich zwischen Karte und Rekonstruktion

Grundriss von Olympia

- Heiliger Bezirk: Tempel, Altäre
- Bauten des Heiligtums ohne religiöse Funktion
- Bauten mit Aufgaben für die Wettkämpfe

Ⓐ Zeustempel mit Statue des Phidias
Ⓑ Heiliger Bezirk des Pelops
Ⓒ Großer Zeus-Altar von 8 m Höhe
Ⓓ Tempel der Hera
Ⓔ Tempel der Göttermutter Gaia
Ⓕ Bouleuterion (Rathaus)
Ⓖ Prytaneion (Verwaltung)
Ⓗ Schatzhäuser:

I Sikyon	VII (unbekannt)
II Syrakus	VIII Selinunt
III Epidamnos	IX Metapont
IV Byzanz	X Megara
V Sybaris	XI Gela
VI Kyrene	

Ⓘ Werkstatt des Phidias, in der die Zeus-Statue hergestellt wurde
Ⓚ Gästehaus
Ⓛ Palästra (Trainingsplatz für Ringer und Faustkämpfer)
Ⓜ Gymnasion (Sportplatz)
Ⓝ Bad
Ⓞ Stadion (Bahn für Wettläufer mit Start- und Zielschwellen; links: Sitze der Schiedsrichter)

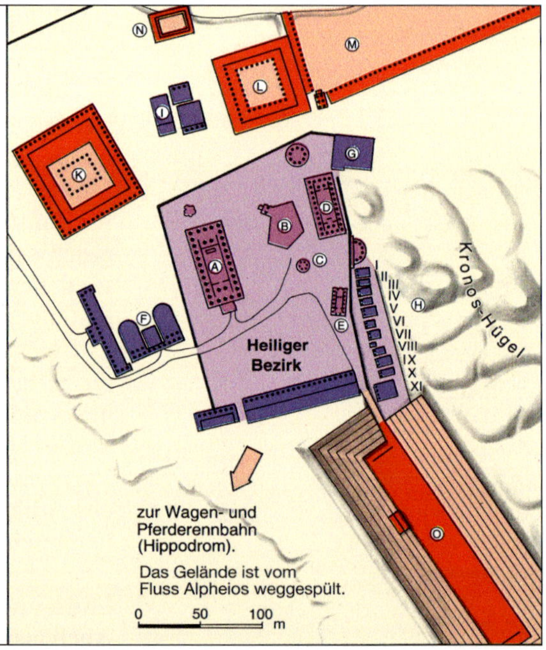

M 4 Plan der antiken Bauten von Olympia

M 5 Das Heiligtum von Olympia

Blick von Osten, Rekonstruktion

Antike Sportarten rekonstruieren – Der Weitsprung

Laufdisziplinen
Kurzstreckenlauf (192,25 m)
Mittelstreckenlauf (346,56 m)
Langstreckenlauf (3845 m),
Waffenlauf (384,5 m, ursprünglich wurden Waffen, Helm, Schild und Beinschienen getragen)

Fünfkampf
Diskuswurf
Speerwurf
Weitsprung
Kurzstreckenlauf
Ringkampf

Schwerathletik
Ringkampf
Faustkampf
Pankration (eine Mischung aus Faust- und Ringkampf)

Wagen- und Pferderennen
Sie bildeten den Höhepunkt der olympischen Disziplinen.

M 6 **Die einzelnen Wettkämpfe**

M 7 **Weitsprung-Darstellung**
Vase aus Athen, um 500 v. Chr.

M 8 **Sprunggewicht aus Stein**
Fund aus Olympia, 300 v. Chr.

Aufgaben

1. a) Erarbeite mithilfe des Grundrisses, welche Aufgaben die Olympischen Spiele hatten.
   b) Unterscheide, was im Mittelpunkt stand und was eine Randbedeutung hatte. Vergleiche hierbei den Grundriss mit der Rekonstruktion.
   → Text, M4, M5
2. a) Erkläre anhand der Quellen, wie der Weitsprung im antiken Olympia durchgeführt wurde.
   b) Vergleiche mit dem Weitsprung, wie er heute bei Olympischen Spielen üblich ist. Nenne Gemeinsamkeiten und Unterschiede.
   c) Stellt in der Klasse Sprunggewichte her und führt auf dem Sportplatz den antiken Weitsprung durch. Vergleicht mit den Weitsprungergebnissen aus dem Sportunterricht.
   → M7, M8,
3. Vergleiche die antiken Olympischen Spiele mit den modernen. Nenne Unterschiede und Gemeinsamkeiten. → Text

Athen - Polis der Bürger

Die größte Polis Griechenlands

Die Polis der Athener umfasste die gesamte Halbinsel Attika. Die Fläche von rund 2 500 Quadratkilometern entspricht ungefähr dem heutigen Großherzogtum Luxemburg. Mit etwa 35 000 männlichen Vollbürgern, die um 450 v. Chr. dort lebten, übertraf sie auch in der Bevölkerungszahl alle anderen griechischen Poleis. Hinzu kamen Frauen, Kinder, Fremde und Sklaven. Insgesamt wird die Einwohnerzahl von ganz Attika zur damaligen Zeit auf 200 000 geschätzt. Wovon lebten diese Menschen?

Wie ganz Griechenland war die Landschaft Attikas geprägt durch waldreiche Berge und Täler, die landwirtschaftlich genutzt wurden.

M 1

Der Boden war besonders geeignet für den Anbau von Wein, Feigen und Oliven. Aber auch Gemüse und Getreide wurden angepflanzt. Die Athener bauten in Attika angesichts der geringen Niederschlagsmengen mehr Gerste als Weizen an.

Auf den Gebieten, die zum Ackerbau nicht geeignet waren, wurde Weidewirtschaft betrieben. Frühjahr und Sommer verbrachte das Vieh in den Bergen, die Wintermonate dagegen in den tiefer gelegenen wärmeren Gebieten. Schafe und Ziegen lieferten Wolle und Milch, aus der auch Käse hergestellt wurde. Zudem dienten die Tiere in Notzeiten als Ergänzung der sonst überwiegend pflanzlichen Nahrung, die durch den Fischfang allerdings bereichert wurde.

Antiker Bergbau

Schon seit dem ausgehenden siebten Jahrhundert v. Chr. war Athen auf Getreideeinfuhren angewiesen, um die Bevölkerung ausreichend ernähren zu können.

Finanziert wurde dies durch den Silberbergbau im Lauriongebirge sowie durch die Ausfuhr handwerklicher Produkte. Wissenschaftler nehmen an, dass die Athener im sechsten Jahrhundert mit dem Abbau von Zink und Blei begannen. Im Verlauf des fünften vorchristlichen Jahrhunderts verwandelte sich das Gebiet nördlich von Kap Sunion in eine für damalige Zeiten riesige Bergwerkslandschaft mit mehr als 2000 Schächten und 200 Anlagen zur Aufbereitung und Verhüttung des Erzes. Viele Arbeiten unter Tage verrichteten Sklaven. Die Gänge, die bis 120 m unter die Erde reichten, waren teilweise nur 60 cm hoch. Aus Aufzeichnungen ist bekannt, dass allein ein reicher Adeliger 1000 Sklaven an die Pächter der Bergwerke vermietete. Die Minen selbst verblieben im Besitz der Polis und trugen ganz erheblich zur Macht Athens bei.

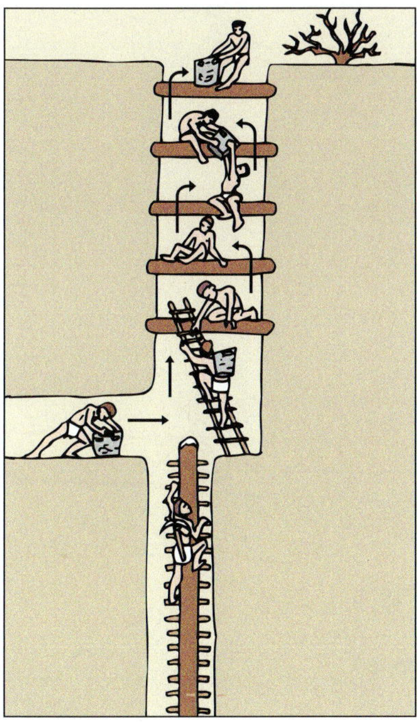

M 2 Im Bergwerk
In Laurion wurde silberhaltiges Bleierz abgebaut. Das Schaubild gibt den Zustand von etwa 350 v. Chr. wieder.

Handwerk und Handel

Bekannt waren auch die Töpferwaren der Handwerker aus Attika, die aus Ton Geschirr und Trinkgefäße herstellten. Tonbehälter dienten auch zum Transport und zur Lagerhaltung. Manche Gefäße wurden allerdings allein zu rituellen Zwecken, etwa als Grabschmuck, benutzt.

Im 5. Jahrhundert v. Chr. setzte sich die attische Keramik gegenüber Konkurrenzprodukten in Griechenland und im westlichen Mittelmeergebiet durch. Insbesondere die hochwertige attische Keramik war mit Abbildungen sowohl aus dem Alltagsleben als auch aus der Welt der Sagen und Mythen versehen. Diese ist heute für uns eine wichtige Quelle. Die attischen Töpfer und Vasenmaler waren sehr stolz auf ihr handwerkliches Können. Sie signierten ihre Erzeugnisse sogar mit ihren Namen.

Die Polis der Athener unterhielt also intensive Handelsbeziehungen im ganzen Mittelmeerraum und im Schwarzmeergebiet. Vor allem Getreide, Olivenöl und Töpfereiprodukte wurden auf großen Segelschiffen transportiert, wie man von Vasenmalereien und Wrackfunden weiß.

Mit dem Warenhandel über weite Entfernungen entwickelte sich auch das Münzwesen. Das geprägte Metallgeld aus einer Goldlegierung und später aus Silber war in Kleinasien seit Beginn des 6. vorchristlichen Jahrhunderts im Gebrauch.

Handelsschiffe – Vergleich verschiedener bildlicher Darstellungen

M 3 Zeitgenössische Abbildung

Abbildung eines Frachtschiffes auf einer Keramikschale aus Athen aus dem 6. Jahrhundert v. Chr.

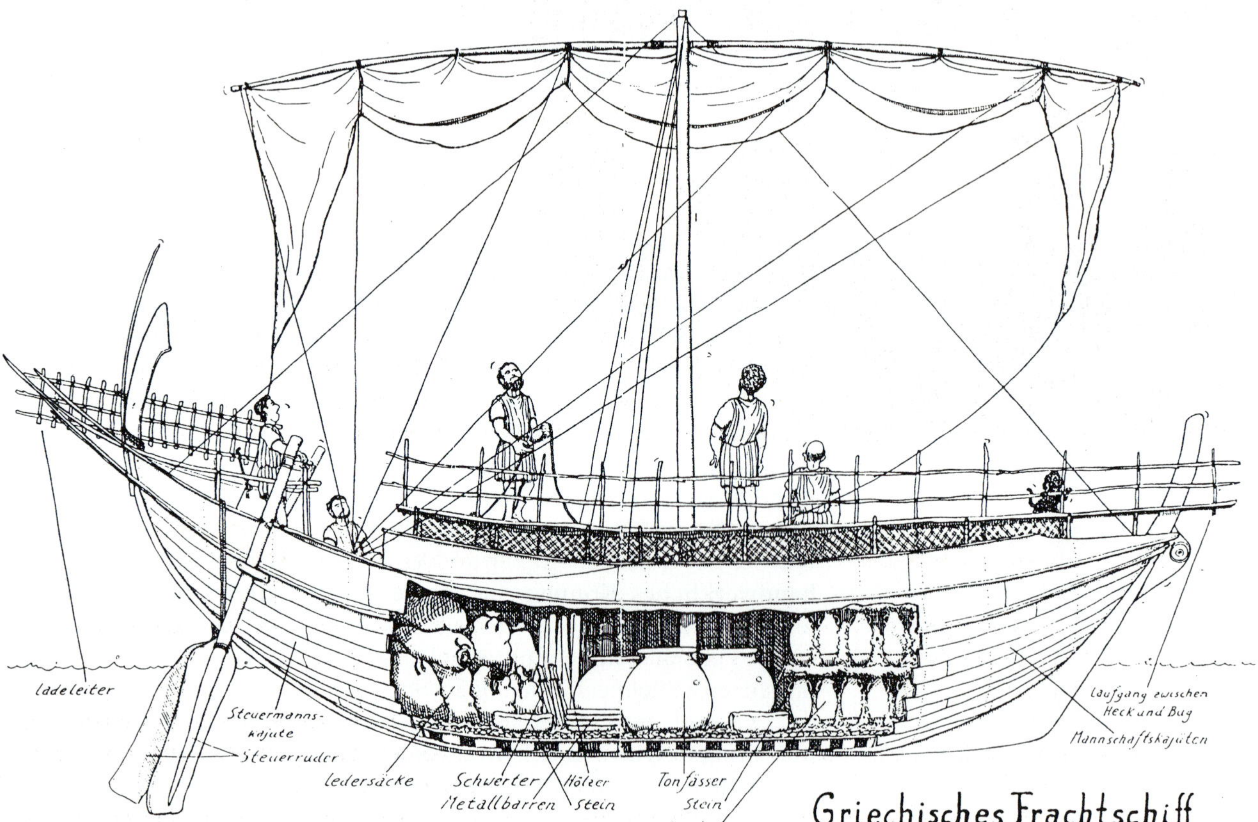

M 4 Rekonstruktionszeichnung

Länge: etwa 20 m; Breite: etwa 8 m; Zuladung: 150 t; Besatzung: Steuermann und 4 Matrosen

Sklaven in der Antike in Text und Bild

M 5 Sklaven in der griechischen Wirtschaft

Ein Geschichtsforscher unserer Zeit schildert die Bedeutung der Sklaven im antiken Griechenland:

Die Sklaven sind für die Griechen in dieser Zeit unentbehrliche Arbeitskräfte geworden. In manchen Produktionszweigen, etwa im Bergbau, überwiegen sie bei weitem die freien Arbeitskräfte. In keinem Wirtschaftszweig sind freilich nur Sklaven beschäftigt. Normalerweise führen vielmehr Sklaven und Freie dieselben Arbeiten aus. Auf der anderen Seite sind Sklaven als häusliche Arbeitskräfte unentbehrlich geblieben. Auf diesem Gebiet kommen freie Arbeitskräfte kaum mehr in Frage. Übrigens beschäftigt nicht jeder seine Sklaven in seinem eigenen Haushalt oder Betrieb. Nicht selten vermietet man sie an Dritte, etwa für Gelegenheitsarbeiten oder als Saisonarbeiter in der Landwirtschaft. Der Mieter verschafft sich auf diese Weise jeweils für kurze Zeit die Dienste einer Arbeitskraft, die er nicht ständig beschäftigen bzw. deren Unterhalt er sich nicht leisten könnte. Es gibt auch Unternehmer, die eine größere Zahl von Sklaven zu dem Zweck halten, sie gewinnbringend zu vermieten. Der bekannte athenische Staatsmann und Feldherr Nikias etwa hatte an einen Bergwerksunternehmer in den Silbergruben von Laurion 1000 Sklaven vermietet. So sind die Sklaven im klassischen Griechenland wohl die beste Kapitalanlage.

Fritz Gschnitzer, Griechische Sozialgeschichte von der mykenischen bis zum Ausgang der klassischen Zeit, Wiesbaden 1981, S. 117.

M 6 Bergwerk in Griechenland, Tontäfelchen, um 600 v. Chr.

Aufgaben

1. Welche Nahrungsmittel wurden in Attika – nach Angabe der Karte – angebaut? Erstelle dazu eine Tabelle.
   → M1
2. a) Beschreibe, wie in Laurion Erz gefördert wurde.
   b) Welche Gefahren lauerten auf die Bergwerkssklaven?
   → Text, M2
3. Vergleiche die beiden Darstellungen des Frachtschiffes.
   → M3, M4
4. a) Fasse mit eigenen Worten zusammen, was der heutige Wissenschaftler über die Sklaverei berichtet.
   b) Aus welchen Gründen wird Sklaverei heute verurteilt?
   → M5

Das Volk bestimmt in Athen

Der Begriff „Demokratie“

Die Bundesrepublik Deutschland ist ein Staat mit einer demokratischen Ordnung. Der Begriff „Demokratie“ stammt aus dem Griechischen und bedeutet wörtlich „Volks-Herrschaft“. Das antike Athen gilt als frühes Beispiel dafür, dass die Mehrheit der Bevölkerung politische Entscheidungen treffen konnte. Deshalb wird heute immer noch auf die damalige Entwicklung Bezug genommen. Innerhalb der Welt der griechischen Poleis war die Ausbildung der Demokratie in Athen allerdings die Ausnahme – und sie zog sich über einen langen Zeitraum hin.

Von der Monarchie zur Aristokratie

In vielen griechischen Poleis scheint zunächst ein König geherrscht zu haben. Diese Herrschaft eines Einzelnen wird als „Monarchie“ bezeichnet. Nachweisbar – auch in Athen – ist auf alle Fälle die Herrschaftsform der Aristokratie. Das bedeutet wörtlich übersetzt „Herrschaft der Besten“. Gemeint ist damit eine Oberschicht, die aus einer Gruppe reicher Familien bestand. Die Aristokraten waren Großgrundbesitzer und verfügten somit über die Mittel, Pferde und Rüstung zur Verteidigung der Polis zu unterhalten.

In der Folgezeit wurden allerdings schwer bewaffnete Hopliten immer wichtiger, die in einer Schlachtreihe, der sogenannten Phalanx, kämpften. Da auch Bauern, Händler und vermögende Handwerker die Ausrüstung eines Hopliten bezahlen konnten und Kriegsdienst leisteten, forderten auch sie Einfluss auf die politischen Entscheidungen.

Die Krise der Aristokratie

Viele Bauern waren allerdings bei den Großgrundbesitzern verschuldet, die sie bei Zahlungsunfähigkeit sogar versklaven konnten. Als sich die Situation in Athen zuspitzte, bemühte sich Solon (etwa 640–560 v. Chr.), der selbst ein Angehöriger der Oberschicht war, um einen Ausgleich. Er erreichte, dass den Kleinbauern die Schulden erlassen wurden, und verbot den Großgrundbesitzern, die Bauern zu verskla-

M 1 Griechische Hoplitenphalanx im Kampf
Abbildung von einer korinthischen Kanne, um 650 v. Chr.

ven. Mit dieser sogenannten Lastenabschüttelung sollte der innere Frieden in der Polis wieder hergestellt werden.

Doch der Konflikt dauerte an. Diese Auseinandersetzung nutzte der Adlige Peisistratos (um 560–527 v. Chr.) aus und herrschte als „Tyrann", das heißt als ungesetzlicher Alleinherrscher. Er war erfolgreich, weil er die wirtschaftliche Lage der Handwerker und Bauern verbessern konnte. Als jedoch nach seinem Tod 527/528 v. Chr. zwei seiner Söhne versuchten, die Alleinherrschaft gewaltsam weiterzuführen, wurde der eine ermordet und der andere musste aus Athen fliehen.

Auf dem Weg zur Demokratie

Eine wichtige Etappe in der weiteren Entwicklung stellen die Maßnahmen des Kleisthenes im Jahr 508/507 v. Chr. dar. Er wollte den Einfluss verschiedener Gruppen aus der Oberschicht beschränken und die Errichtung einer Tyrannis mithilfe einer Neuaufteilung der Bevölkerung erschweren:

Zunächst teilte Kleisthenes Attika in drei Gebiete – Stadt, Binnenland und Küstenregion – mit jeweils zehn Zonen ein. Dann fasste er immer drei Zonen, und zwar eine aus der Stadt, eine aus dem Binnenland und eine aus der Küstenregion, zu einer sogenannten Phyle zusammen. So entstanden insgesamt zehn Phylen. Sie bildeten die Grundlage für das Militärwesen der Stadt und für die politische Ordnung. Denn aus jeder Phyle wurden 50 Ratsherren bestimmt, die im „Rat der 500" die wichtigen politischen Entscheidungen vorbereiteten.

Das letzte Wort hatte die Volksversammlung. Sie wurde somit zur wichtigsten Einrichtung der Polis. Die Archonten, die obersten Beamten, die vom Volk gewählt, später durch Los bestimmt wurden, hatten die Beschlüsse auszuführen.

Um eine Tyrannis zu verhindern, wurde das „Scherbengericht" eingeführt: Falls mindestens 6000 Bürger den Namen eines Politikers, den sie für gefährlich hielten, auf eine Tonscherbe schrieben, musste dieser für zehn Jahre Athen verlassen. Nach der griechischen Bezeichnung für Scherbe – Ostraka – wurde dieses Verfahren Ostrakismos genannt.

M 2 Tonscherben
Sie sind mit den Namen des Themistokles und des Aristeides beschriftet, Originalscherben, vermutlich 5. Jahrhundert v. Chr.

Der weitere Ausbau der Demokratie

Nach und nach konnten alle männlichen Bürger Athens politisch mitbestimmen. Auch die besitzlosen Theten, die als Ruderer für die Flotte unverzichtbar waren, erhielten politische Rechte. Frauen, Fremde und Sklaven durften allerdings nicht mitbestimmen. Um allen die Teilnahme am politischen Leben zu ermöglichen, erhielten die Teilnehmer an Volksversammlungen und Gerichtssitzungen Tagegelder, sogenannte Diäten.

Die Demokratie in Athen – Ein Vorbild?

Zwei auch heute noch gültige Prinzipen der Demokratie wurden damals durchgesetzt: Das Gleichheitsprinzip für alle Bürger und das Mehrheitsprinzip für alle Entscheidungen. Im Unterschied zu heute wurden jedoch keine Abgeordneten gewählt, sondern jeder Bürger konnte an der Volksversammlung teilnehmen und unmittelbar mitbestimmen. Allerdings konnten nur die männlichen Bürger die politischen Rechte in Anspruch nehmen.

Die athenische Demokratie – Ein Rollenspiel

Der Staat der Athener
(nach der Verfassung des Kleisthenes)

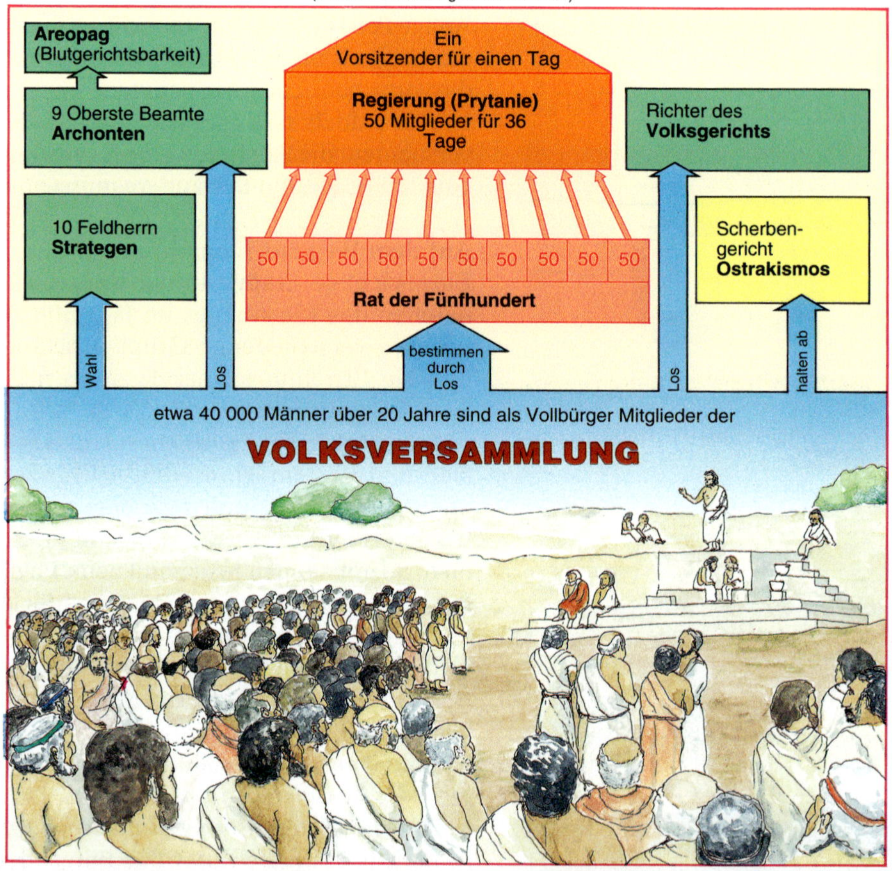

etwa 70 000	Frauen und Kinder der Bürger ohne politische Rechte
etwa 70 000	Metöken ("Mitbewohner") als zugereiste Menschen ohne Bürgerrecht, aber zu Steuern und Kriegsdienst verpflichtet.
etwa 200 000	Sklaven,vom Staat als Bergarbeiter verwendet, von den Bürgern für zahlreiche Arbeiten eingesetzt: im Haushalt, für handwerkliche Arbeiten, als Boten, Fuhrleute, Hafenarbeiter und für andere niedere Dienste. Sie waren Eigentum ihrer Herren und hatten keinerlei Rechte.

M 3 Die Volksversammlung von Athen
wird in jedem Monat vier Mal abgehalten. Zu diesem Zweck können alle Männer über zwanzig, deren Väter und Mütter freie Athener sind, auf der Pnyx, einem Hügel in der Stadt, zusammenkommen, um über Gesetze abzustimmen. Die Pnyx bietet Raum für etwa 8 000 Menschen. Lediglich für die Regierungsmitglieder, die Prytanen, sind Holzbänke aufgestellt. Die Bürger setzen sich wohl auf den blanken Stein oder stehen.

Die Tagesordnung, die fünf Tage vor der Versammlung bekannt gemacht wird, wird zwar von den Prytanen erstellt, aber zu den Tagesordnungspunkten können Änderungs- und Zusatzanträge eingereicht werden. Viele Punkte der Tagesordnung werden im Rat vorberaten und ohne große Diskussionen verabschiedet. Jeder unbescholtene Bürger hat das Recht, Vorschläge zu machen, die der „Rat der 500" der Volksversammlung vorlegen muss. Tatsächlich ergreifen einfache Handwerker wie Schmiede, Zimmerleute oder Krämer, Schiffseigner, Kleinbauern und Großgrundbesitzer das Wort. In politischen Fragen darf jeder Teilnehmer der Volksversammlung mitreden.

Gorgyros

Du bist der Kaufmann Gorgyros aus Kreta und willst erfahren, wie und von wem Athen regiert wird.

Sosias

Du bist der Kaufmann Sosias aus Athen.

Aspasia

Du bist Aspasia, die Ehefrau des Sosias.

Dromon

Du bist Dromon, ein Sklave im Hause des Sosias.

Melesios

Du bist der Metöke Melesios, der gelegentlich bei Sosias einkauft.

M 4 **Die Rollenkarten**

Anleitung zu einem Rollenspiel

Stellt euch folgende Situation vor:
Wir befinden uns im Jahre 445 v. Chr. in Athen. Es ist Frühjahr, und gerade ist ein Handelsschiff im Hafen von Athen angekommen. Einer der Passagiere, der Kaufmann Gorgyros aus Kreta, trifft sich mit dem attischen Kaufmann Sosias.
Zufällig ist es der Tag, an dem die Volksversammlung getagt hat. Gorgyros will hierüber mehr erfahren und er lässt sich genau erklären, wie und von wem denn Athen eigentlich regiert wird. Dazu stellt er Sosias eine Menge Fragen. Aber er fragt nicht nur seinen Geschäftsfreund Sosias. Im Hause des Kaufmannes Sosias trifft Gorgyros noch weitere Personen:

- Aspasia, die Ehefrau des Kaufmannes Sosias
- Dromon, einen der Sklaven des Sosias, der im Haushalt arbeiten muss und
- Melesios, einen Metöken, der gelegentlich bei Sosias Einkäufe macht.

Das Rollenspiel:
Bildet Gruppen zu 6 Personen. Überlegt zunächst, welche Fragen Gorgyros dem attischen Kaufmann Sosias stellen könnte, um etwas über die Demokratie in Athen und die Regierung zu erfahren. Hier sind einige Beispiele:

- Von wem wird Athen eigentlich regiert?
- Was ist die Volksversammlung?
- Warum soll man an der Versammlung teilnehmen?
- Leidet nicht das Geschäft, wenn man einen ganzen Tag bei der Volksversammlung zubringt?
- Gibt es überhaupt eine Möglichkeit, den Ablauf einer Volksversammlung zu beeinflussen?
- Kann man die Themen, die einen interessieren, überhaupt zur Sprache bringen?
- Ist überhaupt jeder fähig, vor so vielen Leuten seine Meinung formulieren?

An Aspasia, die Frau des Sosias, an den Sklaven Dromon, aber auch an den Metöken Melesios stellt Sosias zusätzlich andere Fragen. Formuliert auch diese und vergesst nicht, euch hierzu Antworten zu überlegen.
Nutzt die Informationen aus dem Schaubild auf der linken Seite sowie auch die übrigen Seiten des Lehrbuchkapitels.

Aufgaben

1. Gestaltet ein Gespräch, in dem die genannten Personen auf die Fragen des fremden Kaufmannes Gorgyros Antwort geben.

Leben im antiken Athen

Die Akropolis – Ein Sinnbild der Macht Athens

Die Blütezeit Athens waren die Jahre um 450 v. Chr. So wurde zu der Zeit der alte Burgberg, die Akropolis, die seit fast 30 Jahren eine Ruine war, prachtvoll wieder aufgebaut. Im Mittelpunkt stand der Parthenon, das Heiligtum für Athene, die Schutzgöttin der athenischen Polis. An herausragender Stelle gelegen, verdeutlichten sie dem Besucher der Stadt schon von weitem den politischen Anspruch Athens. Der Marktplatz, die Agorá, war das Zentrum der Polis. Auf der Pnyx existierte ein großer Platz für die Volksversammlung mit einer Rednerbühne. Die Baumaßnahmen wurden von den bekanntesten und besten Architekten und Künstlern aus ganz Griechenland ausgeführt.

Wie wohnten die Athener?

Während sich die Historiker in früheren Zeiten vor allem mit dem Wirken großer Persönlichkeiten beschäftigten, steht für den heutigen Wissenschaftler oft das Leben der normalen Bürger im Mittelpunkt

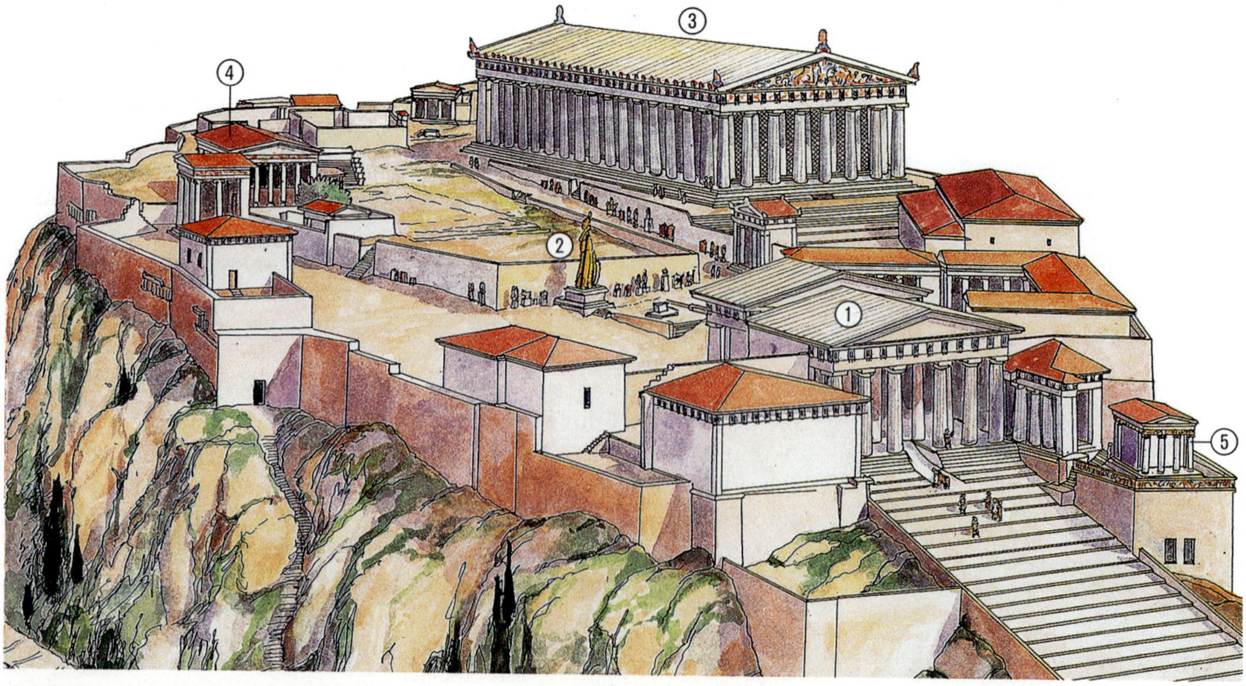

M 1 Die Akropolis in Athen
mit den Bauten des 5. und 4. Jahrhunderts v. Chr.: ① Propyläen: Eingangstorhalle. Die Stufen der Treppe waren niedrig, damit auch Opfertiere hinaufkamen ② Bronzestandbild der Göttin Athene als Kriegerin. Die goldene Lanzenspitze soll vom Meer aus sichtbar gewesen sein ③ Parthenon: Tempel der Göttin Athene als Jungfrau. Im Innern das Standbild der Göttin aus Gold und Elfenbein ④ Erechtheion: Tempel des Erechtheus mit der Göttin Athene als Stadtherrin ⑤ Kleiner Tempel der Siegesgöttin Nike.

M 2 Wohnhaus in Athen
Rekonstruktionszeichnung nach archäologischen Funden aus dem 4. Jahrhundert v. Chr.

M 3 Spielzeugpüppchen aus Ton
Original aus Athen, 5. Jh. v. Chr.

des Interesses. Die Rekonstruktion der privaten Wohnverhältnisse in Athen ist allerdings schwierig, da große Teile des antiken Athen von der modernen Stadt überbaut sind, in der heute Menschen wohnen und die selbst erhaltenswert ist. Bei Ausgrabungen sind zudem von einfachen Wohnhäusern selten mehr als die Fundamente zu finden. Immerhin können Archäologen dadurch den Grundriss der Häuser erkennen.

Neben kleinen Häusern, die nur wenige Zimmer besaßen, sind Doppelhaushälften mit bis zu 15 Zimmern bekannt. Die Häuser in Athen hatten meist einen Innenhof. Im Erdgeschoss gab es Geschäfte oder Werkstätten. Schwieriger ist die Rekonstruktion der oberen Stockwerke und der hölzernen Treppen und Balkone, die nicht erhalten blieben. Lediglich die Pfostenlöcher der Säulen sowie Abbildungen auf Vasen und Reliefs geben hier Anhaltspunkte. Von Ausgrabungen aus anderen griechischen Städten des Altertums ist jedoch bekannt, dass die Zimmer mit farbigem Putz und eingeritztem Ziermauerwerk ausgeschmückt sein konnten.

Frauen in Athen

Das politische Leben fand unter freiem Himmel statt, in den Säulenhallen der Agorá oder auf der Pnyx. Es war allerdings die Domäne der Männer. Frauen, die sich – wie etwa in Persien üblich – in politische Fragen einmischten, galten in Athen als verdächtig. Das Leben einer Frau in Athen war vor allem auf das Haus beschränkt.

Zu den Pflichten der Ehefrau gehörte es, zu kochen, zu weben und die Kinder zu betreuen. Angesehene Frauen werden das Haus nicht alleine, sondern nur in Begleitung einer Freundin verlassen haben. Das bedeutet, dass die Einschränkungen der Lebenswelt für Frauen aus höheren Schichten größer waren als für Frauen aus der Unterschicht, die an Marktständen Waren verkauften oder Arbeiten nachgingen.

Bei den gesellschaftlichen Zusammenkünften der Männer in den Privathäusern, den sogenannten Symposien, waren Frauen unerwünscht. Männerfreundschaften gehörten zum grundlegenden Bestandteil griechischer Kultur.

Kindheit und Jugend

Nach dem sechsten Lebensjahr blieben die Mädchen im Haus unter der Obhut der Mutter, die ihnen beibrachte, zu kochen, mit der Spindel oder am Webstuhl zu arbeiten. Mädchen aus mittleren und höheren Schichten wurden oft zu Hause von einer Lehrerin sowohl im Lesen und Schreiben als auch im Spiel auf der Lyra, einem Saiteninstrument, unterrichtet. Für die Jungen begann nach dem sechsten Lebensjahr der Unterricht. Die schulischen Unterweisungen endeten mit dem 18. Lebensjahr. Nur Jungen aus armen Familien gingen nicht in die Schule, denn der Unterricht war Privatsache.

Wer es sich leisten konnte, schickte seinen Sohn zu einem Paidagogos, einem „Knabenführer“, oder zu einem Grammatikos, einem „Schreiblehrer“. Zur Ausbildung gehörten auch das Flöten- und Lyraspiel. Die körperliche Ertüchtigung spielte im antiken Griechenland eine wichtige Rolle.

Frauen in Athen – Text- und Bildquellen vergleichen

M 4 Frauenbild

Der griechische Philosoph und Gelehrte Theophrast (372 bis 288 v. Chr.) schreibt über Frauen in Athen Folgendes:

Freilich kann man zur Verwaltung des Hauswesens und zur Ermunterung im Leiden und zur Flucht vor dem Alleinsein eine Frau heiraten. Aber viel besser kann doch ein treuer Sklave die Verwaltung übernehmen, der dem Machtanspruch des Herrn gehorcht und seine Anweisungen befolgt, als eine Frau, die sich umso mehr als Herrin gefällt, wenn sie etwas gegen den Willen des Mannes tut. Bei einem sitzen, wenn man krank ist, können eher Freunde und Dienerinnen, die durch Wohltaten verpflichtet sind, als sie, die uns die Schuld an ihren Tränen gibt, in der Hoffnung auf die Erbschaft schon ihren alten Kram verkauft und durch das ständige Gerede über ihre Sorgen den Leidenden innerlich vollends zur Verzweiflung bringt. Falls aber sie selbst leidend wird, muss man mit ihr krank sein und darf niemals von ihrem Bett weichen. Oder wenn es eine gute und angenehme Frau sein sollte – was freilich ein seltener Vogel ist –, dann stöhnen wir mit der Gebärenden und quälen uns mit ihr, wenn sie in Gefahr ist.

Theophrast, übers. v. K. Gaiser, in: Leben im antiken Griechenland, hrsg. v. R. Rilinger, München 1990, S. 195.

M 5 Kritik am Frauenbild

Der griechische Schriftsteller Aristophanes (445 bis 386 v. Chr.) kritisiert in einem Stück das Frauenbild in Athen:

An das Publikum richten wir jetzt das Wort und gedenken uns selber zu loben!
Zwar schimpfen jetzt all' auf das Frauengeschlecht und setzen es schmählich herunter:
Wir seien, so lügt man, der Fluch der Welt und der Urquell alles Verderbens!
Wir gebären nur Hass, Zank, Kummer und Empörung und Krieg! Nun wohlan dann!
Wenn ein Fluch wir sind, warum heiratet ihr, warum, wenn wir wirklich ein Fluch sind?
Was verbietet ihr uns auf die Straße zu gehn, ja, nur aus dem Fenster zu gucken?
Was bemüht ihr euch denn so mit ängstlichem Fleiß zu hüten den Fluch und zu halten?

Die Weiber am Thesmophorenfest, Komödie von Aristophanes, in: Leben im antiken Griechenland, hrsg. v. R. Rilinger, München 1990, S. 222.

M 6 Das Wasserholen galt als Frauenarbeit
Vasenmalerei auf einer schwarzfigurigen Vase, Ende des 6. Jahrhunderts v. Chr.

Erziehung und Schule in Athen – Text- und Bildquellen erschließen

M 7 Schulunterricht in Athen
Vasenmalerei auf einer Schale aus dem 5. Jahrhundert v. Chr.

M 8 Knabenerziehung

Der griechische Komödiendichter Aristophanes (445 bis 386 v. Chr.) schildert in einem seiner Stücke die Erziehungsmethoden in Athen:

So verkünd' ich euch denn, wie vor alters es stand um die Zucht und Bildung der Knaben. Da durfte den Knaben kein trotziger Laut, kein störrisches Mucksen entfahren, da kamen im Schwarm sie die Straßen daher, nach der Singschul', all' in der Ordnung. Wenn einer aus Eitelkeit Sprünge versucht' und die Lieder mit Schnörkeln verhunzte, dann regnet' es Schlag' auf den Sünder, der frech an den heiligen Musen gefrevelt!

Aristophanes, Die Wolken, übers. v. L. Seeger u. a., in: Leben im antiken Griechenland, hrsg. v. R. Rilinger, München 1990, S. 132 f.

Aufgaben

1. a) Erkläre, welche Funktionen die Bauten auf der Akropolis hatten.
   b) Welche staatlichen Bauten der Gegenwart haben eine ähnliche Aufgabe?
   → Text, M1
2. a) Fasse die Informationen über die Rolle der Frauen in Athen zusammen.
   b) Vergleiche die Frauenbilder von Theophrast und Aristophanes.
   c) Um welche Arten von Texten handelt es sich jeweils?
   → M4–M6
3. Beschreibe mithilfe der Abbildung, welche Tätigkeiten von Frauen ausgeübt wurden.
   → M6
4. a) Stelle die Informationen über den Schulunterricht in Athen zusammen.
   b) Vergleiche den Unterricht im antiken Athen mit deinem Unterricht. Welche Unterschiede gibt es und welche Ähnlichkeiten?
   → Text, M7, M8

M 1 **Spartas Staatsgebiet** auf der griechischen Peloponnes und die Städte der Umgebung

M 2 **Eurotas-Ebene** im Süden der Peloponnes; hier entstand Sparta, heutiger Zustand

Sparta – Polis der Krieger

„Wanderer, kommst du nach Sparta ...“

Die politische und soziale Ordnung, wie sie sich in der Polis Sparta spätestens seit dem 6. Jahrhundert v. Chr. ausbildete, hat die Menschen bis in die moderne Zeit hinein immer wieder interessiert. Das hat damit zu tun, dass sich das gesellschaftliche Leben in Sparta von dem anderer griechischer Poleis – zum Beispiel Athen – in vielerlei Hinsicht stark unterschied. Es war von Krieg und Kampf geprägt. Was zählte, war nicht so sehr die Freiheit des Einzelnen, sondern die Gleichheit und damit die Unterordnung unter die Gemeinschaft.

Das Besondere der spartanischen Lebensform lässt sich vielleicht am Besten an einer kleinen Geschichte zeigen, die uns der griechische Historiker Herodot in seinem Geschichtswerk über die Perserkriege erzählt. Der berühmte Spartanerkönig Leonidas zeichnete sich im Kampf gegen die Perser durch so große Disziplin und Tapferkeit aus, dass er sogar den eigenen Tod wie selbstverständlich in Kauf nahm. Was war passiert?

Im Jahr 480 v. Chr. zog das riesige persische Heer unter seinem König Xerxes zum zweiten Mal gegen Griechenland, um das ganze Land zu erobern. Den ersten Widerstand spürten die Perser in Mittelgriechenland an den Thermopylen, einem schmalen Engpass zwischen den Bergen und dem Meer. Dort hatten die Griechen den Landweg abgeriegelt. Es kam zu erbitterten Kämpfen, denn diesen Engpass hatte eine kleine griechische Abteilung von 300 Mann unter Führung des Spartaners Leonidas zunächst erfolgreich gegen die persische Übermacht verteidigt. Obwohl sie verraten wurden und alle Spartaner den Tod fanden, gelang es ihnen doch, das persische Heer so lange

M 3 **Rückkehr vom Kampf**
Spartanische Krieger tragen einen Toten, Vasenbild, 6. Jh. v. Chr.

aufzuhalten, dass sich die übrigen Griechen geordnet zurückziehen und neu formieren konnten. Diese Taktik führte schließlich zum Sieg über die Perser und zur Bewahrung der Unabhängigkeit Griechenlands.

Die Tapferkeit der 300 Spartaner, die alle den Tod fanden, ist legendär geworden. Es kommt nicht von ungefähr, dass auf der Tafel, die den gefallenen Spartanern gewidmet wurde, nach Aussage von Herodot Folgendes stand: „Wanderer, kommst du nach Sparta, verkündige dorten, du habest uns hier liegen gesehen, wie das Gebot es befahl".

Zur Geschichte der Polis Sparta

Die todesmutige Tapferkeit der Spartaner, die uns Herodot so eindringlich schildert, hat mit der Geschichte Spartas zu tun. Fast alles, was wir über sie wissen, entstammt der späteren antiken Überlieferung und ist daher ungewiss. Fest steht nur, dass wir es mit einem Staatswesen zu tun haben, das sich von allen anderen griechischen Poleis nicht nur abschottete, sondern auch stark unterschied.

Die Spartaner zählten zu den dorischen Stämmen, die als letzte nach Griechenland einwanderten. Sie eroberten das Tal des Eurotas auf der Halbinsel Peloponnes und gründeten etwa um 900 v. Chr. Sparta. Zu den Vollbürgern zählten nur die spartanischen Eroberer, die in der Hauptstadt Sparta wohnten. Alle übrigen Spartaner, die sich an den Küsten und in den Bergen niedergelassen hatten, galten als „Periöken" (= Umwohner). Sie hatten kein politisches Mitspracherecht, waren aber persönlich frei.

Von Historikern wird Sparta häufig als „Kriegerstaat" bezeichnet. Anfangs lebten die Spartaner – wie alle Griechen – friedlich als Bauern. Aber die Bevölkerung nahm zu und das griechische Land war karg. Es kam daher zu Not. Die Spartaner taten nun einen Schritt, der ihr ganzes Staatswesen nachhaltig prägte. Sie verließen nicht wie andere Griechen ihre Heimat, sondern überwanden auf der Suche nach neuem, fruchtbaren Land das Taygetos-Gebirge und eroberten 735 v. Chr. die benachbarte Landschaft Messenien.

Den spartanischen Schwerbewaffneten, den Hopliten, kam eine neue Kampftechnik zu Hilfe, die sie entwickelt hatten: die Phalanx. Darunter versteht man die geschlossene, aus mehreren Gliedern bestehende Schlachtordnung der schwer bewaffneten Fußsoldaten. Sie rückten wie eine Walze gegen den Feind vor.

Die Eroberung Messeniens diente ursprünglich nur dazu, die Landnot im Heimatland Lakonien zu beheben. Der Kriegszug hatte jedoch, wie das häufig in der Geschichte vorkommt, für Sparta unabsehbare Folgen. Denn die Spartaner eroberten nicht nur Messenien, sondern machten die einheimische Bevölkerung zu rechtlosen Arbeitssklaven, zu Heloten. Sparta befand sich fortan aus Angst vor Helotenaufständen in ständigem Kriegszustand. Alles zielte darauf ab, die Polis in dauernder Wehr- und Kriegsbereitschaft zu halten.

Wie bedrohlich die Situation war, zeigen die Bevölkerungszahlen, die sich heute allerdings nur noch schätzen lassen: Auf 8 000 bis 10 000 Spartaner zur Zeit der Perserkriege kamen etwa 150 000 bis 200 000 Periöken und versklavte Heloten. Die Spartaner waren also eindeutig in der Minderheit.

um 900 v. Chr.	Gründung Spartas
ca. 735–715	1. Messenischer Krieg
2. Hälfte 7. Jh.	2. Messenischer Krieg
500–479	Perserkriege
464	Helotenaufstand = 3. Messenischer Krieg
5. Jh.	Rivalität Sparta-Athen
um 400	Sparta Vormacht Griechenlands
371	Schlacht bei Leuktra, Niedergang Spartas

M 4
Daten zur Geschichte Spartas

M 5 **Spartanischer Krieger** in einen Umhang gehüllt, Bronzefigur, um 500 v. Chr.

Erziehung und Ausbildung in Sparta

Die Eroberung Messeniens und die damit einhergehende Unterdrückung der einheimischen Bevölkerung hatte für das politisch-soziale Leben in Sparta weitreichende Folgen. Sie konnten nur gemeistert werden, wenn das gesamte gesellschaftliche Leben auf Krieg, Kampf, Disziplin und Wehrbereitschaft abgestellt wurde.

Das begann mit der Ausbildung und Erziehung der Jugendlichen, die sich wesentlich von unserer modernen Erziehung unterschied. Das Erziehungssystem war streng und kompromisslos. Nicht die Entwicklung von Freiheit, Eigenständigkeit und Verantwortlichkeit, sondern allein die Unterordnung und die Anpassung an das Gemeinwesen zählte. Schon von Kind auf zu militärischer Tüchtigkeit und unbedingtem Gehorsam erzogen, führten junge Spartaner ohne sonstige berufliche Betätigung ein Leben „wie in einem Feldlager", wie es der antike Autor Plutarch genannt hat.

Alle männlichen spartanischen Vollbürger waren Berufssoldaten. Sie standen ständig bereit, ihr Leben im Dienst der Gemeinschaft einzusetzen. Wenn Leonidas und seine 300 Gefährten an den Thermopylen im Kampf bis zum Tode ausharrten, so beruhte das auf der harten Erziehung, die sie in Sparta genossen hatten.

Der Sparta-Mythos in der Geschichte

Dass die Spartaner ihre historisch entstandene Ordnung später auf den sagenhaften Gesetzgeber Lykurg zurückführten, hat mit dem Wunsch zu tun, diese ihnen so wichtige Ordnung mit einem Namen zu verbinden. Tatsächlich wissen wir über die Frühzeit Spartas nur sehr wenig. Die Kenntnisse verdanken wir der spartanischen Dichtung und der griechischen Geschichtsschreibung. Hinzu kam, dass die Spartaner ein Interesse daran hatten, ihre innenpolitischen Angelegenheiten für sich zu behalten. Man sagt noch heute von jemandem, der wortkarg ist, er sei lakonisch, abgeleitet vom griechischen Begriff Lakon, dem Stammesnamen der Lakonier oder Spartaner. Vor diesem Hintergrund ist der Mythos zu verstehen, der bald um Sparta entstand.

M 6 **Der Spartanerkönig Leonidas an den Thermopylen**
Bild aus einem Comic, 1999

M 7 Zur Erziehung der Jungen in Sparta

Der griechische Geschichtsschreiber Plutarch (ca. 45 bis 120 n. Chr.) schrieb eine Biografie über den sagenhaften Gesetzgeber Lykurg. Dort berichtete er auch über die Erziehung der Knaben in Sparta:

Das zur Welt Gekommene aufzuziehen unterlag nicht der Entscheidung des Erzeugers, sondern er hatte es an einen Ort zu bringen [...], wo die Ältesten der Gemeindegenossen saßen und das Kind untersuchten und, wenn es wohlgebaut und kräftig war, seine Aufzucht anordneten [...]; war es aber schwächlich und missgestaltet, so ließen sie es zu der sogenannten Ablage [...] bringen, einem Felsabgrund am Taygetos. Denn sie meinten, für ein Wesen, das von Anfang an nicht fähig sei, gesund und kräftig heranzuwachsen, sei es besser, nicht zu leben, sowohl um seiner selbst wie um des Staates willen. [...]

Die Knaben der Spartaner aber gab Lykurg nicht in die Hände von gekauften oder gemieteten Pädagogen, noch durfte jeder seinen Sohn halten und aufziehen, wie er wollte, sondern er nahm selbst alle, sobald sie sieben Jahre alt waren, zu sich und teilte sie in Gruppen, in denen sie miteinander aufwuchsen, erzogen und gewöhnt wurden, beim Spiel wie bei ernster Beschäftigung immer beisammen zu sein. [...]

Lesen und Schreiben lernten sie nur so viel, wie sie brauchten; die ganze übrige Erziehung war darauf gerichtet, dass sie pünktlich gehorchen, Strapazen ertragen und im Kampfe siegen lernten.

Plutarch, Lykurg 16, in: Große Griechen und Römer, Bd. 1, eingeleitet und übersetzt von Konrat Ziegler (Bibliothek der Alten Welt. Hg. von Karl Hoenn), Zürich – Stuttgart 1954, S. 146 f.

M 8 Ein Hoplit

Schild, Lanze (nicht mehr vorhanden), Helm mit hohem Busch, sogenannter Glockenharnisch und Beinschienen sind typische Ausrüstungsgegenstände, Bronzestatue, Ende 6. Jh. v. Chr.

M 9 Zur Erziehung der Mädchen in Sparta

Plutarch schrieb in seiner Biografie über den sagenhaften Gesetzgeber Lykurg auch etwas über die Erziehung der Mädchen in Sparta:

Vielmehr hat Lykurg auch den Frauen jede mögliche Sorgfalt zugewendet. Er kräftigte die Körper der Jungfrauen durch Laufen, Ringen, Diskus- und Speerwerfen, damit die Zeugung der Kinder in kräftigen Körpern erfolge und die Frucht umso besser heranwachse, und damit sie selbst befähigt wären, die Geburten kräftig zu bestehen und leicht und gut gegen die Wehen anzukämpfen.

Plutarch, Lykurg 14, ebd. S. 142 f.

M 10 Junge Spartanerin

in kurzem Gewand bei einem Wettlauf, Bronzefigur, um 530 v. Chr.

Die Schlacht bei den Thermopylen – Arbeiten mit unterschiedlichen Materialien

M 11 Die Schlacht bei den Thermopylen

Der griechische Historiker Herodot (etwa 484 bis 430 v. Chr.) berichtet, wie Leonidas an den Thermopylen im Kampf gegen die Perser fällt:

Und nun rückten also die Barbaren um Xerxes an, und die Hellenen um Leonidas gingen jetzt, wo sie zum Tode ausrückten, viel weiter vor als zu Anfang, bis dahin, wo sich die Enge zum breiten Gelände öffnet. [...]

Nun aber kamen sie außerhalb der Enge aneinander, und es fiel eine große Zahl Barbaren; denn hinten standen die Führer der Abteilungen, in der Hand die Geißel, schlugen auf jeden ein und trieben sie immer wieder voran. Viele von ihnen stürzten auch ins Meer und kamen dort um, noch viel mehr aber wurden lebendigen Leibes von andern zertrampelt. Das Ausmaß der Vernichtung übertraf jede Vorstellung. Denn weil die Hellenen wussten, dass der Tod ihnen gewiss war durch die, welche den Berg umgingen, rafften sie all ihre Kräfte zusammen und setzten sie gegen die Barbaren ein, schonungslos und wie rasend. Und nun waren mit der Zeit den meisten ihre Lanzen schon zerbrochen, sie aber brachten die Perser mit den Schwertern um. Und Leonidas fällt in diesem Getümmel als ein Mann von höchster Tapferkeit und mit ihm weitere namhafte Spartiaten, deren Namen ich [Herodot], da sie es verdienen, erkundet habe.

Herodot, Historien VII, 223 f., in: Herodot, Historien VI–IX, übers. von Walter Marg (Bibliothek der Antike, hrsg. von Manfred Fuhrmann), München 1991, S. 174.

M 12 Leonidas an den Thermopylen, Gemälde von Jacques-Louis David, 1813

M 13 Leben wie in einem Feldlager

Der griechische Geschichtsschreiber Plutarch (ca. 45 bis 120 n. Chr.) beschreibt in der Lykurg-Biografie die spartanische Gesellschaftsordung:

Die Zucht erstreckte sich bis auf die Erwachsenen. Keinem stand es frei zu leben, wie er wollte, sondern sie lebten in der Stadt wie in einem Feldlager nach strengen Vorschriften für all ihr Verhalten und ihre Beschäftigung in der Öffentlichkeit, und überhaupt glaubten sie nicht sich, sondern dem Vaterlande zu gehören. [...]
Dies war ja einer der großen und beneidenswerten Vorteile, die Lykurg seinen Mitbürgern verschafft hatte: die reichliche Muße, da es ihnen nicht gestattet war, irgendein niederes Gewerbe zu betreiben, und sie sich überhaupt nicht mit Gelderwerb und mühseligen Geschäften zu befassen brauchten, weil Reichtum ganz verächtlich und wertlos geworden war. Die Heloten bearbeiteten für sie das Land und lieferten die vorgeschriebene Abgabe. [...]
Übrigens verschwanden zugleich mit dem Gelde auch die Prozesse, da es bei ihnen keine Habsucht und keine Armut mehr gab, sondern Gleichheit im Wohlstand und Unbeschwertheit in aller Einfachheit hergestellt war.

Plutarch, Lykurg 24, ebd. S. 156 f.

M 14 Grausamkeiten

Zur Behandlung der Heloten schreibt Plutarch:

Von Zeit zu Zeit schickten die Oberen die gewandtesten jungen Leute überall aufs Land hinaus, versehen mit Schwertern und den notwendigen Nahrungsmitteln, sonst nichts. Am Tage verstreuten sie sich, hielten sich an schwer auffindbaren Orten verborgen und ruhten aus, bei Nacht gingen sie auf die Straßen und töteten jeden Heloten, dessen sie habhaft wurden. Oft auch gingen sie über die Felder und erschlugen die stärksten und tüchtigsten von ihnen. [...]
Ich [Plutarch] glaube jedoch, dass derartige Grausamkeiten erst später bei den Spartanern aufgekommen sind.

Plutarch, Lykurg 28, ebd. S. 161 f.

Aufgaben

1. a) Tragt Werte, die eurer Meinung nach eine moderne Kindererziehung ausmachen, zusammen und vergleicht sie mit dem Erziehungsideal in Sparta.
   b) Schreibe ein Gespräch zwischen zwei Spartanern auf, ob die Erziehung der Kinder geändert werden solle.
   → M7, M8
2. Erläutere das Frauenbild Lykurgs und nimm Stellung dazu.
   → M9
3. a) Achte auf das Verhalten der Spartaner und der Perser in der Schlacht. Erkläre, warum die Führer der persischen Abteilungen mit Geißeln auf die persischen Soldaten einschlugen.
   → M11
   b) Vergleiche die bildlichen Darstellungen der Schlacht an den Thermopylen. Nenne Gemeinsamkeiten und Unterschiede.
   → M6, M12
4. Nenne wichtige Unterschiede zwischen den Poleis Athen und Sparta.
5. Welche Informationen lassen sich den Quellen über die Situation der Heloten entnehmen?
   → M14

M 1 Alexander der Große
Ausschnitt aus einem römischen Mosaik in Pompeji, 2. Jh. v. Chr. (heute im Nationalmuseum Neapel)

Alexander der Große erobert das Perserreich

Die Vorgeschichte

Schon Alexanders Vater, König Philipp II. von Makedonien, hatte einen Rachefeldzug gegen das Perserreich geplant. Dessen Großkönig hatte nämlich nach einem Aufstand griechischer Städte in Kleinasien – der heutigen Westküste der Türkei – Anfang des 5. Jahrhunderts v. Chr. den Versuch unternommen, ganz Griechenland der persischen Herrschaft zu unterwerfen und dabei auch die Akropolis von Athen zerstört.

Aus Sicht der Perser war Griechenland eine kleine, eher unbedeutende Region am Rande ihres Weltreiches, die sie leicht erobern zu können glaubten. In mehreren Schlachten gelang es den Griechen unter der Führung der Athener und Spartaner jedoch, sich gegen die Perser zu behaupten und ihre Unabhängigkeit zu bewahren (entscheidende Siege: 490 v. Chr. bei Marathon, 480 v. Chr. bei Salamis und 479 v. Chr. bei Platäa).

Ein ausgedehnter Eroberungszug

Nach dem Tode Philipps 336 v. Chr. übernahm Alexander die Pläne seines Vaters und eroberte in einem mehrjährigen Feldzug das gesamte Perserreich. Dabei lernten die Griechen aus eigener Anschauung viele Gebiete und Völker kennen, über die sie vorher nur wenig wussten. Griechen und „Barbaren" kamen so in sehr viel engeren Kontakt als vorher, wodurch die gegenseitige Beeinflussung der in vielem unterschiedlichen Kulturen stark zunahm.

M 2

M 3 **Das Bild Alexanders** auf einer Münze. Die Widderhörner sind das Zeichen des ägyptischen Gottes Ammon, den die Griechen mit Zeus gleichsetzten.

Griechen und Perser begegnen sich

Schon um sein neues Reich regieren zu können, sah sich Alexander gezwungen, religiöse und politische Vorstellungen der unterworfenen Völker aufzugreifen. So übernahm er zum Beispiel verschiedene Elemente des persischen Hofzeremoniells oder ließ sich in Ägypten zum Pharao krönen. Andererseits versuchte er vor allem durch die Neugründung zahlreicher Städte, in denen er Griechen ansiedelte, seine Macht zu sichern und die griechische Kultur zu verbreiten. Dies verlief nicht immer ohne Konflikte.

Die Entstehung der hellenistischen Staatenwelt

Nach dem frühen Tod Alexanders 323 v. Chr. entbrannten unter seinen führenden Offizieren langjährige Kämpfe um die Nachfolge, bei denen das Reich in mehrere Teile zerfiel. Aus diesen Diadochenkriegen (griech. Diadoche = Nachfolger) gingen schließlich drei große, griechisch geprägte Königreiche hervor: Das Reich der Ptolemäer in Ägypten und Nordafrika, das Seleukidenreich von Kleinasien bis in das Zentrum des vormaligen Perserreiches und der Herrschaftsbereich der Antigoniden in Makedonien und Teilen Griechenlands. Später kamen noch einige kleinere Königreiche hinzu wie das von Pergamon im nordwestlichen Kleinasien.

Den Zeitraum vom Herrschaftsantritt Alexanders bis zur Eroberung Ägyptens durch die Römer als letztem der Nachfolgestaaten des Alexanderreiches 30 v. Chr. bezeichnet man als Hellenismus. In diesen drei Jahrhunderten breitete sich die griechische Zivilisation von Nordafrika bis Indien aus.

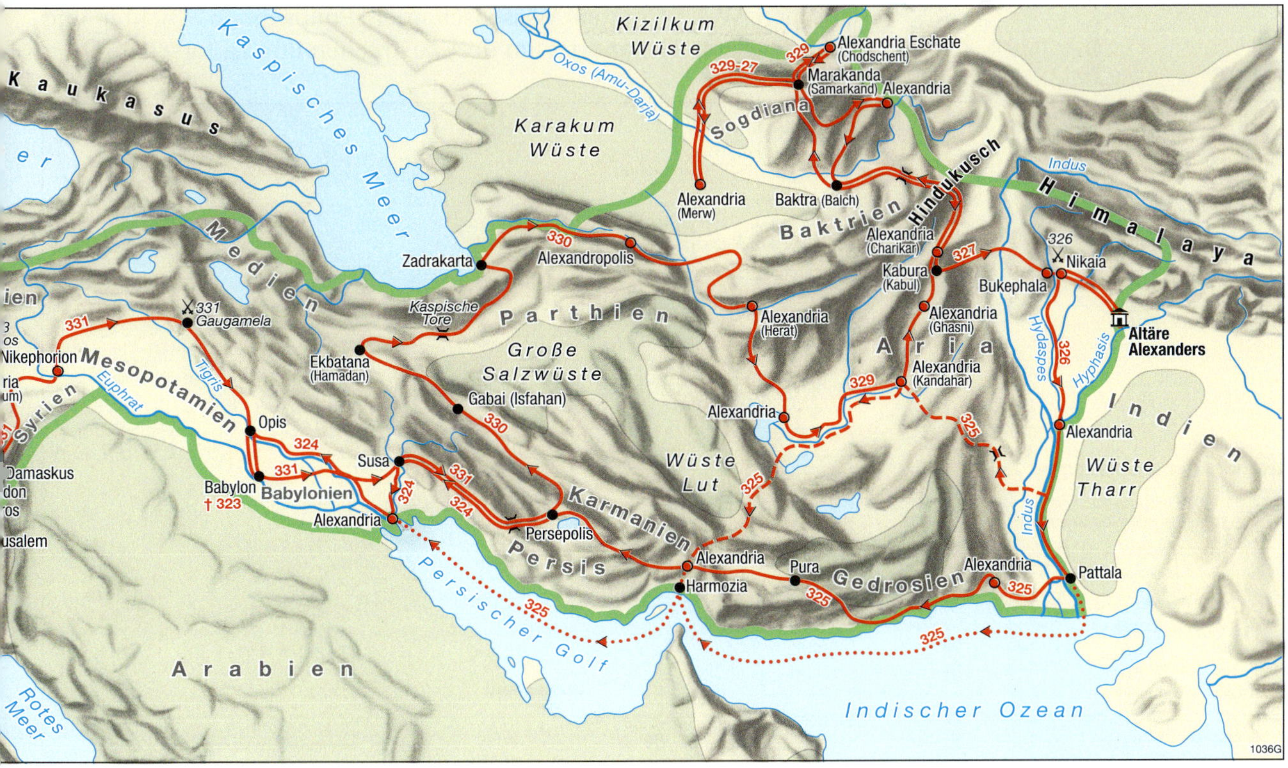

Die hellenistische Weltkultur

Die hellenistischen Reiche nach Alexanders Tod

Erst durch das Jahrhunderte währende Fortbestehen der hellenistischen Reiche konnte sich das, was durch Alexander auf den Weg gebracht worden war, voll entfalten. In einem längeren Prozess wuchsen die Gebiete des ehemaligen Alexanderreiches nach und nach zusammen.

Eine wichtige Rolle spielten dabei besonders die auch nach Alexanders Tod zahlreich neugegründeten Städte beziehungsweise der Um- und Ausbau bereits bestehender Städte nach griechischem Vorbild. Vor allem in diesen Städten ließen sich zahlreiche Griechen nieder, die zum Beispiel als Soldaten oder Händler nach Ägypten und Asien gekommen waren. Sie bildeten in den Städten die führende Schicht und brachten von zu Hause die griechische Sprache und ihre gesamte Lebensweise mit.

In den Städten entwickelte sich so eine Kultur mit Bauten, Kulten und Institutionen, wie sie auch in Griechenland existierten. In den Tempeln opferte man für die griechischen Götter, in den Theatern wurden die Stücke der griechischen Autoren aufgeführt, die Jugendlichen übten sich in den Gymnasien und die Bürger kamen in der Volksversammlung zusammen.

Alexandria – Stadt der Wissenschaft

Die wichtigste der neugegründeten Städte wurde Alexandria in Ägypten. Die Ptolemäer bauten sie zur prächtigen Residenzstadt und zu einem Zentrum für Wissenschaft und Kultur aus. Aus der ganzen griechischen Welt strömten Wissenschaftler, Philosophen, Dichter und Künstler nach Alexandria, um dort zu arbeiten und zu forschen.

M 4

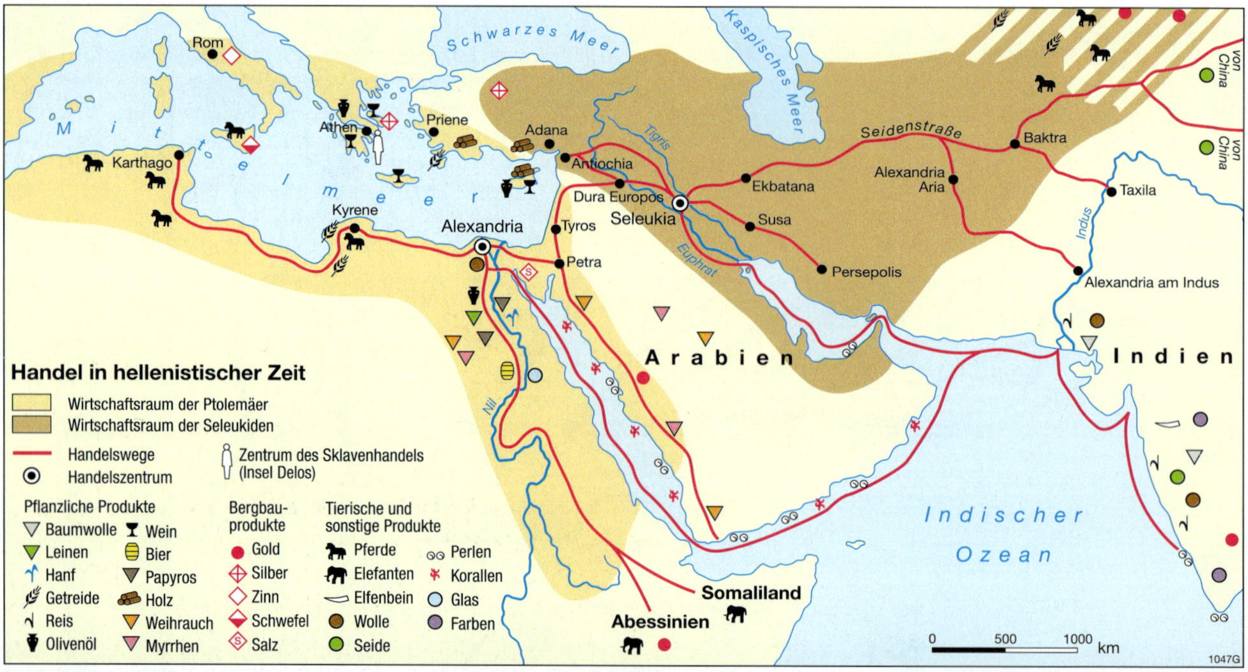

M 5 Sternwarte im Museion in Alexandria, Versuch einer Rekonstruktion

Die ptolemäischen Könige unterstützten sie finanziell und schufen mit dem Museion ein in dieser Art in der Antike einzigartiges Forschungsinstitut. Von überall her ließen sie dort Bücher zusammentragen mit dem Ziel, möglichst von allen Büchern in allen Sprachen mindestens ein Exemplar zu besitzen. Auf diese Weise sammelten sie mehrere hunderttausend Papyrusrollen in Alexandria, die größte Bibliothek der damaligen Zeit. Die anderen hellenistischen Könige eiferten diesem Vorbild der Ptolemäer nach, wenn auch in kleinerem Maßstab.

Einen weiteren wichtigen Aspekt der hellenistischen Kultur stellt die griechische Sprache dar. Mit ihr verständigten sich die vielen Völker in dem riesigen Gebiet, das Koiné-Griechisch (Koiné = griech. die Allgemeine) wurde überall benutzt wie heute Englisch.

Kultureller Austausch

Vor allem die einheimischen Oberschichten übernahmen die griechische Kultur und passten sich sprachlich und kulturell den ehemaligen Eroberern an. Aber dieser Prozess verlief nicht einseitig. Auch die Griechen übernahmen viele Aspekte der Kulturen, die sie vorfanden, besonders auf den Gebieten der Sprachen und Religionen.

Viele östliche Kulte und Religionen gewannen rasch auch unter den Griechen viele Anhänger. Neben Zeus, Dionysos und Apollon verehrten sie nun etwa auch die ägyptischen Götter Isis und Serapis, bauten ihnen Tempel und brachten ihnen Opfer dar.

Diese Vermischung zwischen griechischer und einheimischer Kultur konzentrierte sich vor allem auf die Städte. Auf dem Land dagegen hielten sich die alten Vorstellungen und Sprachen. Neben großen Annäherungen zwischen den verschiedenen Kulturen findet sich im Hellenismus auch bewusste Abgrenzung.

M 6 Göttin Isis
Die in Alexandria gefundene ägyptische Göttin erscheint in griechischer Gestalt, 3. Jh. v. Chr.

Nachwirken des Hellenismus

Die in den Jahrhunderten nach dem Alexanderzug entstandene hellenistische Kultur endete nicht mit der Eroberung durch die Römer. Sie beeinflusste vielmehr stark Kunst, Literatur und Architektur der Römer.

Pergamon und Athen – Rekonstruktion und Stadtplan vergleichen

M 7 **Der Burgberg der Stadt Pergamon,** Rekonstruktion

① = Königspaläste
② = Bibliothek
③ = Athene-Tempel
④ = Dionysos-Tempel
⑤ = Theater
⑥ = „Pergamon-Altar“ des Zeus und der Athene
⑦ = Agora (Oberer Markt)
⑧ = Kaserne
⑨ = Städtische Wohngebiete

M 8 **Athen in klassischer Zeit (5. bis 4. Jh. v. Chr.)**

Der Fußfall vor dem Großkönig – Eine schriftliche Quelle auswerten

M 9 Kontakte und Einflüsse im Hellenismus

Der griechische Historiker Plutarch (ca. 45 bis 125 n. Chr.) berichtet in seiner Alexanderbiographie von dessen vergeblichem Versuch, den persischen Fußfall (Proskynese) einzuführen:

Indem Kallisthenes aber den Fußfall auf entschiedene, eines Philosophen würdige Weise ablehnte und als einziger öffentlich das aussprach, worüber alle vornehmsten und ältesten Makedonen sich nur im Stillen entrüsteten, hat er die Griechen von einer großen Schande frei gehalten und von einer noch größeren den Alexander, indem er so den Fußfall hintertrieb; sich selbst aber richtete er zugrunde, weil der Eindruck erweckt wurde, dass er den König zwingen, nicht überzeugen wolle. Chares von Mytilene berichtet, Alexander habe bei dem Gastmahl die Schale, nachdem er getrunken hatte, einem der Freunde zugereicht. Der habe sie genommen, habe sich erhoben und sei zum Altar getreten, habe getrunken und als erster den Fußfall vollzogen, und dann habe er Alexander geküsst und sich wieder niedergelegt.

Während nun alle anderen der Reihe nach dasselbe taten, habe Kallisthenes die Schale genommen, habe – während der König nicht darauf achtete, sondern sich mit Hephaistion unterhielt – getrunken und sei gleich zu Alexander getreten, um ihn zu küssen.

Da aber Demetrios mit dem Beinamen Pheidon rief: „Küsse ihn nicht, König! Denn dieser hat als einziger den Fußfall vor dir unterlassen", sei Alexander dem Kuss ausgewichen, und Kallisthenes habe laut gerufen: „So gehe ich also und bin um einen Kuss zu kurz gekommen."

Plutarch, Große Griechen und Römer. Eingeleitet und übersetzt von K. Ziegler. Bd. 5, Zürich 1960, S. 75 f.

Aufgaben

1. Arbeite mit der Karte zum Alexanderzug. Welche modernen Staaten liegen heute ganz oder teilweise auf dem Gebiet des einstigen Alexanderreiches? Verwende auch einen Erdkundeatlas.
   → M2, Erdkundeatlas
2. Vergleiche das Modell von Pergamon mit dem Stadtplan von Athen. Was wurde von dort übernommen? Was ist anders?
   → M7, M8
3. a) Kallisthenes erzählt einem Freund, warum er sich geweigert hat, den Fußfall auszuführen. Formuliere, was er sagen könnte.
   b) Warum wollte Alexander von den Persern den Fußfall übernehmen?
   → M9
4. Im Zeitalter des Hellenismus kam es zu einem regen Kulturaustausch. Suche Bilder in diesem Kapitel, bei denen der Kulturaustausch deutlich sichtbar ist.

Älteste Siegerlisten in Olympia

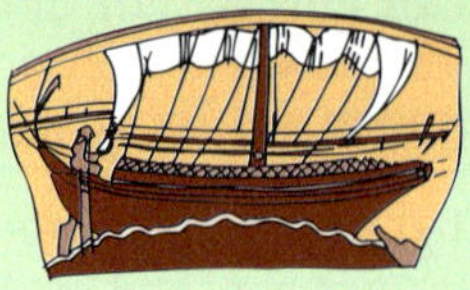

Griechische Kolonisation

1 000 v. Chr. | 800 v. Chr. | 600

Zusammenfassung

Die gemeinsamen Traditionen in Religion und Kultur, die gemeinsame Sprache und die Mythen, wie sie etwa im Werk Homers übermittelt wurden, verbanden alle Hellenen. Ein einheitliches Staatswesen entstand jedoch nicht. Vielmehr prägten die Stadtstaaten, die Poleis, die griechische Geschichte.

Aufgrund der geografischen Lage Griechenlands widmeten sich die Griechen früh der Seefahrt. Diese brachte sie in Kontakt mit anderen Kulturen. Landknappheit, Überbevölkerung und Spannungen in den Poleis verursachten wohl in den Jahre von 750 bis 550 v. Chr. die griechische Kolonisation. Sie brachte die Entstehung griechischer Siedlungen im Gebiet des Mittelmeeres und des Schwarzen Meeres.

Im 5. vorchristlichen Jahrhundert stieg Athen zur Führungsmacht in Griechenland auf. Zugleich setzte sich in einem längeren Prozess in Athen die Demokratie durch. Dies war im gesamten Griechenland eine Ausnahmesituation.

Perserkriege

5. Jh.: Blütezeit Athens

Alexander der Große

400 v. Chr.

200 v. Chr.

Daten

5. Jahrhundert v. Chr.:
Blütezeit Athens

Begriffe

Polis
Kolonisation
Sklaventum
Olympische Spiele
Demokratie
Aristokratie

Personen

Herodot
Kleisthenes
Perikles
Thukydides

Tipps zum Thema: Antikes Griechenland

Filmtipp

Das Antike Troja.
DVD-ROM, Deutschland 2005/07

Lesetipp

Roland Mueller:
Der Kundschafter des Königs. Auf den Spuren Alexanders des Großen, München 2005

Museen

Staatliche Museen zu Berlin: Antikensammlung

Deutsches Sport und Olympia Museum, Köln

Kommentierte Links: www.westermann.de/geschichte-linkliste

Colosseum in Rom

Gaius Julius Caesar
(100–44 v. Chr.) Römische Büste

Heutiger Gully-Deckel in Rom

T-Shirt

Kapitolinische Wölfin

Römisches Kriegsschiff
Relief aus dem 1. Jahrhundert v. Chr.

Porta Nigra in Trier

Schiff im Hafen von Ostia Fresko aus dem 3. Jahrhundert n. Chr.

M 1 **Flucht aus Troja**
Äneas entkommt mit seinem gelähmten Vater und seinem Sohn Julus aus dem brennenden Troja, Statue aus der Stadt Veji, um 500 v. Chr.

Die Anfänge Roms

Sprüche wie „Alle Wege führen nach Rom" oder „Rom wurde nicht an einem Tag erbaut" zeigen, dass Rom Teil unseres Denkens und unseres Sprachgebrauchs ist.

Roms Anfänge liegen wie die der griechischen Stadtstaaten im Dunkeln. Man ist bei der Untersuchung auf spätere Quellen einerseits und archäologische Befunde andererseits angewiesen. Verschiedene römische Historiker und Schriftsteller gaben das Jahr 753 v. Chr. als das Gründungsjahr Roms an. Dies wurde manchmal auch für die Zeitrechnung verwendet; man zählte dann „ab urbe condita" – seit Gründung der Stadt.

Die Gründungssage

Von der Entstehung der Stadt Rom erzählt eine Sage: Der trojanische Held Äneas, Sohn des Anchises und der Göttin Aphrodite, flieht aus seiner brennenden Heimatstadt Troja. Dieses haben die Griechen nach zehnjähriger Belagerung nur mit List erobert. Zusammen mit wenigen Gefährten, seinem Vater und seinem Sohn Julus schlägt er sich im letzten Moment zum Hafen durch und sticht in See.

Nach jahrelangen Irrfahrten durchs Mittelmeer erreicht Äneas Italien. Hier haben ihm die Götter die Landschaft Latium als neue Heimat bestimmt. Er heiratet Lavinia, die Tochter des Königs der Latiner.

Nach dem Tod des Äneas folgt ihm sein Sohn Julus als König nach. Generationen später kommt es zwischen zwei Königssöhnen zu einem Streit um den Thron. Der unrechtmäßige Erbe, Amulius, vertreibt den rechtmäßigen Nachfolger. Amulius zwingt die Königstochter Rhea Silvia dazu, Priesterin zu werden, um seine Herrschaft vor unerwünschten Thronerben zu sichern. Trotzdem bringt Rhea Zwillinge zur Welt: Romulus und Remus, als deren Vater der Kriegsgott Mars gilt. Amulius, um seine Macht besorgt, lässt die Neugeborenen in einem Weidenkorb auf dem Tiber aussetzen. Wie durch ein Wunder treibt der Korb nur bis zum Abhang des Palatin, einem der sieben Hügel Roms. Die wimmernden Jungen werden von einer Wölfin gefunden und genährt und später von Hirten großgezogen.

Als junge Männer erfahren sie ihre königliche Abkunft und nehmen Rache an Amulius. Auf dem Palatin, dem Ort ihrer Rettung, gründen

M 2 **Die kapitolinische Wölfin**
Bronzeplastik von etwa 500 v. Chr., die Zwillinge wurden erst 1471 hinzugefügt.

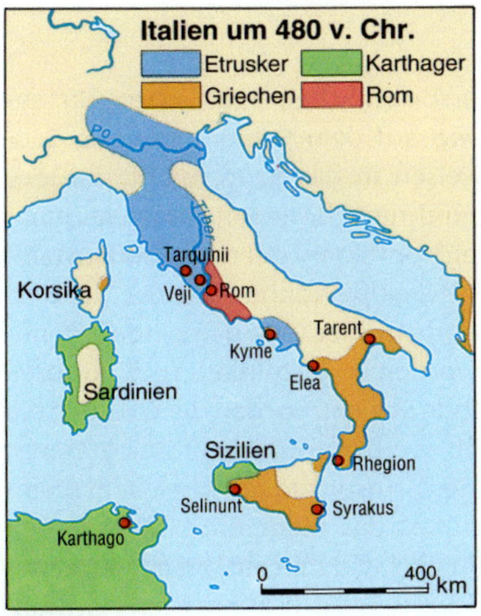

M 3

die Brüder eine Stadt. Die Frage, wer Herrscher der Stadt sein soll, lassen die Zwillinge durch Vogelflug entscheiden: derjenige, der die meisten Adler in seinem Bereich des Himmels zählen konnte, soll Sieger sein. Romulus kann den Wettbewerb für sich entscheiden und lässt eine Mauer um seine künftige Stadt erbauen. Remus jedoch missachtet seinen Bruder und springt immer wieder über die noch niedrige Mauer. Zur Strafe tötet Romulus seinen Bruder und schreit: „So soll es jedem gehen, der die Mauern übersteigt". Er wird Begründer der Stadt und gibt ihr den Namen „Roma".

Wissenschaftliche Erkenntnisse

Die Archäologen vermuten, dass die erste Ansiedlung auf dem Palatin, einem der sieben Hügel Roms, lag. Hier befand sich der letzte Flussübergang vor der Mündung des Tiber ins Mittelmeer, und bis hierhin war der Fluss auch schiffbar. Auch auf dem Esquilin und dem Quirinal, zwei anderen der sieben Hügel Roms, konnten Bodenfunde aus der frühen Eisenzeit (10.–9. Jahrhundert v. Chr.) ausgegraben werden. Die Siedlungen auf den Hügeln, so die Vermutung, stellten keine getrennten Herrschaftsbezirke dar, sondern hatten den steilen Kapitolshügel als gemeinsamen religiösen Mittelpunkt. Zentrum des politischen und gesellschaftlichen Lebens wurde der Markt, das Forum Romanum.

Rom war nur eine kleine Ansiedlung der Latiner. Das waren Hirten und Bauern, die sich im Gebiet der heute als Latium bezeichneten Landschaft auf der italischen Halbinsel niedergelassen hatten.

Die Ordnung der römischen Republik

Die frühen Jahrhunderte bis zur Zeitenwende werden als Zeit der römischen Republik bezeichnet. Dies leitet sich vom lateinischen Begriff „res publica" ab, der „öffentliche Angelegenheit" bedeutet. Gewählte Beamte, die sogenannten Magistrate, der Senat und das Volk spielten in der Republik eine wichtige Rolle:

- An der Spitze des Staates standen zwei gleichberechtigte Konsuln. Diese hatten die höchste Befehlsgewalt in Krieg und Frieden, das sogenannte imperium. Sie wurden jedes Jahr von der Volksversammlung neu gewählt. Durch die jährliche Neuwahl und die gegenseitige Abhängigkeit der beiden Amtsinhaber sollte ein Missbrauch der Macht verhindert werden. Mit der Zunahme der öffentlichen Aufgaben entstanden weitere Ämter, über deren Besetzung die Volksversammlung entschied. Im Lauf seiner Karriere bekleidete ein römischer Politiker nach und nach verschiedene Ämter, bevor er Konsul werden konnte.
- Die Magistrate wurden von einem Rat der „Ältesten", dem Senat, beraten. Dieser bestand aus angesehenen Männern, zum größten Teil ehemaligen Beamten. Obwohl seine Machtbefugnisse begrenzt waren, spielte er eine entscheidende Rolle. Kaum ein Beamter wagte es, gegen seinen Ratschlag zu handeln.
- Die Entscheidung über Krieg und Frieden und über alle wichtigen Gesetze sowie die Wahl der Beamten stand dem Volk zu. Allerdings hatte die Oberschicht bei den Abstimmungen eine Mehrheit.

Die Anfänge Roms – Arbeiten mit Texten

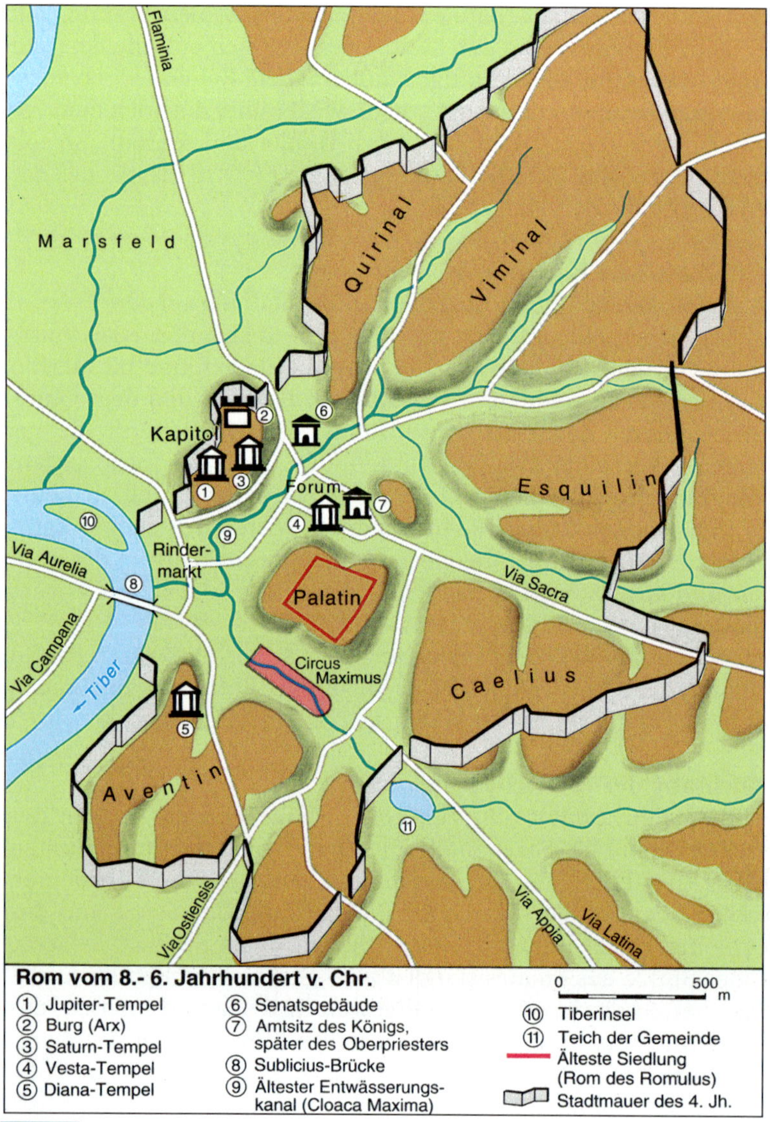

Rom vom 8.- 6. Jahrhundert v. Chr.

M 4

M 5 Die Gründung Roms

a) In einem Reiseführer steht Folgendes (1977):

Die Anfänge Roms sind in Dunkel gehüllt, so auch die Herkunft seines Namens, der wahrscheinlich etruskisch zu erklären ist (vom Geschlechternamen Ruma her oder vom Flussnamen Rumon für den Tiber). Die angebliche Stadtgründung vom Jahre 753 v. Chr. samt der Sage von Romulus und Remus ist legendär. Wahrscheinlich gehen diese Erzählungen auf Vorgänge viel älterer Zeit zurück. Die berühmten sieben Hügel sind, ausgehend von der ursprünglichen latinischen Hirtensiedlung auf dem Palatin (früheste Spuren weisen in das 9. Jh. v. Chr. zurück), nach und nach besiedelt und nach mancherlei Konflikten der verschiedenstämmigen Hügelbewohner (Latiner, Sabiner, Etrusker) zu einer Großgemeinde verbunden worden [...]. Politisch und kulturell führende Schicht wurden die Etrusker, die an sich weiter nördlich ansässig waren (Etrurien), ursprünglich aber von Kleinasien über das Meer nach Mittelitalien gekommen sein müssen. Im 6. vorchristlichen Jahrhundert herrschten in Rom etruskische Könige, deren einer – Servius Tullius – bereits eine Mauer um die Stadt gebaut haben soll.

Grieben-Reiseführer, Rom, München 1977, S. 11 ff.

b) Ein anderer Reiseführer berichtet (1984):

Rom entstand als Räuberstaat aus dem Zusammenlauf von allerlei Gesindel und räuberischen Hirten, und die Überlieferung weiß genau, wann diese sich entschlossen, eine Stadt zu gründen, und darum stritten, wer König sein solle: Es war am 21. April 753 vor Christi Geburt. An diesem Tag setzen sich zwei Anführer, die Brüder Romulus und Remus, auf den zwei gegenüberliegenden Hügeln Aventin und Palatin fest. Sie wenden sich an die etruskischen Priester, deren magische Wissenschaft entscheiden soll, wer König wird und wo die Stadt gebaut werden soll. Die Priester lesen in den Eingeweiden der Opfertiere und im Flug der Vögel. Winzige Details geben Aufschluss über die Qualität des Wassers, der Pflanzen, über die Lebensbedingungen der Umwelt. Wie bei Karl May kann ein gebrochener Zweig, eine fallende Feder über Leben und Tod entscheiden. Zwischen den Brüdern, auf dem Gelände des Circus Maximus, liegt ein Sumpf. Remus sieht als erster sechs Vögel, dann Romulus zwölf. Wie auch später bei den Römern siegt die Quantität. Da gibt es nicht viel zu interpretieren, meint Romulus und erschlägt den Remus, der ihn verspottet.

Anders Reisen, Rom, Hamburg, 1984, S. 30 ff.

Die römische Republik – Ein Schaubild verstehen

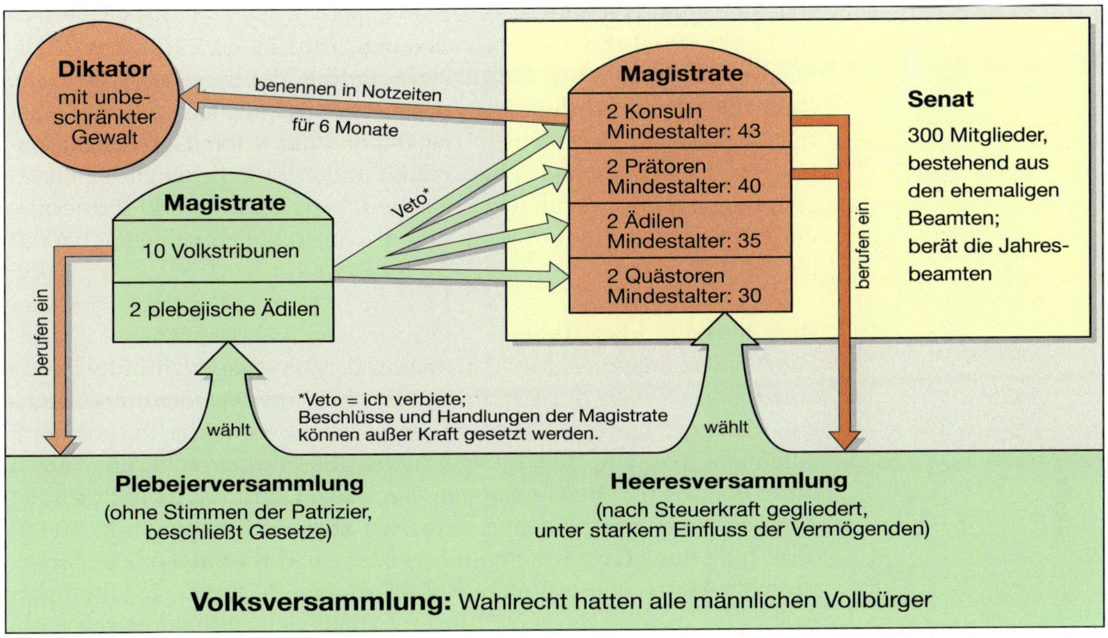

M 6 **Die römische Verfassung**

Acht Quästoren: Finanzverwaltung
Zwei Ädilen: Polizei, Verkehrs- und Marktangelegenheiten
Zwei Prätoren: Rechtsprechung
Zwei Konsuln: oberste Befehlsgewalt
Zwei Zensoren (außerhalb der Ämterlaufbahn, wurden alle fünf Jahre aus dem Kreis der ehemaligen Konsuln gewählt): Festsetzung der Steuern und Kontrolle der Staatsbürger
Ein Diktator: In Notzeiten wurde ein Diktator ernannt, der mit seinem Stellvertreter allerdings nur sechs Monate im Amt blieb. Er hatte mehr Machtbefugnisse als die Konsuln.
Zwei plebejische Ädilen: Polizei, Verkehrs- und Marktangelegenheiten
Zehn Volkstribunen: Vertreter der Plebejer, sollen Plebejer gegen Übergriffe der Patrizier schützen.

M 7 **Die römischen Ämter (Magistrate)**

Aufgaben

1. a) Untersuche, in welchen Punkten die beiden Texte aus den Reiseführern in ihren Aussagen über die Entstehung Roms übereinstimmen und worin sie sich unterscheiden.
   b) Überlege, was die Verfasser dieser beiden Texte veranlasst haben könnte, unterschiedliche Schwerpunkte zu setzen.
   c) Welche Darstellung spricht dich mehr an? Begründe deine Entscheidung.
   → M4, M5
2. In der Sage werden Göttliches und Menschliches miteinander verbunden. Versuche dies zu erklären.
   → Text
3. Vergleiche die Karte Roms mit einem modernen Stadtplan. Welche Gebäude existieren noch heute?
   → M4, aktueller Stadtplan
4. Erkläre anhand des Schaubildes die Verfassung der römischen Republik.
   → Text, M6, M7

Vom Dorf zur Weltmacht

Krieg mit den Nachbarn

Im Lauf von Jahrhunderten wuchs das „Provinznest" Rom zur Weltmacht und bestimmte Kultur und Politik der besetzten Gebiete. Zunächst – im 5. Jahrhundert v. Chr. – beschränkte sich der Machtbereich Roms auf seine nächste Umgebung. Rom war mit Abwehrkämpfen gegen seine Nachbarn beschäftigt und erlitt dabei auch Niederlagen; Sagen aus der Frühzeit Roms berichten darüber. Die Eroberung der etruskischen Stadt Veji um 400 v. Chr. stellte einen ersten bedeutenden Erfolg dar.

Rom herrscht über Italien

Die Niederschlagung eines Aufstandes der umliegenden Städte leitete eine weitere Phase der Expansion, das heißt der Ausdehnung, Roms ein. Viele der besiegten Städte wurden in die römische Bürgerschaft aufgenommen. Die Bewohner erhielten das Bürgerrecht, aber meist ohne Wahlrecht. Die ehemaligen Gegner verstärkten die militärische Kraft Roms. Andere Gegner behielten ihre Selbstverwaltung, traten aber Teile ihres Gebietes ab und wurden zu Verbündeten. Zur Sicherung der Herrschaft gründete Rom Kolonien. In ihnen siedelten sich Römer an, die den Bürgern Roms rechtlich gleichgestellt waren.

Im Laufe der Zeit wurden die römischen Bündnissysteme nach und nach auf Süditalien ausgedehnt. Bis etwa 270 v. Chr. traten die dortigen Griechenstädte dem römischen Bündnissystem bei. Rom hatte somit Italien unter seiner Herrschaft geeint und war zu einer Großmacht im Bereich des Mittelmeerraumes geworden.

Rom herrscht über das westliche Mittelmeer

Seine räumliche Ausdehnung brachte Rom in direkten Kontakt mit Karthago, das in Nordafrika lag. Im Jahre 264 v. Chr. begann eine Auseinandersetzung zwischen beiden Mächten, die in drei erbitterten Kriegen, den sogenannten Punischen Kriegen, ausgetragen wurde.

- Der Konflikt verlief zunächst unentschieden: Die Karthager beherrschten das Meer, die Römer das Land. Die Römer übernahmen aber die karthagische Technik des Schiffbaues und erfanden eine Enterbrücke. Dies ermöglichte es den römischen Legionären, ihre überlegene Kampfkraft auf dem Land auch in einer Auseinandersetzung auf See anzuwenden. Nach der Niederlage Karthagos im ersten Punischen Krieg (264–241 v. Chr.) wurde das von den Römern eroberte Sizilien im Jahr 227 v. Chr. zur ersten römischen Provinz. Sizilien blieb damit im Zustand eines besetzten Gebietes und die Bevölkerung wurde zu Untertanen. Roms Politik wandelte sich, da es die neu gewonnenen Gebiete ausbeutete.
- Ein Konflikt in Spanien war der Auslöser des zweiten Punischen Krieges (218–201 v. Chr.). Karthago hatte sich hier einen neuen Machtstützpunkt ausgebaut, was von Rom als Bedrohung empfunden wurde. Ein Feldzug des karthagischen Feldherrn Hannibal, der überraschend die Alpen überquert hatte, führte zu schweren Niederlagen Roms, etwa bei Cannae (216 v. Chr.). Daraufhin vermieden die Römer jede weitere Feldschlacht. Sie gewannen Zeit, da

M 1 Kriegselefanten
Hannibal verwendete diese den Römern fremden Tiere bei seinem Feldzug, Teller aus dem 3. Jahrhundert v. Chr.

M 2 Ein militärischer Triumph
Der Feldherr Lucius Aemilius Paullus mit drei Gefangenen. In der Mitte erbeutete Waffen und Uniformteile als Symbol für den militärischen Triumph, römische Münze aus dem 2. Jahrhundert v. Chr.

Hannibal nicht sofort versuchte, Rom einzunehmen. Auch viele Bundesgenossen blieben an der Seite Roms. Hannibal geriet zunehmend in Versorgungsschwierigkeiten und zog schließlich aus Italien ab. Daraufhin setzten die Römer nach Afrika über und schlugen Hannibal im Jahr 202 v. Chr.

- 146 v. Chr. schließlich eroberten die Römer Karthago und machten es dem Erdboden gleich. Das Gebiet von Karthago wurde römische Provinz und bekam den Namen „Africa".

Rom herrscht über das gesamte Mittelmeer

Rom war von einer Landmacht zu einer Seemacht im Mittelmeerraum geworden. Im 2. Jahrhundert v. Chr. gelang es den Römern, ihre Macht schrittweise auch über das östliche Mittelmeer auszudehnen. Die Römer bezeichneten das Mittelmeer nun als „mare nostrum", ihre Herrschaft als „Imperium Romanum".

Weitere Eroberungen

In der Folgezeit stieß Rom bis an die Grenzen der damals bekannten Welt vor, obwohl es zeitweise Rückschläge in Afrika und durch herumziehende germanische Stämme erlitt. Unter Caesar wurde ganz Gallien im 1. Jahrhundert v. Chr. zur römischen Provinz. Der Rhein bildete nun die Grenze gegen die noch freien Germanen. Seine größte Ausdehnung hatte das Römische Reich schließlich um 100 n. Chr.

M 3

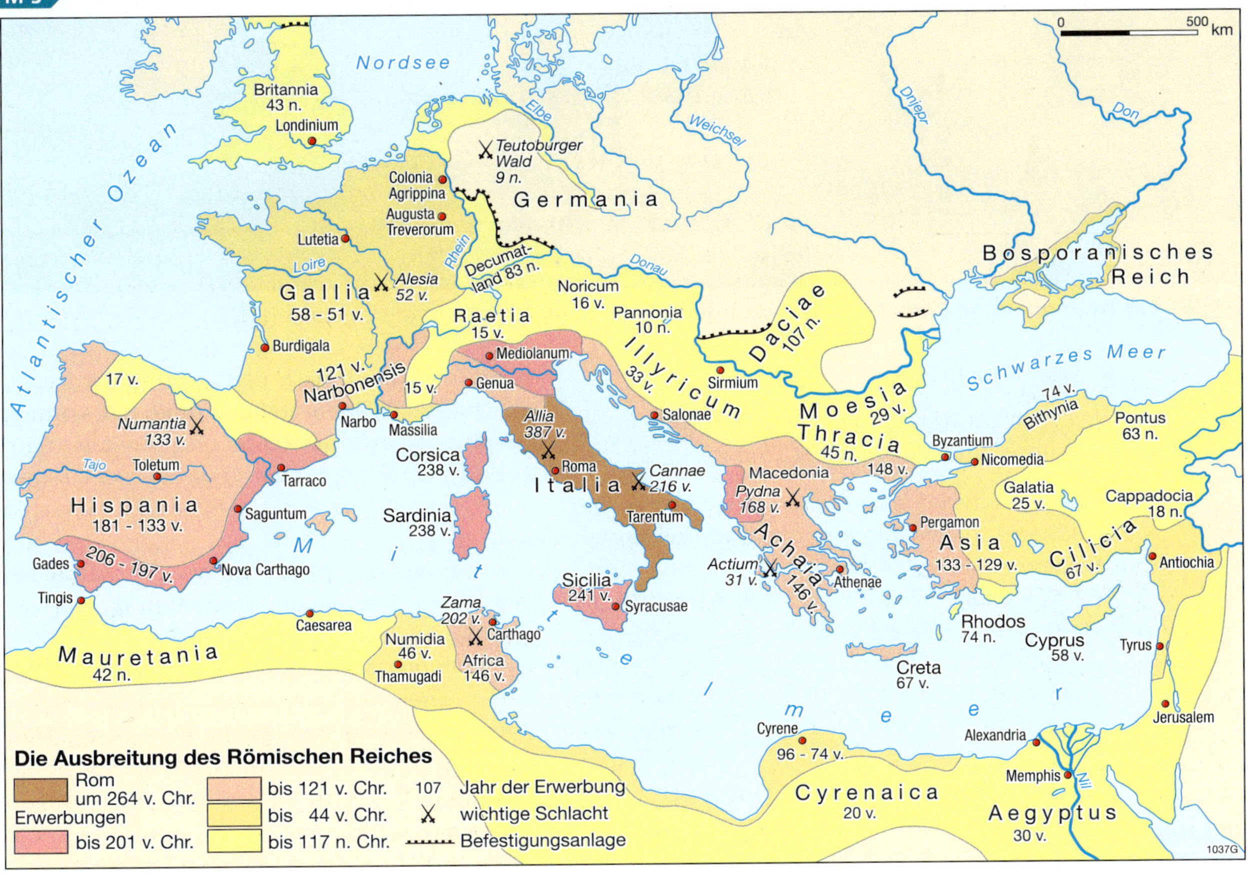

Triumphzug in Rom – Vergleich unterschiedlicher Darstellungen

M 4 **Ein Triumphzug in Rom,** Gemälde von Joseph Bühlmann, 19. Jahrhundert (Ausschnitt)

M 5 Triumphzug

In einem Lexikon zur römischen Geschichte findet sich unter Triumph folgender Eintrag:

Eine feierliche Ehrung, die man einem siegreichen Feldherrn zugesteht und die von Volksfesten begleitet wird.

Ein Zug bildet sich auf dem Marsfeld, betritt die Stadt über das forum boarium, zieht weiter, am circus maximus vorbei, umrundet den Palatin, beschreitet die via sacra und steigt hinauf zum Kapitol. An der Spitze des Zuges gehen die Senatoren und Magistrate, Musiker, dahinter werden die von den Feinden erbeuteten Gegenstände, Statuen und Bilder der eroberten Länder und Städte getragen und gehen die Gefangenen. Dann folgt gleich nach den Liktoren der Sieger, auf seinem Wagen stehend und mit Lorbeer bekränzt, trägt er das Zepter und ist mit der Tunika und der goldgesäumten Toga bekleidet. Hinter ihm schließt sich dann das Gefolge seiner Soldaten an. […]

Die gesamte Wegstrecke umtanzen Schauspieler den Wagen des Siegers, verspotten die Menge, und die Soldaten stimmen witzige Lieder über ihren ruhmreichen Anführer an. Diese Späße […] hatten einen religiösen und moralischen Hintersinn, der darin lag, den Triumphator vor den Kräften des Bösen zu schützen und ihn vor Übermut zu bewahren.

Jean-Claude Fredouille, Lexikon der römischen Welt, Darmstadt 1999, S. 217 f.

Römische Legionäre – Archäologen experimentieren

M 6 Das Marschgepäck eines Legionärs

Der Historiker Marcus Junkelmann unternahm in den 1980er-Jahren ein Experiment: Er wanderte mit einer kleinen Gruppe in der Ausstattung römischer Legionäre von Verona nach Augsburg, um die überlieferten Informationen praktisch zu überprüfen. Im Hinblick auf das Marschgepäck kam er dabei zu folgendem Ergebnis:

Dass das gesamte Gewicht der feldmarschmäßigen Ausrüstung ein sehr bedeutendes war, darf als unbestreitbar gelten, nicht umsonst erhielten die Legionäre nach der Heeresreform des Marius den Spitznamen muli Mariani (Die Maultiere des Marius). [...]

Die folgenden Zahlen beziehen sich auf das Gewicht der von uns verwendeten Rekonstruktionen:

Leinentunica	0,55 kg
Tuchtunica	1,1 kg
Caligae	1,3 kg
Kettenhemd	8,3 kg
2 Cingula	1,2 kg
Schwert mit Scheide	2,2 kg
Dolch mit Scheide	1,1 kg
Helm mit Buschen (Montefortino)	2,1 kg
Schild ohne Überzug	9,65 kg
Pilum	1,9 kg
	29,4 kg [...]

Zu den cibaria, den Lebensmitteln, kamen noch eine Reihe weiterer Utensilien (vasa), sowie die Reservekleidung, die zusammen mit der Verpflegung die sarcina, das Gepäckbündel, bildeten.

Da war zunächst die metallene Feldflasche, die mit ihrer Wasser/Weinfüllung von 1,3 l 2,55 kg wog, ferner ein kleiner Bronzeeimer (850–1650 g), eine Bronzekasserolle (650 g), eine Ledertasche mit Kleingerät (Löffel, Messer, Hämmerchen, Riemen, Lampe, Persönliches), zusammen etwa 3 kg, und der Mantelsack mit Kapuzenumhang (paenula). Schal, Gamaschen und Reservetunicen (3,9 kg). Dann ist noch die furca, die Tragestange aus Eschenholz von 1,9 kg Gewicht zu nennen, an der die ganze sarcina befestigt wurde.

Insgesamt wiegt eine wie beschrieben bepackte sarcina wenigstens 16,6 kg. Schließlich dürfen noch der lederne Überzug für den Schild und die Schildfessel mit zusammen 1,85 kg nicht vergessen werden.

Damit wäre das Minimum von dem, was ein miles impeditus trug, zu errechnen:

Kleidung, Waffen, Rüstung	29,4 kg
Marschgepäck	18,4 kg
	47,8 kg

Marcus Junkelmann, Die Legionen des Augustus. Der römische Soldat im archäologischen Experiment, Mainz 1986, S. 197 ff.

M 7 Ein Legionär
Rekonstruktion

Aufgaben

1. Roms Weg vom Dorf zur Weltmacht vollzog sich innerhalb mehrerer Jahrhunderte. Fertige einen Zeitstrahl an und trage dort die wichtigsten Daten und Erwerbungen Roms ein.
   → Text
2. Welche Phasen der römischen Expansion werden auf der Karte unterschieden? Vergleiche die Karte mit deinem Zeitstrahl.
   → M3
3. a) Welche Aussage zum Selbstverständnis Roms lässt sich aus dem Münzbild ablesen?
   b) Wo ist der Name des Feldherrn Paullus zu lesen?
   → M2
4. a) Beschreibe das Bild vom Triumphzug in Rom.
   b) Vergleiche das Bild mit dem Textauszug über einen Triumphzug. Welche Aspekte sind enthalten, welche nicht?
   c) Ist das Bild deiner Meinung nach historisch korrekt?
   → M4, M5
5. Mit welchem Ziel werden derartige Experimente von Archäologen durchgeführt?
   → M6, M7

Das Ende der römischen Republik

M 1 Sklavenarbeit
Griechische Sklaven bei der Olivenernte

Caesars Ermordung – Der Höhepunkt des Bürgerkriegs

Am 15. März des Jahres 44 v. Chr. wurde während einer Sitzung des Senats Gaius Julius Caesar ermordet. Dieses Ereignis war der Höhepunkt der Krise, die Rom erschütterte und zum Bürgerkrieg, einem Krieg im Inneren, geführt hatte. Wie kam es dazu?

Die Eroberungen hatten das soziale Gefüge verändert. Die Siege Roms waren in erster Linie den Bauern zu verdanken, die im römischen Heer Kriegsdienst leisteten. Von den Zahlungen der besiegten Gegner und aus den Provinzen hatte aber vor allem die Oberschicht Vorteile. Ihre Mitglieder kauften nach und nach die Höfe von Bauern auf. Auf diese Weise entstanden große Landgüter, die von Sklaven bewirtschaftet wurden. Die besitzlos gewordenen Bauern hingegen strömten zunehmend in die Stadt. Es entstand eine neue Schicht, die als „Proletariat" bezeichnet wurde, weil die Besitzlosen nichts als ihre Nachkommen – auf lateinisch „proles" – besaßen.

Angesichts der sozialen Spannungen hatten sich innerhalb der Oberschicht zwei Gruppierungen gebildet, sodass im Senat ein erbitterter Machtkampf herrschte: Die „Popularen" – abgeleitet von „populus", dem lateinischen Wort für „Volk" – unterstützten die Anliegen der in Not geratenen. Die „Optimaten" – abgeleitet von „optimus", das heißt „zu den Besten gehörig" – waren für die Erhaltung der bestehenden Ordnung.

M 2 Gaius Julius Caesar (100–44 v. Chr.)
Römische Büste

Die neue Rolle des Heeres

In den folgenden Jahrzehnten verschärften sich die Auseinandersetzungen zwischen den Parteien zu einem Bürgerkrieg. Entscheidend war, dass das römische Heer nun auch bei inneren Machkämpfen eingesetzt wurde. Im 1. Jahrhundert v. Chr. wurde aus dem römischen Heer eine Armee von Berufssoldaten. Da der Heerführer für Bezahlung und Alterssicherung der Soldaten sorgte, waren sie in erster Linie ihm und erst in zweiter Linie der römischen Republik treu. Der Senat befand sich dabei in einer schwierigen Situation. Einerseits brauchte man erfolgreiche Feldherren, andererseits wurden die Feldherren zum entscheidenden politischen Machtfaktor und bestimmten letztendlich über das Schicksal des Staates. Sollte der Senat sich den Absichten des Feldherrn widersetzen, konnte dieser das Heer nach Rom in Marsch setzen und den Senat zur Erfüllung seiner Forderungen zwingen.

Der Aufstieg Caesars

Der künftige starke Mann in Rom wurde Gaius Julius Caesar. Wie andere römische Politiker auch durchlief er die Ämterlaufbahn. Zusätzlich verbündete er sich mit dem erfolgreichen Feldherrn Pompeius und dem schwerreichen Crassus zu einem sogenannten ersten Triumvirat, einem „Bündnis der drei Männer". Gestützt auf die Anhänger des Pompeius und das Geld des Crassus wurde Caesar im Jahre 59 v. Chr. Konsul.

Für die Zeit nach seinem Konsulat sicherte sich Caesar die Statthalterschaft über die beiden gallischen Provinzen. So wollte er sich der Rache des Senats entziehen und sich zugleich in Gallien eine neue

Machtposition aufbauen. In den nächsten zehn Jahren reihte Caesar Feldzug an Feldzug und unterwarf ganz Gallien, das etwa dem heutigen Frankreich und Belgien entspricht. Als erster Römer stieß er nach Britannien und an den Rhein vor. Über seine Kriegszüge berichtete er in seinen Büchern „De bello gallico", das heißt „Über den gallischen Krieg". Sie gelten bis heute als Klassiker.

Caesar wird Alleinherrscher – und wird ermordet

Der Senat fürchtete die Macht Caesars und forderte von ihm, sein Heer aufzulösen. Er wollte jedoch die einmal gewonnene Macht nicht mehr aus den Händen geben. So überschritt Caesar im Jahr 49 v. Chr. den Fluss Rubicon, der die Grenze zwischen Caesars Provinz und dem römischen Kernland bildete. Dieser Marsch nach Rom kam einer Kriegserklärung gleich. Caesars Legionen und die Truppen des Senats unter der Führung seines einstigen Verbündeten Pompeius standen sich jetzt als Gegner gegenüber. Ohne auf großen Widerstand zu treffen, eilte Caesar dann von Sieg zu Sieg. Allerdings gewährte Caesar denen, die sich unterwarfen, Gnade und zeichnete sich durch Großzügigkeit aus.

Bereits im Jahre 49 v. Chr. hatte Caesar das für Notzeiten vorgesehene Amt des Diktators angenommen. Den Höhepunkt seiner Macht erreichte Caesar, als ihn der Senat im Jahre 44 v. Chr. zum Diktator auf Lebenszeit ernannte.

Caesars Karriere nahm jedoch im Jahre 44 v. Chr. ein plötzliches Ende. Seine Gegner warfen ihm vor, er wolle wieder eine Königsherrschaft errichten und so die Ordnung der römischen Republik zerstören, und ermordeten ihn während der Senatssitzung am 15. März des Jahres 44 v. Chr.

M 3 **Die Ermordung Caesars,** Gemälde, 19. Jahrhundert

Die Ermordung Caesars – Ein Schaubild zu einer Textquelle erstellen

M 4 Aus einer Biografie

Der Grieche Plutarch (45–125 n. Chr.) ist Verfasser zahlreicher biographischer Schriften. In seiner Caesar-Biographie berichtet er:

Allein den sichtbarsten Hass, der ihm schließlich auch den Tod brachte, erregte gegen ihn sein Streben nach der Königswürde, welches für das Volk die erste Ursache, für diejenigen aber, die ihm schon lange gram waren, der triftigste Vorwand wurde. […]

Eines Tages nun, als eben Caesar von Alba in die Stadt zurückkehrte, wagten sie es, ihn laut als König zu begrüßen. Weil aber das Volk darüber in Bestürzung geriet, sagte er unwillig, er heiße nicht König, sondern Caesar, und bei der darauffolgenden tiefen Stille ging er mit finsterem verdrießlichem Gesichte fort. […]

Bald darauf wurden ihm im Senat wieder einige übertriebene Ehrenbezeigungen zuerkannt; er saß eben auf der Rednerbühne, als die Consuln und Praetoren in Begleitung des ganzen Senats vor ihm erschienen. […] Caesar aber stand nicht vor ihnen auf, sondern fertigte sie ab, als wenn er es mit den gemeinsten Bürgern zu tun hätte. […]

Caesar saß, um diese Feierlichkeit (gemeint ist das Luperkalienfest, ein römisches Fruchtbarkeitsritual) anzusehen, an der Rednerbühne auf einem goldenen Stuhle mit dem Triumphkleide geschmückt. Auch nahm Antonius als Consul an dem heiligen Lauf durch die Stadt teil. Als er nun auf den Markt kam und das versammelte Volk vor ihm Platz machte, überreichte er Caesar ein mit einem Lorbeerkranz umwundenes Diadem. Darüber entstand ein schwaches dumpfes Händeklatschen von einigen wenigen dazu bestellten Personen, wie aber Caesar das Diadem ausschlug, klatschte ihm das ganze Volk lauten Beifall zu. Antonius hielt ihm das Diadem noch einmal hin, und da klatschten wieder nur wenige, aber als Caesar es zum zweitenmal nicht annahm, erfolgte aufs Neue ein allgemeines Händeklatschen. Nach diesem misslungenen Versuche stand Caesar auf und befahl, den Kranz auf das Capitol zu tragen. […]

(Trotz verschiedener Warnungen begibt sich Caesar an den Iden des März des Jahres 44 v. Chr. zu einer Sitzung des Senats.)

Als Caesar hineintrat, stand der Senat ehrerbietig vor ihm auf; die Freunde des Brutus aber stellten sich zum Teil hinter seinen Stuhl, die übrigen gingen ihm entgegen, als wenn sie das Gesuch des Tullius Cimber, der für seinen verbannten Bruder bat, unterstützen wollten, und folgten ihm immer bittend, bis an seinen Stuhl. Caesar setzte sich nun nieder und schlug das Gesuch geradezu ab; da […] fasste endlich Tullius seine Toga mit beiden Händen und zog sie vom Halse herunter. Dies war das verabredete Zeichen zum Angriff. Casca brachte ihm nun mit dem Dolche die erste Wunde am Halse bei, die aber weder tödlich war, noch tief eindrang, weil er, wie leicht zu denken, im ersten Augenblick einer so kühnen Tat vor Angst zitterte. […] Als der Anfang auf solche Weise gemacht war, gerieten diejenigen, welche von dem Vorhaben nichts wussten, so sehr in Schrecken und Bestürzung, dass sie weder zu fliehen noch Caesar beizustehen, ja nicht einmal einen Laut von sich zu geben wagten. Indes zog jeder der Verschworenen einen Dolch hervor, und Caesar, von allen Seiten umringt, begegnete, wohin er sich auch wenden mochte, den nach dem Gesichte und den Augen gerichteten Dolchstößen und wand sich unter den Händen seiner Mörder wie ein gefangenes wildes Tier. Denn es war ausgemacht worden, dass jeder an dem Morde teilnehmen und das Seinige dazu beitragen solle; weswegen ihm auch Brutus noch einen Stich in den Unterleib beibrachte. […]

Nach der Ermordung Caesars […] gingen Brutus und seine Mitverschworenen, so erhitzt wie sie vom Morde noch waren, nicht Fliehenden ähnlich, sondern mit heiterer zuversichtlicher Miene, das bloße Schwert in der Hand, vom Rathause zusammen nach dem Capitol, ermahnten das Volk zur Behauptung der Freiheit. […] Am nächsten Tag kam Brutus mit seinen Anhängern vom Capitol herab und hielt eine Rede an das Volk. Dieses hörte ihn an, ohne das Geschehene zu missbilligen oder gutzuheißen; es gab vielmehr durch ein tiefes Stillschweigen zu erkennen, dass es Caesar sehr bedauere und vor Brutus großen Respekt hätte. […]

Als es sich aber nach Eröffnung von Caesars Testament zeigte, dass jedem Römer ein beträchtliches Geschenk ausgesetzt war, und man den durch Wunden ganz zerfetzten Leichnam über den Markt tragen sah, blieb das Volk nicht länger in seinen Schranken, sondern trug Bänke, Tische und Verschlage vom Markte zusammen, zündete den Haufen an und verbrannte den Leichnam gleich auf der Stelle. Viele ergriffen dann brennende Scheite und liefen damit nach den Häusern der Mörder, um sie anzuzünden; andere zogen durch alle Straßen der Stadt, in der Absicht, sich dieser Männer zu bemächtigen und sie in Stücke zu reißen. Aber sie fanden keinen, denn alle hatten sich in ihren Häusern verbarrikadiert.

Plutach, Griechische und römische Heldenleben: Caesar; 60–68; Frankfurt a.M./Berlin 1965, Bd. IV, S. 399 ff.

	Ursachen und Gründe →	**Tathergang** →	**Folgen**
Welche Antworten geben die Quellen? (Plutarch)	Plutarch: – Caesars Streben nach der Königswürde – Missachtung des Senats von Rom – Zurückweisung des Diadems durch Caesar – … – …	Plutarch: – Caesars Eintreffen im Senat – ehrerbietige Haltung – Caesar von Bittstellern umringt – alle Verschwörer stechen auf ein verabredetes Zeichen hin auf Caesar ein …	Plutarch: Geschehen nach dem Mord: – Verschwörer gehen ruhig davon – … Geschehen am folgenden Tag: – Rede des Brutus – blutiger Leichnam Caesars und Bekanntwerden seines Testaments führen zu Aufruhr des Volkes gegen die Mörder Caesars – Attentäter halten sich versteckt – …
Welche Antworten geben die heutigen Historiker?		**Caesars Ermordung an den Iden des März 44 v. Chr.**	

M 5 **Ein politischer Mordfall macht Geschichte**

Klaus Meister, Historiker:
„Die Bürgerkriege brachen erneut aus."

Ergebnis:
„Die Republik wurde in den Machtkämpfen einzelner Persönlichkeiten endgültig vernichtet."

Klaus Meister, Historiker:
„Der Tyrann sollte beseitigt, die Republik wiederhergestellt werden."

M 6 **Die Antworten eines Historikers**

Aufgaben

1. Erkläre die Begriffe „Popularen" und „Optimaten". → Text
2. a) Die Beziehungen zwischen einem römischen Feldherrn wie zum Beispiel Julius Caesar und seinen Legionen war sehr eng. Erkläre, warum beide voneinander abhängig waren.
   b) Welche Folgen ergaben sich daraus für die Machtkämpfe in Rom?
   → Text
3. a) Bearbeite den Quellentext über die Ermordung Caesars von Plutarch. Suche die in der Grafik aufgeführten Argumente im Text.
   b) Ordne die vom Historiker Klaus Meister vorgebrachten Argumente an die richtige Stelle der Grafik.
   c) Welche Vorteile bietet die grafische Darstellung über den politischen Mordfall?
   → M4, M5, M6

M 1 **Octavian**
(63 v. Chr.–14 n. Chr.) Das Vorbild für diese Mamorkopie stammt aus den ersten Jahren seines politischen Wirkens um 30 v. Chr.

Das Zeitalter des Augustus

Augustus - Der Imperator

Auf Münzbildern und Bildnissen ist zu erkennen, wie Augustus, der als Begründer des römischen Kaisertums gilt, von seinen Zeitgenossen und der Nachwelt gesehen werden wollte: als verantwortungsbewusster und entschlossener Herrscher. Marmorbüsten und Statuen feiern ihn als Staatsmann und Lenker eines Weltreichs, als Imperator. Wie erreichte Augustus diese Stellung angesichts des Bürgerkrieges?

Der Weg zur Macht

Nach der Ermordung Caesars kam es zu neuen Auseinandersetzungen zwischen den Anhängern der Attentäter und den Anhängern Caesars. Gaius Octavianus, der spätere Augustus, war der Großneffe Caesars und von diesem adoptiert worden. Er nahm daraufhin den Namen Gaius Julius Caesar an, wurde aber auch Octavian genannt.

Im Jahr 43 v. Chr. schlossen er und Marcus Antonius sowie der politisch wenig einflussreiche Lepidus das sogenannte zweite Triumvirat und besiegten die Mörder Caesars. Deren Anhänger wurden grausam verfolgt.

Nach dem Sieg teilten die Triumvirn das militärische Kommando in den Provinzen untereinander auf. Marcus Antonius übernahm den Osten und vermählte sich mit der ägyptischen Königin Kleopatra. Aber der Machtkampf ging nun zwischen Octavian und Marc Anton weiter. Antonius wurde in der Seeschlacht bei Actium an der Westküste Griechenlands im Jahr 31 v. Chr. besiegt. Er beging daraufhin zusammen mit Kleopatra Selbstmord. Ägypten wurde zur römischen Provinz.

Augustus beendet den Bürgerkrieg

Octavian zog aber die Lehren aus dem Schicksal seines Adoptivvaters Caesar, der einem Attentat zum Opfer gefallen war. Im Jahr 27 v. Chr. legte er die außerordentlichen Vollmachten, die ihm erteilt worden waren, wieder ab. So stellte er der Form nach die Republik wieder her. Die Zeit der Bürgerkriege war zu Ende. Er wurde dafür mit dem Ehrentitel „Augustus“ ausgezeichnet, der bald seinen Eigennamen ersetzte. Sein voller Titel - „Imperator Caesar divi filius Augustus“, das heißt: „Der Oberbefehlshaber, Caesar, Sohn des Gottes, der Erhabene“ - zeigt, dass er auch nach Niederlegung der diktatorischen Vollmachten weit über allen Bürgern stand. Er selbst bezeichnete sich als „Princeps“, das heißt dem Sinne nach „erster Bürger“.

Die Sicherung der Macht

Augustus versuchte, den Schein der alten Ordnung zu wahren. Die Ämterlaufbahn bestand weiter fort. Auch der Senat blieb als beratendes Organ erhalten. Viele der bedeutenden alten Senatoren waren den Verfolgungen zum Opfer gefallen und Anhänger des Octavian zogen an ihrer Stelle in den Senat ein.

Augustus ließ von Volk und Senat die Befugnisse der wichtigsten Staatsämter - aber nicht die Ämter als solche - auf seine Person übertragen. Schon 27 v. Chr. hatte er die militärische Befehlsgewalt über die meisten Legionen erhalten. Seit 12 v. Chr. kontrollierte er als Ober-

M 2 **Augustus**
Marmorkopie nach einem Bronzeoriginal, entstanden nach 20 v. Chr. Die zwei Meter hohe Statue des Augustus wurde in der Villa seiner Frau Livia bei Prima Porta gefunden. Sie zeigt Augustus in der Pose des Siegers. Ein besonderes Merkmal sind die nackten Füße, da Nacktheit ein Symbol der Göttlichkeit war.

priester, als Pontifex maximus, auch das religiöse Leben. Militär, Gesetzgebung und Innenpolitik bestimmte letztendlich er alleine. Diese Machtfülle in den Händen eines Einzelnen führte dazu, dass Senat, Magistrate und Volk an politischer Bedeutung verloren.

Frieden im Reich

In der Außenpolitik kam es unter Augustus zur Sicherung und Abrundung der Grenzen des Römischen Reiches. 20 v. Chr. hatte er mit den Parthern, der feindlichen Großmacht im Osten, einen Verständigungsfrieden geschlossen. Der Versuch, die Grenze in Germanien vom Rhein zur Elbe vorzuschieben, endete 9 n. Chr. mit der Niederlage des römischen Feldherrn Varus im Teutoburger Wald. Die geschichtliche Leistung des Augustus liegt darin, den Frieden innerhalb des Römischen Reiches für Jahrhunderte gesichert zu haben.

Er förderte auch die Künste: Der Kaiser schenkte der Stadt Rom die ersten Marmortempel und ein neues Forum. Ein Zeichen der eigenen Leistung ist der noch heute zugängliche Friedensaltar, die Ara Pacis Augustae. Dieses Bauwerk, eine Stiftung des Senats, spiegelt seine Machtposition wider.

Wie sehen wir Augustus heute?

Augustus wurde zum Vorbild für spätere Herrscher und galt als Inbegriff von Gerechtigkeit und Garant staatlicher Ordnung. Aber auch die Härte seines Vorgehens auf seinem Weg zur Macht wurde bewundert. Aus der von ihm gewählten Bezeichnung „princeps" leitet sich die Bezeichnung „Prinzipat" für seine Form der Herrschaft ab, die auch seine Nachfolger ausübten. Zwar blieben Einrichtungen der römischen Republik erhalten, aber tatsächlich existierte eine Alleinherrschaft. Dass Augustus den Umfang seiner Macht nicht allzu offen zeigte, war für die Anerkennung seiner Herrschaft durch die Römer wichtig.

M 3 **Ein prunkvolles Grab**
Das Augustusmausoleum in Rom wurde schon zu Lebzeiten des Augustus fertiggestellt, heutiger Zustand.

Die Augustus-Statue von Prima Porta – Eine gegenständliche Quelle erschließen

M 4 **Brustpanzer des Augustus**

Auschnitt aus der Statue von Prima Porta, die nach einem Erfolg über die Parther entstand:

1. Römischer Feldherr
2. König der Parther (König über ein asiatisches Volk). Im Jahre 53 v. Chr. kämpften die Römer gegen die Parther, wobei sie ihre Feldabzeichen verloren. Dies wurde als große Schande angesehen. Augustus wertete es als großen Erfolg, dass 20 v. Chr. die Feldzeichen ohne Kampf zurückgegeben wurden.
3. Der Gott Apoll und
4. die Göttin Diana. Augustus bat sie um Hilfe in den Kriegen gegen seine Rivalen.
5. Der Sonnengott Sol mit seinem Viergespann und
6. die Göttin der Morgenröte, Aurora, zeigen an, dass ein neues Zeitalter naht.
7. Der Himmelsgott Saturn

M 5 **Augustus-Statue von Prima Porta**

Augustus – Selbstdarstellung und Urteil im Vergleich

M 6 Selbstdarstellung des Augustus

Vor seinem Tod verfasste Augustus einen Rechenschaftsbericht, den er auf seinem Mausoleum in Rom anbringen ließ und der in vielen Abschriften über das Reich verteilt wurde. Die vollständigste Abschrift fand man auf der Marmorwand eines Tempels im heutigen Ankara in der Türkei. Nach seinem Fundort wurde dieser Tatenbericht als „Monumentum Ancyranum" bezeichnet:

[27 v. Chr.] habe ich, nachdem ich die Bürgerkriege ausgelöscht hatte, obwohl ich nach dem übereinstimmenden Wunsche aller in den Besitz der höchsten Gewalt gelangt war, den Staat aus meiner Amtsgewalt dem Ermessen des Senats und dem römischen Volk überantwortet. Und für diesen mein Verdienst bin ich durch Senatsbeschluss „Augustus" genannt worden, mit Lorbeer sind die Türpfosten meines Hauses von Staats wegen geschmückt worden, der Bürgerkranz ist über meiner Türe befestigt und ein goldener Schild in der Julischen Kurie [Rathaus] aufgestellt worden, den mir der Senat und das Volk Roms wegen meiner Tapferkeit, Milde, Gerechtigkeit und Frömmigkeit nach dem Zeugnis der Inschrift dieses Schildes gab. Nach dieser Zeit habe ich an persönlichem Einfluss [auctoritas] alle übertroffen, an Amtsgewalt [potestas] aber habe ich um nichts mehr gehabt als die Übrigen, die in dem jeweiligen Amt mir Kollegen gewesen sind.

Res gestae divi Augusti; W. Arend, Geschichte in Quellen, Altertum, 3. Auflage, München 1978, S. 581 ff.

M 7 Ein Urteil über Augustus

Der etwa 55 n. Chr. geborene, aus einer vornehmen Familie stammende Cornelius Tacitus gilt als größter Geschichtsschreiber Roms. Nachdem er hohe Staatsämter bekleidet hatte, wie das Konsulat im Jahre 97 n. Chr., begann er, historische Schriften zu veröffentlichen. In seinen nur lückenhaft erhaltenen „Annales" äußert er sich über die Herrschaft des Augustus:

Nach dem Tod des Brutus und Cassius war keinerlei staatliche Heeresmacht mehr vorhanden. Sextus Pompeius war bei Sicilien vernichtet, Lepidus beiseite geschoben und Antonius getötet. So hatte auch die Partei der Julier [Anhänger Caesars] keinen anderen Führer mehr als Octavian. Dieser legte nun den Titel eines Triumvirn nieder, wollte nur als Konsul gelten und begnügte sich mit der tribunizischen Gewalt zum Schutze des Volkes. Sobald er aber das Heer durch Geldgeschenke, das Volk durch Getreidespenden, alle zusammen durch die Süßigkeit des Friedens an sich gezogen hatte, erhob er allmählich sein Haupt und nahm die Befugnisse des Senats, der Beamten und der Gesetzgebung an sich. Dabei fand er keinerlei Widerstand, da gerade die tapfersten Männer auf den Schlachtfeldern oder durch die Ächtung gefallen waren. Der übrige Adel wurde, je bereitwilliger er zur Knechtschaft war, durch Reichtum und Ehrenstellen ausgezeichnet und zog, durch den Umsturz hochgekommen, die gegenwärtige Sicherheit den früheren Gefahren vor [...].
Krieg gab es zu dieser Zeit nirgends mehr, abgesehen von dem Kriege gegen die Germanen [...].
Im Innern blieb die Lage ruhig, die Titel der Beamten blieben die gleichen. Die jüngeren Leute waren schon nach der Schlacht von Actium geboren, auch die meisten älteren erst zur Zeit der Bürgerkriege: wie viele lebten überhaupt noch, die noch den Freistaat [Republik] gesehen hatten?

Tacitus, Annalen, hrsg. von C. Hoffmann, München 1954, S. 7 ff.

Aufgaben

1. a) Suche die beschriebenen Figuren auf dem Brustpanzer des Augustus.
   b) Warum wurden die Götter als Rahmen gewählt? → M4, M5
2. Wie stellt Augustus selbst Übernahme und Durchführung der Herrschaft dar? → M6
3. a) Worin weicht Tacitus von der Darstellung des Augustus ab?
   b) Welche Gründe dafür kann es geben?
   c) Wie wird Augustus im Autorentext gesehen? → Text, M6, M7
4. Erarbeite aus den Quellentexten und dem darstellenden Text ein Verfassungsschaubild des Prinzipats. → Text, M6, M7
6. Stelle Argumente für und gegen die Regierungsweise von Augustus zusammen.

M 1 Die Vorderseite
Der Denar zeigt den Kopf des Augustus auf der Vorderseite.
Entstehungszeit: etwa 15–13 v. Chr.,
Gewicht: 3,83 g, Fundort: unbekannt,
Durchmesser: 19 mm

M 2 Die Rückseite
Nach einem Sieg über den Sohn des Pompeius, der im Mittelmeer Seeräuberei betrieb, widmete Augustus seinen Erfolg dem Apollo und dessen Schwester, der Jagdgöttin Diana. Ein Tempel der Diana befand sich in der Nähe des Schlachtortes auf Sizilien.

M 3 Umzeichnung der Münze
Vorderseite:
AUGUSTUS DIVI F(ILIUS)
(Augustus, Sohn des vergöttlichten Caesar).
Rückseite:
(MP)ERATOR X, SICILI
(zum 10. Mal Imperator, Sizilien).

Münzen als gegenständliche Quellen

Münzen stellen sogenannte Sachquellen dar. Sie nehmen oft Bezug auf politische Ereignisse oder verdeutlichen das Programm eines Herrschers beziehungsweise einer Regierung.

Römische Münzen zeigen oft auch Denkmäler und Bauten, Herrschaftszeichen und Symbole, von denen heute keine andere bildliche Darstellung oder gar Originale vorhanden sind. Sie geben uns zudem Einblick in die religiösen Vorstellungen der Römer und zeigen uns wirtschaftliche Entwicklungen auf.

Im Regelfall versteht man unter einer Münze ein beidseitig geprägtes rundes Stück Metall. Die gängigsten Materialien bei der Münzprägung waren Kupfer, Silber und Gold oder auch Legierungen (Mischungen) aus verschiedenen Metallen. So sind Mischungen aus Kupfer und Zinn (Bronze) beziehungsweise Kupfer und Zink (Messing) ein von den Römern häufig verwendetes Material für Münzen von geringem Wert.

Ursprünglich verwendeten die Römer Rohkupfer als Zahlungsmittel, von dem bei Bedarf Stücke abgehackt wurden. Der Wert richtete sich nach dem Gewicht. Vorher hatte man Waren im Gegenwert eines Stücks Vieh berechnet. Das lateinische Wort „pecus“ bedeutet „Vieh“, daraus leitete sich „pecunia“ für „Geld“ ab. Erst ab dem 3. Jahrhundert v. Chr. verwendete man „richtiges“ Geld in Rom.

Die erste Prägestätte wurde 289 v. Chr. im Tempel der Juno Moneta eingerichtet. Römische Münzen trugen immer eine Aufschrift (Legende), ein Bild als Hoheitszeichen garantierte den Wert der Münze durch die staatliche Autorität. In der Kaiserzeit war dies das Bild des Herrschers.

Bedeutung der Münzprägung

In der Zeit der Republik wurden jedes Jahr drei junge Aristokraten, die am Anfang ihrer politischen Laufbahn standen, zu Münzmeistern gewählt. Die Darstellungen auf den Münzen dienten den Münzmeistern auch als Mittel zur Erfüllung ihres politischen Ehrgeizes. Ihr Bild wurde künftigen Wählern bekannt, überdies konnten sie das Prestige ihrer Familie steigern. Die römische Standardmünze war der Denar, er blieb Jahrhunderte im Gebrauch. Unter Caesar und Augustus wurden schließlich Goldmünzen (aureus) geprägt.

Die Bildersprache der Münzen

Frühe Münzen nahmen keinen Bezug auf politische Ereignisse. Typisch war etwa ein Bild der Stadtgöttin auf der Vorderseite mit einem Bildnis der Siegesgöttin auf einer Quadriga (Viergespann) auf der Rückseite. Gegen Ende der Republik nahmen die Münzmeister durch die Wahl der Bilder zunehmend Stellung für die Partei, der sie angehörten, oder auch zu aktuellen politischen Problemen. Nach der Errichtung des Kaisertums wurden Münzen fast ausschließlich zum Propagandainstrument des Herrschers.

Das Bild des Kaisers wurde weiten Kreisen der Bevölkerung vertraut, aber es war meist geschönt oder idealisiert. Man kann also nicht davon ausgehen, dass der Herrscher wirklich so aussah, wie er dargestellt ist.

Die Prägung von Münzen

Münzen werden entweder durch Guss oder Prägung des Metalls durch bronzene oder eiserne Stempel hergestellt. Die Vorderseite bildet ein in einem Amboss versenkter Unterstempel, die Rückseite ein beweglicher Oberstempel.

Fragen zu Münzen als gegenständliche Quellen

1. Beschreibung der Münzen

a) Betrachte die verschiedenen Abbildungen der gleichen Münze.
b) Wie groß und wie schwer ist die Münze?
c) Was ist jeweils auf der Vorderseite, was auf der Rückseite zu sehen?
d) Wodurch unterscheiden sich die Abbildungen?
e) Erkläre, wie die Fehlprägung zustande kam.

2. Bedeutung der Münzbilder

a) Woran kann man erkennen, dass es sich bei der Figur auf der Rückseite um Diana handelt?
b) Weshalb wurde die Abbildung der Diana gewählt?

3. Quellenwert der Münze

a) Welche Informationen über die Vergangenheit kann man der Münze entnehmen, welche nicht?
b) Wie stellt sich Augustus auf dieser Münze dar?

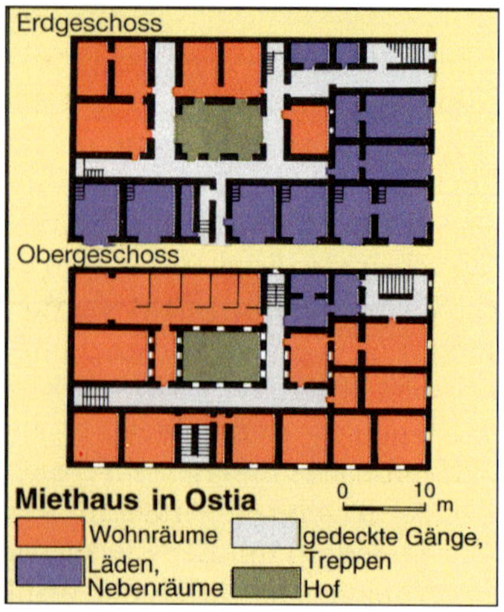

M 1

Das Leben im Römischen Reich

Wie wohnten die Römer?

Wie heute entschied das Vermögen des Einzelnen darüber, ob er in einer luxuriösen Villa oder einer kleinen Mietwohnung lebte. Reiche Römer wohnten in herrschaftlichen Residenzen, die allen nur denkbaren Komfort boten.

Weit weniger bequem lebte die große Masse der Bevölkerung. Sie wohnte in Rom und Ostia in mehrstöckigen Mietskasernen, in Provinzstädten in kleineren Häusern. Oft lebte eine Familie in nur einem einzigen Raum. Das Wasser holte man von Straßenbrunnen und die Bedürfnisse verrichtete man in öffentlichen Gemeinschaftstoiletten. In den Wohnungen dienten Holzkohlebecken oft als einzige Kochstelle und Wärmequelle. Dies führte nicht selten zu verheerenden Bränden, da die Mietshäuser häufig nachlässig und billig gebaut waren. Die Immobilienspekulanten waren auf schnellen Gewinn aus und hielten sich meist nicht an Bauvorschriften.

M 2 Ein Mietshaus in der Hafenstadt Ostia
Im Erdgeschoss befinden sich Läden für kleine Handwerker und Kaufleute. Von den beiden schmalen Hauseingängen in der Mitte führt der rechte ins Treppenhaus zu den drei Wohngeschossen. Das Zwischengeschoss über den Läden war von hier aus über eine Treppe zu erreichen. Es diente als Lager- oder auch als Wohnraum, Modell.

Die Welt der Arbeit

Die wirtschaftliche Grundlage des römischen Reiches war die Landwirtschaft. Daneben waren Handwerk und Handel von Bedeutung. In der ganzen Stadt waren Geschäfte und Werkstätten verteilt, in Pompeji konzentrierten sie sich im Zentrum der Stadt, nahe dem Theater und einer Thermenanlage. Neben Wäschereien, Färbereien und Schmiedewerkstätten gab es auch Bäckereien. Wirtshäuser spielten eine wichtige Rolle. Die „caupona“ war wegen der mangelnden Kochmöglichkeiten im eigenen Haus für die Ernährung vieler einfacher Leute fast unerlässlich. Sie stellte eine Mischung aus Schnellimbiss und Gastwirtschaft dar. Oft waren Werkstätten und Wirtshäuser in kleinen Läden links und rechts des Eingangs von Stadthäusern eingerichtet.

Freizeit und Vergnügungen

Ein wichtiges Freizeitvergnügen war ein Thermenbesuch. Die Thermen dienten nicht nur hygienischen Zwecken, sie waren auch Orte der Entspannung und der Kommunikation. Die Bedeutung dieser Einrichtung zeigt sich auch daran, dass eine Kleinstadt wie Pompeji über drei große Thermen verfügte. Die Eintrittspreise waren niedrig.

Nach einem kurzen Bad im Kaltwasserbecken (Frigidarium) begab sich der Besucher in einen Warmluftraum (Tepidarium). Im Heißraum (Caldarium) reinigte sich der Besucher mit Olivenöl und einem Schaber und kühlte sich dann wieder im kalten Wasser ab. Die Thermen boten auch alle möglichen zusätzlichen Unterhaltungen. Man konnte essen, lesen, spazieren gehen oder sich massieren lassen. Ohne eine Vielzahl von Sklaven, die in den Heizräumen oder in verschiedenen Funktionen innerhalb der Thermen arbeiteten, hätte das System der Thermen allerdings nicht funktionieren können.

Blutige Schauspiele

Fremdartig, ja abstoßend wirken heute die Gladiatorenkämpfe. Gladiatoren, abgeleitet vom lateinischen Wort gladius für Schwert, waren im antiken Rom Berufskämpfer, die öffentlich auf Leben und Tod gegeneinander kämpften. Entwickelt haben sich die Kämpfe vermutlich aus Begräbnisfeiern, wobei durch die Kämpfe die Eigenschaften des Verstorbenen verdeutlicht werden sollten: Mut, Kraft, Tapferkeit und Gleichmütigkeit gegenüber dem Tod.

Gladiatorenkämpfe waren aufwendig, extrem teuer und daher selten. Sie stellten außerordentliche Ereignisse dar, die Zuschauer aus allen Bevölkerungsschichten anzogen. Im Laufe der Jahrhunderte entwickelten sich verschiedene Gladiatorengattungen, die sich in ihrer Ausrüstung deutlich unterschieden. Bestandteile der Ausrüstung waren Schwert, Beinschienen, Helm, Schild und Metallgürtel.

Als Gladiatoren wurden vor allem Gefangene, verurteilte Verbrecher und Sklaven eingesetzt. Es verpflichteten sich aber auch freie Bürger. Gladiatoren wurden in besonderen Schulen unter Leitung eines Gladiatorenmeisters ausgebildet, der auch oft Besitzer der Gladiatorenschule war. Er vermietete seine Kämpfer an denjenigen, der einen Gladiatorenkampf veranstalten wollte. Der Gladiatorenkampf war hoch entwickelt und folgte genauen Regeln. Er endete oft durch den Tod eines Kämpfers. Auf Verlangen des Publikums konnte ein unterlegener Gladiator auch begnadigt werden.

M 3 Kämpfende Gladiatoren
Römisches Mosaik, 4. Jh. n. Chr.

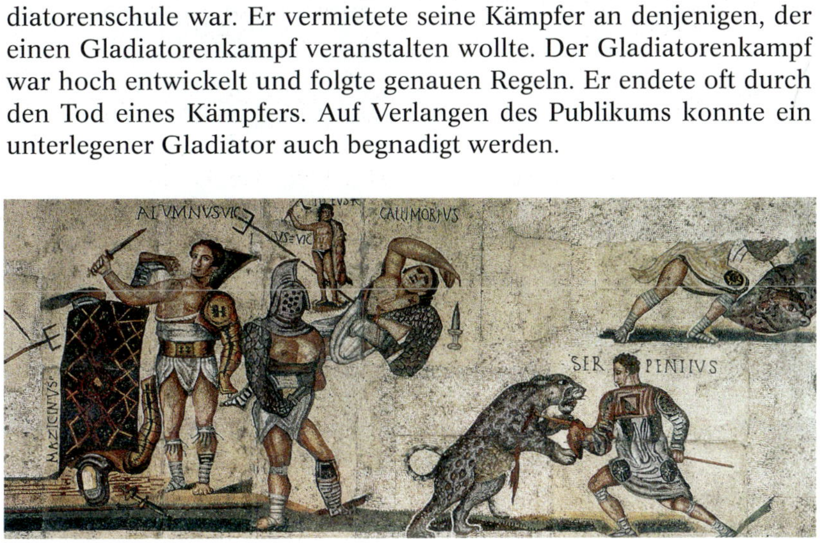

M 4 **Römisches Kind**
aus vornehmer Familie. Es erhielt zum Schutz gegen bösen Zauber ein goldenes Amulett um den Hals.

Die römische Familie – Grundlage des Zusammenlebens
Die Familie galt den Römern als Grundzelle der Gesellschaft. Meist handelte es sich um eine Großfamilie, zu deren Hausgemeinschaft nicht nur Eltern und Kinder, sondern auch Sklavinnen und Sklaven gehörten. Auch juristisch freie, aber wirtschaftlich abhängige Bürger gehörten als „clientes“ zur Familie. Die Adelsgeschlechter übernahmen den Schutz und die Hilfe für Schwächere, die dafür ihre Aufwartung leisteten und die politischen Ziele ihres Patrons unterstützten. Es entstanden dauerhafte und persönliche Bindungen. Mächtige Familien – so wird berichtet – konnten bis zu 5 000 Klienten haben.

Nach römischem Familienrecht konnte der Vater jedes Familienmitglied züchtigen, verkaufen und sogar töten. Ob das im Alltagsleben auch wirklich geschah, darf bezweifelt werden.

Besonders die Mädchen blieben unter der Obhut ihrer Mütter, die sie auf ihre Aufgaben bei der Führung eines Haushalts vorbereiteten. Mädchen wurden üblicherweise zwischen dem 12. und 17. Lebensjahr verheiratet. Zwar blieben die römischen Frauen weitgehend an das Haus gebunden, konnten aber meist wesentlich freier leben als etwa Frauen im alten Griechenland.

Die jungen Römer wurden mit 16 Jahren für volljährig erklärt. Im Rahmen einer Feier erfolgte auf dem Forum die Einkleidung mit der Toga und sie erhielten einen Haarschnitt wie die Erwachsenen.

Im römischen Alltagsleben nahm die Verehrung der Vorfahren einen wichtigen Platz ein. Büsten der Ahnen standen auf dem Hausaltar und sollten den Nachkommen Ansporn zu erfolgreichem Handeln im Interesse der Familie sein. Die alten Sitten und bewährten Gebräuche der Vorfahren dienten den nachfolgenden Generationen als Vorbild. Dazu zählte die angeblich bäuerliche Schlichtheit früherer Generationen ebenso wie Frömmigkeit. Dieser „mos maiorum“ lässt sich am besten mit „so, wie es unsere Vorfahren machten“ übersetzen.

Die Tatsache, dass viele Schriftsteller den Sittenverfall beklagten, lässt allerdings darauf schließen, dass die alten Tugenden zunehmend an Bedeutung verloren.

M 5 **Vornehme römische Familie**
Vater mit Schriftrolle in der Hand, Teilansicht eines Sarkophags, 2. Jh. n. Chr.

Die römische Familie – Vergleich zwischen Schulbüchern und wissenschaftlicher Darstellung

M 6 Die römische Familie im Schulbuch

In Schulbüchern kann man über die römische Familie Folgendes lesen:

a) Die Altrömer lernen wir kennen als ein gesundes, kräftiges Bauernvolk, das in größter Einfachheit und Sittenstrenge lebte. Die Familie, zu der auch das Gesinde gehörte, hielt einträchtig zusammen. Gemeinsam leistete man die schwere Alltagsarbeit, gemeinsam beging man die ländlichen Feste. Dabei gebot der Vater als Familienoberhaupt [pater familias] uneingeschränkt über Frau, Kinder und Gesinde. Selbst die erwachsenen Söhne mussten dem Vater unbedingt gehorchen; alles, was sie erwarben, gehörte ihm.

Geschichtliches Werden. Altertum, Bamberg 1960, S. 85.

b) Die Familie hatte in der frührömischen Gesellschaft eine große Bedeutung. Sie stand unter der unbeschränkten Gewalt des Familienoberhauptes [pater familias]. Er bestimmte über alles Vermögen, über das Haus und den Besitz an Ländereien und Sklaven, aber auch über das Geschick seiner Frau, seiner Kinder und Enkel. Nur der Familienvorstand konnte rechtsgültige Verträge abschließen und seine Angehörigen vor Gericht vertreten; er strafte bei Vergehen – in schweren Fällen selbst mit dem Tode. Solange der Vater lebte, unterstanden die Söhne und Enkel seiner Autorität.

bsv Geschichte 6, München 1992, S. 116.

M 7 Die römische Familie in einer wissenschaftlichen Darstellung

Der Historiker Paul Veyne schreibt über die römische Familie:

Es war eine Eigentümlichkeit des römischen Rechts [...], dass ein Sohn, ob mannbar oder nicht, ob verheiratet oder nicht, der Autorität des Vaters unterworfen war und erst bei dessen Tod ein vollwertiger Römer und „pater familias" wurde. Mehr noch, der Vater war sein natürlicher Richter und konnte ihn im Hausgerichtsverfahren zum Tode verurteilen. Außerdem besaß der Erblasser einen fast unbegrenzten Ermessensspielraum – der Vater konnte seine Söhne enterben. [...] Was die Hinrichtung eines Sohns kraft väterlichen Richterspruchs betrifft, welche die Fantasie der Römer stark beschäftigte, so stammten die letzten Fälle aus der Ära des Augustus und empörten die öffentliche Meinung. Immerhin bleibt es dabei, dass ein Kind kein eigenes Vermögen hat und dass alles, was es verdient oder erbt, dem Vater gehört. Der Vater kann dem Sohn nur einen gewissen Betrag [...] aussetzen, über den dieser nach Gutdünken verfügen darf. Und der Vater kann sich entschließen, den Sohn für mündig zu erklären und aus der väterlichen Gewalt zu entlassen („emancipare").

Paul Veyne (Hg.), Geschichte des privaten Lebens, Bd. 1, Frankfurt/M. 1989, S. 39 f.

M 8 Römisches Ehepaar
Die Büste aus dem 1. Jh. v. Chr. zeigt den Römer Marius Gratidus Libanus und seine Ehefrau.

Die römischen Thermen – Textquelle und Rekonstruktionszeichnung analysieren

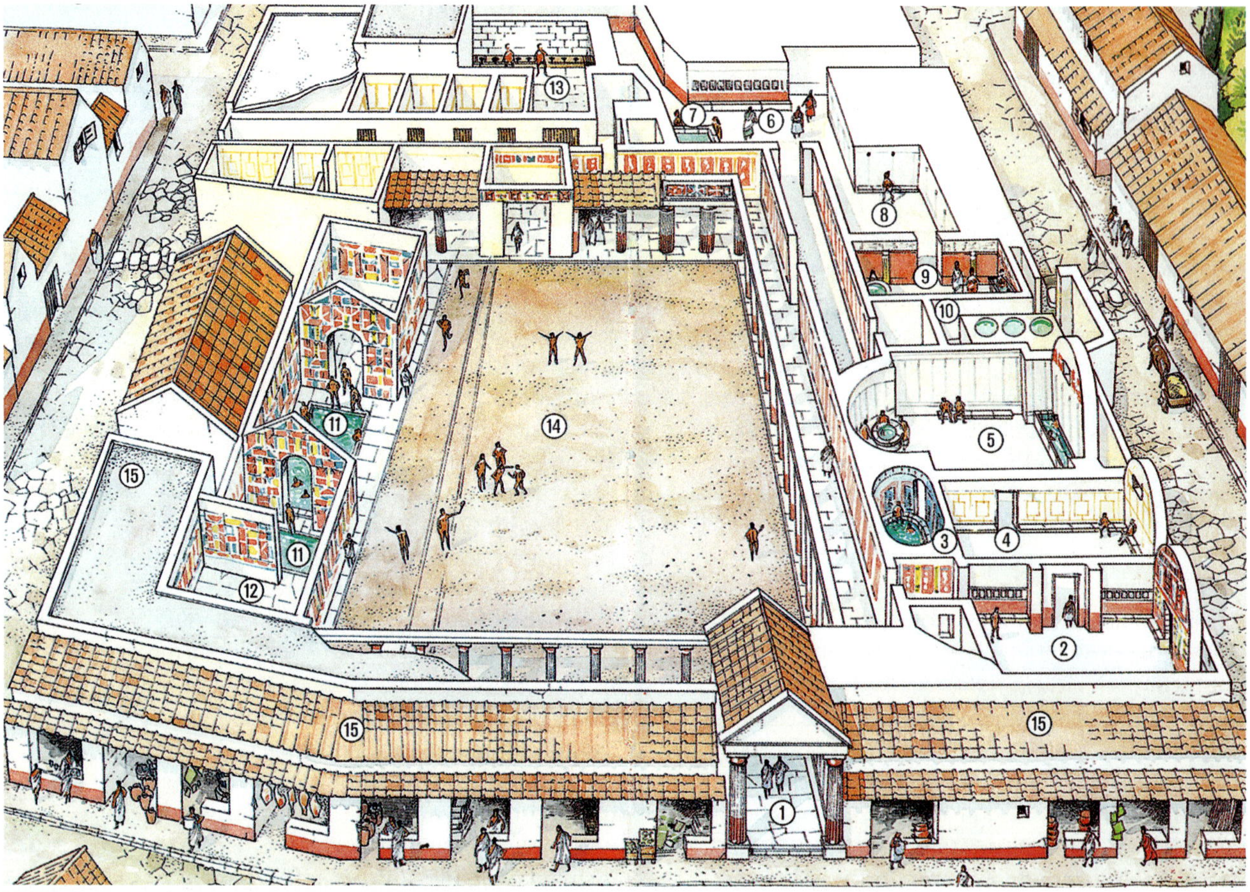

M 9 Die Stabianer Thermen in Pompeji

① Haupteingang, Männerbad, ② Umkleideraum, ③ Kaltwasserbecken, ④ Warmluftraum, ⑤ Heißraum, Frauenbad, ⑥ Umkleideraum, ⑦ Kaltwasserbecken, ⑧ Warmluftraum, ⑨ Heißraum, ⑩ Öfen mit Wassertanks, ⑪ Schwimmbad, ⑫ Umkleideraum, ⑬ Toiletten, ⑭ Hof, ⑮ Läden, Rekonstruktionszeichnung

M 10 Römisches Bad

Seneca (etwa 4 v. Chr.–65 n. Chr.) war Erzieher des Kaisers Nero. Er fiel in Ungnade und musste wegen angeblicher Teilnahme an einer Verschwörung Selbstmord begehen. Seneca gilt als einer der bedeutendsten Philosophen Roms. Er schrieb an seinen Freund Lucilius:

Ich wohne genau über dem Bade. Nun stelle dir alle verschiedenen Töne vor, die einen dazu bringen könnten, seinen eigenen Ohren zu grollen. Wenn Kraftprotze sich üben und ihre mit Blei beschwerten Hände schwingen, wenn sie sich abarbeiten oder so tun, höre ich ein Ächzen und […] ein Zischen. Wenn sich ein Besucher salben und massieren lässt, so höre ich in verschiedenen Tönen das Klatschen der Hand […]. Wenn nun noch der Ballspiel-Schiedsrichter anfängt, die Bälle zu zählen, dann ist das Maß voll. Stell Dir dazu noch das Gezeter eines Streitsüchtigen vor, das Geschrei eines ertappten Diebes, das Grölen des Badegastes, dem die eigene Stimme gefällt, dann noch das ungeheure Geplatsche der Leute, die ins Bassin springen. Daneben noch die dünne und schrille Stimme des Haarzupfers, der immerzu schreit, um sich bemerkbar zu machen, und der nicht eher schweigt, als bis er einen Kunden gefunden hat, den er dann an seiner Stelle schreien lässt. Und endlich die verschiedenen Rufe all der Händler, die Getränke, Süßigkeiten und Würstchen anbieten, jeder mit dem ihm eigenen Singsang.

Seneca, Philosophische Schriften III, übers. von O. Apelt, Hamburg 1993, S. 193 f.

Eine römische Villa kennenlernen

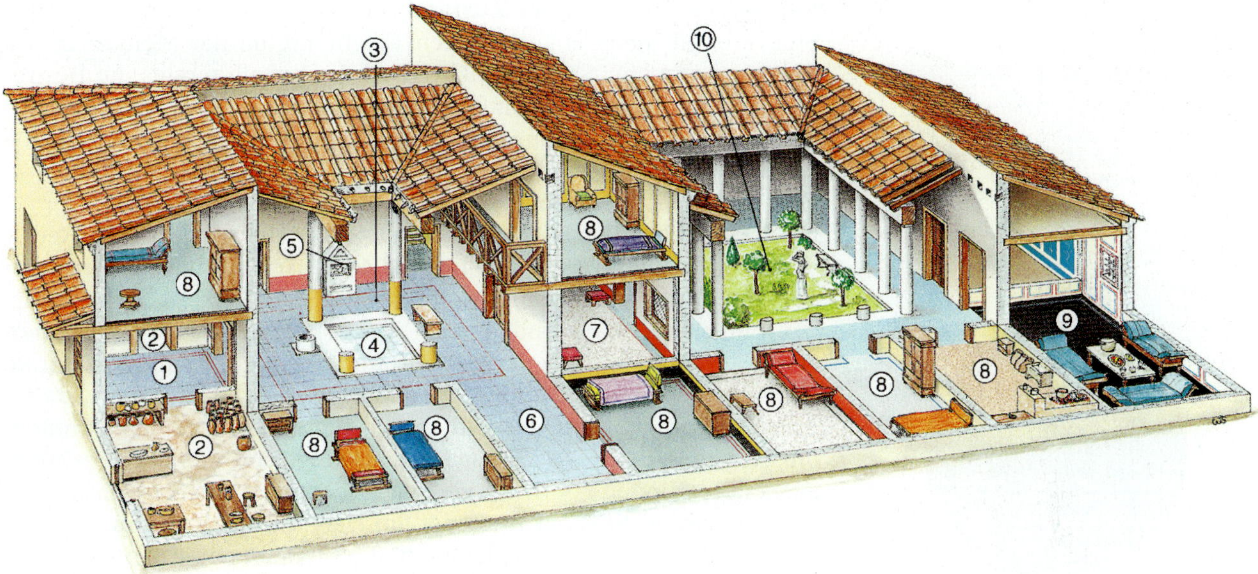

① Eingang
② Läden
③ Atrium
④ Regenbecken
⑤ Hausaltar
⑥ Seitenflügel
⑦ Empfangsraum
⑧ Wohn-, Schlaf- und Wirtschaftsräume
⑨ Speiseraum
⑩ Garten mit Säulenhalle (Peristyl)

M 11 Ein vornehmes Haus
Die Räume rechts und links des Eingangs waren oft als Läden vermietet, Rekonstruktionszeichnung.

Aufgaben

1. Stelle Informationen zum römischen Alltagsleben zusammen.
   → Text
2. a) Beschreibe mithilfe des Grundrisses und der Abbildung des Wohnhauses in Ostia die Wohnverhältnisse in einer römischen Mietskaserne.
   b) Beschreibe den Aufbau einer typischen römischen Villa.
   → M1, M2, M11
3. Nenne Besonderheiten des römischen Familienlebens im Vergleich zu heute.
   → Text, M7
4. Vergleiche die Aussagen zur römischen Familie in den Schulbuchtexten mit der wissenschaftlichen Darstellung.
   → Text, M6, M7
5. Beschreibe die Aktivitäten in einem römischen Bad.
   → Text, M9, M10
6. Nimm Stellung zur Frage: „Gladiatorenkämpfe – unmenschliche Vergnügungen?"
   → Text, M3

Zwischen Barbarei und Menschlichkeit

Sklaverei – Ein normaler Zustand

Sklaverei gilt heute als menschenverachtend, da der Mensch in der Sklaverei zu einer Sache erniedrigt wird. Deshalb gibt es die Bestrebung, sie vollends abzuschaffen. In der Antike war sie allerdings alltäglich und für viele Menschen selbstverständlich.

Wie wurde man Sklave?

Nach damaliger Vorstellung hatte der Sieger eines Krieges das Recht, den Besiegten zu töten oder ihn und seine Angehörigen in Besitz zu nehmen. Kriegsgefangene wurden so auf den Sklavenmärkten verkauft. Auch Seeräuber und Menschenjäger boten dort ihre Gefangenen zum Kauf an. Sowohl in der griechischen wie in der römischen Antike gerieten auch viele arme Menschen in die Schuldknechtschaft: Da sie ihre Schulden bei reichen Gläubigern nicht zurückzahlen konnten, mussten sie sich diesen bis zur Rückzahlung der Schulden persönlich ausliefern. Kinder von Sklaven waren ebenfalls Sklaven. Erkennen konnte man die Sklaven entweder am Haarschnitt, an Tätowierungen oder an Halsbändern und Plaketten, die sie nicht entfernen konnten.

M 1 Sklavenmarke
Die Inschrift lautet in deutscher Übersetzung: „Halte mich, wenn ich fliehe, und bring mich meinem Herrn Viventius auf dem Landsitz des Callistus zurück."

Große Unterschiede

Der Marktwert von Sklaven bestimmte sich nach Alter, Schönheit, Körperkraft oder fachlichen Qualifikationen. Die Situation von Sklaven konnte sehr unterschiedlich sein. Manche hatten ein vertrauensvolles Verhältnis zu ihrem Herrn und wurden gar mit verantwortungsvollen Aufgaben betreut, etwa mit der Verwaltung der Güter. Andere wiederum wurden auf den riesigen Ländereien der Senatoren oder Ritter rücksichtslos ausgebeutet. Am schlimmsten war die Arbeit in Bergwerken, in denen bisweilen Tausende von Sklaven arbeiteten. Die Menschen, die zu dieser Arbeit gezwungen wurden, lebten unter diesen unmenschlichen Bedingungen nur kurz.

In der römischen Gesellschaft wurden Sklaven nicht selten freigelassen, die Freilassung von verdienten Sklaven galt als Geste der Menschlichkeit. Allerdings schuldeten die Freigelassenen ihrem ehemaligen Herrn Gehorsam und Ehrerbietung. Nicht selten sah der Freilassungsvertrag vor, dass der Herr von dem Freigelassenen noch bestimmte Dienste fordern konnte.

Widerstand von Sklaven

Wiederholt schlossen sich Sklaven zu Aufständen zusammen. Zu einem großen Aufstand kam es in den Jahren 73 bis 71 v. Chr., als Sklaven in Capua sich unter der Führung des Spartacus zusammenfanden. Spartacus war mit Gleichgesinnten aus der Gladiatorenschule ausgebrochen und viele Sklaven schlossen sich an. Spartacus befehligte zeitweise ein Heer von über 60 000 Mann. Dieser Aufstand richtete sich nicht grundsätzlich gegen die Sklaverei, den Menschen ging es vielmehr um die eigene Befreiung. Sie wurden nach langwierigen Kämpfen militärisch besiegt und zur Abschreckung an der Via Appia gekreuzigt. Der Name Spartacus wurde in der Folgezeit zum Sinnbild für die Befreiung aus der Unfreiheit.

Sklaven in Rom – Arbeiten mit einer Textquelle

M 2 Sklaven sind Menschen

Der berühmte römische Philosoph Seneca (4 v. Chr. bis 65 n. Chr.) schrieb in einem Brief an seinen Freund Lucilius:

Zu meiner Freude erfuhr ich von Leuten, die dich besucht haben, dass du freundlich mit deinen Sklaven umgehst. Das entspricht deiner Einsicht und deiner Bildung. „Es sind nur Sklaven." Nein, vielmehr Menschen. „Es sind nur Sklaven." Nein, vielmehr Hausgenossen. „Es sind nur Sklaven." Nein, vielmehr Freunde geringeren Ranges. „Es sind nur Sklaven." Nein, vielmehr Mitsklaven, wenn du bedenkst, dass das Schicksal über euch beide die gleiche Macht hat. Daher lache ich nur über die Leute, die es für eine Schande halten, zusammen mit ihrem Sklaven zu speisen [...].
Jener [der Herr] isst mehr, als sein Bauch fassen kann, und belädt mit ungeheurer Gier seinen aufgetriebenen Bauch, der seiner eigentlichen Arbeit schon entwöhnt ist, [...] aber die unglücklichen Sklaven dürfen [währenddessen] nicht einmal zum Sprechen die Lippen bewegen. Mit dem Stock wird auch das leiseste Gemurmel erstickt, und nicht einmal rein zufälliges Husten, Niesen oder Schlucken bleiben ungestraft. [...] Die ganze Nacht müssen sie mit leerem Magen stumm dabeistehen [...].
Aber jene Sklaven, die nicht nur in Gegenwart ihrer Herren, sondern mit ihren Herren persönlich sprechen durften, denen der Mund nicht zugenäht war, waren bereit, für ihren Herren den Nacken hinzuhalten, drohende Gefahr auf sich selbst abzulenken. Bei Gastmählern redeten sie, unter der Folter schwiegen sie.
Ebenso anmaßend ist das Sprichwort, das immer wieder vorgebracht wird: „Soviel Sklaven, soviel Feinde!" Nein, wir haben an ihnen keine Feinde, wir machen sie erst dazu. Ich will gar nicht reden von anderen unmenschlichen Grausamkeiten, dass wir sie nicht wie Menschen, sondern wie Lasttiere behandeln. Haben wir uns zum Speisen hingelegt, so wischt der eine den Auswurf vom Fußboden, der andere kehrt, unter das Speisesofa gebückt, die Speisereste der Trunkenen auf. [...]
Willst du nicht einmal bedenken, dass der Mensch, den du deinen Sklaven nennst, den gleichen Ursprung hat wie du, dass sich über ihm derselbe Himmel wölbt, dass er die gleiche Luft atmet, dass ihm das gleiche Leben, der gleiche Tod beschieden ist?

Seneca, Moralische Briefe, zit. nach: Geschichte in Quellen, hrsg. von Wolfgang Lautemann und Manfred Schlenke, Bd. 1, München 1978, S. 629.

Aufgaben

1. a) Stelle die Bedingungen zusammen, unter denen Menschen in der Antike versklavt werden konnten.
   b) Erläutere die großen Unterschiede zwischen den verschiedenen Sklaven in Rom.
   → Text
2. a) Fasse zusammen, wie – nach Seneca – die in Rom vorherrschende Beziehung zwischen Herren und Sklaven war.
   b) Welche Meinung hat Seneca zur Sklaverei?
   c) Verfasse folgendes Streitgespräch: Ein reicher Sklavenbesitzer aus Rom diskutiert mit Seneca über die Sklaverei.
   → M2
3. Informiere dich, ob es heute noch Beispiele für Sklaverei gibt.
   → Lexikon oder Internet

Das Leben in den Provinzen

Das Römische Reich erreichte seine größte Ausdehnung unter Kaiser Trajan. Zu diesem Zeitpunkt kontrollierte Rom etwa 40 Provinzen, in denen schätzungsweise 60 Millionen Menschen lebten.

Insgesamt gab es im Römischen Reich nur eine sehr kleine Verwaltung. An der Spitze einer Provinz stand der Statthalter. Daneben gab es Steuerpächter, die im Auftrag Roms die Abgaben eintrieben. Zur Zeit der Kaiser erhielten die Statthalter der vom Senat verwalteten Provinzen ein hohes Gehalt (bis zu einer Million Sesterzen), das eine Ausbeutung der Provinzen überflüssig machen sollte. Die kaiserlichen Provinzen wurden von Beauftragten des Herrschers verwaltet. Auch die Steuern wurden von fest bezahlten kaiserlichen Amtsträgern erhoben. Diese blieben meist mehrere Jahre in ihrer Provinz.

Die große Bedeutung der Verkehrswege

Angesichts der riesigen Fläche des Reiches waren gute Verkehrsverbindungen nötig. Der Bau von Straßen war dabei von entscheidender Bedeutung. Einige dieser Straßen existieren noch heute, auch Brücken und Tunnel vermitteln noch einen Eindruck von der Baukunst der Römer. Antike Quellen wie Gesetzestexte, bildliche Darstellungen oder Meilensteine informieren uns über die römischen Verkehrswege. Daneben hilft uns heute auch die Luftbildarchäologie bei der Rekonstruktion eines Straßenverlaufes.

Lastentransporte wurden meistens auf dem Wasserweg durchgeführt, da diese Form des Transports nicht nur billiger, sondern auch leistungsfähiger und bequemer war. Binnenschifffahrt war den Römern bereits aus ihrer Heimat vertraut. Hafenbauten, Funde von Wracks und bildliche Darstellungen informieren uns über die Schiffsbaukunst der Römer.

Einerseits benötigte Rom riesige Mengen an Grundnahrungsmitteln, aber auch Luxusgüter aus den Provinzen und aus dem Ausland (so kamen etwa Bernstein von der Ostsee und Seide aus China), ande-

M 1 Schiff im Hafen von Ostia

Kapitän Farnaces belädt die „Isis Giminiana" mit Getreide, Fresko vom Grabmal eines Schiffeigentümers in Ostia, 3. Jh. n. Chr.

rerseits konnten Güter, die dort unbekannt waren, in die Provinzen transportiert werden.

Die römische Armee und kaiserliche Beamte versuchten, auf den Verkehrswegen und im umliegenden Land für Sicherheit zu sorgen, was aber nur teilweise gelang. So gab es viele Räuberbanden und die Gefahr, überfallen zu werden, war nicht gering. Die Verkehrserschließung ermöglichte aber nicht nur den schnelleren Austausch von Personen, Waren und Nachrichten, sondern erleichterte auch den Austausch zivilisatorischer Errungenschaften und letztendlich die Verbreitung der römischen Kultur in den Provinzen. Die Ansiedlung von Veteranen in diesen Gebieten beschleunigte diesen Prozess. Das römische Recht schuf eine Grundlage für das geregelte Zusammenleben. Aber die Rechtssicherheit der Bevölkerung war bei weitem nicht so groß wie heute.

M 2 Fußboden- und Wandheizung
Rekonstruktionszeichnung

Rom als Vorbild

Das ungewohnte Klima der nördlichen Provinzen führte zum Einsatz eines Heizungssystems, das auch in den Thermen Roms verwendet wurde. Eine Fußboden- und Wandheizung sorgte für eine angenehme Temperatur. Reste der sogenannten Hypokaustenheizungen in zahllosen ehemaligen römischen Siedlungen zeugen von der Bedeutung dieses Systems sowohl für öffentliche Bauten als auch für Privathäuser.

Jede Garnison oder größere Ansiedlung verfügte mindestens über ein öffentliches Thermengebäude. Wo natürliche Thermalquellen existierten, bauten die Römer diese zu Bädern aus. Beispiele dafür sind Orte, die den Namen „Aquae“ (Wässer) führten, wie zum Beispiel Aachen oder – übersetzt – Baden-Baden. Diese Annehmlichkeiten übernahm die Bevölkerung in den Provinzen ebenso gerne wie die durch Aquädukte sichergestellte Versorgung mit Wasser in den Städten.

M 3 Jäger mit römischer Tunika und Jagdwaffen
Ausschnitt aus einem Mosaik in Westerhofen (Landkreis Eichstätt), das 1856 in einer Villa freigelegt wurde.

Gut erhaltene Überreste römischer Bauten beweisen, dass neben der Architektur auch die römische Kunst den Provinzbewohnern als Vorbild diente. Malereien und Mosaiken zeigen, dass man – wenn auch mit gewisser zeitlicher Verzögerung – die römischen Vorbilder übernahm und sich an den künstlerischen Moden der Hauptstadt orientierte. Auch Kleidung, Namen, Schulbildung und sogar die Religion wurden durch die Hauptstadt geprägt. Die Ausbreitung der römischen Kultur wird als Romanisierung bezeichnet und vollzog sich auf verschiedenen Wegen. Ob dies ein erzwungener Prozess war oder ob die Übernahme aus freien Stücken erfolgte, ist umstritten.

Rom lebt auch in Sprachen weiter

Eine ganze Sprachfamilie, die sogenannten romanischen Sprachen, bewahren Wörter und teilweise auch die Grammatik des Lateinischen. Nicht nur Italienisch und Französisch, sondern Spanisch und Portugiesisch, sogar das Rumänische basieren auf der Sprache der Römer. Die Provinzbewohner übernahmen viele Begriffe für Dinge aus dem Lateinischen, die ihnen vor Ankunft der Römer unbekannt waren, um sich überhaupt noch verständigen zu können. So wären auch Sprachen wie Deutsch oder Englisch, die andere Ursprünge als Latein haben, ohne Wörter, die von den Römern übernommen wurden, nicht mehr vorstellbar.

Römerstraßen – Analyse und Vergleich verschiedener Materialien

M 4 Römische Straße bei Mittenwald
Heutiger Zustand

M 5 Bau einer römischen Straße
Rekonstruktionszeichnung

M 6 Luftbild einer römischen Straße in Hessen
Deutlich ist auf diesem Bild die ehemalige Verbindungsstraße zwischen den Kastellen Butzbach und Friedberg zu erkennen.

M 7 Römischer Reisewagen
Zeitgenössische Reliefdarstellung (oben) und Modell (rechts)

Rom als Vorbild – Arbeiten mit Texten

M 8 Amphitheater in Trier

Der älteste noch erhaltene Bau der Römer in Trier wurde um 100 n. Chr. vermutlich anstelle eines Vorgängerbaus aus Holz errichtet.

M 9 Lehnwörter in der deutschen Sprache

Der Historiker S. Lauffer schreibt zur Bedeutung römischer Lehnwörter in der deutschen Sprache:

Der starke Einfluss der römischen Kultur auf allen Gebieten lässt sich an der großen Zahl der sogenannten Lehnwörter in der deutschen Sprache am besten nachweisen, zum Beispiel ‚Wein' von lateinisch vinum. Wort und Sache wurden als Kulturgut übernommen.
Man könnte lange Listen davon aufstellen, was die Germanen damals von den Römern gelernt und übernommen haben. So auf dem Gebiet der Landwirtschaft, des Gartenbaus und der Tierzucht, planta ‚Pflanze', Fructus ‚Frucht', pirum ‚Birne', cerasus ‚Kirsche', persicum ‚ Pfirsich', mustum ‚Most', caulis ‚Kohl', rosa ‚Rose', lilium ‚Lilie', pavo ‚Pfau' usw. Ebenso auf dem Gebiet der Bautechnik und des Hauswesens; murus ergab ‚Mauer', tegula ‚Ziegel', fenestra ‚Fenster', postis ‚Pfosten', calx ‚Kalk', cellarium ‚Keller', coquina ‚Küche', discus ‚Tisch', speculum ‚Spiegel', scutella ‚Schüssel', patina ‚Pfanne', simila ‚Semmel' usw. Ferner die Wörter des Handels und Verkehrswesens, caupo ‚Kaufmann', mercatus ‚Markt', moneta ‚Münze', pondo ‚Pfund', census ‚Zins', scribere ‚schreiben', tincta ‚Tinte', strata ‚Straße', milia ‚Meile', paraveredus ‚Pferd' usw. Die Römer waren die Lehrmeister der Organisation und der Zivilisation.

S. Lauffer, Kurze Geschichte der antiken Welt, München 1971, S. 210.

M 10 Lehnwörter in der englischen Sprache

Zur Bedeutung römischer Lehnwörter im Englischen schreibt der Anglist E. Leisi:

Die Geschichte des englischen Wortschatzes ist gekennzeichnet durch einen unablässigen Zustrom von fremden Wörtern aus den verschiedensten Quellen. Der ursprüngliche Grundstock der einheimischen, (west-)germanischen Wörter erfuhr schon sehr früh einen Zuwachs durch ein lateinisch-griechisches Element, zuerst durch die kulturelle Berührung mit den Römern, dann durch die christliche Kirche: Diese Wörter gehören heute zu den täglich gebrauchten und lassen ihre fremde Herkunft kaum mehr erkennen; sie sind zum großen Teil vor der Zerstreuung der germanischen Stämme ins Germanische eingegangen und deshalb auch in den meisten anderen germanischen Sprachen vertreten. Hierzu gehören: dish aus discus, cheese aus caseus, mill aus molina, mint aus moneta, pound aus pondo, inch aus uncia, cook aus coquus […].

Leisi, Das heutige Englisch, Heidelberg 1965, S. 46.

Aufgaben

1. Erkläre das römische Heizungssystem. → M2
2. a) Beschreibe den Aufbau einer Römerstraße.
   b) Erkläre anhand der Rekonstruktionszeichnung, wie eine Römerstraße vermutlich gebaut wurde. → M4, M5, M6
3. Vergleiche die Reliefdarstellung des römischen Reisewagens mit dem Modell. → M7
4. a) Welche Bereiche des Lebens betreffen die lateinischen Lehnwörter im Deutschen und Englischen?
   b) Informiere dich mithilfe eines etymologischen Wörterbuchs über weitere lateinische Lehnwörter.
   → M9, M10

Die Römer am Rhein

Vor rund 2000 Jahren kamen die Römer auf ihren Feldzügen an den Rhein. Ziel des Kaisers Augustus war es, Germanien bis zur Nordsee zu erobern, doch dieser Plan scheiterte am Widerstand der germanischen Stämme. Um den Rhein als Grenze abzusichern, errichteten die Römer eine ganze Reihe von Kastellen, aus denen später mittelalterliche Städte hervorgehen sollten. Dazu zählen etwa Speyer (Noviomagus), Worms (Borbetomagus), Mainz (Mogontiacum), Bingen (Bingium) und Koblenz (Confluentes), wie die Karte auf Seite 142 zeigt. Die römische Eroberung und Besiedlung wurde damit zu einem Motor der Veränderung, die teils friedlich, teils gewaltsam vonstatten ging.

M 1 Der Grabstein des Blussus
Der Grabstein aus dem 1. Jh. n. Chr. zeigt den Händler Blussus mit keltischem Kapuzenmantel und seine Frau Menimane in römischer Tracht. Der Sohn Primus befindet sich im Hintergrund.

Mainz als Römerstadt

Im Gebiet des heutigen Mainz hatte es schon in vorrömischer Zeit keltische Siedlungen gegeben, in denen der Gott Mogon verehrt wurde, den die Römer mit Apollo gleichsetzten. Auf einem Hochplateau gegenüber der Mündung des Mains in den Rhein, dem Kästrich, legten sie um 13 v. Chr. ein Lager an, in dem erst eine, später zwei Legionen lagen, insgesamt also etwa 12 000 Legionäre, mit Hilfstruppen und Tross zeitweise bis zu 50 000 Mann. Aus diesem Lager, das auch als Verkehrsstützpunkt für die Handelsverbindungen auf der Straße und auf dem Rhein dienen sollte, entwickelte sich die Stadt Mogontiacum.

Um eine so große Truppe mit allen Dingen des täglichen Lebens versorgen zu können, entstand im Umfeld des Legionslagers eine Vorstadt, die sogenannten Canabae. Neben den hier schon lebenden Kelten siedelten sich weitere Händler und Kaufleute an, aber auch Frauen, die mit den Legionären verbunden waren. Da ein römischer Soldat vor dem Ende seiner Dienstzeit nicht heiraten durfte, mussten die Frauen außerhalb des Lagers leben. In der Zivilsiedlung entwickelten sich Handel und eine römisch geprägte Zivilisation, die sich in der Mitte des 1. Jahrhunderts n. Chr. in steinernen Gebäuden und Tempelanlagen zeigte. Der zum Teil in Münzen ausgezahlte römische Sold begann allmählich den Tauschhandel zu verdrängen. Mit der einheimischen Bevölkerung, ihren Sitten und ihrer Religion gingen die Römer in der Regel friedlich um, solange die römische Militärherrschaft nicht infrage gestellt wurde.

Einer der Kelten in Mogontiacum, der es zu einem gewissen Wohlstand brachte, war der Händler Blussus. Er besaß offenbar ein oder mehrere Schiffe auf dem Rhein und war durch den Handel mit dem römischen Militär reich geworden. Das Bildnis auf seinem Grabmal, das noch heute im Mainzer Landesmuseum zu sehen ist, zeigt Blussus in einem keltischen Kapuzenmantel mit Geldsäckchen, die Tracht und der Schmuck seiner Frau Minimane sowie der Name des Sohnes Primus sind aber bereits römisch. Dies macht deutlich, dass im 1. Jahrhundert nach Christus eine keltisch-römische Mischkultur entstanden war, die von der Anwesenheit des römischen Militärs geprägt wurde.

Zeugen römischer Kultur

Die stetig wachsende Siedlung Mogontiacum mit zwei römischen Legionen benötigte ständig eine große Menge an Lebensmitteln. Um ausreichend sauberes Trinkwasser zu haben, errichteten die Römer im

1. Jahrhundert n. Chr. einen etwa 9 km langen Aquädukt vom Quellgebiet zwischen Drais und Finthen bis zum Legionslager. Auf bis zu 35 m hohen Pfeilern, von denen heute noch einige Stümpfe, die sogenannten Römersteine, erhalten sind, floss das Wasser durch eine Sandsteinrinne, die mit Platten abgedeckt war.

Nach ihrem anstrengenden Dienst konnten sich die Soldaten im halbrunden Bühnentheater von Mogontiacum erholen, das als Ort für Aufführungen, Versammlungen und Militärparaden diente. Mit einem Durchmesser von 116 m und Platz für ca. 10 000 Besucher war es das größte römische Bühnentheater nördlich der Alpen.

Aquädukt und Bühnentheater machen die technische Überlegenheit der Römer gegenüber der keltischen Bevölkerung deutlich. Sie zeigen aber auch, dass der zivilisatorische Fortschritt eine Folge der militärischen Eroberung war.

M 2 Das Römische Theater in Mainz
Aktuelles Foto

Das Ende der römischen Herrschaft am Rhein

Um das Jahr 85 n. Chr. wurde Mogontiacum zur Hauptstadt der Provinz Germania Superior (Obergermanien) erklärt. Diese umfasste ein Gebiet, welches bis zum 3. Jahrhundert n. Chr. vom Raum Neuwied im Norden bis zum Genfer See im Süden und von der Seine im Westen bis zum sogenannten Dekumatland im Osten reichte. Als im 5. Jahrhundert n. Chr. Vandalen, Sueben und Alanen sowie 451 die Hunnen in das Römische Reich einfielen, endete mit der Zerstörung von Mainz und der anderen römischen Städte eine Epoche, die bis heute zahlreiche Spuren hinterlassen hat.

Aufgaben

1. Betrachte auf einer Karte die Lage der römischen Kastelle im Gebiet des heutigen Rheinland-Pfalz. Kannst du erkennen, worauf die Römer bei diesen Gründungen Wert legten?
2. Geht auch dein Wohn- oder Schulort auf eine römische Gründung zurück? Finde es heraus.
3. Welche Spuren der römischen Herrschaft am Rhein lassen sich heute noch finden?
4. Beurteile am Beispiel von Mainz den Zusammenhang von militärischer Eroberung und römischer Zivilisation.

Das Christentum wird Staatsreligion

Eine Weltreligion entsteht

Die in weiten Teilen der Welt übliche Jahreszählung geht aus von der Geburt Jesu Christi. Dementsprechend ergeben sich die Zeitangaben „vor Christus“ beziehungsweise „nach Christus“. Daran ist zu sehen, welch weitreichende Folgen die Ausbreitung des Christentums bis heute hat.

Als Jesus, während der Herrschaft des römischen Kaisers Augustus geboren, in Palästina predigte und Anhänger um sich scharte, wurde er im Römischen Reich nur wenig wahrgenommen. Auch seine Hinrichtung war in der damaligen Zeit kein außergewöhnliches Ereignis. In den folgenden dreihundert Jahren verbreitete sich das Christentum allerdings überall im Römischen Reich und verdrängte die Religion der Römer.

M 1 Eingeweideschau
Relief vom Trajansforum in Rom, Anfang 2. Jahrhundert n. Chr.

Die Religion der Römer

Die Römer vermuteten in den Naturerscheinungen das Wirken von Göttern. Ihnen wurde geopfert, um sie gnädig zu stimmen. Ihre Entschlüsse glaubte man im Vogelflug und in der Eingeweideschau entschlüsseln zu können. Dabei verbanden sich die Vorstellungen der Römer mit denen der Griechen, sodass römische und griechische Götterwelt viele Übereinstimmungen aufweisen: Jupiter ist mit Zeus vergleichbar, Juno mit Hera. Daneben gab es aber eine Vielzahl anderer Kulte, die die Römer von benachbarten Völkern oder aus den von ihnen eroberten Gebieten übernommen hatten. So verehrten viele Römer zeitweise die ägyptische Gottheit Isis. Besonders wichtig waren auch die Laren und Penaten. Diese Hausgötter, die in eigenen kleinen Altären zu Hause verehrt wurden, sollten die Familie beschützen. Schließlich wurde auch der Kaiser als gottähnliche Gestalt wahrgenommen.

Der christliche Glauben

Demgegenüber ist das Christentum eine monotheistische Religion. Die Glaubenslehre beruht auf der Bibel, der „Heiligen Schrift“ der Christen, die aus zwei Teilen besteht. Das Alte Testament beginnt mit der Erschaffung der Welt durch Gott, der sogenannten Schöpfungsgeschichte. Adam und Eva, die ersten Menschen, lebten zuerst im Paradies. Als Eva, verführt vom Bösen in Gestalt einer Schlange, sich über das Verbot Gottes hinwegsetzte und Adam eine Frucht von einem bestimmten Baum zu essen gab, wurden sie aus dem Paradies vertrieben. Wegen dieses ersten „Sündenfalls“ gelten alle Menschen als Sünder und bedürfen der Erlösung durch Gott.

Das Neue Testament berichtet über das Leben von Jesus Christus. Der Weltuntergang wird in der Apokalypse des Johannes als Vision geschildert. Die Menschen erwartet das Jüngste Gericht, das darüber entscheidet, ob jemand in die Hölle kommt oder ins Paradies zurückkehrt. Entscheidend ist, ob der Gläubige gottgefällig gelebt und sich an die Zehn Gebote gehalten hat.

Für die Christen ist Jesus der Sohn Gottes, der stellvertretend die Sünden der Menschen auf sich nahm und sich kreuzigen ließ. Dadurch, dass er an Ostern wiederauferstanden ist, eröffnet sich auch den Menschen die Aussicht auf Erlösung und ein Leben nach dem Tod.

M 2 Ein unterirdischer Friedhof
Die Calixtus-Katakombe in Rom, heutiges Foto

Die Christen werden verfolgt

Paulus und andere Apostel reisten durch das Römische Reich und predigten den neuen christlichen Glauben. Enttäuschung über die alten Kulte, Faszination durch das Versprechen ewigen Lebens, Bekenntnis zu den Geboten der Nächstenliebe, kurz: vielfältige Motive konnten für den Übertritt zum Christentum entscheidend sein.

Zur Auseinandersetzung zwischen dem römischen Staat und den Christen kam es, weil diese die Verehrung des Kaisers als gottähnliches Wesen ablehnten. Viele Römer sahen darin eine Kampfansage an den Staat. So wurden Christen wegen ihres Glaubens verfolgt. Es kam zu Gerichtsverfahren, gewalttätigen Auseinandersetzungen und auch zu Hinrichtungen in der Arena.

Das Christentum wird Staatsreligion

Langfristig blieben die Unterdrückungsversuche jedoch wirkungslos. Die Zahl der Christen wurde immer größer und die Gemeinden verbreiteten sich im ganzen Römischen Reich. Zu Beginn des 4. Jahrhunderts n. Chr. wurde die Einstellung gegenüber den Christen großzügiger. In diesem Zusammenhang wird berichtet, dass Kaiser Konstantin im Jahre 312 n. Chr. vor einer Schlacht mit einem Rivalen an der Milvischen Brücke in Rom das Bild eines Kreuzes erschien. Ob dies ein Hinweis auf sein Bekenntnis zum Christentum ist, ist allerdings umstritten.

Danach – im Jahre 313 n. Chr. – sicherte Konstantin den Christen freie Religionsausübung zu. Diese sogenannte Konstantinische Wende war für die weitere Entwicklung des Christentums von großer Bedeutung. Im Jahre 391 n. Chr. verbot Kaiser Theodosius I. alle heidnischen Kulte und machte damit das lang verfolgte Christentum zur Staatsreligion. Allerdings übernahm das Christentum auch Gebräuche aus den bisherigen Kulten, sodass vielen die Übernahme des neuen Glaubens erleichtert wurde. Das Weihnachtsfest, das an die Geburt von Christus erinnert, wurde zum Beispiel auf den Festtag des römischen Sonnengottes Sol gelegt.

M 3 Ein Triumphbogen in Rom
Der Konstantinsbogen aus dem Jahr 315 n. Chr. erinnert an den Sieg Konstantins über Maxentius an der Milvischen Brücke, heutiges Foto.

Die Christen im Römischen Reich – Eine historische Entwicklung nachvollziehen

M 4 Verfolgung der Christen

In einem Briefwechsel zwischen Plinius und Kaiser Trajan wird zu Beginn des 2. Jahrhunderts n. Chr. das richtige Vorgehen gegen die Christen erörtert:

a) Plinius an Kaiser Trajan:

Ich habe es mir zur Regel gemacht, Herr, alles, worüber ich im Zweifel bin, Dir vorzutragen. Wer könnte denn besser mein Zaudern lenken oder meine Unwissenheit belehren? [...] Vorerst habe ich bei denen, die bei mir als Christen angezeigt wurden, folgendes Verfahren angewandt. Ich habe sie gefragt, ob sie Christen seien. Wer gestand, den habe ich unter Androhung der Todesstrafe ein zweites und drittes Mal gefragt; blieb er dabei, ließ ich ihn abführen. Denn mochten sie vorbringen, was sie wollten – Eigensinn und unbeugsame Halsstarrigkeit glaubte ich auf jeden Fall bestrafen zu müssen. [...]

b) Trajan an Plinius

Mein Secundus! Bei der Untersuchung der Fälle derer, die bei Dir als Christen angezeigt worden sind, hast Du den rechten Weg eingeschlagen. [...] Nachspionieren soll man ihnen nicht; werden sie angezeigt oder überführt, sind sie zu bestrafen, so jedoch, dass, wer leugnet, Christ zu sein und das durch die Tat, das heißt: durch Anrufung unserer Götter beweist, wenn er auch für die Vergangenheit verdächtig bleibt, aufgrund seiner Reue Verzeihung erhält.

Anonym eingereichte Klageschriften dürfen bei keiner Straftat Berücksichtigung finden, denn das wäre ein schlimmes Beispiel und passt nicht in unsere Zeit.

Zit. nach: Horst Callies: Rom von der klassischen Republik bis zum Beginn der Völkerwanderung, Stuttgart 1981, S. 175 f.

M 5 Eine kaiserliche Meinungsänderung

Im Jahr 311 n. Chr. erließ Kaiser Galerius folgende Bestimmungen im Umgang mit den Christen:

[...] Als schließlich ein Befehl von uns erging mit der Maßgabe, zu den Gesinnungen der Alten zurückzukehren, wurden viele einem Gerichtsverfahren unterworfen, viele auch verjagt. Und weil die meisten in ihrem Vorhaben starr blieben und wir sahen, dass sie weder den Göttern Verehrung und geschuldete Anbetung erwiesen noch den Gott der Christen verehrten, haben wir – indem wir den Blick auf unsere mildeste Güte richteten und auf unsere immerwährende Praxis, mit der wir gewöhnlich allen Menschen Verzeihung gewährten –, geglaubt, dass unsere willfähigste Güte auch auf diese auszudehnen sei, sodass sie wieder Christen sein und ihre Versammlungsstätten aufbauen können, freilich so, dass sie nichts gegen die öffentliche Ordnung tun.

Zit. nach: H. Brandt: Geschichte der römischen Kaiserzeit von Diokletian und Konstantin bis zum Ende der Konstantinischen Dynastie (284–363), Berlin 1998, S. 141.

M 6 Die Ereignisse an der Milvischen Brücke

Der christliche Schriftsteller Laktanz stellte in dem um 315 n. Chr. entstandenen Bericht die Schlacht zwischen Konstantin und seinem Rivalen Maxentius so dar:

Im Schlaf wurde Konstantin ermahnt, das himmlische Zeichen Gottes an den Schilden anzubringen und so die Schlacht zu beginnen. Er verhält sich weisungsgemäß und bezeichnet Christus auf den Schilden, indem er den Buchstaben X umlegte und die oberste Spitze umbog.

Mit diesem Zeichen gerüstet greift das Heer zu den Waffen. Der Feind rückt ohne den Befehlshaber entgegen und überschreitet die Brücke. Die Schlachtreihen treffen in gleicher Front aufeinander, mit höchstem Einsatz wird auf beiden Seiten gekämpft: „Nicht Flucht gilt hüben und drüben". In der Stadt kommt es zu einem Aufruhr, der Befehlshaber [Maxentius] wird als Schädiger des öffentlichen Wohls beschimpft. Als man seiner ansichtig wurde – er veranstaltete gerade Zirkusspiele wegen seines Geburtstages –, ruft plötzlich das Volk einmütig, Konstantin könne nicht besiegt werden. Durch diesen Ausruf erschreckt, stürzt Maxentius aus dem Zirkus und befiehlt einigen zusammengerufenen Senatoren, die Sibyllinischen [geheimen] Bücher zu befragen: Denen ist zu entnehmen, dass an jenem Tage ein Feind der Römer zugrunde gehen würde.

Durch diese Auskunft mit Siegeszuversicht erfüllt, rückt Maxentius vor und zieht in die Schlacht. In seinem Rücken wird die Brücke zerstört. Bei seinem Anblick wird die Schlacht heftiger, und Got-

tes Hand war über dem Schlachtfeld. Sein Heer wurde vom Schrecken ergriffen, er selbst flieht in Richtung der Brücke, die zerstört war, und wird unter dem Druck der fliehenden Massen in den Tiber gestürzt.
So war endlich der schreckliche Krieg beendet, als Konstantin unter großem Jubel des Senats und des römischen Volkes als Kaiser empfangen wurde.

Zit. nach: H. Brandt: Geschichte der römischen Kaiserzeit von Diokletian und Konstantin bis zum Ende der Konstantinischen Dynastie (284–363), Berlin 1998, S. 105 f.

M 7 Die Zweifel eines Historikers

Die Darstellung von Laktanz deutet der Historiker Hartwin Brandt so:

Das konstantinische Heer wird kaum mit dem (seinerzeit völlig ungebräuchlichen) Christogramm auf den Waffen und wohl auch noch nicht mit dem Labarum gegen Maxentius gezogen sein – die gewiss nicht mehrheitlich christlichen Soldaten hätten dies kaum akzeptiert und noch viel weniger verstanden. [...] Vielmehr ist anzunehmen, dass der nachweislich dem Sonnengott Sol besonders nahestehende Konstantin – vielleicht „unter dem Eindruck einer Himmelserscheinung" – auf seinen Schilden ein mehrstrahliges Sonnensymbol als Feldzeichen eingeführt hat, das noch auf späteren Denkmälern abgebildet ist. [...] Dieses Sonnenzeichen dürfte von Laktanz christlich umgedeutet worden sein.

Zit. nach: H. Brandt: Geschichte der römischen Kaiserzeit von Diokletian und Konstantin bis zum Ende der Konstantinischen Dynastie (284–363), Berlin 1998, S. 107 f.

M 8 Silbermedaillon Konstantins
aus dem Jahr 315 zeigt Konstantin.
Die Inschrift enthält folgende Elemente:
P für pius [fromm], CONSTANTINUS,
AUG für Augustus, F für Felix [glücklich],
IMP für Imperator [Kaiser]
Bildelemente sind:
Schild mit Romulus und Remus, ein kreuzförmiges Zepter, Helm mit dem griechischen Anfangsbuchstaben für Christus (☧).

M 9 Bronzemünze Konstantins
aus dem Jahr 319 zeigt oberhalb eines kreuzförmigen Musters den Sonnengott Sol.

Aufgaben

1. a) Fasse mit eigenen Worten die Entscheidung Trajans zusammen.
   b) Überlege, ob Kaiser Trajan ein Befürworter oder ein Gegner der Christenverfolgung war.
   → M4
2. a) Welche Einstellung hatte Galerius gegenüber den Christen?
   b) Erläutere, warum Galerius auf eine Verfolgung der Christen verzichtet hat.
   c) Informiere dich, was „Toleranz" bedeutet. Kann man diesen Begriff auf Galerius beziehungsweise Konstantin anwenden?
   → Text, M4, M5
3. a) Aus welchen Gründen zweifelt der Historiker Hartwin Brandt den Bericht von Laktanz an?
   b) Überzeugt dich die Argumentation von Hartwin Brandt? Beziehe dabei auch die Münzen mit ein.
   → M6, M7, M8, M9
4. Welche Elemente auf den Münzen deuten darauf hin, dass Konstantin sich zum Christentum bekannte? Achte auf die Entstehungszeit.
   → M8, M9

M 1 **Mann von Tollund**
Moorleiche aus Dänemark

M 2 **Opfergaben für die Götter**
Funde aus Niedersachsen, aus der Zeit um 350 n. Chr.

Römer und Germanen

Unser heutiges Bild von den Germanen

Da die germanischen Stämme selbst keine schriftlichen Aufzeichnungen hinterließen, sind es römische Quellen, die das Germanenbild bis auf den heutigen Tag prägen. Die Vorstellungen der Römer in der damaligen Zeit fasste Publius Cornelius Tacitus (um 55 bis etwa 115 n. Chr.) in seinem Werk „Germania“ zusammen. Vielfältige Ausgrabungsarbeiten haben unser Bild aber zum Teil verändert.

Wichtige Informationen über das Aussehen unserer Vorfahren lieferten auch Funde sogenannter Moorleichen. Vermutlich wurden diese Menschen den Göttern geopfert und dann im Moor versenkt. Der Sinn solcher Opfer ist jedoch unklar. Vielleicht ging es um die Beseitigung von Missetätern; vielleicht wollte man auch die Götter versöhnen.

Über die Religion der Germanen wissen wir insgesamt wenig. Sie verehrten ihre Götter unter freiem Himmel an heiligen Plätzen, meist an Seen, Mooren oder Flüssen. Priester und Priesterinnen baten mithilfe von Feuer und Zaubergegenständen um Schutz und Heilung. Sie sagten auch die Zukunft voraus, indem sie den Vogelflug oder das Verhalten der heiligen Pferde deuteten.

Die Germanen waren Ackerbauern und Viehzüchter. Sie lebten abgeschieden auf ihren Höfen und in kleinen Dörfern. Die gesamte Familie bewirtschaftete den Hof. Die germanischen Frauen versorgten das Vieh und legten Vorräte für den Winter an. Pilze, Beeren und andere Früchte mussten getrocknet werden. Auf einem Mahlstein zerrieben sie das geerntete Getreide zu Mehl und backten Brot daraus. Die Frauen kümmerten sich auch um die Kleidung der Familie. Sie

M 3 **Tracht der Germanen**
Rekonstruktionszeichnung nach Funden im Moor

sponnen Wolle und webten daraus Stoffe. Aus Leder fertigten sie Schuhe an. Sie formten aus weichem Lehm Töpfe und Schüsseln.

Die Gesellschaft der Germanen gründete auf der Vorherrschaft des Mannes. Der Vater war das Oberhaupt seiner Familie und konnte über alle Familienmitglieder entscheiden. Die Meinung der Frauen wurde aber gehört und war oft wichtig für Entscheidungen, da sie über medizinische und religiöse Kenntnisse verfügten.

Die Römer begegnen den Germanen

Lange Zeit waren die Römer nicht an ihren nördlichen Nachbarn interessiert. Sie unterwarfen zunächst andere Mächte und Regionen im Mittelmeerraum und sicherten dort ihre Herrschaft.

Der Antrieb zu weiteren Eroberungen entstand neben wirtschaftlichen und militärischen Gründen für die römischen Herrscher auch aus der jeweiligen innenpolitischen Situation heraus. Sie brauchten viel Geld, um als öffentliche Wohltäter zu gelten und so ihre Herrschaft zu sichern. Auch Caesar festigte seine Macht nach seiner Wahl zum Konsul durch mehrere Feldzüge in Gallien. In der Zeit zwischen 58 und 51 v. Chr. dehnte er die römische Herrschaft bis an den Rhein aus. Das römische Heer kämpfte dabei auch gegen germanischen Krieger unter dem Sueben-Fürsten Ariovist, der kurz zuvor nach Gallien eingedrungen war und den Caesar 58 v. Chr. bei Mühlhausen besiegte.

Der Stamm der Sueben war, wie viele andere germanische Stämme, ursprünglich in Nordeuropa beheimatet. Wahrscheinlich aufgrund von Versorgungsschwierigkeiten drangen sie im 1. Jahrhundert v. Chr. nach Süden vor und kämpften auf der Suche nach Siedlungsgebieten mit den ortsansässigen Slawen und Kelten, aber auch untereinander. Die keltischen Gallier gaben den Sueben den Namen „Germanen“, den die Römer übernahmen und für alle Völker rechts des Rheins verwendeten. Die Germanen selbst sahen sich nicht als gemeinsame Volksgruppe, obwohl sie eine ähnliche Sprache hatten, sondern als Angehörige ihres jeweiligen Stammes. Erst im Kampf gegen die Römer fanden sie sich zeitweilig in Bündnissen zusammen.

M 4 **Germanisches Schwert**
Originalfund

Kämpfe zwischen Römern und Germanen

Unter der Herrschaft des Kaisers Augustus besiegte der Feldherr Drusus mehrere Germanenstämme und überschritt mit seinen Soldaten 9 v. Chr. erstmals die Weser. Weder ihm noch seinem Nachfolger gelang es aber, die germanischen Stämme im Nordwesten endgültig zu unterwerfen.

Unter dem Kommando des Tiberius besiegten römische Soldaten in zwei Feldzügen (8–6 v. Chr., 4–6 n. Chr.) die Langobarden. Sie bauten Straßen, sicherten die eroberten Gebiete mit Legionslagern und begannen, eine Provinzverwaltung einzurichten.

Teile des Stammes der Cherusker, unter ihnen auch der Fürstensohn Arminius, kämpften auf der Seite der Römer gegen andere Germanenstämme. Im Jahre 9 n. Chr. wendete er sich aber plötzlich gegen die Römer. Über die Gründe kann man nur Vermutungen anstellen: Wahrscheinlich hatte Arminius zunächst nur eine Revolte der germanischen Hilfstruppen geplant, um höheren Sold durchzusetzen. Seinem Kommando schlossen sich viele verschiedene Germanenstämme an.

M 5

In der Nähe des heutigen Kalkriese kam es 9 n. Chr. zur Schlacht gegen etwa 30 000 römischen Legionäre unter dem Feldherrn Varus. Die Römer wurden vernichtend geschlagen. Sowohl der genaue Ort der Schlacht als auch ihr Verlauf und ihre Bedeutung gab jahrhundertlang Stoff für geschichtswissenschaftliche Debatten. Arminius wurde oft „Hermann der Cherusker" genannt und zum Ahnherren einer germanischen Einigung gemacht.

Nach der Niederlage verzichteten die Römer zunächst auf weitere Eroberungszüge. Es kam aber noch zu etlichen Auseinandersetzungen. Letztlich setzte sich aber der Rhein als Grenze zwischen dem römischen und dem freien Germanien durch. Zur Sicherung dieser Grenze erbauten römische Soldaten den Limes, einen bewaffneten Grenzzaun, und errichteten zahlreiche Militärlager.

Handel am Limes

Am Limes entwickelte sich ein lebhafter Tauschhandel zwischen Römern und Germanen. Die Römer schätzten Honig, Wachs, Felle und blonde Frauenhaare, aus denen sie Perücken herstellten. Die Germanen tauschten römischen Schmuck, Töpfe, Glasbecher und Silbergeschirr ein. Friedliche Germanen durften ohne Waffen in das Römische Reich einreisen.

Seit dem 3. Jahrhundert drangen germanische Stämme immer wieder auf römisches Gebiet vor. Es begann die sogenannte Völkerwanderung, die zum Untergang des Römischen Reiches führte.

M 6 Wachturm am Limes
Leitern, die sich bei einem Angriff einholen ließen, führten im Innern zur Turmplattform, Rekonstruktion bei Rheinbrohl am Limes.

Die Germanen – Analyse und Vergleich verschiedener Materialien

M 7 Die Lebensweise der Germanen

Der römische Geschichtsschreiber Tacitus (55 bis 115 n. Chr.) schreibt in seinem berühmten Werk über die Germanen:

Dass von den Völkern der Germanen keine Städte bewohnt werden, ist zur Genüge bekannt, auch dass sie nicht untereinander verbundene Wohnsitze ertragen. Sie wohnen getrennt und in verschiedenen Richtungen auseinander, wie ein Quell, wie ein Feld, wie ein Wäldchen Gefallen erregte. Dörfer bauten sie nicht nach unserer Art mit verbundenen und zusammenhängenden Gebäuden: Jeder umgibt sein Haus mit einem freiem Raum. [...] Auch Bruchsteine oder Ziegel sind bei ihnen nicht im Gebrauch: Holz verwenden sie zu allem [...].
Manche Stellen bestreichen sie sorgfältiger mit einer so reinen und glänzenden Erde, dass sie ein Gemälde und Linienwerk von Farben nachahmt.

Tacitus, Germania, 16, in: Tacitus, Agricola, Germania, Dialogus de Oratoribus, übers. und erl. von Karl Büchner, Wiesbaden 2000, S. 159.

M 8 Der Thing

Über die Versammlung der Germanen, das sogenannte Thing, schreibt Tacitus:

Über kleinere Dinge gehen die Fürsten zu Rat, über größere alle, so jedoch, dass auch das, worüber die Entscheidung beim Volke liegt, bei den Fürsten vorausbehandelt wird. Sie kommen zusammen, wenn nicht etwas Unvorhergesehenes und Plötzliches eintritt, an bestimmten Tagen, wenn der Mond beginnt oder voll wird; denn zum Handeln halten sie dies für den verheißungsvollsten Beginn. [...]
Wie es der Masse gefällt, so setzen sie sich hin, in Waffen. Schweigen wird durch Priester geboten, die dann auch das Recht haben, zur Ordnung anzuhalten. Darauf wird der König oder der Fürst je nach dem Alter, dem Adel, dem Kriegsruhm und der Beredsamkeit angehört, mehr aufgrund der erprobten Fähigkeit zu raten als der Macht, zu befehlen. Wenn die Meinung Missfallen erregt hat, lehnen sie sie mit Gebrüll ab; hat sie aber gefallen, schlagen sie die Framen zusammen: mit den Waffen zu loben ist die ehrenvollste Art der Zustimmung.
Man kann beim Thing auch Klage führen [...]. Die Strafen sind unterschieden nach dem Vergehen. Verräter und Überläufer hängen sie an den Bäumen auf, Feiglinge, im Krieg Versagende und körperlich Geschändete versenken sie, indem sie ein Geflecht darüber werfen, in Morast und Sumpf [...]. Aber auch für kleinere Vergehen gibt es nach ihrem Maß Strafe: mit einer Anzahl Rosse oder Vieh müssen die Überführten büßen. Ein Teil der Buße wird an den König oder Stamm, ein Teil dem, der gerächt wird, selber oder seinen Verwandten gezahlt.

Tacitus, Germania, 11, 12, in: Tacitus, Agricola, Germania, Dialogus de Oratoribus, Wiesbaden 2000, S. 155–156.

M 9 Germanisches Dorf, Rekonstruktionszeichnung

M 10 **„Römertage" in Kalkriese**
Foto, August 2003.

M 11 **Schlacht bei Kalkriese**

a) Der Historiker Joachim Harnecker fasst die Ergebnisse der archäologischen Forschungen und des Quellenstudiums zusammen:

Die Germanen lockten Varus in ein unwegsames Gebiet, das in den Schriftquellen „saltus teutoburgiensis" [Teutoburger Wald] genannt wird und das den Römern offenbar unbekannt war. [...] In einer für das römische Militär ungünstigen topografischen Situation mussten die Soldaten nicht nur gegen die germanischen Krieger, sondern auch gegen abtrünnige germanische Hilfstruppen im eigenen Heer kämpfen. Zudem soll das Wetter sehr schlecht gewesen sein. Im Verlauf einer sich über mehrere Tage hinziehenden Schlacht verschanzten sich die Römer in der ersten Nacht noch in einem Lager, in der zweiten Nacht gelang dies nur noch ansatzweise. Endlich wurde das römische Heer weitgehend aufgerieben, nur wenigen gelang die Flucht, einige gerieten in Gefangenschaft. Varus stürzte sich angesichts der ausweglosen Situation in sein Schwert. Die Germanen töteten auf – aus römischer Sicht – äußerst barbarische Weise die gefangenen Offiziere, dem Varus schnitten sie den Kopf ab. Diesen schickte Arminius an den Markomannenkönig Marbod, um ihn in die antirömische Koalition zu ziehen. Da die Markomannen nach längeren Auseinandersetzungen mit den Römern mittlerweile um einen Ausgleich bemüht waren, schickten sie das Haupt weiter nach Rom, wo es bestattet wurde. Kaiser Augustus soll äußerst verzweifelt über die Niederlage gewesen sein. Die Nummern der untergegangenen Legionen, 17-18-19, wurden nie wieder vergeben.

Joachim Harnecker, Arminius, Varus und das Schlachtfeld von Kalkriese, Osnabrück 2002, S. 20 f.

b) Die Varusschlacht wurde von mehreren römischen Autoren beschrieben, die allerdings keine Augenzeugen waren. Velleius Paterculus, der Germanien als Offizier von jahrelangen Feldzügen kannte, berichtete um 30 n. Chr. in seiner „Römischen Geschichte":

Die tapferste Armee von allen, führend unter den römischen Truppen, was Disziplin, Tapferkeit und Kriegserfahrung angeht, wurde durch die Indolenz [hier: Gleichgültigkeit] des Führers [Varus], die betrügerische List des Feindes und die Ungunst des Schicksals in einer Falle gefangen. Weder zum Kämpfen noch zum Ausbrechen bot sich ihnen, so sehnlich sie es auch wünschten, ungehindert Gelegenheit [...]. Eingeschlossen in Wälder und Sümpfe, in einen feindlichen Hinterhalt, wurden sie Mann für Mann abgeschlachtet [...]. Der Führer hatte mehr Mut zum Sterben als zum Kämpfen. Nach dem Beispiel seines Vaters und Großvaters durchbohrte Varus sich selbst mit dem Schwert [...]. Den [...] Leichnam des Varus rissen die Feinde in ihrer Rohheit in Stücke. Sie trennten sein Haupt ab und sandten es zu Marbod [Herrscher des germanischen Stammes der Markomannen]. Dieser wieder schickte es zu Caesar Augustus, der ihm trotz allem die Ehre eines Familienbegräbnisses gewährte.

Velleius Paterculus, Historia Romana, übers. u. hrsg. von Marion Giebel, Stuttgart 1989, S. 251 ff.

M 12 Auf den Trümmern der Legionen

Zur Bedeutung der Schlacht schreibt ein Historiker Folgendes:

Ohne die Varusschlacht, so malte sich mancher aus, wären die germanischen Siedlungsgebiete mindestens bis zur Elbe unterworfen worden und unsere Vorfahren romanisiert worden, wir würden heute nicht Deutsch, sondern eine Art Französisch sprechen, etc. Moderne Altertumswissenschaftler korrigieren das Bild: „Man neigte früher dazu, Zäsuren [Einschnitte] an knalligen Ereignissen festzumachen“, sagt R. Wiegels von der Universität Osnabrück. „Doch die Varusschlacht war nur der Beginn einer Zäsur. In den frühen römischen Quellen wird die Schlacht nicht so dramatisch beurteilt. Die Zeitgenossen erregte wohl vor allem der Verlust der Legionsadler, also der wichtigsten römischen Feldzeichen.“ In den Jahren 14 bis 16 überzog der Feldherr Germanicus die Gebiete der Arminius-Koalition mit einem Rachefeldzug. Dabei suchte er nach dem Bericht des Tacitus auch den Schauplatz der Schlacht auf und bestattete die Gebeine der Gefallenen. Außerdem gelang es ihm, zwei der drei verlorenen Legionsadler wiederzuholen. Doch die Expedition kostete noch einmal so vielen Legionären das Leben, wie unter Varus umgekommen waren und hatte Arminius nicht ausgeschaltet. So ist nach dem Triumphzug des Germanicus Schluss.

Auf den Trümmern der Legionen, in: Frankfurter Allgemeine Sonntagszeitung v. 1.2.2004, S. 60.

M 13 Hermannsdenkmal

Das Hermannsdenkmal bei Detmold am Ort der damals vermuteten Schlacht wurde nach 56 Jahren Bauzeit 1875 im Beisein von Kaiser Wilhelm I. eingeweiht. Über ein Jahrhundert lang besichtigten Schulklassen dieses Denkmal als Ort der Schlacht, bis 1998 nachgwiesen wurde, dass sie in der Nähe des heutigen Kalkriese stattgefunden hat.

Aufgaben

1. a) Welche Regionen der heutigen Bundesrepublik lagen auf römischen, welche auf germanischen Gebiet?
   b) Welche Handelswaren hatten die Germanen?
   → Text, M5
2. a) Vergleiche die Religion der Germanen mit der der Römer.
   b) Welche Elemente der germanischen Religion kommen dir fremd vor? → Text, M1, M2
3. a) Fasse zusammen, was Tacitus über die Lebensweise der Germanen geschrieben hat.
   b) Vergleiche die Darstellung von Tacitus mit der Rekonstruktionszeichnung des germanischen Dorfes. Nenne Gemeinsamkeiten und Unterschiede. → M7, M9
4. Stelle in einer Tabelle gegenüber, wie bei den Germanen und bei den Römern Entscheidungen getroffen wurden.
   → M8, Kapitel: Römisches Weltreich
5. a) Vergleiche die beiden Texte über die Schlacht bei Kalkriese. Benenne Gemeinsamkeiten und Unterschiede.
   b) Zeige anhand von Textstellen, dass der römische Bericht einseitig ist. → M11
6. a) Welche Bedeutung wurde der Varus-Schlacht früher zugesprochen?
   b) Erkläre, weshalb ein so großes Denkmal für „Hermann den Cherusker“ errichtet wurde.
   → M12, M13

An der Stelle des späteren Rom steht ein Bauerndorf, in dem die Etrusker leben

Nach der Sage Gründung Roms

In Rom regiert ein König >>>

In Rom regieren die von den Bürgern gewählten Beamten und der Senat (Republik) >>>

1 000 | 900 | 800 | 700 | 600 | 500 | 400 | 30

Zusammenfassung

Der Aufstieg der Stadt Rom begann vor über zweitausend Jahren. Zuerst brachten die Römer die übrigen Stämme und Städte Italiens teils friedlich, aber öfter durch Gewalt dazu, ihre Vormachtstellung anzuerkennen. In vielen Kriegen unterwarfen sie bis etwa 100 n. Chr. Süd- und Westeuropa, Nordafrika und die westlichen Teile Asiens.

Rom erlebte viele Krisen, überstand diese aber erfolgreich. In der Zeit der späten Republik führten äußere Bedrohungen und wachsende soziale Ungleichheit im Staat zu großen Problemen. Der Einfluss von Einzelpersonen, die sich oft auf ein Heer stützen konnten, wuchs. Caesar ist dafür ein Beispiel.

Unter Augustus ging die Macht im Staat in die Hände des Kaisers über, wenn auch äußerlich die alten Institutionen der Republik weiter existierten. Bis zum Ende des Reiches wurde das Römische Imperium von Kaisern regiert, die den Göttern gleichgesetzt und denen Tempel errichtet wurden. Rom konnte seine Vormachtstellung unter den Nachfolgern des Augustus etwa zwei Jahrhunderte lang behaupten.

Mit dem Christentum entstand ein neuer Glaube, der die römischen Götter verdrängte. Ende des 4. Jahrhunderts n. Chr. wurde das Christentum zur Staatsreligion und setzte sich allmählich in ganz Europa durch.

Während der Zeit ihrer Herrschaft verbreiteten die Römer ihre Kultur und Zivilisation vom Norden Englands bis nach Nordafrika, vom Schwarzen Meer bis nach Portugal. Die von ihnen begründeten kulturellen Traditionen bilden die Grundlage der Kultur großer Teile des heutigen Europa.

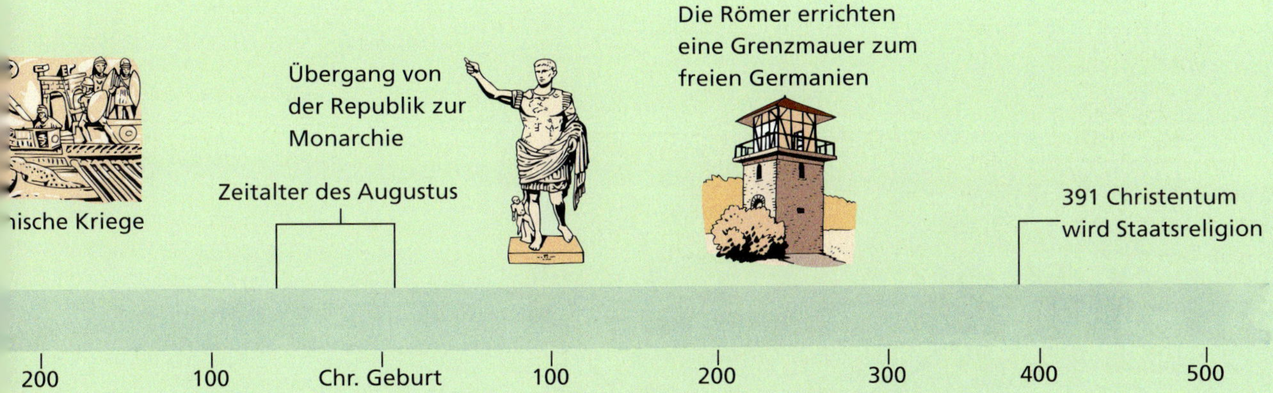

Daten

753 v. Chr.:
Der Sage nach Gründung Roms

1. Jahrhundert v. Chr.:
Übergang Roms von der Republik zur Monarchie

Um Christi Geburt:
Zeitalter des Augustus

Begriffe

Senat
Patrizier
Konsul
Republik
Diktator
Kaiserzeit
Limes
Christentum

Personen

Caesar
Augustus
Konstantin

Tipps zum Thema: Römisches Weltreich

Filmtipp

Pompeji. Der letzte Tag, 60 min, Großbritannien 2005

Spätantike: Konstantin der Große, DVD-Video, 30 min, Deutschland 2007

Römer und Germanen – Konfrontation und Integration, Deutschland 2005

Lesetipp

Hans Baumann und Ulrik Schramm: Ich zog mit Hannibal, München 2004
Eilis Dillon: Im Schatten des Vesuv, München 2004
Hans Dieter Stöver: Der Sieg über Varus, München 2009
Der Rhein in der Antike, Bad Kreuznach 1999

Museen

Römisch-Germanisches Zentralmuseum, Mainz

Museum für antike Schifffahrt, Mainz

Historisches Museum der Pfalz, Speyer

Rheinisches Landesmuseum, Trier

Kommentierte Links: www.westermann.de/geschichte-linkliste

Tod des Bonifatius, Buchmalerei um 1000 n. Chr.

Hagia Sophia in Istanbul

Jubiläumsbriefmarke „Dom zu Aachen 1200 Jahre"

Französisches Jugendbuch

Die Entstehung des Frankenreiches

Die Dreiteilung der Mittelmeerwelt

Weit über tausend Jahre existierte das Römische Reich. Aus einer kleinen unbedeutenden Ansiedlung in Italien war ein riesiges Reich entstanden. Dieses zerfiel um 500 n. Chr. und es entwickelten sich nach und nach drei neue große Herrschaftsbereiche auf dem Gebiet des ehemaligen Imperium Romanum:

- Der östliche Teil des Römischen Reiches mit der Hauptstadt Konstantinopel blieb als Byzantinisches Reich bestehen. An der Spitze stand der oströmische Kaiser, der sich zum Christentum bekannte.
- Im südlichen Teil entstanden große Herrschaften, die von muslimischen Herrschern regiert wurden.
- Im westlichen Teil bildete sich nach und nach das Frankenreich als entscheidende Macht heraus, dessen Herrscher Christen wurden. Sie beanspruchten, das Erbe des Römischen Reiches fortzuführen.

Die Völkerwanderung

Im Jahr 476 n. Chr. wurde der letzte weströmische Kaiser Romulus Augustulus durch den germanischen Heerführer Odoaker abgesetzt. Dies war der Endpunkt einer längeren Entwicklung. In den vergangenen Jahrhunderten waren nämlich immer wieder germanische Stämme ins Römerreich eingedrungen. Diese Wanderungsbewegungen, die vor allem zwischen 380 und 570 nachweisbar sind, werden als Völkerwanderung bezeichnet. Sie bestand aus einer Vielzahl einzelner Wanderungen. Die Heerhaufen, gefolgt von Frauen und Kindern mit Pferd und Wagen, schlossen sich manchmal zusammen oder trennten sich wieder. Bei den Germanen handelte es sich um unterschiedlich große Volksgruppen von vielleicht einigen Tausend Personen, an deren Spitzen Könige standen.

Als Auslöser für diese Wanderungsbewegung gilt das Vordringen der Hunnen. Dieses Reitervolk kam aus Asien, drang seit 375 n. Chr. aus dem Osten bis nach Europa vor und vertrieb viele germanische Stämme aus ihren Gebieten. Aber auch Veränderungen des Klimas, Bevölkerungszunahme, Vertreibung durch andere Stämme sowie Abenteuerlust waren wichtige Gründe.

M 1 „Chlodwig oder die Entstehung Frankreichs"
Das Titelblatt eines französischen Jugendbuches von 1995

Das Frankenreich

Auf dem Gebiet des römischen Gallien entstand im 5. und 6. Jahrhundert n. Chr. ein neues großes Reich: das Frankenreich. Die Grundlagen dafür legte Chlodwig, der von 482 bis 511 n. Chr. herrschte. Er stammte aus dem Geschlecht der Merowinger, die sich nach ihrem Stammvater Merowech benannten. Innerhalb von etwa 50 Jahren konnten Chlodwig und seine Söhne durch Feldzüge und durch Verhandlungen ihr bisheriges Gebiet um ein Vielfaches vergrößern.

Chlodwigs Macht beruhte auf seinem Grundbesitz, den er sich im Zuge der Eroberungen erwarb und den seine Untergebenen bewirtschafteten. Diese unterstanden seiner Schutzherrschaft. Da er das inzwischen angewachsene Frankenreich nicht mehr allein regieren konnte, war er auf Berater und Gefolgsleute angewiesen, die seine Herrschaft anerkannten und ihn unterstützten.

M 2 Ein merowingischer König
Das Siegel zeigt einen Herrscher mit langen Haaren – dem Zeichen für das Königsheil. An der Verwendung von Siegeln kann man zugleich erkennen, dass die Schriftlichkeit bei der Verwaltung des Reiches immer wichtiger wurde.

Die Ausbildung einer solchen Adelsschicht geschah im Frankenreich vor allem dadurch, dass die fränkische Oberschicht und die ehemalige römische Oberschicht sich miteinander vermischten. Chlodwigs Vater Childerich etwa stand sogar in römischen Militärdiensten. Die neuen Herrscher wurden immer weniger als Fremde angesehen. Dieser enge Kontakt mit den Römern führte auch dazu, dass die Franken sich an der römischen Verwaltung orientierten und die Schriftlichkeit beim Regieren eine größere Bedeutung bekam. Chlodwig befahl nach römischem Vorbild, das Recht der Franken auf Latein in einem Rechtsbuch niederzuschreiben.

Eine gemeinsame Religion

Wichtig für die Reichsbildung der Franken war, dass sich Chlodwig unter dem Einfluss seiner Frau taufen ließ. Seinem Beispiel folgten viele seiner Gefolgsleute und Schutzbefohlenen. So konnte sich das Christentum im Frankenreich immer stärker verbreiten. Die römischen Bewohner der ehemaligen Provinz Gallien und die Mitglieder der fränkischen Stämme glichen sich auf diese Weise immer mehr an. Die Menschen, die im Frankenreich lebten, scheinen sich nach und nach auch wegen der gemeinsamen Religion als ein Volk gefühlt zu haben. Der König, der an der Spitze stand, wurde auch nicht König des Frankenreiches, sondern „König der Franken" – „rex francorum" – genannt. Das heutige Frankreich sieht sich in der Tradition der damaligen Reichsgründung durch Chlodwig.

M 3

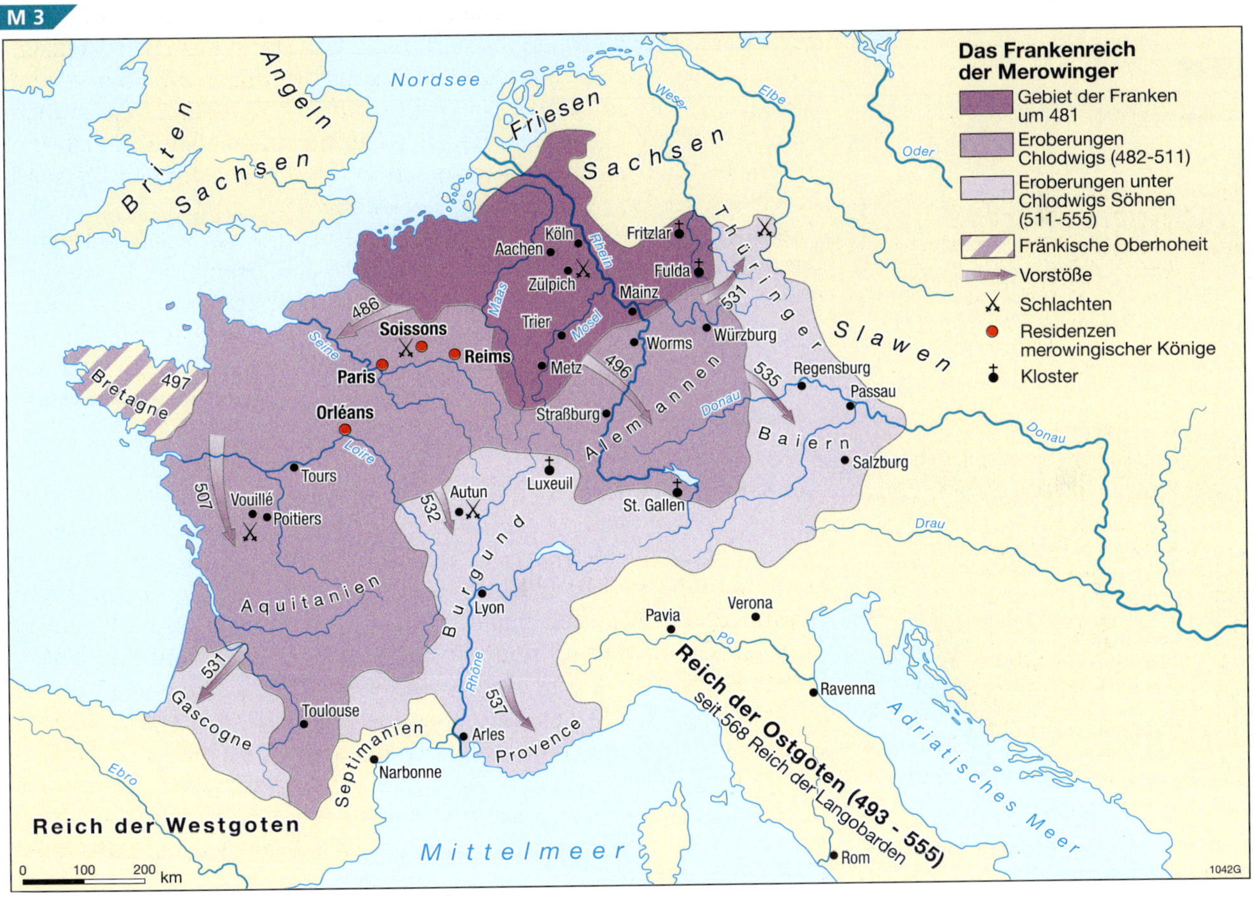

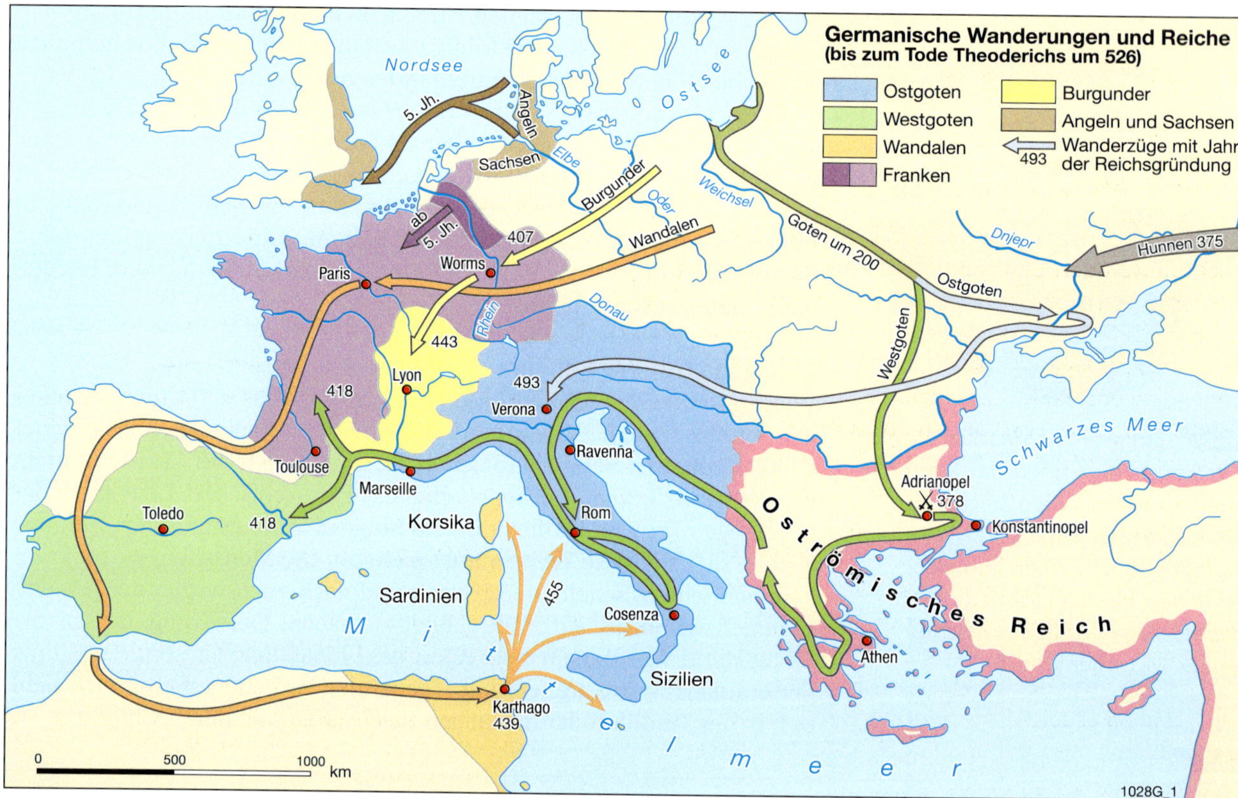
Germanische Wanderungen und Reiche
(bis zum Tode Theoderichs um 526)
Ostgoten
Westgoten
Wandalen
Franken
Burgunder
Angeln und Sachsen
493 Wanderzüge mit Jahr der Reichsgründung
Nordsee
Ostsee
5. Jh.
Angeln
Sachsen
Elbe
Burgunder
Oder
Weichsel
ab 5. Jh.
407
Wandalen
Worms
Paris
Goten um 200
Dnjepr
Hunnen 375
Ostgoten
Rhein
Donau
443
Westgoten
Lyon
493
Verona
418
Ravenna
Toulouse
Marseille
Schwarzes Meer
Adrianopel
378
Konstantinopel
Toledo
418
Korsika
Rom
Oströmisches Reich
Sardinien
455
Cosenza
Athen
Sizilien
Karthago
439
Mittelmeer
0 500 1000 km
1028G_1

M 4

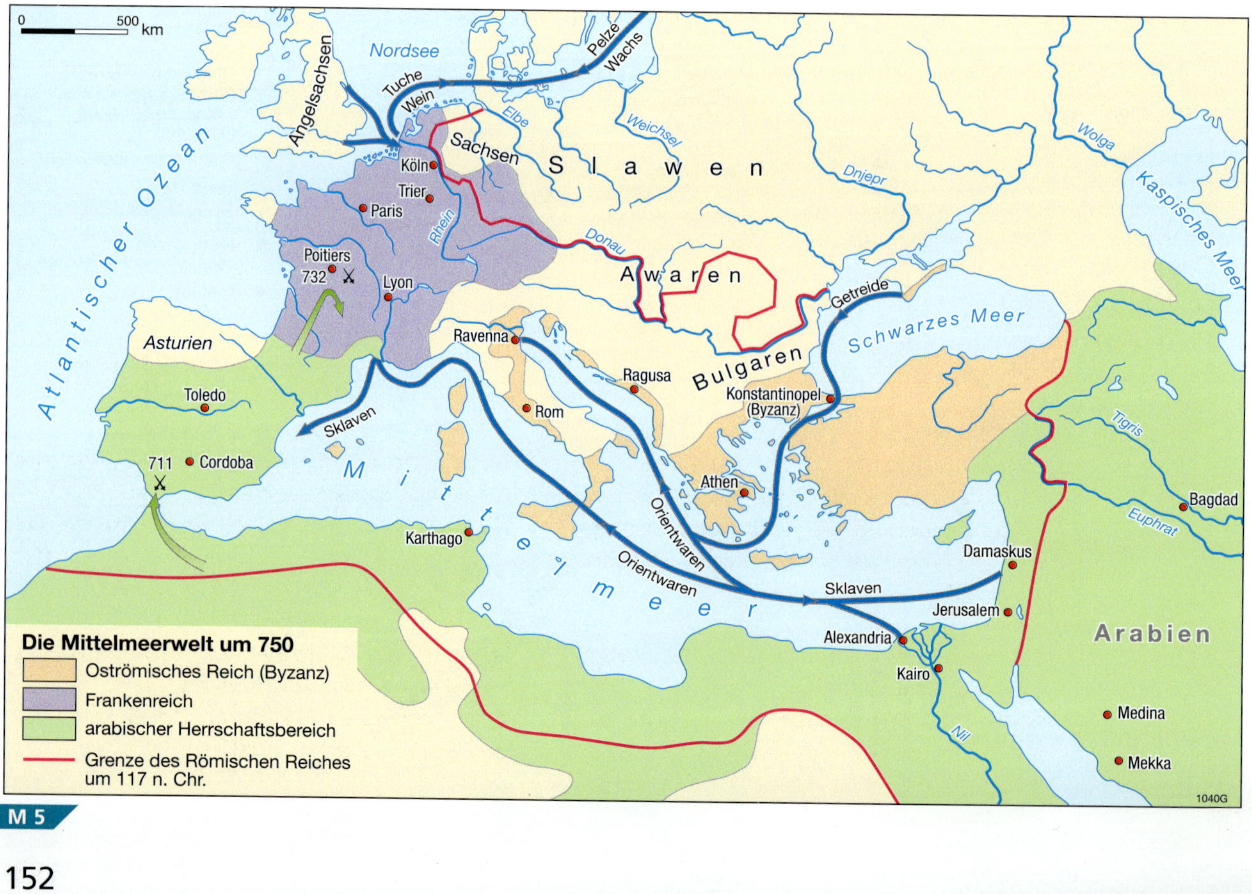
0 500 km
Nordsee
Pelze
Wachs
Tuche
Wein
Angelsachsen
Elbe
Weichsel
Sachsen
Slawen
Köln
Trier
Paris
Rhein
Dnjepr
Wolga
Kaspisches Meer
Atlantischer Ozean
Poitiers
732
Lyon
Donau
Awaren
Getreide
Asturien
Ravenna
Schwarzes Meer
Bulgaren
Toledo
Ragusa
Konstantinopel (Byzanz)
Sklaven
Rom
711
Cordoba
Athen
Tigris
Bagdad
Euphrat
Karthago
Orientwaren
Orientwaren
Mittelmeer
Sklaven
Damaskus
Jerusalem
Alexandria
Kairo
Arabien
Nil
Medina
Mekka
Die Mittelmeerwelt um 750
Oströmisches Reich (Byzanz)
Frankenreich
arabischer Herrschaftsbereich
Grenze des Römischen Reiches um 117 n. Chr.
1040G

M 5

Chlodwig im Spiegel einer Quelle

M 6 Ein folgenreiches Erlebnis

a) Gregor von Tours berichtet über die Schlacht des merowingischen Königs Chlodwig gegen den Stamm der Alemannen, die 496/97 stattfand:

Als die beiden Heere zusammenstießen, kam es zu einem gewaltigen Blutbad, und Chlodwigs Heer war nahe daran, völlig vernichtet zu werden. Als er das sah, erhob er seine Augen zum Himmel, sein Herz wurde gerührt, seine Augen füllten sich mit Tränen und er sprach: „Jesus Christus, Chrodechilde [Chlodwigs Frau] verkündet, du seiest der Sohn des lebendigen Gottes. Man sagt, du gebest Hilfe den Bedrängten und Sieg den auf dich Hoffenden. Dich flehe ich demütig an um deinen mächtigen Beistand. Gewährst du mir jetzt den Sieg über diese meine Feinde und erfahre ich so jene Macht, die das Volk, das deinem Namen sich weiht, an dir erprobt zu haben rühmt, so will ich an dich glauben und mich taufen lassen auf deinen Namen [...]." Und da er solches gesprochen hatte, wandten die Alemannen sich und fingen an zu fliehen.

b) Über die Taufe Chlodwigs berichtet Gregor:

Mit bunten Decken wurden nun die Straßen behängt, mit weißen Vorhängen die Kirchen geschmückt, die Taufkirche in Ordnung gebracht, [...], es schimmerten hell die duftenden Kerzen, und das ganze Heiligtum der Taufkirche wurde von himmlischem Wohlgeruch erfüllt.

[...]

Zuerst verlangte der König, vom Bischof getauft zu werden. Er ging, ein neuer Konstantin, zum Taufbade hin, sich rein zu waschen von dem alten Aussatz und sich von den schmutzigen Flecken, die er von alters her gehabt, in frischem Wasser zu reinigen. Als er aber zur Taufe hintrat, redete ihn der Heilige Geist mit beredtem Munde so an: „Beuge still deinen Nacken, Sicamber [Franke], verehre, was du verfolgtest, verfolge, was du verehrtest."

[...]

Also bekannte der König den allmächtigen Gott als den dreieinigen, und ließ sich taufen im Namen des Vaters, des Sohnes und des Heiligen Geistes, und wurde gesalbt mit dem heiligen Öl unter dem Zeichen des Kreuzes Christi. Von seinem Heer aber wurden mehr als dreitausend getauft.

In: Lutz E. v. Padberg: Die Christianisierung Europas im Mittelalter, Stuttgart 1998, S. 230, 231.

Aufgaben

1. a) Erkläre den Begriff „Völkerwanderung".
   b) Nenne einige wichtige Stämme, die sich auf Völkerwanderung begaben, und verfolge ihre Wanderwege auf der Karte. Berechne die zurückgelegte Entfernung.
   → Text, M4
2. a) Beschreibe anhand der Karte die Mittelmeerwelt um 750 n. Chr.
   b) Erkläre, warum man von einer „Dreiteilung der Mittelmeerwelt" spricht.
   → Text, M5
3. Notiere stichpunktartig die Gründe, warum sich Chlodwig durchsetzen konnte. → Text
4. a) Gregor von Tours schrieb über Ereignisse, die sich vor seiner Geburt ereignet hatten. Wie kann man erklären, dass er die einzelnen Szenen so genau beschreiben konnte?
   b) Billigt der Verfasser die Handlungsweise Chlodwigs? Suche Hinweise im Text.
   c) Wie kam es zur Bekehrung Chlodwigs?
   d) Wie beurteilst du Chlodwigs Verhalten?
   → M6

Europa wird christlich

„Christliches Mittelalter“

Gewaltige, zur Ehre Gottes erbaute Kirchen und große Frömmigkeit, aber auch Verfolgung Andersgläubiger – das sind Vorstellungen, die oft mit „Mittelalter“ verbunden werden. Doch: Das Mittelalter war nicht von Anfang an christlich. Und es war nicht in der Weise christlich, wie wir es uns heute oft vorstellen.

Das Christentum löste in weiten Teilen Mittel- und Nordeuropas die Religion der Germanen ab. Um etwas über deren Glaubenswelt zu erfahren, ist man auf gegenständliche Quellen und auf Erzählungen von Christen angewiesen, da bei den Germanen die Schrift keine wichtige Rolle spielte.

Der germanische Götterglaube lässt sich in mancher Hinsicht mit der Religion der Griechen und Römer vergleichen. Die Menschen stellten sich eine Familie von Göttern vor. Diese waren für bestimmte Lebensbereiche von Bedeutung und ihre Hilfe wurde mit Opfern erbeten. Wotan und Donar galten bei den Germanen als große Krieger und zählten zu den wichtigsten Gottheiten.

Dieser Glaube verschwand im Zuge der Christianisierung, hat jedoch Spuren in den Bezeichnungen der Wochentage hinterlassen. Im englischen Wednesday lebt zum Beispiel Wotan fort, Donnerstag leitet sich von Donar ab und Freitag verweist auf die Liebesgöttin Frigg.

Missionare verbreiten das Christentum

Die Verbreitung des Christentums zog sich über Jahrhunderte hin. Es dauerte mindestens bis zum 11. Jahrhundert, bis große Teile auch des nördlichen Europas christlich waren. Seit der Zeit Jesu vergingen also über 1000 Jahre! Eine wichtige Phase in dieser Entwicklung war die Zeit um 700. In dieser Zeit wirkte unter anderen Bonifatius als Missionar. Sein Wirken ist ein Beispiel für die Verbreitung des Christentums in Mitteleuropa.

Über Bonifatius ist aus Briefen von ihm und an ihn relativ viel überliefert. Aber auch aus Beschreibungen seines Lebens, die Anhänger von ihm nach seinem Tod verfasst haben und in denen er als Heiliger dargestellt wird, erfahren wir etwas über ihn.

M 1 Bonifatius als Heiliger
Der Bischofshut und das von einem Schwert durchbohrte Buch sind die Kennzeichen vieler Darstellungen von Bonifatius, Schwarzweißfoto einer Holzplastik in der Kirche von Raskob (Hessen).

Bonifatius hieß ursprünglich Winfried und kam aus England. Er wurde um 675 n. Chr. geboren und wurde schon als Kind in ein Kloster gegeben. Als Erwachsener verließ er es und wollte das Christentum im heutigen Nord- und Mitteldeutschland verbreiten, scheiterte aber zunächst. Die nächsten Versuche waren erfolgreicher: Er missionierte nun im Auftrag des Papstes, und der weltliche Herrscher schützte ihn. Diese Unterstützung war ein wichtiger Grund für seinen Erfolg.

Es ist bekannt, dass er eine kleine Bibliothek mit sich führte und dass er regelmäßig Briefe schrieb, wenn er umherzog, um die verstreut lebenden Menschen vom Christentum zu überzeugen.

Die Donareiche

Ein besonders wichtiges Ereignis war die Fällung einer Eiche bei Geismar in der Nähe von Fulda. Diese galt für die dort lebenden Menschen als Heiligtum des germanischen Gottes Donar. Weil auch ihm die Macht über Blitz und Donner zugesprochen wurde, ist er mit dem

M 2 Tod des Bonifatius
Buchmalerei um 1000 n. Chr., Ausschnitt

griechischen Gott Zeus und dem römischen Gott Jupiter vergleichbar. Nach der Zerstörung des Baumes errichtete Bonifatius an dieser Stelle eine Kirche. Die Umwandlung solcher heiliger Stätten zu christlichen Andachtsorten war ein wichtiges Mittel bei der Verbreitung des Christentums.

Bonifatius gründete aber auch Klöster und sorgte dafür, dass die Kirche eine dauerhafte und wirkungsvolle Bistumsorganisation erhielt. Schließlich versuchte Bonifatius noch einmal, in Friesland das Christentum zu verbreiten, wurde aber dabei im Jahre 754 n. Chr. getötet und schließlich – so wie er es sich 751 ausdrücklich vom Papst gewünscht hatte – in Fulda begraben.

Christianisierung – Ein langer und schwieriger Prozess
Weshalb dauerte es so lange, bis sich das Christentum durchsetzte? Ein Grund dafür war, dass Missionare die verstreut lebenden Menschen erst nach und nach erreichten. Auch gab es nur wenige Kirchen, Klöster und Geistliche, sodass für viele Menschen der Besuch eines Gottesdienstes eine Seltenheit war.

Die Taufe bedeutete noch nicht, dass die Getauften wirklich Christen geworden waren. Denn manche ließen sich taufen, weil ihr Anführer sich taufen ließ oder bekannten sich deswegen zu Christus, weil sie ihn für einen stärkeren Gott als Donar hielten. Andere behielten „heidnische" Bräuche bei und übten diese neben Gottesdienstbesuch und Gebeten aus.

Die Unterstützung durch den jeweiligen Herrscher und durch den Papst, die gute Organisation der Kirche, die Überzeugungskraft der Missionare und die Anknüpfung an bestehende heilige Stätten waren wichtige Gründe für den Erfolg des Christentums. Aber auch die Vorstellung eines allmächtigen Gottes und die Aussicht auf das Paradies wirkten vermutlich sehr anziehend auf die Menschen.

Heute ist das Christentum in Europa nach wie vor die wichtigste Religion. Es gibt allerdings inzwischen verschiedene christliche Konfessionen, und viele Gläubige anderer Weltreligionen leben in Deutschland.

Christianisierung – Schriftliche Quellen untersuchen

M 3 Die Lebensbeschreibung eines Heiligen

Der Mönch Willibald verfasste in den Jahren nach dem Tod des Bonifatius dessen Lebensbeschreibung. Er widmete das Werk zwei Bischöfen, denen er über seine Absichten am Anfang des Buches Folgendes mitteilte:

Aber obschon ich, [...] ein allzu geringer und unbedeutender Schriftsteller bin, so werde ich doch [...] mit Eurer Beihilfe an das von Euch mir übertragene Werk herangehen, [...] um durch die Erzählung eines so hohen Lebens den Lesern ein nützliches Beispiel der Nacheiferung vorzuführen, da durch diese Vorbilder jeder belehrt und zur höchsten Vollendung durch die Vervollkommnung seiner selbst geführt wird.

Willibalds Leben des Bonifatius, Vorrede, in: Briefe des Bonifatius. Willibalds Leben des Bonifatius, bearb. v. R. Rau, Darmstadt 1968, S. 455.

M 4 Die Fällung der Donareiche

Über die Fällung der Donareiche berichtet Willibald Folgendes:

Damals aber empfingen viele Hessen, die den katholischen Glauben angenommen und durch die siebenfältige Gnade des Geistes gestärkt waren, die Handauflegung; andere aber, deren Geist noch nicht erstarkt, verweigerten des reinen Glaubens unverletzbare Wahrheiten zu empfangen; einige auch opferten heimlich Bäumen und Quellen, andere taten dies ganz offen; einige wiederum betrieben teils offen, teils im Geheimen Seherei und Wahrsagerei, Losdeuten und Zauberwahn; andere dagegen befassten sich mit Amuletten und Zeichendeuterei und pflegten die verschiedensten Opferbräuche. [...]
Mit deren Rat und Hilfe unternahm er [Bonifatius] es, eine ungeheure Eiche, die mit ihrem alten heidnischen Namen die Jupitereiche genannt wurde, in einem Orte, der Geismar hieß, im Beisein der ihn umgebenden Knechte Gottes zu fällen. Als er nun in der Zuversicht seines standhaften Geistes den Baum zu fällen begonnen hatte, verwünschte ihn die große Menge der anwesenden Heiden als einen Feind ihrer Götter lebhaft in ihrem Inneren. Als er jedoch nur ein wenig den Baum angehauen hatte, wurde sofort die gewaltige Masse der Eiche von höherem göttlichen Wehen geschüttelt und stürzte mit gebrochener Krone zur Erde, und wie durch höheren Winkes Kraft barst sie sofort in vier Teile, und vier ungeheuer große Strünke von gleicher Länge stellten sich, ohne dass die umstehenden Brüder etwas durch ihre Mitarbeit getan, dem Auge dar. Als dies die vorher fluchenden Heiden gesehen, wurden sie umgewandelt, ließen von ihrem früheren Lästern ab, priesen Gott und glaubten an ihn. Darauf aber erbaute der hochheilige Bischof, nachdem er sich mit den Brüdern beraten, aus dem Holzwerk dieses Baumes ein Bethaus und weihte es zu Ehren des heiligen Apostels Petrus.

Willibalds Leben des Bonifatius, Vorrede, in: L. E. v. Padberg: Die Christianisierung Europas im Mittelalter, Stuttgart 1998, S. 244 f.

M 5 Eine missglückte Taufe

In der Lebensbeschreibung eines Bischofs aus dem 9. Jahrhundert findet sich folgende Geschichte über einen Friesenherzog:

Der Herzog Radbod war schließlich geneigt, die Taufe zu empfangen. Er zögerte aber immer noch und verlangte von dem Bischof, er solle ihm unter seinem Eide sagen, wo die verstorbenen Könige und Häuptlinge des Friesenstammes weilten, in jenem himmlischen Reiche, das er selbst erlangen solle, wenn er glaube und getauft werde, oder in der höllischen Verdammnis, von welcher der Bischof spreche.
Darauf erwiderte der Mann Gottes: „Täusche dich nicht, edler Fürst. Bei Gott ist die Schar seiner Erwählten. Aber deine Vorgänger, die Friesenfürsten, die, ohne das Sakrament der Taufe empfangen zu haben, gestorben sind, haben unbedingt das Urteil der Verdammnis empfangen. Nur wer glaubt und getauft wird, genießt mit Christus die unvergänglichen Freuden."
Als dies der ungläubige Herzog hörte, der schon zum Taufbecken geschritten war, zog er den Fuß von dem gnadenbringenden Quell zurück und sagte, er könne nicht die Gemeinschaft mit allen missen, die vor ihm über die Friesen geherrscht hatten, und wolle nicht mit einer kleinen Zahl von Armen im Himmelreich sitzen. Deshalb könne er der neuen Lehre keinen Glauben schenken und wolle lieber bei dem bleiben, was er so lange mit dem Stamm der Friesen festgehalten habe.

Leben des Wulfram, Kap 9, in: Die christliche Frühzeit Deutschlands in den Berichten über die Bekehrer, hrsg. v. H. Timerding, Jena 1929, S. 18.

Christianisierung – Gegenständliche Quellen deuten

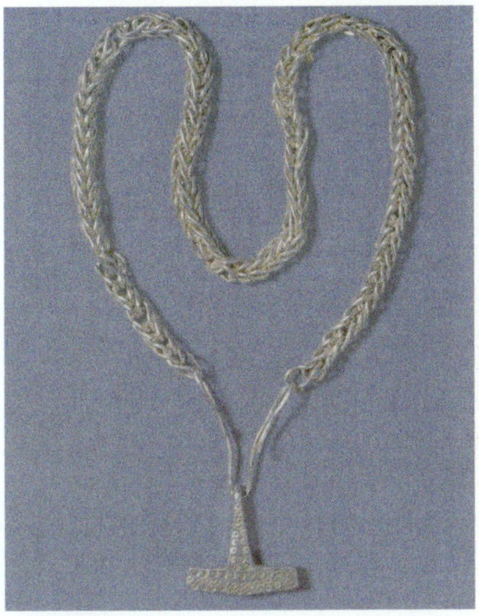

M 6 Donar-Hammer mit Kette
Der Hammer war die Waffe und das Kennzeichen des Gottes Donar, Anhänger mit Kette aus Dänemark, 10./11. Jahrhundert.

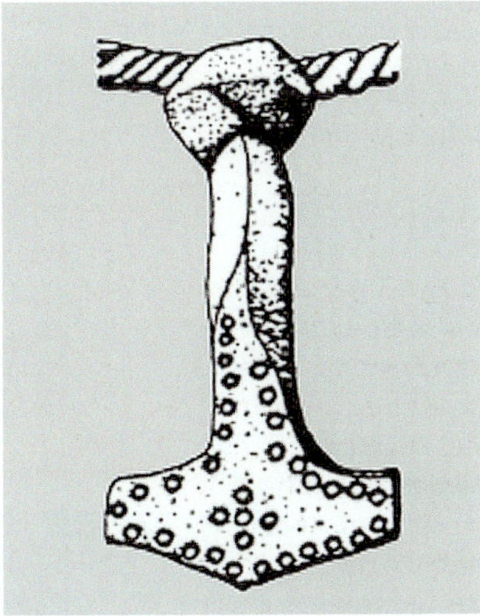

M 7 Donar-Hammer
Auf solchen Anhängern finden sich manchmal Kreuzzeichen, Anhänger aus Schweden, ca. 4 cm, 10. /11. Jahrhundert, Nachzeichnung.

M 8 Gussform aus Stein
Damit wurden Kreuze und Donar-Hämmer hergestellt, Speckstein aus Dänemark, Länge: 9,2 cm, 2. Hälfte des 10. Jahrhunderts.

Aufgaben

1. a) Weshalb will Willibald das Leben des Bonifatius beschreiben?
   b) Fasse die Erzählung Willibalds über die Fällung der Donareiche knapp zusammen.
   c) Was ist in dieser Darstellung entscheidend für die Bekehrung der Nicht-Christen?
   d) Welche Teile der Erzählung hältst du für glaubwürdig, welche nicht? Suche dafür Belege.
   → Text, M3, M4
2. a) Stelle zusammen, wer die einzelnen Berichte verfasst hat.
   b) Aus welcher Sichtweise beschreiben sie die Ereignisse?
   c) Welche Sichtweise fehlt in den Berichten?
   → Text, M3–M5
3. Vergleiche die einzelnen Berichte über die Bekehrungen. Was wird jeweils als entscheidend für den Übertritt beziehungsweise den Nicht-Übertritt zum Christentum dargestellt?
   → Text, M4, M5
4. a) War ein Germane, der einen Donar-Hammer trug, deiner Meinung nach ein religiöser Mensch?
   b) Würdest du den Träger eines Donar-Hammers mit Kreuzzeichen als Christ bezeichnen?
   c) Welche Vermutungen kann man im Hinblick auf die Verbreitung des Christentums anstellen, wenn man die Gussform betrachtet?
   → Text, M6–M8

M 1 **Ein altes Schulbuch**

In einem Geschichtsbuch aus den frühen 1950er-Jahren wurde die Ausbreitung des Christentums so dargestellt:

Bonifatius ordnet das kirchliche Leben in unserer Heimat

Seit der Völkerwanderung wohnten zwei germanische Stämme, die Angeln und Sachsen, auf der großen englischen Insel. Sie wurden Christen, zahlreiche Klöster entstanden in ihrem Land. Unter den Knaben, die bei den Mönchen zur Schule gingen, war auch Winfried, der Sohn eines Edelings. Eifrig lernte er die lateinische Sprache und las in frommen Büchern. Am liebsten aber hörte er von Germanien erzählen, wo noch viele Bewohner Wodan und Donar verehrten. Heimlich gelobte er, später in dieses Land zu fahren, um dort, in der Heimat seiner Ahnen, das Evangelium zu verkünden. Als er zum Jüngling erwachsen war, entsagte er dem väterlichen Erbe und wurde Mönch und Priester.

Winfried blieb seinem Vorsatz treu. Er bat den Klosterabt, als Bote des Heilandes zu den Friesen ziehen zu dürfen. Ein Schifflein führte ihn über das Meer zum Festland. In den Gauen an der Nordseeküste begann er sein Werk. Er wanderte durch die friesischen Dörfer, achtete nicht auf die Drohungen der Männer und predigte die frohe Botschaft. Die Zeit war nicht günstig. Denn die Friesen rüsteten zum Krieg gegen die Franken und hörten nicht auf den Mönch, der Worte der Liebe sprach. Winfried musste das Land verlassen. Nicht eine einzige Seele, so klagte er, konnte er für Christus gewinnen.

Winfrieds Mut war ungebrochen. Er reiste nach Rom und betete am Grab der Apostel um den Segen zu seinem Werk. Der Papst gab ihm den Namen Bonifatius, das heißt „Mann des Heils", und sandte ihn zurück in das germanische Land. Der mutige Bischof wanderte nun zum Gau der Hessen am Fuldafluss. Hier lagen auf den Berghöhen die Haine germanischer Gottheiten. Zur Sommersonnenwende brannten die Opferfeuer und leuchteten bis in die Täler des Maines und der Weser hinaus. Wieder predigte Bonifatius die Lehre des Heilandes. Neugierig folgten Männer und Frauen seinem Rufe. Doch sie fürchteten Wodans und Donars Strafe und wagten nicht, sich taufen zu lassen.

Bonifatius zeigte ihnen durch eine kühne Tat die Ohnmacht der Götter. Bei dem Dorfe Geismar im Tal der Eder stand eine uralte, Donar geweihte Eiche. Bleiche Pferdeschädel schmückten sie. Ihre breite Krone beschattete den Steinblock, auf dem seit Jahrhunderten dem Gewittergott geopfert wurde. Bonifatius bewog eine Schar tapferer Männer, mit ihm die Eiche zu fällen. Hieb auf Hieb führte er gegen den Stamm. Angstvoll warteten die Hessen, dass der Blitz ihres Gottes den Frevler treffe. Krachend stürzte der riesige Baum. Bonifatius blieb unversehrt. Da zweifelten die Heiden an Donars Macht und bekehrten sich zu Christus. Gerne halfen sie dem Bischof, aus dem Holz der Eiche ein Kirchlein zu bauen.

Unermüdlich durchzog Bonifatius die Gaue der Hessen, Thüringer, Franken und Bayern. Vielen Tausenden brachte er die Kunde von Christus. An allen Orten, an denen er wirkte, entstanden Kirchen und Kapellen. Im Herzen des germanischen Landes gründete er das Kloster Fulda […].

Bonifatius war schon ein achtzigjähriger Greis, da gedachte er des Planes seiner Jugend. Noch einmal wollte er den Friesen vom Herrn Jesus predigen. Ein Schiff trug ihn von Mainz aus rheinabwärts. Er durchzog das Küstenland an der Nordsee und lehrte und taufte in den Dörfern. Am Pfingstfest des Jahres 754 aber überfiel ihn eine heidnische Schar. Bonifatius wehrte seinen Begleitern, ihn mit Waffen zu schützen. Unerschrocken erduldete er den Tod für seinen Glauben. Christliche Friesen bargen den Leichnam des heiligen Mannes. Im Kloster Fulda, seinem Lieblingsaufenthalt, wurde er begraben.

Josef Scherl, Geschichte unseres Volkes, 1. Teil, München 1950, S. 77–79.

M 2 **Bistumsgründungen** Abbildung aus dem Schulbuch

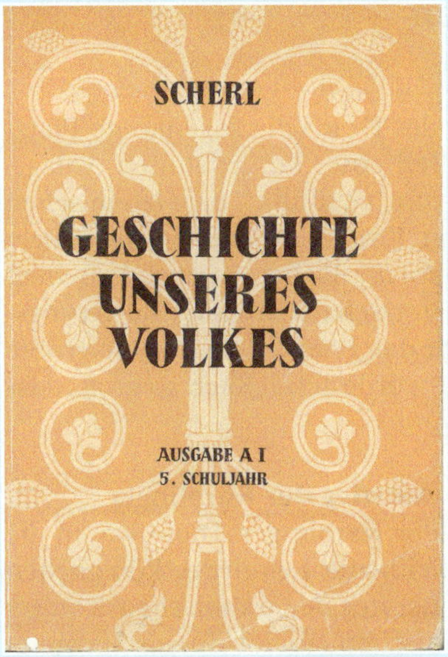

M 3 **Titelbild des Schulbuches**

Bonifatius im Schulbuch

Alles Wissen über die Vergangenheit beruht auf Quellen. Historiker sammeln Quellen, werten diese aus und fassen das Ergebnis in Darstellungen zusammen. Das können kurze Aufsätze oder dicke Bücher sein. Manche sind nur für Fachleute gedacht, manche für diejenigen, die an Geschichte überhaupt interessiert sind. Schulbücher sind so geschrieben, dass Schülerinnen und Schüler damit im Unterricht und zu Hause Geschichte lernen können.

Die Geschichte ist so umfassend, dass sie nie vollständig dargestellt werden kann. Deshalb wählt jede Darstellung – auch das Schulbuch – aus, lässt etwas weg und schildert dafür anderes ausführlicher. Hinzu kommt: Vieles von dem, was in der Vergangenheit geschehen ist, muss gedeutet und beurteilt werden. Historiker und Historikerinnen sind sich über Vieles einig; über manches gehen aber die Meinungen auch bei den Fachleuten auseinander. Außerdem ändert sich das Wissen über die Vergangenheit mit der Zeit. Es kommen neue Erkenntnisse hinzu; bestimmte Sachverhalte werden aufgrund neuer Erfahrungen anders gesehen.

Um eine geschichtliche Darstellung richtig zu verstehen und dann daraus lernen zu können, muss man auf einige Gesichtspunkte achten.

Fragen an geschichtliche Darstellungen in Schulbüchern

1. Thema der Darstellung

a) Worum geht es in dem Schulbuchkapitel „Bonifatius ordnet das kirchliche Leben in unserer Heimat"?
b) Begründe, ob die Überschrift deiner Meinung nach passend ist.
c) Das entsprechende Kapitel in deinem Geschichtsbuch lautet„Europa wird christlich". Welcher Unterschied zwischen beiden Kapiteln wird in den Überschriften deutlich?

2. Gliederung der Darstellung

a) Suche für jeden Abschnitt der beiden Schulbuchkapitel ein passendes Stichwort.
b) Vergleiche die beiden Stichwortreihen: Womit beginnt der Text und wie endet er? Welche Aspekte des Themas nehmen den meisten Raum ein?

3. Inhalt der Darstellung

a) Nenne die Gründe, die für die Ausbreitung des Christentums jeweils angeführt werden.
b) Die ersten Bekehrungsversuche von Bonifatius waren erfolglos. Welche Gründe werden jeweils dafür angegeben, dass Bonifatius weitermachte?

4. Sichtweise der Darstellung

a) Das Kapitel des älteren Schulbuches konzentriert sich auf Bonifatius. Suche Gründe dafür.
b) Welche Eigenschaften werden Bonifatius im älteren Schulbuch zugesprochen?
c) Begründe anhand von Beispielen, in welchem Buch Bonifatius positiver dargestellt wird?

5. Sprache der Darstellung

a) Vergleiche die beiden Abschnitte, in denen die Fällung der Donareiche geschildert wird.
b) Begründe anhand von Beispielen, welche der beiden Darstellungen anschaulicher und lebendiger ist. Suche Gründe dafür.

M 1 Außenansicht der Pfalzkapelle in Aachen
Der achteckige Grundriss der Pfalzkapelle ist trotz der späteren Anbauten noch deutlich erkennbar, heutiger Zustand.

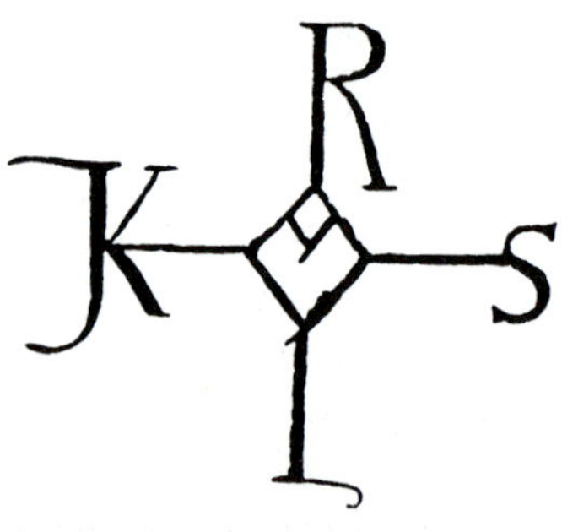

M 2 Königliche Unterschrift
Das kunstvolle Namenszeichen KAROLUS findet sich auf Urkunden Karls des Großen. Die beiden Striche in der mittleren Raute waren die von Karl als sogenannter Vollziehungsstrich geleistete Unterschrift, Nachzeichnung.

Das Reich Karls des Großen

Karl der Große und Aachen

In Aachen kann heute noch als Teil des Doms die sogenannte Pfalzkapelle besichtigt werden. Sie war Teil einer ausgedehnten Anlage. Diese Pfalz, deren Bezeichnung sich von „palatium“, dem lateinischen Wort für Palast, ableitet, wurde von Karl dem Großen besonders prachtvoll ausgebaut. Sie gilt als Symbol für die herausragende Bedeutung des Frankenreichs unter seiner Herrschaft. In seiner Regierungszeit von 768 bis 814 n. Chr. erreichte das Frankenreich seine größte Ausdehnung. Seine politische Macht wurde schließlich so groß, dass er zum Kaiser gekrönt wurde.

Der Sturz der Merowinger und der Aufstieg der Karolinger

Karl der Große gehörte zur Familie der Karolinger. Diese waren die „Hausmeier“ der Merowinger, das heißt die Leiter der königlichen Verwaltung, und so die wichtigsten Berater der fränkischen Könige. „Hausmeier“ leitet sich ab vom lateinischen „maior domus“ (Vorsteher des Hauses). Mit der Zeit wurden die Karolinger immer einflussreicher. Im Jahr 751 n. Chr. setzte der Karolinger Pippin schließlich den letzten Merowingerkönig ab und wurde selbst zum König der Franken.

Wie regierte Karl?

Als Karl in der Nachfolge Pippins König wurde, war das Frankenreich von seinen Vorgängern bereits erweitert worden. Karl setzte diese Eroberungen fort und schuf ein Reich, das große Teile Europas umfasste. Um dieses Reich nach außen zu schützen, richtete Karl Grenzmarken ein, die besonders befestigt waren und in denen sogenannte Markgrafen in seinem Namen regierten.

Grafen waren aber auch im Inneren eine wichtige Hilfe für Karl. Sie handelten im Auftrag des Königs, sprachen Recht und sorgten für militärischen Schutz. Daneben gab es Königsboten, die im ganzen Reich unterwegs waren. Sie waren immer zu zweit – ein hoher Geistlicher und ein Adliger – und sorgten dafür, dass die königlichen Beschlüsse auch ausgeführt wurden. Aber auch Karl selbst war in seinem Reich unterwegs. Als sogenannter Reisekönig zog er von Pfalz zu Pfalz, auch wenn Aachen sein bevorzugter Aufenthaltsort war.

Die Bedeutung der Kultur

Bei Karls Regierung spielten schriftliche Dokumente eine wichtige Rolle. Dafür gab es eine eigene Kanzlei, die Hofkapelle. „Cappa“ bedeutet Umhang und verweist auf den Mantel des heiligen Martin, der von den Hofgeistlichen aufbewahrt wurde. Die Hofkapläne waren nicht nur Schreiber, sondern auch Berater des Königs.

Zur Zeit Karls des Großen konnten fast nur Geistliche lesen und schreiben. Die lateinische Sprache gewann an Bedeutung und eine neue Schrift – die karolingische Minuskel – entstand. Bücher in Klosterbibliotheken wurden abgeschrieben und weitergegeben. Einerseits verbreitete sich so das Christentum im Frankenreich weiter. Andererseits gewann das Erbe der Antike wieder an Bedeutung.

M 3 **Jubiläumsbriefmarke**
„Dom zu Aachen 1200 Jahre"

Karl wird Kaiser

Seit der Absetzung des letzten weströmischen Kaisers gab es – außer im Oströmischen Reich – keinen Kaiser mehr. Über dreihundert Jahre später, im Jahr 800 n. Chr., wurde mit Karl dem Großen in Rom wieder ein Kaiser gekrönt.

Als die Karolinger die Merowinger als Könige absetzten, hatten sie die Unterstützung des Papstes gesucht. Dies führte dazu, dass sich auch das Selbstverständnis des Königtums änderte. Es bezog seine Rechtfertigung nun aus der Einsetzung durch Gott. Die Könige herrschten nun „von Gottes Gnaden".

In der Folgezeit wurden die Kontakte zwischen den fränkischen Königen und dem Papst immer enger, sodass dieser Unterstützung bei den Franken gegen die Langobarden suchte, die ihn in Italien bedrohten. Als Karl große Teile Italiens erobert hatte, war er aufgrund seiner Stellung würdig, die Nachfolge der römischen Kaiser anzutreten. So kam es am Weihnachtstag des Jahres 800 n. Chr. in Rom zur Krönung Karls.

Dieses Kaisertum stand einerseits in der Tradition des Römischen Reiches. Andererseits galt der Herrscher als von Gott eingesetzt. Daraus erklärt sich die Bezeichnung „Heiliges Römische Reich". Neben den Papst als geistliches Oberhaupt der Christenheit trat nun der Kaiser als weltliches Oberhaupt. In welchem Verhältnis beide zueinander stehen, war in der Folgezeit immer umstritten.

M 4

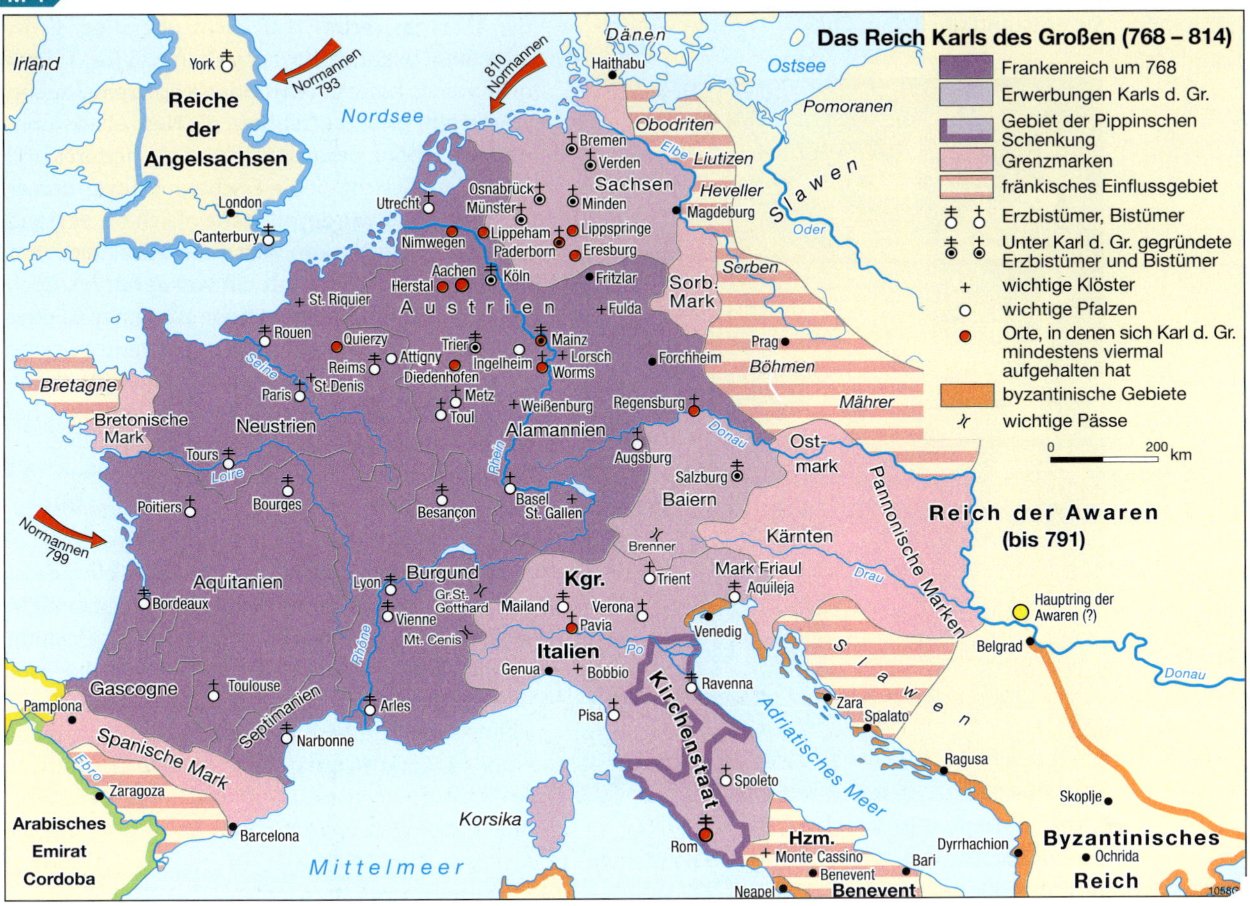

Wie sah Karl der Große aus? – Bildliche und schriftliche Zeugnisse

M 5 Statue Karls des Großen
Sie entstand um 870 n. Chr.

6 Karl der Große
s Bild wurde von Albrecht Dürer 1512/13 ange-
igt, Ausschnitt.

M 7 Auskünfte über einen König

Einhard, tätig an der Hofschule, verfasste im frühen 9. Jahrhundert eine Lebensbeschreibung Karls des Großen, die eine Fülle von Informationen auch über seine Lebensgewohnheiten enthält. Über seine Motive schrieb er:

Ich habe mir vorgenommen, so kurz wie möglich über das private Leben und vor allem auch über die Taten meines Herrn und Gönners, des trefflichen und hoch berühmten Königs Karl, zu berichten. […]
Man könnte mich also mit Recht undankbar nennen, wenn ich die großartigen Taten dieses Mannes, der sich um mich so sehr verdient gemacht hat, stillschweigend überginge und es zuließe, dass sein Leben keine schriftliche Würdigung oder gebührende Anerkennung erhielte – ganz so, als hätte er nie existiert!

Über Karls Aussehen schrieb er:

Er war kräftig und stark, dabei von hoher Gestalt, die aber das rechte Maß nicht überstieg. Es ist allgemein bekannt, dass er sieben Fuß [ca. 1,90m] groß war. Er hatte einen runden Kopf, seine Augen waren sehr groß und lebhaft, die Nase etwas lang; er hatte schöne graue Haare und ein heiteres und fröhliches Gesicht. Seine Erscheinung war immer imposant und würdevoll, ganz gleich ob er stand oder saß. Sein Nacken war zwar etwas dick und kurz, und sein Bauch trat ein wenig hervor, doch fielen diese Fehler beim Ebenmaß seiner Glieder nicht sehr auf. Sein Gang war selbstbewusst, seine ganze Körperhaltung männlich und seine Stimme klar, obwohl sie nicht so stark war, wie man bei seiner Größe hätte erwarten können. […]
Er kleidete sich nach der nationalen Tracht der Franken: auf dem Körper trug er ein Leinenhemd, die Oberschenkel bedeckten leinene Hosen; darüber trug er eine Tunika, die mit Seide eingefasst war; die Unterschenkel waren mit Schenkelbändern umhüllt. Sodann umschnürte er seine Waden mit Bändern und seine Füße mit Stiefeln. Im Winter schützte er seine Schultern und Brust durch ein Wams aus Otter- oder Marderfell. Darüber trug er einen blauen Umhang. Auch gürtete er sich stets ein Schwert um, dessen Griff und Gehenk aus Gold oder Silber waren.

Einhard: Vita Caroli Magni. Das Leben Karls des Großen, übers. v. E. Scherabon Richow, Stuttgart 1981, S. 5, 7, 45 ff.

Die Kaiserkrönung – Zwei Sichtweisen

M 8 Berichte von der Kaiserkrönung in Rom

a) Die Sicht des Papstes findet sich in einer Sammlung von Lebensbeschreibungen der Päpste:

Am Tag der Geburt unseres Herrn Jesu Christi waren alle in der schon genannten Basilika des heiligen Apostels Petrus wiederum versammelt. Und da krönte ihn der ehrwürdige und segenspendende Vorsteher [Papst] eigenhändig mit der kostbaren Krone. Darauf riefen alle gläubigen und getreuen Römer, die den Schutz und die Liebe sahen, die er der römischen Kirche und ihrem Vertreter gewährte, einmütig mit lauter Stimme auf Gottes Geheiß und des heiligen Petrus, des Himmelreiches Schlüsselträger, Eingebung aus: Dem heiligsten Augustus Karl, dem großen, von Gott gekrönten und Frieden bringenden Kaiser Leben und Sieg! Vor der heiligen Confessio des seligen Petrus ist das, unter Anrufung vieler Heiliger, dreimal ausgerufen worden, und von allen ist er als Kaiser eingesetzt worden. Auf der Stelle salbte der heilige Vorsteher und Oberpriester mit heiligem Öl Karl, seinen hervorragendsten Sohn, an demselben Tage der Geburt unseres Herrn Jesu Christi zum König.

b) Die Lebensbeschreibung Einhards liefert folgende Version:

Seine letzte Reise nach Rom hatte mehrere Gründe. Die Römer hatten Papst Leo schwer misshandelt, ihm die Augen ausgestochen und die Zunge ausgerissen, sodass er sich gezwungen sah, den König um Schutz zu bitten. Daher begab sich Karl nach Rom, um die verworrenen Zustände der Kirche zu ordnen, das dauerte den ganzen Winter. Bei dieser Gelegenheit erhielt er den Kaiser- und Augustustitel, der ihm anfangs so zuwider war, dass er erklärte, er würde die Kirche selbst an jenem hohen Feiertage nicht freiwillig betreten haben, wenn er die Absicht des Papstes geahnt hätte. Die Eifersucht der oströmischen Kaiser, die ihm die Annahme der Titel schwer verübelten, ertrug er dann allerdings mit erstaunlicher Gelassenheit.

Deutsche Geschichte in Quellen und Darstellung, Bd. 1: Frühes und hohes Mittelalter 750–1250, hg. v. W. Hartmann, Stuttgart 1995, S. 53 f., 56 f.

Aufgaben

1. a) Welche Einstellung hat Einhard gegenüber Karl?
   b) Suche Formulierungen in der Beschreibung von Karls Aussehen, in denen Einhards Einstellung deutlich wird.
   → M7
2. a) Vergleiche die bildlichen Darstellungen Karls miteinander.
   b) Welche Darstellung ist am ehesten mit der Beschreibung Einhards vereinbar?
   c) Wie könnte man entscheiden, welche Darstellung am ehesten lebensecht ist?
   → M5, M6, M7
3. Vergleiche die beiden Krönungsberichte.
   a) Welcher berichtet ausführlicher von der Krönung selbst?
   b) Welche Rolle spielen bei der Krönung der Papst, die Römer und Karl?
   c) Welche Einstellung hat Karl jeweils zur Kaiserkrönung?
   → M8
4. Beurteile, ob Karl den Beinamen „der Große" verdient hat.
   → Text

M 1 **Die Kaaba in Mekka**
Zentrum der islamischen Welt, heutiger Zustand

Der Islam – Eine Weltreligion entsteht

Der Prophet Mohammed

In Deutschland leben über drei Millionen Muslime und weltweit verehren über 1,2 Milliarden Menschen Allah als Gott (Zahlen von 2003). Der Islam gehört somit zu den großen Weltreligionen. Seine Entstehung geht auf Mohammed zurück, der für die Muslime der Prophet Allahs ist. Die überlieferten Berichte stellen ihn als Menschen mit Stärken und Schwächen dar und enthalten viele Details über ihn. Sein Lebenslauf stellt sich nach diesen Texten folgendermaßen dar:

Mohammed wurde um 570 n. Chr. in Mekka, einer arabischen Handelsstadt, geboren. Als Vollwaise wuchs er bei Verwandten auf, lebte als Hirte und begleitete seinen Onkel auf Handelsreisen, bevor er sich als Kaufmann in Mekka niederließ und heiratete. Dort verehrten die meisten Menschen viele verschiedene Götter in der Kaaba, einem würfelförmigen Haus, das als Heiligtum galt.

Die Offenbarungen, in denen Mohammed den Willen Allahs erfuhr, wurden im Koran gesammelt. Darin wird zum Beispiel berichtet, dass er dem Engel Jibrîl (Dschibril) begegnete, der ihm den Willen Allahs offenbarte. In einer Nacht wurde er von ihm auf einem Reittier zuerst auf den Tempelberg in Jerusalem gebracht und erblickte dann auf einer Himmelsreise Allah und die sieben Paradiese.

Vom Glauben an Allah als einzigem Gott überzeugt, begann Mohammed gegen den in Mekka verbreiteten Polytheismus zu predigen. Als er auf Widerstand stieß, siedelte er im Jahr 622 nach Medina über. Diese sogenannte Hijra (Hidschra) stellt für die Muslime den Beginn ihrer Zeitrechnung dar, denn in Medina bildete sich die erste muslimische Gemeinschaft und die ersten Moscheen als Andachtsorte für Allah entstanden.

M 2 **Moschee in Kairo mit Minarett und Brunnenhaus**

M 3 Heilige Schrift
Eine Koranseite aus dem 16. Jahrhundert

Im Jahr 629 pilgerte Mohammed nach Mekka und beseitigte in der Kaaba alles, was an den früheren Glauben erinnerte. Die Kaaba gilt seitdem als höchstes Heiligtum des Islam, und die Pilgerfahrt nach Mekka wurde eine der wichtigsten religiösen Pflichten für Muslime.

In den Jahren bis zu seinem Tod 632 n. Chr. bemühte sich Mohammed um die Verbreitung des Islam. Unter ganz bestimmten Bedingungen konnte auch ein Jihâd (Dschihad), ein heiliger Krieg, erlaubt sein. Aber nicht nur Gewalt, sondern auch die Toleranz gegenüber Andersgläubigen trug dazu bei, dass sich der Islam so schnell und so weit ausbreiten konnte. Der Glaube an Allah als einzigem Gott übte offensichtlich eine große Faszination aus.

Der Glaube der Muslime

Islam bedeutet „Unterwerfung unter Gott“. Muslim bedeutet „einer der sich unterwirft“. Der Koran enthält Allahs Willen, den er seinem Propheten Mohammed offenbarte, und ist daher das heilige Buch der Muslime. Dabei werden nicht nur der Inhalt, sondern auch das Buch und der Text selbst als heilig betrachtet. Deshalb ist auch die schön gestaltete Schrift und die richtige Betonung beim Sprechen außerordentlich wichtig.

Aufgeteilt ist der Koran in 114 unterschiedlich lange Abschnitte, die sogenannten Suren. Der Inhalt ist vielfältig: Es finden sich darin Ereignisse, die auch in der Bibel enthalten sind, wie zum Beispiel die Schöpfungsgeschichte und Berichte über Jesus; es finden sich Aussagen zum Jüngsten Gericht, zu Hölle und Paradies; es finden sich aber auch Rechtsvorschriften. Das ganze Leben eines Muslim und das muslimischer Gemeinschaften soll sich am Koran orientieren.

Da vieles aber nicht eindeutig ist, ist eine Auslegung des Korans notwendig. Diese Aufgabe kann ein Imam, ein Vorbeter in der Moschee, ein Ayatollah, ein Rechtsgelehrter, oder auch ein Kadi, ein Richter, übernehmen. Sie bemühen sich, die Aussagen des Koran auf das Verhalten im Alltag und auf Rechtsfälle anzuwenden. Wegen dieser unterschiedlichen Interpretationen des Koran gibt es auch verschiedene Richtungen im Islam. Gleichwohl sind die sogenannten Fünf Säulen des Islam für alle Gläubigen verbindlich.

M 4 Die Säulen des Islam

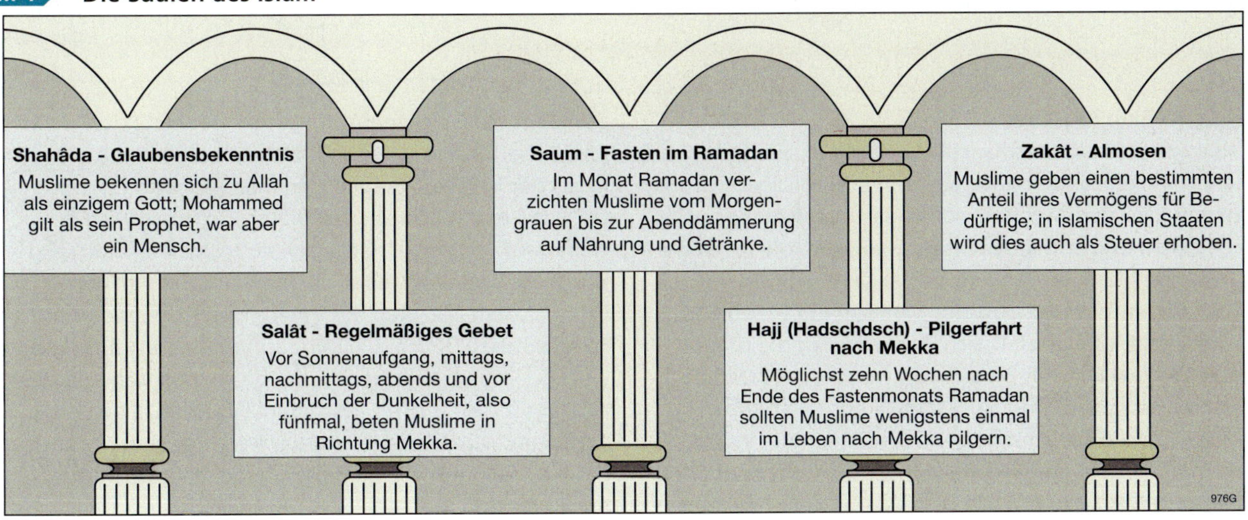

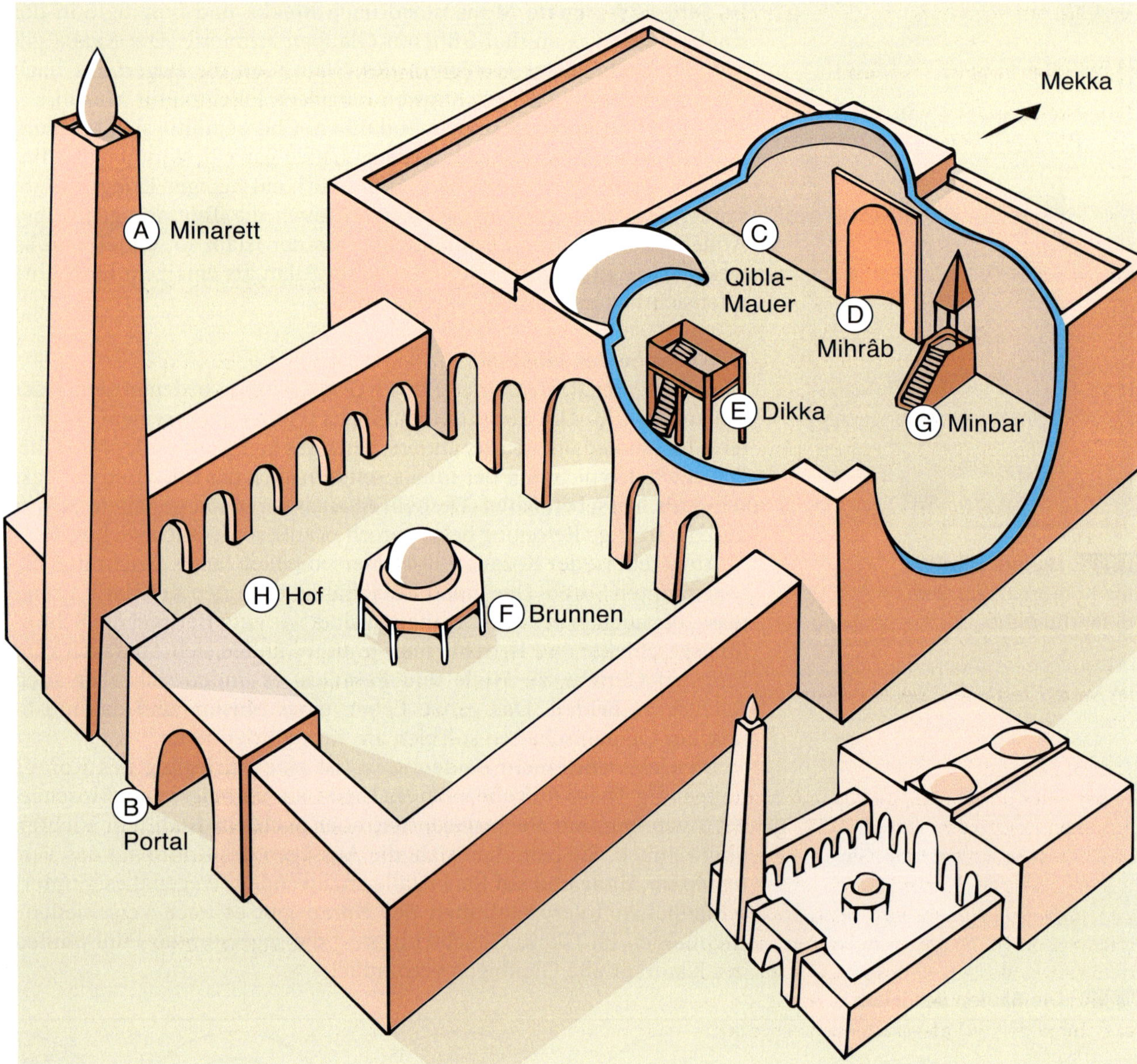

M 5 **Eine Moschee**
Moscheen sind Andachtsorte für Muslime. Sie finden sich in vielen Ländern und weisen im Hinblick auf Größe, Architektur und Ausstattung große Unterschiede auf. Die Zeichnung enthält wichtige Elemente, die in allen größeren Moscheen unverzichtbar sind: (A) Minarett: Von diesem Turm aus ruft der Muezzin die Gläubigen zum Gebet. (B) Portal: Durch dies betreten die Gläubigen den geschützten Bereich der Moschee.(C) Qibla-Mauer: Moscheen sind nach Mekka ausgerichtet.(D) Mihrâb: Die Gebetsnische befindet sich an der Wand, die nach Mekka ausgerichtet ist; vor ihr steht der Imâm, der Vorbeter, während des Gebets. Das Gebet besteht aus einer festgelegten Abfolge von Gebetstexten und Gebetshaltungen, die die Unterwerfung unter Allah zum Ausdruck bringen. Frauen und Männer nehmen getrennte Plätze ein. (E) Dikka: Auf dieser Plattform wird der Gebetsruf vor dem Gebet noch einmal wiederholt. (F) Brunnen: Vor dem Gebet ist eine Reinigung erforderlich; vor dem Betreten des Inneren der Moschee sind die Schuhe auszuziehen. (G) Minbar: Von dieser Kanzel aus wird gepredigt; dies geschieht aber nur im Rahmen des Freitagsgebets und an Festtagen. (H) Hof: Dies ist ein Treffpunkt für Muslime. Mit der Moschee sind oft andere Einrichtungen wie zum Beispiel Schulen verbunden; auch konnten Reisende dort übernachten.

Der Koran – Analyse und Vergleich verschiedener Texte

M 6 Der Beginn des Koran

Die erste Sure des Koran, die sogenannte al-Fatiha, gilt als wichtigste. Sie ist Teil der täglichen Gebete:

Die Öffnende
Geoffenbart zu Mekka
Im Namen Allahs, des Erbarmers, des Barmherzigen! Lob sei Allah, Dem Weltenherrn, Dem Erbarmer, Dem Barmherzigen, Dem König am Tag des Gerichts! Dir dienen wir und zu Dir rufen um Hilfe wir; Leite uns den rechten Pfad,
Den Pfad derer, denen Du gnädig bist,
Nicht derer, denen Du zürnst, und nicht der Irrenden.

Der Koran, übersetzt von Max Henning, Stuttgart 1991, S. 510.

M 7 Das Vaterunser

Das von Jesus im Rahmen der Bergpredigt aufgestellte Vaterunser, das heute in leicht abgewandelter Form im Gottesdienst gesprochen wird, ist im Neuen Testament bei Matthäus 6.9–15 zu finden:

So sollt ihr beten:
Unser Vater im Himmel, dein Name werde geheiligt, dein Reich komme, dein Wille geschehe wie im Himmel, so auf der Erde. Gib uns heute das Brot, das wir brauchen. Und erlass uns unsere Schulden, wie auch wir sie unseren Schuldnern erlassen haben. Und führe uns nicht in Versuchung, sondern rette uns vor dem Bösen. Denn wenn ihr den Menschen ihre Verfehlungen vergebt, dann wird euer himmlischer Vater auch euch vergeben. Wenn ihr aber den Menschen nicht vergebt, dann wird euch euer Vater eure Verfehlungen auch nicht vergeben.

Die Bibel – Altes und neues Testament – Einheitsübersetzung, Freiburg/Basel/Wien 1980, S. 1093 f.

M 8 Speisegebote

An verschiedenen Stellen des Koran gibt es Hinweise auf Speisegebote:

Verwehrt hat Er [Allah] euch nur Krepiertes und Blut und Schweinefleisch und das, über dem ein anderer als Allah angerufen ward. Wer aber dazu gezwungen wird, ohne Verlangen danach und ohne sich zu vergehen, auf dem sei keine Sünde; siehe Allah ist verzeihend und barmherzig.
[2. Sure]
Verwehrt ist euch Krepiertes, Blut, Schweinefleisch und das, über dem ein anderer Name als Allahs (beim Schlachten) angerufen ward; das Erwürgte, das Erschlagene, das durch Sturz oder Hörnerstoß Umgekommene, das von reißenden Tieren Gefressene, außer dem, was ihr reinigt, und das auf (Götzen-)Steinen Geschlachtete.
[5. Sure]
O ihr, die ihr glaubt, siehe, der Wein, das Spiel, die Bilder und die Pfeile [ein Losspiel] sind ein Gräuel von Satans Werk. Meidet sie; vielleicht ergeht es euch wohl.
[5. Sure]

Der Koran, übersetzt von Max Henning, Stuttgart 1991, S. 27, 48.

Aufgaben

1. a) Sammle Bilder von Moscheen und nenne dort sichtbare typische Merkmale.
   b) Erschließe aus dem Schaubild den Ablauf einer religiösen Feier bei Muslimen.
   c) Suche Unterschiede und Gemeinsamkeiten mit einem christlichen Gottesdienst.
   → Text, M5
2. Vergleiche die erste Sure mit dem Vaterunser.
   → Text, M6, M7
3. a) Vergleiche die Stellung Mohammeds im Islam mit der von Jesus im Christentum.
   b) Erläutere, weshalb es viele Muslime als unpassend empfinden, wenn sie als Mohammedaner bezeichnet werden.
   → Text
4. a) Welche Speisegebote kann man aus dem Koran ableiten? Verdeutliche dies an Beispielen.
   b) Nenne Gründe für die Speisegebote in der Zeit Mohammeds.
   c) Kennst du andere Speisegebote? Wie werden sie begründet?
   → M8

Die Ausbreitung des Islam

Streit unter den Nachfolgern
Bis zum Tod Mohammeds im Jahr 632 waren bereits große Teile der arabischen Halbinsel in muslimischer Hand. Nun nahmen Kalifen als „Stellvertreter“ oder „Nachfolger“ seine Stellung ein. Dabei kam es zur Ausbildung verschiedener Glaubensrichtungen. Die Anhänger des Kalifen Ali (656–661) waren die sogenannten Schiiten. Der Name leitet sich von der Bezeichnung shi'at'Ali, die Partei Alis, ab. Sie meinten, dass nur die direkten Nachkommen Mohammeds Kalifen werden könnten. Demgegenüber glaubte die Mehrheit der Muslime, dass nicht nur der Koran, sondern auch die Sunna, die Lehren seiner Gefährten und Nachfolger Gültigkeit besitze. Daher werden diese Gläubigen als Sunniten bezeichnet. Diese Spaltung des Islam dauert bis in die Gegenwart an.

Rasche Ausdehnung
In der Folgezeit wurden in weit ausgreifenden Feldzügen riesige Gebiete erobert. 711 drangen muslimische Truppen in Spanien ein. Das Vordringen ins Frankenreich fand erst in den Schlachten von Tours und Poitiers 732 ein Ende. Hier wurden muslimische Expeditionskorps von christlichen Truppen unter Führung von Karl Martell besiegt. Warum konnten die Muslime in so kurzer Zeit so riesige Gebiete erobern?

Häufig wird in diesem Zusammenhang auf den „Heiligen Krieg“ verwiesen, den der Koran den Muslimen als Aufgabe setze. Wer in diesem Kampf um die Ausbreitung des Islam fiel, konnte ins Paradies gelangen, das dem Glaubenskämpfer märchenhafte Entschädigungen bot. Allein diese religiöse Motivation kann die rasche Expansion des

M 1

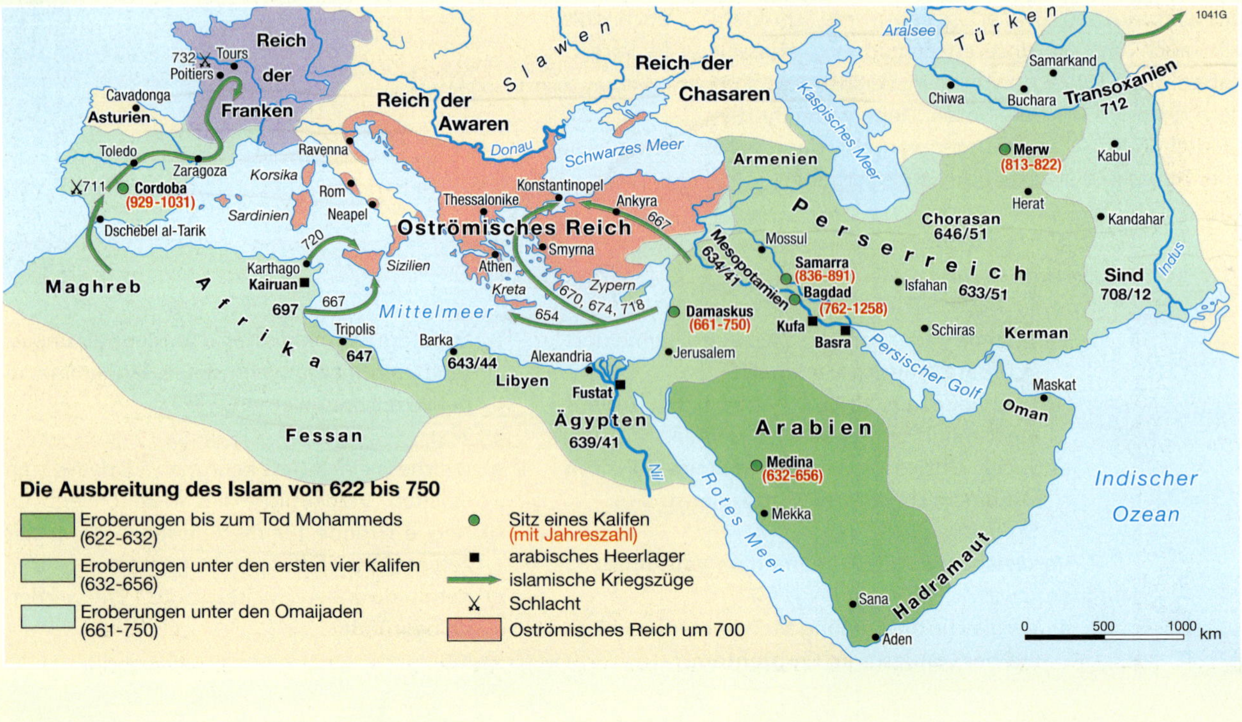

M 2 **Arzt und Schüler**
Das Bild zeigt den griechischen Mediziner Dioskurides in einer arabischen Darstellung von 1229.

Islam aber nicht erklären. Nicht minder entscheidend war, dass die Muslime Andersgläubige nicht gewaltsam bekehren wollten. Wenn die Unterworfenen zur Zahlung einer Steuer bereit waren, durften sie ihrer Religion treu bleiben und konnten sogar mit dem Schutz ihrer neuen Herren rechnen. Allerdings waren sie den Muslimen rechtlich und sozial nicht gleichgestellt.

Weiterhin gab es unter den christlichen Fürsten nicht selten erhebliche Rivalitäten, die von muslimischen Eroberern geschickt ausgenutzt werden konnten. Und schließlich waren bei den muslimischen Vorstößen in Spanien gelegentlich auch christliche Kämpfer beteiligt, die die islamischen Beutezüge unterstützten.

Kulturaustausch: Muslime und Christen in Spanien
In Spanien lebten jahrhundertelang Muslime, Christen und Juden nebeneinander. Durch den Kontakt mit den Arabern bekamen die Christen Zugang zu zahlreichen wissenschaftlichen Erkenntnissen der antiken Philosophen und Wissenschaftler. Die Texte von antiken Mathematikern, Medizinern und Astronomen wurden aus dem Arabischen ins Lateinische übertragen. Die Europäer bekamen auf diese Weise auch Zugang zu vielen Errungenschaften der arabischen Kultur.

M 3 **Löwenhof der Alhambra in Granada,** Palast der muslimischen Herrscher, erbaut im 13. Jahrhundert

Kulturaustausch – Arbeiten mit Karte und Text

M 4

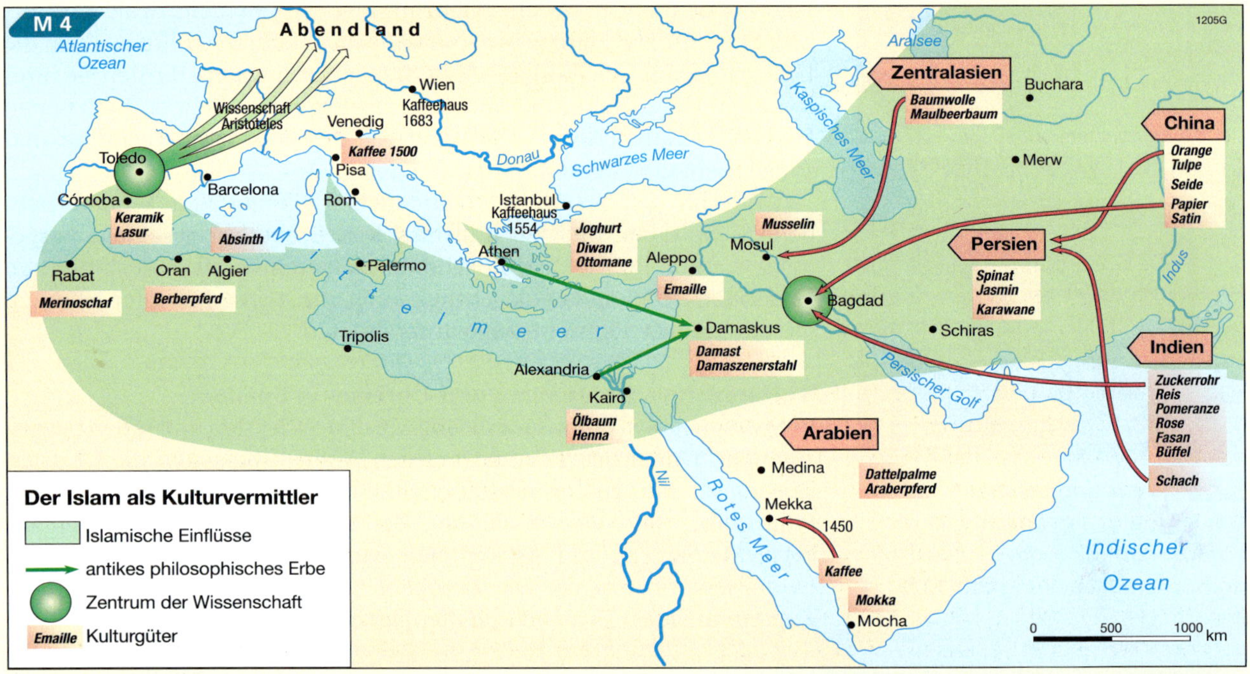

M 5 Kulturvermittlung

Der Islamwissenschaftler Günter Kettermann fasst die Rolle des Islam bei der Vermittlung von Kultur zusammen:

Der Islam hat dem Abendland zahlreiche Kulturgüter einschließlich ihrer Bezeichnungen über Südosteuropa, Italien und vor allem Spanien vermittelt. Sie stammen aus dem islamischen Kernraum, China oder Indien. […]

Arabische Begriffe gehen entweder über das Spanische und Französische [z. B. Gamasche] oder das Italienische und Französische [z. B. Arsenal] oder direkt über das Italienische [Zucker] als Lehnwörter in die deutsche Sprache ein. […]

Die Muslime exportieren nicht nur Handelsgüter, sondern auch Gebrauchs- und Luxusgegenstände sowie die entsprechenden Fertigungstechniken. Indirekt werden damit auch bestimmte Formen der [höfischen] Lebensweise übertragen.

Edle Stoffe werden hergestellt, wie Atlas, Damast [aus Damaskus], Satin, Chiffon, Mohair, Musselin, Kattun, Barchent [Handel um 1300 durch die Fugger in Augsburg].

Metall wird veredelt durch Damaszieren [Härteverfahren aus Damaskus], Tauschieren [Einhämmern von Gold oder Silberdrähten auf unedlem Metall; das Verfahren gelangte über Venedig im 16. Jh. nach Nürnberg und Augsburg]. […]

Fortentwickelt werden außerdem die Lederbearbeitung, das Teppichknüpfen, die Spezialfärberei. Die Papierherstellung haben die Araber nach 751 von den Chinesen gelernt; 794 wird die erste Papierfabrik in Bagdad errichtet. Im 11. Jh. ist das Papier schon in Sizilien bekannt; aber erst im 14. Jh. werden die ersten Papiermühlen in Italien [1340] und Deutschland [1389] errichtet.

Tasse, Koffer, Kittel, Jacke [eigentlich wattierter Waffenrock], Mütze, Karaffe werden durch die islamische Welt vermittelt. Hinzu kommt der Einfluss der höfischen Lebensweise, die sich mit einigen Gegenständen verbindet: Sitz- und Liegemöbel, wie Sofa, Matratze, […] Schach, Gitarre u.a.

Tiefer noch als die materielle beeinflusste die geistige Kultur des Islam das Abendland, vor allem im Bereich der Wissenschaften. Die Araber nehmen Anregungen aus China, Indien und Persien auf und beerben die griechische Antike. Griechische Werke werden in Bagdad [„Haus der Weisheit"] ins Arabische übersetzt und von islamischen Gelehrten weiterentwickelt; in Latein gelangen sie dann ins Abendland [maximaler Übersetzungsweg: Griechisch – Syrisch Arabisch – Kastilisch/Katalanisch/Hebräisch – Latein]. […]

Lehnwörter: Alkohol, Alaun, Alkali, Natron, Salmiak, Soda, Amalgam, Benzin, Droge, Elixier u. a.

Günter Kettermann, Atlas zur Geschichte des Islam, Darmstadt 2001, S. 42 f.

Der „Heilige Krieg" – Analyse von Texten

M 6 „Heiliger Krieg"

In einem Islam-Lexikon steht zum Begriff Jihâd:

Etymologisch bedeutet der arabische Begriff die Bemühung, ein bestimmtes Objekt zu erreichen. Auch wird darunter eine individuelle Bemühung um den Glauben [Großer Jihâd] oder zum moralischen Handeln und Mission verstanden. Im islamischen Recht bezeichnet er, oft „Kleiner Jihâd" genannt, eine der zulässigen Formen des Krieges zur Erweiterung des islamischen Herrschaftsbereichs oder zu dessen Verteidigung [Suren 8;30; 61;8; 2:217 u. a.]. Jihâd ist eine Pflicht der Gemeinschaft der Muslime, die ständig verfolgt werden muss. Gemäß dem islamischen Recht müssen bei der Ausrufung des Jihâd bestimmte Regeln eingehalten werden: Zunächst ein Aufruf an die Ungläubigen, den Islam anzunehmen bzw. an die Juden und Christen, die Herrschaft der Muslime anzuerkennen. Nach einer Bedenkzeit wird dann der Krieg begonnen. Die Jihâd-Doktrin erfuhr verschiedene Umdeutungen, als Friedensschlüsse mit nichtmuslimischen Herrschern unumgänglich wurden. [...]

In der Moderne gehört das Konzept des Jihâd zur Rhetorik radikaler islamischer Bewegungen und auch muslimischer Staaten bei der Abgrenzung von und der Auseinandersetzung mit dem Westen.

Kleines Islam-Lexikon, Geschichte, Alltag, Kultur, hrsg. von Ralf Elger, München 2001, S. 146 f.

M 7 Koranstellen zum Jihâd

Sure 2, Vers 217:

Sie werden dich befragen nach dem Kampf im heiligen Monat. Sprich: „Kämpfen in ihm ist schlimm; aber Abwendigmachen von Allahs Weg und Ihn und die heilige Moschee verleugnen und Sein Volk daraus vertreiben, ist schlimmer bei Allah; und Verführung ist Schlimmer als Totschlag." Und sie werden nicht eher aufhören, euch zu bekämpfen, als bis sie euch von eurem Glauben abtrünnig machten, so sie dies vermögen. Wer sich aber von euch von seinem Glauben abtrünnig machen lässt und als Ungläubiger stirbt, deren Werke sind vergeblich hienieden und im Jenseits, und des Feuers Gefährten sind sie und verweilen ewig darinnen.

Sure 8, Vers 30:

Und [gedenke,] als die Ungläubigen wider dich Listen schmiedeten, um dich festzunehmen oder dich zu ermorden oder dich zu vertreiben. Und Listen schmiedeten sie, und Allah schmiedete Listen; und Allah ist der beste der Listenschmiede.

Sure 61, Vers 8:

Sie wollen Allahs Licht mit ihren Mäulern auslöschen, Allah aber wird Sein Licht vollkommen machen, wiewohl es die Ungläubigen nicht mögen.

Der Koran, aus dem Arabischen übers. von Max Henning, Stuttgart 2001, S. 54f., 178, 539.

Aufgaben

1. a) Nenne Gründe für die Ausbreitung des Islam.
   b) Welche Phasen der Ausbreitung lassen sich unterscheiden? Ziehe dazu die Karte heran.
   c) Worin unterscheiden sich Schiiten und Sunniten?
   → Text, M1
2. a) Erstelle eine tabellarische Übersicht: Lege Spalten für die einzelnen Lebensbereiche an, in denen es zu einem Kulturaustausch zwischen islamischer und christlicher Welt kam. Ordne den Lebensbereichen einzelne Beispiele zu.
   b) Woher stammen die Kulturgüter und welchen Weg nahmen sie ins Abendland?
   c) In welchen Gebieten kam es vor allem zu einem Kulturaustausch?
   → M4, M5
3. a) Erläutere den Begriff „Jihâd".
   b) Lies die Koranstellen aufmerksam. Welche Art von Kampf ist im Einzelnen gemeint?
   c) Überlege, warum der Jihâd in der Frühzeit des Islam eine so wichtige Rolle spielte.
   d) Ist die Bezeichnung „Heiliger Krieg" eine treffende Übersetzung für Jihâd?
   → Text, M6, M7

Das Oströmische Reich besteht fort

Byzanz – Konstantinopel – Istanbul

Istanbul ist heute eine der wichtigsten Städte in der Türkei. Ihre Geschichte reicht zurück bis in die Antike. Im Jahr 330 n. Chr. bestimmte der römische Kaiser Konstantin die griechische Stadt Byzantion zur neuen Hauptstadt des Römischen Reiches. Er nannte sie Konstantinopel, das heißt „Konstantin-Stadt“. Sie sollte als christliches Zentrum das heidnische Rom ersetzen. 65 Jahre später, im Jahr 395 n. Chr., wurde allerdings das Reich in eine Ost- und eine Westhälfte geteilt. Während das Weströmische Reich im Zuge der Völkerwanderung zu bestehen aufhörte, konnte sich das Oströmische Reich behaupten. Es wird auch als Byzantinisches Reich bezeichnet.

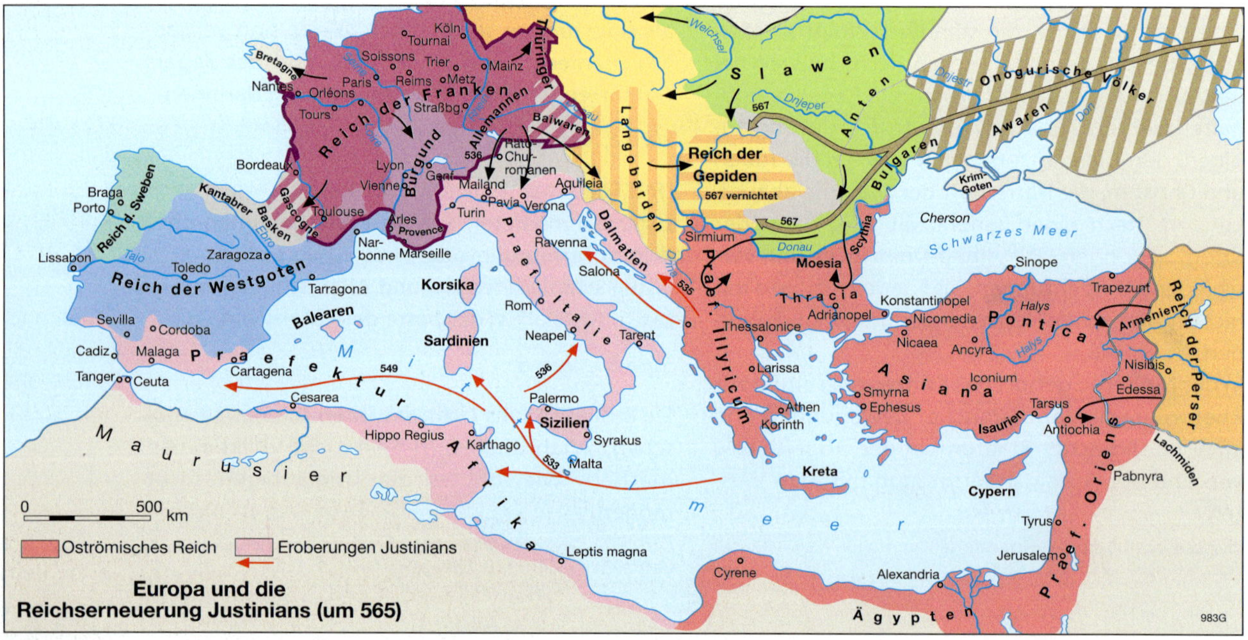

Europa und die Reichserneuerung Justinians (um 565)

M 1

Justinian

Einer der wichtigsten Herrscher des Byzantinischen Reiches war Kaiser Justinian, der von 527 bis 565 n. Chr. regierte. Unter ihm gelang es sogar, Nordafrika, Italien und Südspanien zurückzuerobern und so große Teile des Römischen Reiches wiederzuvereinen. Aber dieser Erfolg war nicht von Dauer. Dennoch konnten er und seine Nachfolger das Byzantinische Reich erhalten und gegen Angriffe von außen verteidigen.

Bedeutsam ist dies, weil ein großes christliches Reich fortbestand. Die byzantinischen Kaiser betrachteten sich als von Gott eingesetzt und verstanden sich nicht nur als politische Herrscher, sondern auch als religiöse Oberhäupter. Der absolute Gehorsam der Untertanen sollte sich in der Proskynese, im Niederwerfen vor dem Kaiser, ausdrücken. Es war für die Herrscher auch nicht annehmbar, dass jemand anderes den Kaisertitel beanspruchte und behauptete, das Erbe des Römischen Reiches anzutreten. Denn in Byzanz blieb, wenngleich Griechisch gesprochen und geschrieben wurde, das römische Erbe

M 2 **Mosaik in der Hagia Sophia**
In der Mitte Maria mit Jesus, auf der rechten Seite Konstantin, der ihr ein vereinfachtes Stadtmodell überreicht. Auf der linken Seite Justinian, der ihr ein Modell der Hagia Sophia präsentiert. Es sind die Namen Justinians und Konstantins zu lesen.

lebendig. So lebte hier zum Beispiel das römische Städtewesen weiter, das in den anderen Reichsteilen verfiel.

In den folgenden Jahrhunderten berichteten Reisende immer wieder von der Größe und der Pracht der Stadt Konstantinopel und zeigten sich beeindruckt vom städtischen Leben sowie den weit reichenden Handelsbeziehungen.

Kaiser Justinian hatte im sogenannten Corpus Iuris Civilis alle Rechtsvorschriften der Römer sammeln und vereinheitlichen lassen. Auf diese Weise blieb das antike Rechtswesen erhalten und für Europa bestimmend. Erst im Jahr 1453 n. Chr. eroberten muslimische Türken Byzanz. Dies war das Ende des Oströmischen Reiches.

M 3 **Die Hagia Sophia** ist heute ein Museum, Foto.

Basilika und Zentralbau – Vergleich zwischen Grundrissen und Bildern

M 4 Eine prachtvolle Staatskirche: Hagia Sophia

Hagia Sophia bedeutet auf griechisch „Kirche der göttlichen Weisheit". Sie wurde unter Kaiser Justinian errichtet und war mit der Höhe von über 55 m und dem Kuppeldurchmesser von 33 m von unvergleichlicher Größe. Nach der Eroberung von Byzanz im Jahre 1453 wurde sie zur Moschee.

M 5

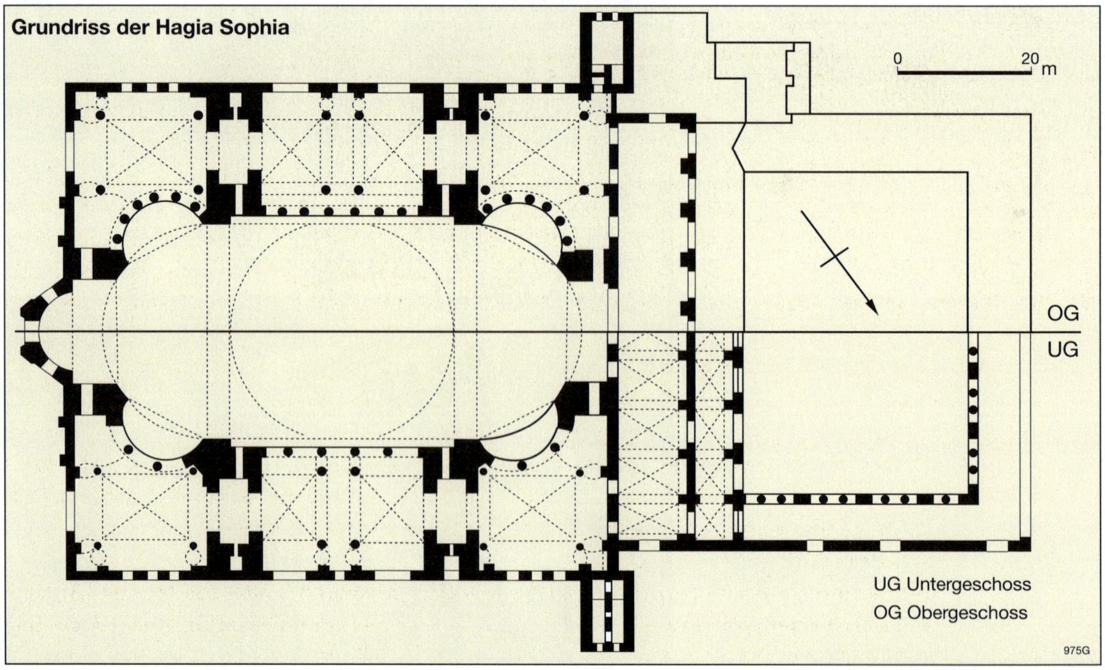

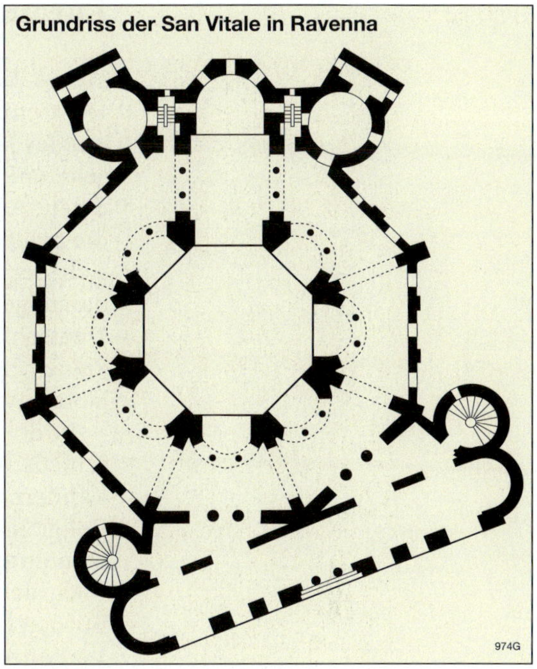

M 6 **Kuppelkirche San Vitale in Ravenna**
Die Form des Zentralbaus wurde im Römischen Reich unter anderem für Tempelbauten und Grabmäler verwendet, heutiger Zustand (oben) und Grundriss (rechts).

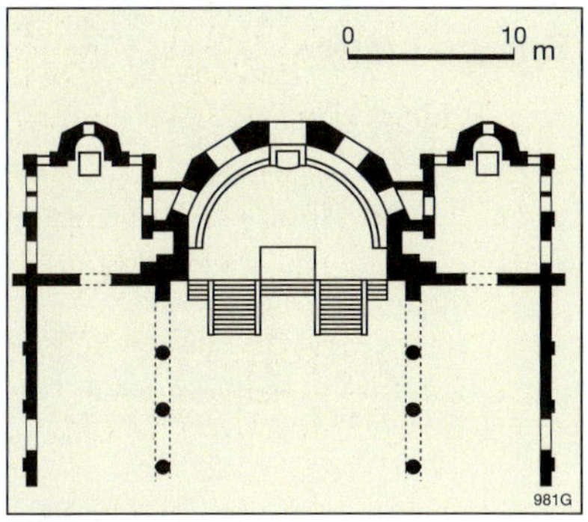

M 7 **San Apollinare in Classe in Ravenna**
Die Form der Basilika entstand im Römischen Reich als öffentlicher Mehrzweckbau. Sie wurde prägend für christliche Kirchenbauten, heutiger Zustand und Grundriss (oben).

Aufgaben

1. a) Informiere dich über die Merkmale einer Basilika und eines Zentralbaus. Welche dieser Merkmale weist die Kuppelbasilika der Hagia Sophia auf?
   b) Erläutere, warum christliche Kirchen nach Osten ausgerichtet sind.
   → M4, M5, M6, M7
2. Welche Elemente auf den Fotos deuten darauf hin, dass die Hagia Sophia später als Moschee genutzt wurde?
   → M3, M4
3. Woran sollte das Mosaik in der Hagia Sophia erinnern? Warum steht Maria im Zentrum des Bildes? → M2

Europa – Heute und damals

Heute besteht Europa aus vielen einzelnen Staaten: Frankreich, Deutschland, Italien, Spanien, Großbritannien und anderen. Damals – um das Jahr 1000 n. Chr. – entwickelten sich erst klar begrenzte Herrschaften, aus denen sich manche der heutigen Staaten langsam bildeten. Auch wenn die Grenzen noch anders verliefen und auch wenn die politischen und sozialen Verhältnisse ganz verschieden waren, lässt sich der Ursprung mancher der heute existierenden Staaten in der damaligen Zeit finden. Dies gilt zum Beispiel für Frankreich und für Deutschland. Daneben gab es aber große Gebiete, in denen es noch keine abgegrenzten Herrschaften gab. In Nordeuropa zum Beispiel lebten Wikinger in lockeren Stammesverbänden.

In der heutigen Wahrnehmung gibt es in Europa trotz aller Unterschiede in Sprache und Kultur gemeinsame Traditionen, die in vielen Ländern auch wirksam sind. Dazu zählen zum Beispiel die christliche Religion, das Erbe der griechischen und römischen Antike und eine demokratische Staatsverfassung. Damals – um das Jahr 1000 n. Chr. – wurde Europa noch nicht als eigener Erdteil gesehen. Das heutige Europa ist also ganz anders als das damalige, aber aus den damaligen Verhältnissen haben sich die heutigen entwickelt. Die heutigen

M 1

Gemeinsamkeiten – aber auch die Unterschiede – sind nach und nach in einem Jahrhunderte dauernden Prozess entstanden.

Europa um das Jahr 1000

Karl der Große hatte versucht, das Römische Reich auf christlicher Grundlage fortzuführen. Aus dem Frankenreich Karls des Großen entstanden neue Herrschaften:

- In Frankreich – dem westlichen Teil des Karolingerreiches – übernahm im Jahr 987 das Herrschergeschlecht der Kapetinger die Macht und behielt sie über viele Jahrhunderte. Nach und nach war es den französischen Königen gelungen, sich gegen mögliche Konkurrenten durchzusetzen.
- Im östlichen Teil des Frankenreiches entwickelte sich allmählich ein deutsches Königreich. Es knüpfte an die Tradition des Römischen Reiches an und reichte bis nach Italien. Den Herrschern dieses Reiches gelang es, zusätzlich den Kaisertitel zu erwerben. Sie hatten immer wieder mit gefährlichen Konkurrenten zu kämpfen: mit mächtigen Herzögen in verschiedenen Gebieten des Reiches, mit selbstbewussten Städten vor allem in Italien und auch mit dem Oberhaupt der Kirche, dem Papst.

M 2

- Das Oströmische Reich hatte im Byzantinischen Reich überlebt; zwischen dem dortigen Herrscher und dem Kaiser des Heiligen Römischen Reiches bestand eine Rivalität.
- In Russland entstand mit dem Zentrum in Kiew schon früh ein großes Reich. Zwischen diesem Kiewer Reich, Byzanz und dem Heiligen Römischen Reich konnten sich das Herzogtum Polen, das Königreich Ungarn und andere kleine Herrschaften bilden.
- In Italien – vor allem in Süditalien – kämpften verschiedene Mächte um die Vorherrschaft: Byzanz, das Heilige Römische Reich, arabische Herrscher und lokale Herrschaften.
- In Spanien und Portugal regierten muslimische Herrscher; nur im Nordteil der iberischen Halbinsel gab es christliche Herrschaften.
- Auf den britischen Inseln gab es dänische Könige; die Eroberung im Jahr 1066 durch Wilhelm war der Beginn der normannischen Königsherrschaft.
- In Nordeuropa gab es Wikinger-Herrschaften, die entweder den Nordseeraum oder den Ostseeraum zu beherrschen versuchten.

Die Ursprünge von Deutschland und Frankreich

Nach dem Tod Karls des Großen im Jahr 814 n. Chr. konnte sein Nachfolger Ludwig der Fromme das Reich noch eine Zeit lang zusammenhalten. Unter seinen Söhnen und Enkeln wurde es dann allerdings, wie es damals üblich war, aufgeteilt. In der Folgezeit kam es immer wieder zu neuen Reichsteilungen, sodass das ehemals große Frankenreich zerfiel. Im Jahr 911 n. Chr., also etwa einhundert Jahre nach dem Tod Karls des Großen, starb der letzte Karolingerkönig des Ostfränkischen Reiches.

M 3 Beispiele für die Architektur im West- und Ostfrankenreich

Das linke Bild zeigt die Kirche in Germigny-des-Prés im Tal der Loire. Die Bischofskirche wurde 806 geweiht und gilt als ein Hauptwerk der karolingischen Baukunst. Rechts ist die Torhalle des Klosters Lorsch (Krs. Bergstraße) zu sehen. Das Kloster wurde 764 gegründet und ist Begräbnisort des ostfränkischen Königs Ludwig des Deutschen.

Die daraus sich entwickelnden neuen Herrschaften unterschieden sich trotz ihres gemeinsamen Ursprungs immer stärker voneinander. Im Westen wurde altfranzösisch, im Osten althochdeutsch gesprochen. Es entstanden unterschiedliche Kulturen.

Aber auch die politischen Verhältnisse unterschieden sich deutlich. Im Westfränkischen Reich – dem späteren Frankreich – übernahmen 987 die Kapetinger die Herrschaft – und behielten sie für Jahrhunderte. So entstand in Frankreich die Ausrichtung auf ein Zentrum, auf Paris. Im Ostfränkischen Reich, aus dem sich Deutschland entwickelte, regierten immer wieder neue Herrschergeschlechter, die aus verschiedenen Gebieten des Reiches stammten, wie zum Beispiel die Ottonen aus dem Herzogtum Sachsen, die Salier aus dem Herzogtum Franken und die Staufer aus dem Herzogtum Schwaben. Keine dieser Familien konnte sich jedoch dauerhaft als Königs- oder gar Kaiserfamilie behaupten. Die Ausrichtung auf mehrere regionale Zentren prägt bis heute die Situation in Deutschland.

Das Verhältnis zwischen beiden Ländern war im Verlauf der weiteren Geschichte sehr wechselvoll. Es gab immer wieder Konflikte, auch kriegerische Konflikte, aber auch – wie heute – eine freundschaftliche Beziehung.

M 4

Das Reich der Ottonen (919–1024)

M 5 Gibt es Europa eigentlich?

Der französische Geschichtswissenschaftler Jacques LeGoff beginnt seine „Geschichte Europas" mit Erfahrungen, die ein Reisender heute beim Besuch verschiedener europäischer Länder machen kann:

Nach gut zwei Stunden Flug landet ein aus Deutschland kommender Reisender in Istanbul (dem früheren Konstantinopel), einer großen Stadt. Er befindet sich in der Türkei – und zugleich in Europa. In Istanbul überquert er eine schmale Meerenge, indem er über eine viele hundert Meter lange Brücke geht; jetzt ist er zwar noch immer in der Türkei – aber nicht mehr in Europa, sondern in Asien. Er ist in wenigen Minuten zu Fuß von der europäischen Türkei in die asiatische Türkei gelangt. [...] In Istanbul hat unser Reisender Türkisch gehört; er hat Kaffee aus einer kleinen Tasse getrunken, auf deren Boden der Kaffeesatz übrig blieb; er hat Fleischspieße gegessen (vor allem aus Lammfleisch); er hat religiöse Bauwerke mit Kuppeln und hohen, spitzen Türmen, den Minaretten, gesehen, von denen aus ein Mann zum Gebet nach den Vorschriften der moslemischen Religion aufruft, und er hat seine Schuhe ausgezogen, als er diese Moscheen besichtigt hat [...].

Später dann hat sich unser Reisender nach Großbritannien begeben. Das Flugzeug von Frankfurt nach London hat dafür weniger als zwei Stunden gebraucht [...]. In London hat er häufig Gerichte mit Minzsoße serviert bekommen und er hat das britische Frühstück schätzen gelernt, das wesentlich reichhaltiger und schmackhafter ist als das europäische, das sogenannte kontinentale Frühstück; dazu gehören häufig Eier und Speck. [...]

Die Religion der meisten Engländer ist eine Abwandlung des protestantischen Glaubens, welche aus einer Spaltung des Christentums im 16. Jahrhundert hervorgegangen ist. Diese Religion ähnelt sehr stark dem Katholizismus, aber sie erkennt nicht den Papst als Oberhaupt an; sie bildet eine unabhängige Kirche, die anglikanische Kirche. Für die meisten anderen Europäer ist es erstaunlich, dass die Königin das Oberhaupt dieser Kirche ist. Denn – und das ist ein weiterer erstaunlicher Unterschied – an der Spitze Großbritanniens steht kein Präsident, sondern ein König oder eine Königin. Und natürlich hat unser Reisender überall in der Landeswährung, dem Pfund Sterling, bezahlen müssen und fortwährend eine fremde Sprache gehört, das Englische.

Unser Reisender könnte auch mühelos in die anderen europäischen Länder reisen, von denen keines sehr weit entfernt ist. Folgen wir ihm also weiter nach Italien, nach Rom. Zuallererst war er verblüfft angesichts der großen Anzahl von Kirchen, Priestern und Nonnen. Der Grund dafür liegt darin, dass Rom sowohl die Hauptstadt der Republik Italien ist als auch die Hauptstadt eines kleinen unabhängigen, ganz außergewöhnlichen Staates, der sich auf einen sehr kleinen Teil der Stadt Rom beschränkt: der Vatikan. An der Spitze dieses Staates steht der Papst als religiöser Führer, als das geistliche Oberhaupt aller Katholiken in Europa, besonders in Südeuropa, und der restlichen Welt. In ganz Italien hat man unseren Reisenden häufig dazu eingeladen, Kaffee in einer Bar zu trinken, wo ganz kleine Tassen mit einem vorzüglichen, sehr konzentrierten und starken Kaffee gefüllt werden. Er wird in glitzernden Maschinen hergestellt, die diesen Espresso bereits in ganz Europa verbreitet haben. Ihm wurden auch Nudeln und andere Teigwaren serviert und er hat gelernt, dass man sie nicht weich gekocht verzehrt, sondern al dente. [...] Er hat gemerkt, dass man hier wieder eine andere Sprache spricht, das Italienische, und dass diese Sprache Ähnlichkeit mit dem Französischen aufweist. Er hat sich daran erinnert, dass das Französische und das Italienische einer Gruppe von benachbarten europäischen Sprachen angehören, den romanischen Sprachen (Französisch, Okzitanisch, Italienisch, Katalanisch, Spanisch, Portugiesisch); sie stammen von einer alten Sprache ab, die man in einem großen Teil Europas gesprochen hat, dem Lateinischen.

Europa – gibt es das überhaupt? Auf diese Weise hat unser Reisender in weniger als fünf Stunden Flug (und wenn man Russland ausnimmt, in den meisten Fällen in weniger als drei Stunden) oder in einigen Zugstunden Länder besucht, in denen die Menschen verschiedene Sprachen sprechen, auf unterschiedliche Weise essen und sich kleiden, verschiedenen Religionen angehören und sich Türken, Russen, Engländer, Deutsche, Norweger, Polen, Italiener oder Spanier nennen – aber fast nie Europäer. Und doch sind sie Europäer. Daher fragt sich unser Reisender: Gibt es Europa eigentlich wirklich? Was heißt es, Europäer zu sein?

Jacques LeGoff erzählt die Geschichte Europas, Frankfurt/M. 1997, S. 5–9.

M 6 Die Straßburger Eide

Nach dem Tod Karls des Großen war Ludwig der Fromme König und Kaiser geworden. Dessen Söhne Karl, Ludwig und Lothar kämpften um das Erbe ihres Vaters. Der Bericht über das Zusammentreffen der beiden Brüder im Jahr 842 und die dabei geleisteten Eide stammt von Nithart, einem Enkel Karls des Großen, der die damaligen Ereignisse in einem Geschichtswerk festhielt:

So kamen am 14. Februar Ludwig und Karl in der Stadt, welche einst Argentaria genannt wurde, jetzt aber gemeinhin Straßburg heißt, zusammen und schwuren die unten verzeichneten Eide, Ludwig in romanischer, Karl in deutscher Sprache. […] Der Eid aber, welchen beide Völker jeder in seiner Sprache leistete, lautete in romanischer Sprache so:

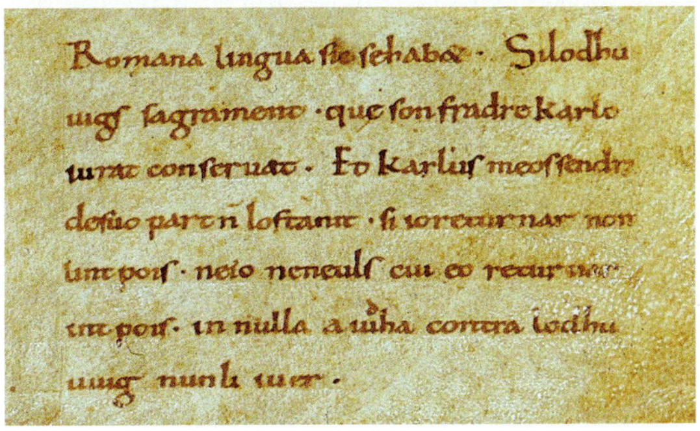

Si Lohuuigs sagrament, que son fradre Karlo iurat, conservat et Karlus meos sendra de suo part non los tanit, si io returnar non l'int pois: ne io ne neuls, cui eo returnar int pois, in nulla aiudha contra Loduuuig non li iuer.
[Auf deutsch:]

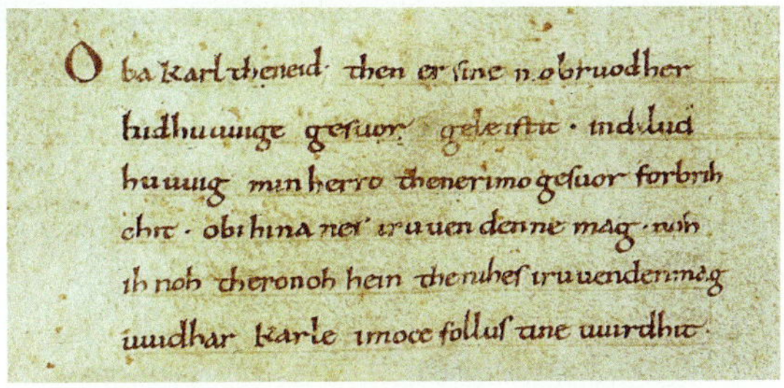

Oba Karl then eid, then er sinemo bruodher Ludhuuuige geswur, geleistit, indi Ludhuuuig min herro, then er imo gesuor, forbrihchit, ob ih inan es iruuenden ne mag, noh ih noh thero nohhein, then ich es iruuenden mag, uuidhar Karle imo ce follusti ne uuirdhit.
Wörtliche Übersetzung:
Wenn Ludwig den Eid, den er seinem Bruder Karl schwört, hält und Karl mein Herr ihn seinerseits nicht hält, wenn ich ihn davon nicht abbringen kann, werde weder ich noch irgendeiner, den ich davon abbringen kann, ihn gegen Ludwig irgendwelchen Beistand geben.
[D. h.: Wenn Ludwig den Eid hält, mein Herr Karl ihn jedoch bricht, werde ich ihn gegen Ludwig nicht unterstützen.]

Nithart, Vier Bücher Geschichten, 3. Buch, Kap. 5, in: Quellen zur karolingischen Reichsgeschichte, 1. Teil, bearb. von Reinhold Rau, Darmstadt 1966, S. 440 f.

Aufgaben

1. a) Beschreibe anhand der Karten die weitere Entwicklung des Reichs Karls des Großen.
   b) Welche heutige Staaten kann man anhand der Karten bis ins frühe Mittelalter zurückverfolgen? → M1, M2, M4
2. a) Welche Unterschiede zwischen der Türkei, Großbritannien und Italien nennt der Historiker LeGoff?
   b) Welche landestypischen Mahlzeiten gibt es in den einzelnen Ländern?
   c) Informiere dich über die Religion in anderen europäischen Ländern. Welche Gemeinsamkeiten und Unterschiede lassen sich feststellen? → M5
3. Beantworte die im Text gestellten Fragen aus deiner Sicht:
   a) „Gibt es Europa eigentlich wirklich?"
   b) „Was heißt es, Europäer zu sein?"
   → Text, M5
4. a) Suche auf den Abbildungen den Eid in romanischer und in deutscher Sprache.
   b) Suche zu den althochdeutschen Begriffen die heute gebräuchlichen Bezeichnungen.
   c) Weshalb sind die Straßburger Eide für die deutsche und für die französische Geschichte wichtige Quellen?
   → M6

Zusammenfassung

Seit dem 4. Jahrhundert n. Chr. erschütterte die Völkerwanderung der Germanen das Römische Reich. Um 500 n. Chr. ging schließlich das Weströmische Reich unter. Das Oströmische Reich, das die Tradition des Römischen Reiches bewahrte, bestand allerdings noch knapp tausend Jahre fort. Die Zeit zwischen 500 und 1500 bezeichnet man als Mittelalter.

Noch im Römischen Reich entstand mit dem Christentum ein neuer Glaube, der schließlich zur Staatsreligion wurde und sich nach und nach in Europa durchsetzte. Die Verbreitung des Christentums war jedoch ein schwieriger und langwieriger Prozess. Missionare, die durch das Land zogen und die Menschen bekehrten, und der Mönchsorden der Benediktiner, der viele Klöster gründete, spielten dabei eine wichtige Rolle.

Aber auch eine andere Weltreligion entstand am Beginn des Mittelalters: der Islam. Er verbreitete sich vor allem im Südteil des Römischen Reiches, in Afrika und in Asien. Muslime glauben an Allah und seinen Propheten Mohammed. Sie versammeln sich in Moscheen zum Gebet. Der Koran enthält die göttlichen Offenbarungen.

Aus den verschiedenen, schnell wechselnden Reichen der Völkerwanderungszeit ging das Frankenreich hervor, das unter Karl dem Großen seine größte Ausdehnung erreichte. Mit seiner Kaiserkrönung im Jahr 800 n. Chr. beanspruchte Karl, Herr über das Römische Reich zu sein und so das Erbe des Imperium Romanum fortzuführen. Auf diese Weise erhielt sich auch die antike Kultur.

Mohammed gründet eine neue Religion

Missionare verbreiten das Christentum

Kaiserkrönung Karls des Großen

650 700 750 800

Daten

Um 500 n. Chr. Ende des Weströmischen Reiches

622 Beginn der islamischen Zeitrechnung

800 Kaiserkrönung Karls des Großen

Begriffe

Konstantinopel
Islam
Frankenreich
Merowinger
Karolinger
Missionierung

Personen

Chlodwig
Karl der Große

Tipps zum Thema: Von der Antike zum Mittelalter

Filmtipp

Karl der Große.
Bauernkrieger, Königsboten und Gelehrte im Frankenreich, Deutschland 1991

Lesetipp

Auguste Lechner:
Die Nibelungen.
Glanzzeit und Untergang eines mächtigen Volkes,
Würzburg 2005

Museen

Römisch-Germanisches Zentralmuseum, Mainz

Historisches Museum der Pfalz, Speyer

Rheinisches Landesmuseum, Trier

Kommentierte Links: www.westermann.de/geschichte-linkliste

Mittelalterliche Handschrift
um 818 n. Chr.

Benediktinerabtei Maria Laach,
erbaut Mitte des 12. Jahrhunderts

Lüneburg (Ausschnitt)
Stadtansicht von 1444

Schiffbruch eines Hansekaufmanns
Lübecker Marienkirche, 1489

Kaltenberger Ritterturnier
im Jahr 2003

Klöster und Mönchtum

„Weltflucht“ – Eine Gründung mit Folgen

Etwa 120 km südlich von Rom befindet sich noch heute das Kloster Montecassino. „Kloster“ – abgeleitet vom lateinischen „claustrum“ für „abgeschlossen“ – bezeichnet eine Gebäudegruppe, die für das gemeinschaftliche Leben von Mönchen oder Nonnen bestimmt ist.

M 1 Kloster Montecassino
Nachdem die seit Jahrhunderten bestehenden Bauten während des Zweiten Weltkriegs im Februar 1944 bei einer erbitterten Schlacht weitgehend zerstört worden waren, erfolgte nach Kriegsende der Wiederaufbau nach alten Plänen.

Montecassino, eines der ältesten Klöster in Europa, wurde im Jahr 529 n. Chr. von Benedikt von Nursia gegründet. Da er als Heiliger betrachtet wurde, enthalten die Beschreibungen seines Lebens viele wundersame Geschichten und übernatürliche Ereignisse. Als sicher kann jedoch gelten, dass er um 480 in Nursia, der heutigen mittelitalienischen Stadt Norcia, geboren wurde. Er zog sich für längere Zeit in eine Höhle zurück, um als Eremit, das heißt Einsiedler, für Gott zu leben. Seine persönliche Ausstrahlung ließ seine Anhängerschar wachsen und führte zur Gründung einer Reihe von Klöstern.

Montecassino wurde deshalb so bedeutend, weil Benedikt selbst bis zu seinem Tod dort lebte und eine Klosterregel verfasste, die für Jahrhunderte das Leben vieler Mönche bestimmte und Grundlage des Mönchtums wurde: die Benediktiner-Regel.

M 2

Tagesablauf in Benediktinerklöstern
(heute; in stark verkürzter Form)

2.00	Matutin (Gebet am frühen Morgen) danach: Lesen religiöser Texte
4.00	Laudes (Lob Gottes am Morgen) danach: Morgenwäsche
6.00	Prim (Gebet in der 1. Tagesstunde) und Lesung eines Kapitels aus der Benediktinerregel; Frühstück, Beginn der Arbeit
7.30	erste Messe des Tages Fortsetzen der Arbeit
9.00	Terz (Gebet zur 3. Tagesstunde) und feierliche Messe Fortsetzen der Arbeit
12.00	Sext (Gebet zur 6. Tagesstunde) Mittagessen, Ruhezeit
15.00	Non (Gebet zur 9. Tagesstunde) Fortsetzen der Arbeit
18.00	Vesper (Abendgebet) danach Abendessen „Sammlung“, d. h. Warten, auf die Rückkehr abwesender Mönche
20.00	Komplet (Abendgebet) Nachtruhe

„Ora et labora“

„Bete und arbeite!“ Dieser Satz gilt als Inbegriff der von Benedikt aufgestellten Klosterordnung. Sie enthält eine Vielzahl von Vorschriften und Anweisungen, die in der Folgezeit von vielen Klöstern übernommen wurden. Beim Eintritt in ein Kloster legten die Mönche beziehungsweise die Nonnen ein Gelübde ab, in dem sie sich zu drei Pflichten bekannten: Armut, das heißt Verzicht auf eigenen Besitz; Keuschheit, das heißt sexuelle Enthaltsamkeit und Ehelosigkeit; Gehorsam, das heißt Unterordnung unter die Gemeinschaft und unter den Klostervorstand, den Abt beziehungsweise die Äbtissin.

Der Tagesablauf war streng geregelt und gliederte sich in die vorgeschriebenen Gebetszeiten. Um den Unterhalt des Klosters zu sichern, mussten alle arbeiten. So zum Beispiel auf den Feldern, im Garten, in der Küche, der Schreibstube oder im Krankensaal. Zum Essen trafen

M 3 **Hildegard von Bingen,** Miniatur, um 1220

M 4 **Nonnen beim Chorgebet,** Mittelalterliche Buchmalerei

M 5

Hildegard von Bingen

um 1098	in Bermersheim als 10. Kind einer Adelsfamilie geboren.
1106	beginnt ihre Vorbereitung auf das klösterliche Leben. Sie lernt Lesen und Schreiben und ansatzweise Latein.
1113	legt sie ihr ewiges Gelübde als Benediktinerin ab.
1136	tritt sie in Nachfolge ihrer Tante das Amt einer Priorin und später Äbtissin an.
ab 1141	verfasst sie Schriften ihrer Visionen zu Themen der Theologie und Medizin.
1147/48	gründet Hildegard ihr erstes eigenes Kloster.
17.9.1179	stirbt sie hochbetagt und wird verehrt vom einfachen Volk und hohen geistlichen und weltlichen Herren. Sie gilt noch heute als Impulsgeberin ganzheitlicher Naturmedizin.

sich die Mönche oder Nonnen im Speisesaal, dem Refektorium. Dort nahmen sie in tiefem Schweigen ihr Essen ein, während aus der Bibel vorgelesen wurde. Die Hauptspeise bildete Brot, dazu kamen Hülsenfrüchte, Eier, Käse und Fisch. Fleisch war im allgemeinen verboten, Wein in geringen Mengen erlaubt.

Eine andere Welt

Klöster waren früher aus verschiedenen Gründen attraktiv: Neben religiösen Motiven und dem Wunsch, in einer geistigen Gemeinschaft zu leben, stand die Versorgung von Kindern, die ohne Erbe waren, im Vordergrund. Im Kloster konnten diese nach einer Probezeit, dem Noviziat, die Profess ablegen, ein Gelübde, mit dem sie feierlich aufgenommen wurden. Im Kloster waren sie lebenslang versorgt und konnten sogar zu Äbten und Äbtissinnen aufsteigen.

Gerade für Frauen, vor allem für Adlige, bedeutete das Klosterleben eine Alternative zum rechtlosen Leben als Hausfrau. Sie konnten hier Lesen und Schreiben lernen und sich manchmal auch wissenschaftlich fortbilden. Einige Frauen suchten hier Schutz und Orientierung, andere den Aufstieg, manche wurden auch auf diesem Weg diszipliniert, weil sie ihren Familien ein Dorn im Auge waren.

Innerhalb der Klostergemeinschaft gab es keine Unterschiede. Alle waren gleich arm und dem Abt oder der Äbtissin untergeordnet.

Klostergründungen

Klöster wurden meist in abgeschiedenen Gebieten gegründet, da sich die Mönche und Nonnen auf Gott konzentrieren und von weltlichen Angelegenheiten nicht abgelenkt sein wollten. So rodeten sie Wälder und legten Felder an. Das hatte zur Folge, dass Klöster wirtschaftliche Mittelpunkte für das Umland bildeten, in denen erfolgreich Ackerbau und Viehzucht betrieben und handwerkliche Arbeit geleistet wurde.

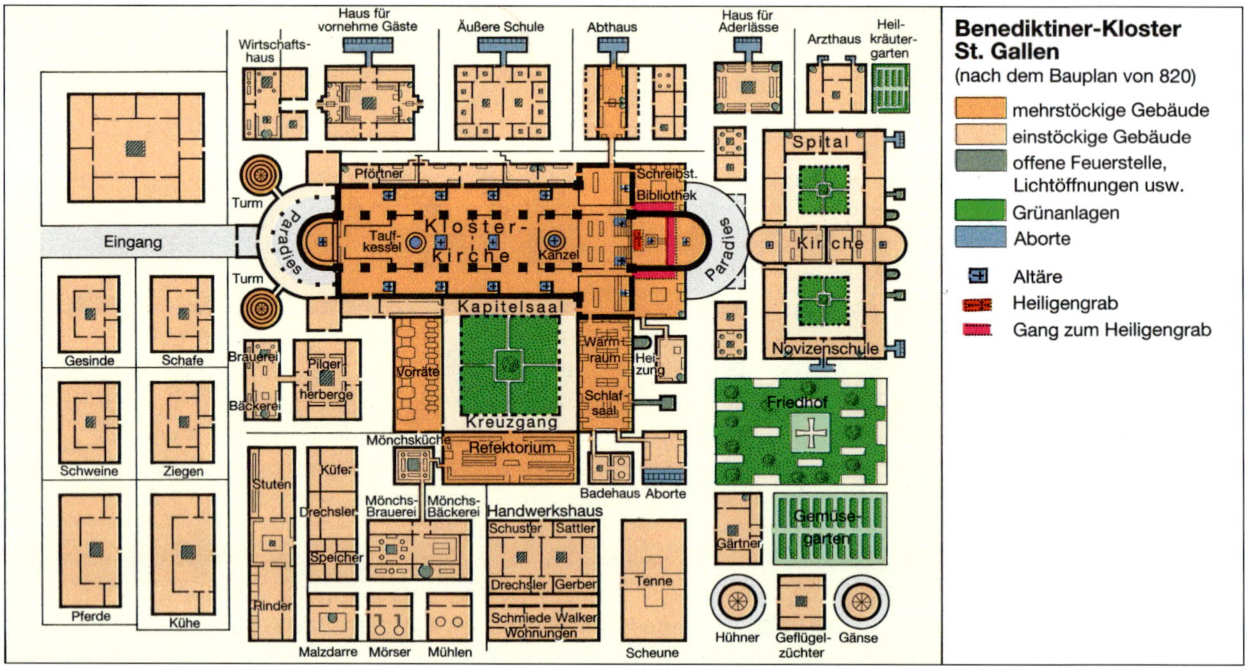

M 6

Klöster: Modellhöfe und politische Zentren

Klöster wie zum Beispiel Aachen-Kornelimünster oder St. Maximin in Trier gewannen schließlich solche Bedeutung, dass sie nur noch dem Kaiser unterstanden und als Reichsabteien über bedeutenden Einfluss verfügten. Durch zunehmenden Wohlstand ging in manchen Gemeinschaften allerdings der asketische Lebensstil verloren.

M 7 **Initiale: Pergamentkauf**
Marienburger Bibel, um 1250

Klöster: Keimzellen der Wissensgesellschaft

Lange Zeit waren Mönche und Nonnen die einzigen, die des Lesens und Schreibens kundig waren. In den Schreibstuben, den sogenannten Skriptorien, schrieben sie Bücher ab und verzierten sie kunstvoll. In den Bibliotheken standen jedoch nicht nur die Bibel und religiöse Schriften, sondern auch philosophische, medizinische und naturwissenschaftliche Werke. Auch nicht-christliche Schriften aus der Antike überlebten in den Klosterbibliotheken und nur durch diesen Glücksfall blieben sie uns bis heute erhalten.

In vielen Klöstern gab es Schulen, die nicht nur Novizen, sondern auch Schüler von außerhalb besuchten. Sie wurden meist zu Pfarrern ausgebildet, die später an den Kirchen ihren Dienst verrichten sollten.

Armut: Rückkehr zu alten Idealen

Die Benediktiner bildeten den ersten großen Mönchsorden des Abendlandes. 1098 gründeten die Zisterzienser ihr erstes Kloster, das sie als Keimzelle einer großen Zahl erneuerter Klöster sahen. Sie waren mit dem mittlerweile vergleichsweise luxuriösen Leben vieler Mönche nicht zufrieden. Eine neue Welle von Reformen entwickelte sich im 13. Jahrhundert mit den Bettelorden der Franziskaner und Dominikaner. Diese nahmen sich der Seelsorge in den Städten an und gaben damit das abgeschiedene Leben teilweise auf.

Leben im Kloster – Arbeiten mit Textquellen

M 8 „Ora et Labora"

Aus der Regel des Benedikt von Nursia:

cap. 2. Der Abt, der würdig ist, ein Kloster zu leiten, soll stets daran denken, wie er genannt wird [abbas = Vater], und den Namen eines Oberen durch seine Taten rechtfertigen. Denn er gilt als Stellvertreter Christi im Kloster.

cap. 33. Niemand darf sich unterfangen, ohne Erlaubnis des Abtes etwas zu verschenken oder anzunehmen, noch irgend etwas Eigenes zu besitzen, überhaupt keine Sache: weder ein Buch, noch Schreibtafel, noch Griffel, sondern überhaupt gar nichts; es ist ihnen ja nicht erlaubt, über ihren Leib und ihren Willen frei zu verfügen. Alles Nötige sollen sie vom Abt des Klosters erhoffen. Und alles sei allen gemeinsam.

cap. 48. Müßiggang ist der Feind der Seele. Daher müssen sich die Brüder mit ihrer Hände Arbeit und zu bestimmten Stunden mit heiliger Lesung beschäftigen.

cap. 66. Das Kloster soll womöglich so angelegt sein, dass sich alles Notwendige innerhalb der Klostermauern befindet, nämlich Wasser, Mühlen, Garten und die verschiedenen Werkstätten, in denen gearbeitet wird. So brauchen die Mönche nicht draußen herumzulaufen, was ihren Seelen durchaus nicht zuträglich wäre.

Nach: P. Franz Faessler, Die großen Ordensregeln, hrsg.von H. U. von Balthasar, Einsiedeln/Zürich/Köln 1948.

M 9 Das Leben der Klosterschüler

Eine englische Quelle um 990 berichtet von einem Gespräch zwischen Lehrer und Klosterschüler:

„Du Junge, was hast du heute gemacht?"
– Viel habe ich getan. Heute nacht, als ich das Zeichen hörte, stand ich vom Bett auf, ging hinaus in die Kirche und sang mit den Brüdern die Nokturn [3 Uhr].

Danach sangen wir die Litanei und das Morgenlob, nachher die Prim und die Frühmesse. Danach die Terz. Nachher sangen wir die Sext, aßen, tranken und schliefen und wieder standen wir auf und sangen die Non. Jetzt sind wir bei dir und bereit zu hören, was du uns sagen willst." – „Bist du heute geschlagen worden?" – „Nein, denn ich habe mich vorsichtig verhalten." – „Was isst du den Tag über?" – „Jetzt esse ich noch Fleisch, weil ich ein Junge bin, der unter der Rute lebt. Kohl und Eier, Fisch und Käse, Butter und Bohnen esse ich." – „Und was trinkst du?" – „Bier, wenn ich es habe, oder Wasser, wenn ich kein Bier habe. Wein ist kein Getränk für Junge und Dumme, sondern für Greise und Weise." – „Wo schläfst du?" – „Im Schlafsaal mit den Brüdern." – „Wer weckt dich zur Nokturn?" – Manchmal höre ich das Zeichen und stehe auf; manchmal weckt mich mein Lehrer unsanft mit der Rute."

Aelfric, Colloquium, nach: Arno Borst, Lebensformen im Mittelalter, Frankfurt/M. 1979, S. 565, gekürzt.

Aufgaben

1. Fertige eine Mindmap zur Bedeutung des Klosters im Mittelalter an. Unterscheide verschiedene Wirkungsbereiche des Klosters (Wirtschaft, Kultur, Gesellschaft,...) und ordne die Bildquellen des Kapitels zu.
   → Text
2. Erkläre den Zusammenhang zwischen dem Tagesablauf im Kloster und der Benediktinerregel „Bete und Arbeite".
   → Text, M2, M8
3. Vergleiche deinen Tagesablauf mit dem eines Klosterschülers. Was gliedert jeweils den Tag?
   → M2
4. Überlege mit deinem Nachbarn, wer oder was heute die zahlreichen Funktionen eines Klosters übernimmt.
   → Text, M3–M7
5. a) Informiere dich über ein Kloster, das in der Nähe deiner Schule liegt.
   b) Sammle Informationen zu zwei weiteren Mönchsorden (Gründer, Gründungszeit, Hauptaufgabe, Tracht).
   → Lexikon, Internet
6. Sammle weitere Informationen über Hildegard von Bingen und erstelle ein kurzes Porträt.
   → M3, M5

Gottesfurcht, Höllenangst und Volksfrömmigkeit

M 1 Leben und Sterben
Auch Sterben lag in Gottes Hand. Das Bild aus der Zeit um 1500 zeigt Vater und Mutter mit ihren Söhnen und Töchtern. Kinder, die zur Entstehungszeit des Gemäldes nicht mehr lebten, tragen weiße Totenhemden. Alle haben die Hände gefaltet und erflehen Gottes Gnade, Erinnerungsbild einer reichen süddeutschen Familie.

Christliches Leben und Sterben

Es gibt kaum etwas, das Menschen mehr bewegt als ihr eigener Tod. Das war auch schon im Mittelalter so. Nur dass die Menschen damals noch eine andere Einstellung zum Sterben hatten: Der Tod wurde nicht so sehr als Ende, sondern vielmehr als Übergang in eine andere, jenseitige Welt gesehen.

Das kann man deutlich am Tod Kaiser Maximilians I. erkennen. Gewissenhaft bereitete er sich auf seinen nahen Tod vor, der am 12. Januar 1519 eintrat. Zuvor hatte er Schritt für Schritt seine Rolle als Kaiser abgelegt. Nachdem er am 11. Januar 1519 die letzte Ölung empfangen hatte, übergab er einem Abt sein kaiserliches Siegel. Nach diesem Zeitpunkt verbat er sich, noch weiter mit seinen Titeln angesprochen zu werden. Er wollte diese Erde als einfacher Mann, als sündiger Mensch verlassen. Dieses Verhalten befremdet uns. Es scheint uns weit entfernt von dem, was wir uns heute unter Politik vorstellen. Aber im Mittelalter ist Herrschaft immer nur als christliche Herrschaft vorstellbar. Der König empfing von Gott sein Amt und vor Gott muss er sich am Ende rechtfertigen. Insofern ist es nur schlüssig, dass ein christlicher König am Ende seines Lebens seine Herrschaft in aller Demut wieder an den zurückgibt, aus dessen Händen er sie empfangen hat.

Jenseitsorientierung und Heilserwartung

Diese Einstellung zum Tod, die wir bei hochgestellten wie bei einfachen Menschen des Mittelalters finden, hing damit zusammen, dass das zeitliche irdische Leben nicht den heutigen Stellenwert hatte. Der

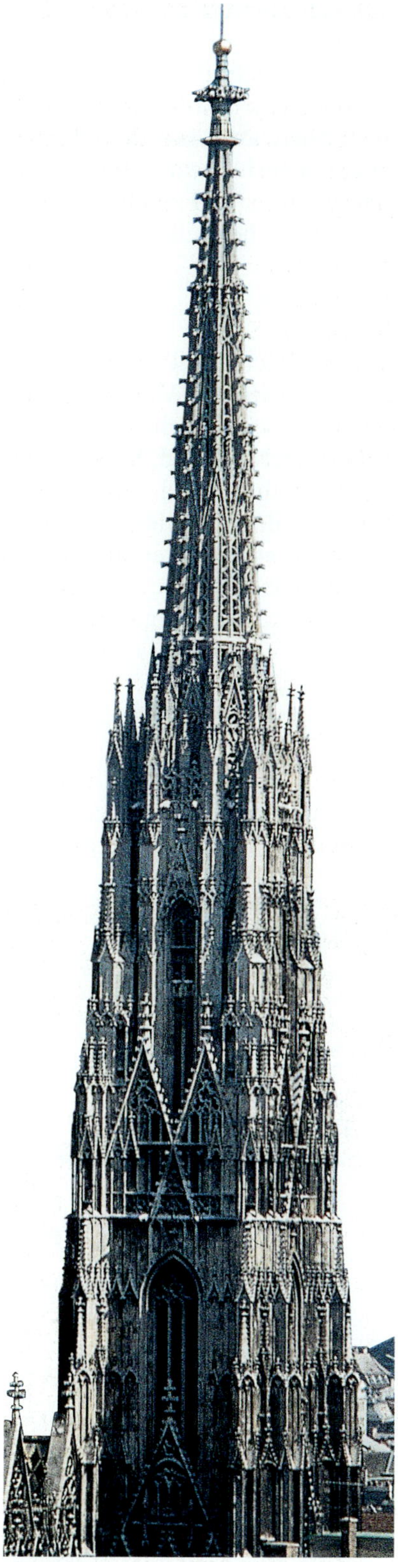

M 2 **Stephansdom in Wien**
Heutiger Zustand

Tod war für den mittelalterlichen Menschen der Beginn des „wahren" Lebens. War doch das „Jenseits" für die christliche Welt des Mittelalters wichtiger und bedeutsamer als das „Diesseits".

Die Menschen haben ihr ganzes Leben an Gott und dem von ihm in der Heiligen Schrift geoffenbarten Gesetz ausgerichtet. Vieles, was mittelalterliche Menschen unternahmen, geschah daher „zur höheren Ehre Gottes". Ihre hochgetürmten Kirchen sind geradezu Ausdruck dieser tiefen Sehnsucht nach Gott. Hatte Gott doch die Welt, die Menschen und die Zeit geschaffen. Alles ruhte in seiner Hand. Alles in dieser Welt vollzog sich nach seinem Heilsplan. Daher galt es für alle Menschen, im Einklang mit Gott zu leben, um auf diese Weise das Seelenheil zu gewinnen. Denn die Seele würde nach christlicher Auffassung auch dann noch weiterleben, wenn der Körper schon längst nicht mehr existierte. Von ihrem Heil hing alles ab. Die Menschen des Mittelalters hatten daher eine außerordentliche Angst vor dem Schicksal nach dem Tod. Der Gedanke an das Jüngste Gericht, die Angst vor dem ewigen Tod, die Hoffnung auf Gottes Gnade und das ewige Leben bestimmten das irdische Leben des mittelalterlichen Menschen.

Christliche Weltordnung

Man spricht in diesem Zusammenhang auch von einer christlichen Weltordnung. Das bedeutet, dass die Welt eine von Gott gegebene Ordnung besitzt. In ihr hatte jeder seinen Platz und seine Aufgabe. Wer durch den Kirchenbann oder durch die Reichsacht aus dieser Ordnung fiel, war „vogelfrei", also in höchstem Maße gefährdet; er existierte eigentlich nicht mehr. Jeder durfte ihn ungestraft töten. Denn ein Leben außerhalb von Kirche und Religion – und das unterscheidet das Mittelalter von unserer modernen Zeit – war eigentlich undenkbar, gab es dort doch kein Heil.

Kirche und Priestertum

Die irdische Institution, die dem mittelalterlichen Menschen half, sein Seelenheil zu bewahren und nach christlichen Maßstäben zu leben, war die Kirche. Sie galt als Vermittlerin des Heils. Nach einfachen Anfängen in der Antike und langen Jahren der Verfolgung war sie unter Theodosius dem Großen (379–395) schließlich zur Staatskirche im Römischen Reich geworden.

Im Laufe des Mittelalters wuchs die Kirche zu einer machtvollen Organisation heran. An ihrer Spitze stand, als Bischof von Rom, der Papst. Der einfache Christ dürfte den Papst, abgesehen von Wallfahrten nach Rom, in seinem Leben kaum einmal gesehen haben. Vielleicht hat er nicht einmal dessen Namen gekannt.

Wichtig war für die Mehrzahl der Menschen der für sie zuständige Pfarrer der Dorfkirche, dessen Gottesdienst sie regelmäßig besuchten und dem sie Dienste und Abgaben (Zehnt) zu leisten hatten.

Wenn wir heute als Touristen die mittelalterlichen Kirchen bewundern, so dürfen wir nicht vergessen, dass sie ursprünglich nicht als Sehenswürdigkeiten, sondern als Gotteshäuser gebaut wurden, in denen sich die christliche Gemeinde regelmäßig versammelte, um Gott zu bestimmten Zeiten anzubeten. Dort hörten die Gläubigen die Predigt, dort empfingen sie die heilige Kommunion, dort legten sie die

M 3 **Pilgerpaar,** 15. Jahrhundert

Beichte ab, dort wurden sie getauft, dort feierten sie die kirchlichen Feste, dort taten sie für ihre Sünden Buße.

Die Gemeindekirche vor Ort war der Mittelpunkt christlichen Lebens. Der Tages- wie der Lebensrhythmus der Menschen wurde weitgehend von der Kirche bestimmt. Arbeit am „Tag des Herrn" (Sonntag) war verboten. Kirchenaustritte, wie sie heute durchaus möglich sind, waren unvorstellbar. Mit dem Priester stand zudem jemand bereit, der die unmittelbare Beziehung zu Gott herstellen und damit das Heil der Seele garantieren konnte.

Volksfrömmigkeit

In der Mitte des 14. Jahrhunderts haben die Wirren großer Kriege, aber auch die furchtbare Pestepidemie zu einer weiteren Wandlung und Vertiefung der religiösen Stimmung geführt. Das kirchliche Leben blühte jetzt in einem bis dahin nicht gekannten Maße auf. Volksprediger hatten riesige Zuhörerschaften, das Wallfahrts- und Pilgerwesen steigerte sich, die Verehrung der Heiligen und deren Einfügung in das alltägliche Leben nahm beträchtlich zu, man erwarb Reliquien aller Art. Dieser Religiosität hafteten gewiss auch Oberflächlichkeiten und Übertreibungen an, aber sie war Ausdruck einer religiös zutiefst bewegten Epoche.

M 4 **Wallfahrt zur schönen Maria von Regensburg**
Holzschnitt um 1520

M 5 Rückzug aus der Welt

Im Jahr 747 beschloss Karlmann (741–747), der Bruder des ersten Königs aus dem Geschlecht der Karolinger, Folgendes:

Da erklärte Karlmann seinem Bruder Pippin [d. J.] (741–768), er wolle der Welt entsagen; und in diesem Jahr machten sie keinen Heereszug, sondern rüsteten sich beide, Karlmann zu seiner Reise und Pippin, um seinen Bruder ehrenvoll mit Geschenken zu entlassen. Da begab sich Karlmann nach Rom, ließ sich dort scheren und baute auf dem Sorakte [nördlich von Rom] ein Kloster zu Ehren des hl. Silvester. Hier blieb er eine Zeitlang, zog dann weiter nach Montecassino zum hl. Benedikt und wurde dort Mönch.

Die Reichsannalen, zum Jahr 745 und 746, in: Ausgewählte Quellen zur deutschen Geschichte des Mittelalters, Bd. 5, Darmstadt 1993, S. 11 und 13.

M 6 Christliche Herrschaftsauffassung

Ein französischer Historiker schreibt über Karl den Großen (768–814):

Zu Karls Wesenszügen gehören auch die tiefe Frömmigkeit und das Bewusstsein, als Herrscher in Glaubensangelegenheiten Verantwortung zu tragen. Er war verpflichtet, sein Reich gegen heidnische Angriffe seitens der Sachsen wie der Moslems zu verteidigen. Unter diesem Aspekt konnten Kriegszüge auch den Charakter eines Unternehmens für den Glauben annehmen. Vor dem Aufbruch zum Kampf gegen die Awaren im Jahr 791 betete und fastete das fränkische Heer drei Tage lang. Außer den Kranken, den Alten und den ganz jungen Kriegern durfte niemand Wein und Fleisch zu sich nehmen, die Geistlichen gingen barfuß und rezitierten Psalmen. Als Vorbereitung des Heeres auf den unmittelbar bevorstehenden Kampf erscheinen diese Maßnahmen ungewöhnlich. Karl der Große wollte die Herrschaft Christi so weit wie möglich ausdehnen und das Gottesreich wieder errichten.

Pierre Riché, Die Karolinger. Eine Familie formt Europa, München 1991, S. 116.

M 7 Leben und Tod

Der Geistliche Heinrich Seuse (gestorben 1366) schrieb Folgendes:

Wer es recht bedenkt, so mag des Menschen Geburt in diese elende [Elend = Ausland] Welt wohl heißen ein Tod wegen der Not und Arbeit [Mühe], die ihm bereitet ist. So mag aber auch der leibliche Tod wohl heißen eine neue Geburt wegen des schweren Leibes Abfall und des freien Eingangs in die ewige Seligkeit. Wem nun seine Augen aufgetan sind, diese Wahrheit kundlich zu erkennen, dem wird sein Tod desto leichter. Wer aber dies nicht ansehen kann, dessen Klage wird groß sein und sein unbekannter Tod desto strenger [...]. Darum, mein Kind, richte dein Herz, deine Hände und Augen hinauf in das himmlische Vaterland und grüße es mit Begierde deines Herzens und gib deinen Willen in Gottes Willen.

Zit. nach: Theodor Humpert, Klösterliches Leben und volkstümliche Frömmigkeit im Mittelalter, Stuttgart 1955, S. 29.

M 8 Geißlerzug

Im Jahr 1349 kamen ungefähr 200 Geißler nach Straßburg:

Sie hatten die kostbarsten Fahnen von Sammettüchern, rau und glatt, und von Baldachinen die besten. Die trug man vor, wo sie in die Städte und Dörfer gingen, und man läutete alle Glocken ihnen entgegen. [Zur Buße] zogen sie sich nackt aus bis auf die Hose und sie taten Kittel oder weiße Tücher um sich, die reichten vom Gürtel bis auf die Füße. Sie [...] legten sich nieder in einen weiten Ring [...]; so fing ihr Meister an, wo er wollte, und schritt über einen und schlug ihn mit der Geißel auf den Leib [...]. [Hernach gingen sie je zwei um den Ring und] geißelten sich mit Geißeln von Riemen, die hatten Knoten voran, darein waren Nägel gesteckt, und sie schlugen sich über ihren Rücken, dass mancher sehr blutete.

Theodor Humpert, Klösterliches Leben und volkstümliche Frömmigkeit im Mittelalter, Stuttgart 1955, S. 37 f.

Aufgaben

1. Bearbeite die Quellenauszüge aus der Zeit vom 8. bis zum 14. Jahrhundert. Inwieweit werden hier jeweils typische Elemente der mittelalterlichen Frömmigkeit deutlich?
   → M5–M8
2. Erkläre, warum für die Menschen im Mittelalter die Religion eine so große Rolle gespielt hat.
3. a) Vergleiche die Einstellung der mittelalterlichen Menschen zur Religion mit der heutigen.
   b) Finde Gründe für mögliche Unterschiede.

M 1 **Schmuckformen**
am Speyerer Dom

Romanik – Das Beispiel Speyer

In Speyer am Rhein errichteten die Herrscher aus dem Haus der Salier zwischen 1030 und 1106 einen Dom als Begräbnisstätte für sich und ihre Frauen. Mit 134 m Länge war er eine der größten Kirchen der Christenheit. Dieses Bauwerk kann als Musterbeispiel des romanischen Stils gelten (etwa 900–1200) „Romanisch" heißt er, weil er überall den gewölbten Bogen der antiken römischen Bauten verwendet: an Türen und Fenstern, als Arkaden über Säulen und Pfeilern, bei den Gewölben und als Schmuck der Wände. Der runde Bogen ist geradezu das Erkennungszeichen der romanischen Baukunst.

Außer dem Bogen übernahmen die Baumeister der Romanik von den Römern auch die Grundform der Kirchen: die Basilika. Basiliken sind große, lang gestreckte Hallen, deren Wände auf Säulen stehen; an beiden Seiten sind schmalere und niedrigere Räume angegliedert. Wegen ihrer Formen heißen sie Haupt- und Seitenschiffe. Der Haupteingang kann an der Längsseite oder, wie in Speyer, an der westlichen Schmalseite liegen. Im Osten sind die Basiliken meist mit halbrunden Anbauten, den Apsiden (Sing. = Apsis), abgeschlossen.

M 2 **Die große Unterkirche (Krypta)**
Speyerer Dom

Die Innenwände und Holzdecken der romanischen Kirchen waren oft reich bemalt. Davon ist nur wenig erhalten geblieben im Gegensatz zum plastischen Schmuck, den die romanischen Steinmetze an den Toren, den Fenstergewänden, an Säulenköpfen (Kapitellen), Friesen und Altären anbrachten. Als Schmuckformen verwendeten sie alles, was sich in Stein hauen ließ, vielfach auch Tiergestalten und Fabelwesen. Den Bauherren und Architekten kam es hauptsächlich darauf an, dass die Kirchen wie überdimensionale Burgen Gottes aussahen und mit ihren Türmen die Fachwerkhäuser der Städte und Dörfer überragten. So wurden in ganz Europa steinerne Kirchen gebaut, von denen noch viele erhalten sind.

M 3 Stiftskirche in Gernrode
Die romanische Kirche ist eines der wenigen Baudenkmäler aus ottonischer Zeit. Gernrode liegt an der „Straße der Romanik" in Sachsen-Anhalt.

M 4 Blick von Süden auf den Speyerer Dom

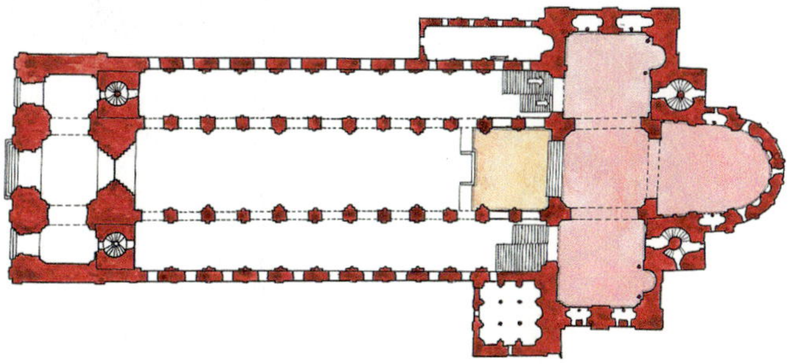

M 5 Grundriss des Speyerer Domes

Aufgaben

1. Suche auf den Fotos Merkmale des romanischen Stils.
2. Erläutere, warum die Kirchen nach Osten ausgerichtet waren.
3. Erkundige dich über romanische Kirchen in deiner Umgebung oder auch an Urlaubsorten in Europa. Prüfe, ob es sich um Basiliken handelt.
4. Vergleiche das Foto des Speyerer Doms mit dem Grundriss. Wodurch versuchten die Architekten den gewaltigen Eindruck zu steigern?

Gotik – Das Beispiel Reims

Der neue gotische Stil wurde seit der Mitte des 12. Jahrhunderts in Frankreich entwickelt und verbreitete sich von dort aus über ganz Europa. Die Kathedrale von Reims in der Champagne, die Krönungskirche der französischen Könige, ist eines der bekanntesten Beispiele für diesen Baustil.

„Gotisch“ war ursprünglich abwertend gemeint. Nach dem Mittelalter empfanden die Menschen nämlich diese Kunst als barbarisch und „unzivilisiert“ wie die Goten. Die Gotik ist jedoch alles andere als barbarisch. Die Kirchenbauten verwirklichen vielmehr ein großes theologisches Programm: Durch die bunten Glasfenster mit Szenen aus der Bibel und den Heiligenlegenden sollte den Menschen in der Kirche die Schönheit Gottes als Licht und Farbe vor Augen treten.

Technisch möglich wurde dieses Bauprogramm erst durch die Einführung des spitzen Bogens, an dem die gotischen Bauten leicht zu erkennen sind. Wie Baumstämme wachsen die Pfeiler bis in die hohen Gewölbe. Die Gewölbe mussten allerdings durch Strebepfeiler abgestützt werden. Die Flächen zwischen diesem Skelett lassen Raum für riesige Fenster. Diese erhielten zur Verstärkung dünne steinerne Stege, das sogenannte Maßwerk. Aber sogar diese technischen Elemente nutzten die Baumeister zu religiösen Aussagen. Hoch auf den Strebepfeilern brachten sie kreuzförmige Blüten an. Und die Formen des Maßwerks nutzten sie als Symbole: zweiteilige Formen symbolisierten die beiden Bücher der Bibel, das Alte und das Neue Testament, dreiteilige die Dreifaltigkeit, vierteilige die vier Evangelisten oder die christlichen Haupttugenden; sechsteilige Fenster symbolisierten die sechs Tage der Schöpfung und zwölfteilige Rosetten waren Sinnbild für die Jünger Jesu oder die zwölf Stämme des Gottesvolkes.

M 1

Großes Rosenfenster der Kathedrale Reims

G Gott
E Zwei Engel, die Kronen in den Händen tragen
P Vier Propheten: Jesaja, Jeremia, Hesekiel, Daniel
K Sechs Könige Israels
A Zwölf Apostel
M Tod der Maria, der die Kathedrale geweiht ist (Notre Dame)
W Zwei Engel mit Weihrauchgefäßen

In den 24 freien Feldern sind musizierende Engel dargestellt.

Maßwerkformen

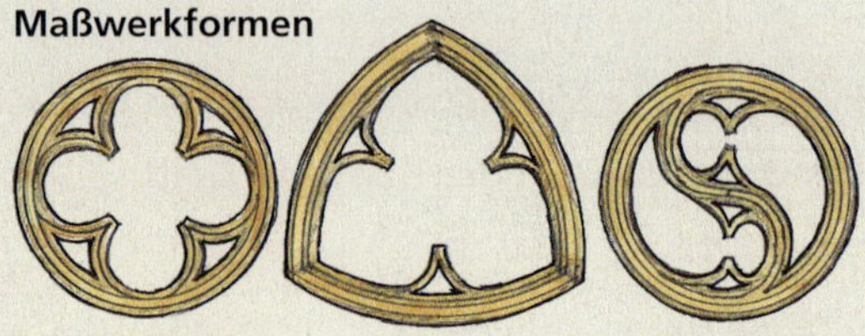

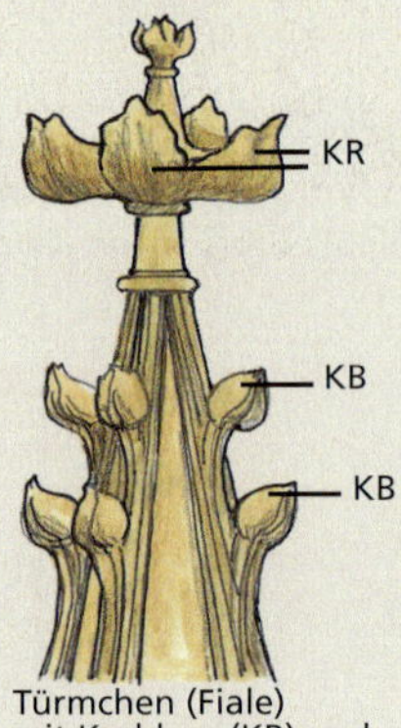

Türmchen (Fiale) mit Krabben (KB) und Kreuzblume (KR)

M 2 Wand des Hauptschiffes
Aufrisszeichnung

M 3 Fassade der Kathedrale

M 4 Hauptschiff der Kathedrale von Reims

Aufgaben

1. Suche auf den Bildern der Kathedrale von Reims Merkmale des gotischen Stils.
2. Was soll mit der großen Rosette der Westfassade von Reims ausgesagt werden?

M 1 Steinportal im Freiburger Münster
In dem um 1200 begonnenen Freiburger Münster befindet sich in der Kirche ein Steinportal, welches bis ins Spätmittelalter hinein als Eingang zu einer kleinen Kapelle, der sogenannten Nikolauskapelle, diente. Es dürfte um 1210 entstanden sein. Seine Reliefs zählen zum ältesten figürlichen Schmuck der Kirche.

M 2 Deutung eines Wissenschaftlers

Der Historiker Konrad Kunze deutet die Figur wie folgt:

In einem Korb sitzt, kenntlich an seiner Krone, ein König. Der Korb hängt an einem Seil, dessen Enden zwei Greifen um den Hals gebunden sind. Der König hält jedem von ihnen einen aufgespießten Hasen vor den Schnabel, die hungrigen Vögel schnappen danach und heben auf diese Weise den Korb mit dem König in die Luft. Es ist Alexander der Große, von dem die Sage berichtet, dass er nach der Eroberung der ganzen Welt sich auf diese Weise auch noch in den Himmel erheben wollte. Er stieg so hoch auf, dass er die Erde unter sich „wie einen kleinen Hut" im Meer liegen sah (Rudolf von Ems, um 1250). Als er sah, wie winzig die Welt wirklich ist, kam es ihm sinnlos und lächerlich vor, sich auf ihre Eroberung eingelassen zu haben.

Konrad Kunze, Himmel in Stein. Das Freiburger Münster, Freiburg im Breisgau 1987, S. 84 f.

Ausstattungselemente einer Kirche

Wenn wir heute mittelalterliche Kirchen bewundern, so dürfen wir nicht vergessen, dass sie ursprünglich nicht als Sehenswürdigkeiten oder Baukunstwerke, sondern als Gotteshäuser gebaut wurden. Alles an und in ihnen hatte religiöse Bedeutung. Das fängt schon mit der Ausrichtung des Grundrisses der Kirche von Westen nach Osten an und gilt für alle weiteren Ausstattungselemente einer mittelalterlichen Kirche. Dazu gehören etwa der Altar, die Türme, die Kanzel, die Glocken, die Portale, die Pfeiler, der Eckstein, die Figuren, die Reliquien und vor allem die Fenster.

„Schrift für Analphabeten"

Die reiche künstlerische Ausstattung des Kirchengebäudes mit Bildern und Figuren diente aber nicht nur zur Verherrlichung Gottes, sondern auch zur Belehrung der Gläubigen. Die Bilder erzählten den Menschen Geschichten. Bis zum 15. Jahrhundert hatte nur ein verschwindend geringer Teil der Bevölkerung Gelegenheit, lesen und schreiben zu lernen. Insofern hatte das Kircheninnere auch die Funktion, die Gläubigen auf bildhaft-symbolische Weise über den Glauben aufzuklären.

Bild- und Sachsymbolik

Zu den traditionellen Elementen der mittelalterlichen Kunst gehört die Symbolik, die wir heute oft nur noch schwer entschlüsseln können, ohne deren Kenntnis man aber die Aussagen solcher Kunstwerke nur teilweise versteht. Symbolik bedeutet, dass man bei dem, was man vordergründig sieht, nicht stehenbleiben darf. Denn das, was man sieht, steht für etwas anderes, das man nicht sieht; es hat eine Bedeutung. Ein Symbol ist ein Sinnbild, als das über sich hinaus auf etwas Allgemeines verweist, so ist das Kreuz ein Symbol für den christlichen Glauben. Das gilt auch für den Schädel, der häufig unter einem Kreuz liegt. Der Schädel ist nicht einfach ein Totenkopf, sondern steht nach mittelalterlichem Verständnis für den „alten Adam" (Adam und Eva im Paradies), der den Tod brachte. Das Kreuz hingegen steht für den „neuen Adam" (Christus als Erlöser der Menschheit), der die Auferstehung in die Welt brachte.

Aufgaben

1. a) Beschreibe die einzelnen Elemente der dargestellten Figur möglichst präzise.
   b) Formuliere einen ersten Gesamteindruck, den die Figur auf dich macht.
   → M1
2. Erkläre, wie der Historiker Konrad Kunze die Figur deutet.
   → M2
3. Welche Lehre sollte der Kirchenbesucher aus dieser Darstellung vermutlich für sich selbst ziehen?

Die Grundherrschaft

Grundherrschaft – Herrschaft über Land und Leute

Im Unterschied zu heute lebten im Mittelalter die meisten Menschen als Bauern. Ihr Leben war durch die Arbeit in der Landwirtschaft geprägt und durch ihre Stellung in der Grundherrschaft.

„Grundherrschaft“ ist ein moderner Begriff, den die Menschen im Mittelalter nicht kannten. Er bedeutet nicht nur, dass jemand Herr über ein bestimmtes Gebiet war, sondern auch über die dort wohnenden Menschen. Grundherrschaft heißt also: Herrschaft über Land und Leute. Hinweise darauf, wie dies im Einzelnen geregelt war, finden sich zum Beispiel in alten Güterverzeichnissen. Dort ist der Besitz eines Klosters oder eines Adligen genau aufgelistet und dort steht, was die einzelnen Höfe an Abgaben zu leisten hatten. Aus Urkunden erhält man Aufschluss über Schenkungen und Besitzwechsel. Diese vielen einzelnen Informationen ermöglichen es, sich eine Vorstellung von der Grundherrschaft zu machen, die das Leben so vieler Menschen über Jahrhunderte hinweg bestimmte.

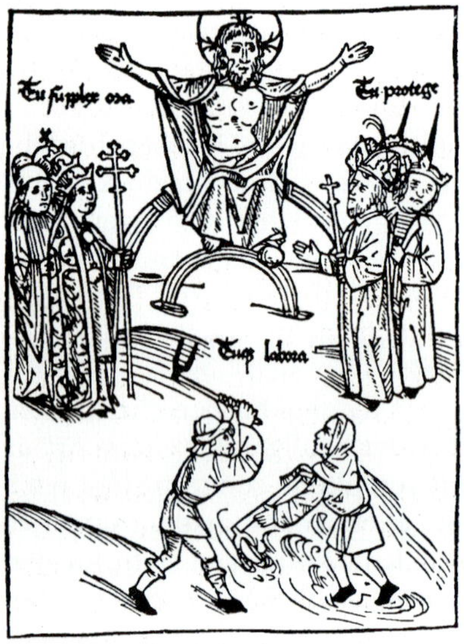

M 1 Ständebild
Auf dem Holzschnitt aus dem Jahr 1492 sind die drei wichtigsten Stände dargestellt: die kirchlichen Würdenträger, die Adligen und die Bauern. Die Inschriften weisen ihnen ihre Aufgaben zu: „Du sollst unterwürfig beten" – „Du sollst schützen" – „Du sollst arbeiten". Darüber thront Jesus auf einem Regenbogen.

Grundherr und Grundhöriger

In der Grundherrschaft bestand ein Verhältnis zwischen einem Grundherrn und einem Grundhörigen (der auf den Grundherrn „hören“ musste). Der Grundherr konnte der König, ein Adliger, ein Bischof oder auch ein Kloster sein. Die Grundhörigen waren Bauern – arm oder wohlhabend und mehr oder weniger abhängig vom Grundherrn.

Der Grundherr überließ den Grundhörigen im Allgemeinen ein Stück Land zur Bewirtschaftung, sorgte für deren Schutz, regelte die Bewirtschaftung des Landes und hielt Gericht. Die Grundhörigen bewirtschafteten das Land, leisteten dem Grundherrn Abgaben und waren verpflichtet, für ihn sogenannte Frondienste, das heißt „Herrendienste“, zu verrichten. Wichtige Entscheidungen wie Heirat oder Umzug musste der Grundherr genehmigen.

Die Bauern waren dem Grundherrn rechtlich nicht gleichgestellt und sie waren in unserem heutigen Sinne nicht frei. Die mittelalterliche Gesellschaft war eine Ständegesellschaft. Die Zugehörigkeit zu einer sozialen Gruppe war durch die Geburt bestimmt: Wer als Grundhöriger geboren wurde, blieb Grundhöriger. Es gab aber große Unterschiede zwischen den Grundhörigen: Der eine musste nur bestimmte Abgaben leisten und arbeitete sonst für sich selbst; ein anderer musste Abgaben leisten und zum Beispiel an drei Tagen für den Grundherren arbeiten; ein Dritter musste Abgaben leisten und darüber hinaus immer dann, wenn der Grundherr es befahl, Dienste für ihn verrichten.

Fronhof und Hufen

Der Mittelpunkt einer Grundherrschaft war oft der sogenannte Fronhof, das heißt Herrenhof: ein Bauernhof, den der Grundherr selbst bewirtschaftete oder durch einen Verwalter bewirtschaften ließ. Dieser Verwalter wurde oft „Meier“ genannt, wovon sich der heutige Familienname ableitet. Dazu hatte der Grundherr Arbeiter, die manchmal so rechtlos wie Sklaven waren, manchmal aber ein eigenes Stück Land hatten. Zur Grundherrschaft gehörten weiterhin einzelne Hufen – das

M 2 Grundherrschaft eines Klosters

Besitzungen des Klosters Benediktbeuren im 9. Jahrhundert (Auswahl)

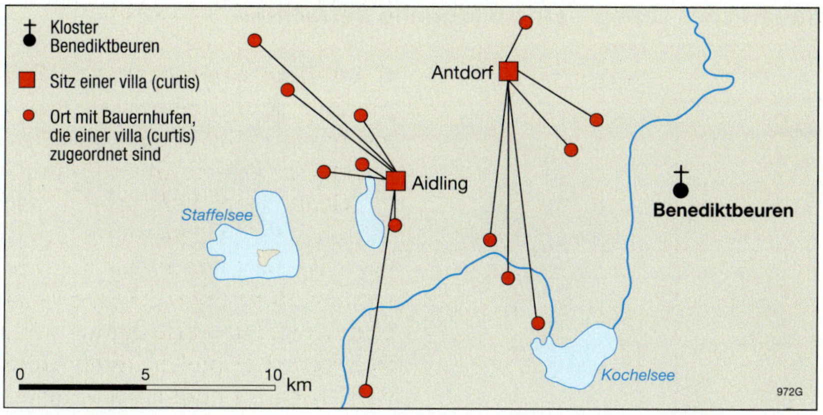

sind Bauernhöfe, die von den dort lebenden Familien selbstständig bewirtschaftet wurden.

Die Entstehung der Grundherrschaft

Aus heutiger Sicht wirkt die Grundherrschaft auf uns fremd: Wieso haben die Bauern nicht gegen ihre eingeschränkte Freiheit protestiert? Dies ist nicht leicht zu beantworten, da nur wenige Schriftstücke aus der damaligen Zeit vorliegen. Folgende Überlegungen helfen aber weiter:

- Die Grundherrschaft war nichts grundsätzlich Neues. Bereits im Römischen Reich gab es einerseits Sklaven, die auf den großen Gütern arbeiteten, und andererseits freie Bauern, die ihr eigenes Land bewirtschafteten, aber bestimmte Abgaben zahlen mussten. Nach dem Ende des Römischen Reiches änderte sich dies nicht grundsätzlich, aber manche Sklaven erhielten von ihren Herren Land, und manche freien Bauern mussten – zum Beispiel wegen Schulden – ihr Land an einen Großgrundbesitzer abgeben. Aus Sklaven und Bauern wurden in einer langen Entwicklung Grundhörige.
- Die Grundherrschaft beruhte auf Gegenseitigkeit. So konnten die Bauern den Kriegsdienst, zu dem sie als Freie zunächst verpflichtet gewesen waren, umgehen. Die Anschaffung einer Ausrüstung und die lange Abwesenheit während der Sommermonate war für die Bauern eine große Belastung, die ihnen nun der Grundherr abnahm. Grundherr und Grundhörige waren aufeinander angewiesen. Sie bewirtschafteten das Land gemeinsam und entwickelten so ein Zusammengehörigkeitsgefühl. Gleichwohl konnte es Streit geben, der einvernehmlich gelöst, oder vor Gericht verhandelt oder auch gewaltsam ausgetragen wurde.
- Die Grundherrschaft ermöglichte es, das Land gut zu bewirtschaften. Im Laufe des Mittelalters wurde immer mehr Land erschlossen, dessen Bestellung den Grundherrn überfordert hätte. Umgekehrt hatten die Grundhörigen die Möglichkeit, gegen Abgaben und Dienste selbstständig einen Bauernhof zu betreiben.

Im Laufe des Mittelalters und der frühen Neuzeit wurden die Frondienste und Abgaben durch Geldzahlungen ersetzt. Die Grundherrschaft blieb aber immer als Grundlage bestehen. Erst im 19. Jahrhundert ist sie endgültig abgeschafft worden.

Bäuerliches Leben – Eine Bildquelle betrachten

M 3 Bilder von Bauern

In einer mittelalterlichen Handschrift, die Fragen der Zeitrechnung behandelt, finden sich die folgenden Abbildungen. Sie zählen zu den frühesten Darstellungen bäuerlicher Tätigkeiten. Das Werk entstand im Jahr 818 n. Chr auf Anregung Karls des Großen.

M 4 Ein Güterverzeichnis

Im vor 829 entstandenen Güterverzeichnis, einem sogenannten Urbar, des Klosters Saint-Germain-des-Prés werden die Besitzungen des Klosters und Verpflichtungen der Grundhörigen in Nogent aufgeführt. Aripenni, perticae und bunuariae sind Flächenmaße, die regional unterschiedlich verwendet wurden und deren genaue Größe nicht mehr feststellbar ist. Der erste Satz des lateinischen Originals lautet:

„Habet ibi de prat[o] arip[ennos] XLIII ubi poss[unt] colligi de feno carra CXX."

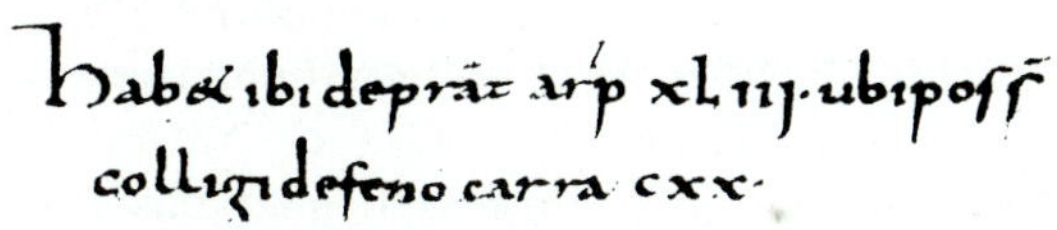

Die Übersetzung heißt:

Es besitzt dort 43 aripenni Wiesen, von denen 120 Fuder Heu geerntet werden können.
Es besitzt dort Wald, der insgesamt auf 15 Meilen im Umkreis geschätzt wird, in dem 1000 Schweine gemästet werden können.
Es besitzt dort eine Mühle, aus der ein Zins von 30 Scheffeln Getreide hervorgeht.
Es besitzt dort eine Kirche. [...]
Der Hörige Vulfradus und seine Frau, eine Freie namens Ermoara, haben bei sich drei Kinder mit diesen Namen: Vulfricus, Aldeberga, Vulfildis. Er bewirtschaftet 1 mansus ingenuilis [selbstständiger Hof besserer Qualität] bestehend aus 11 bunaria Ackerland, 2 aripenni Weinberg, 3 aripenni Wiesen. Er zinst für den Kriegsdienst 10 Scheffel Wein, für die Schweinemast 3 Scheffel [...]. Er pflügt für die Wintersaat 6 perticae, zur Frühjahrssaat 3 perticae. Bittfrontage [Arbeitstage für den Herrn], Holzschlag, Hand- und Spanndienste, so viel ihm befohlen wird. 3 Hühner, 15 Eier. Er transportiert Wein, wohin ihm befohlen wird. 100 Schindeln. Er bearbeitet auf der Weise 1 aripennum. [...]
Der Hörige Probardus des heiligen Germanus bewirtschaftet 1 mansus servilis [Hof minderer Qualität], bestehend aus 2 bunuaria Ackerland, 4 aripenni Wiesen. Er pflügt für die Wintersaat 2 perticae, für die Frühjahrssaat 1 perticae. 3 Hühner, 15 Eier. In jeder Woche 3 Tage.

Aus: Ludolf Kuchenbuch, Grundherrschaft im frühen Mittelalter, Idstein 1991, S. 121, 125.

M 5 Eine Schenkung

Engilram schenkt seinen Besitz dem Kloster St. Gallen. In der Urkunde vom 20. Mai 838 heißt es:

Im Namen Gottes habe ich, Engilram, aus Ehrfurcht vor Gott und für mein Seelenheil beschlossen, dass wir durch die Hand meines Bruders Pato mein gesamtes Allod [Eigentum], das ich in Alamanien zurzeit als meinen Besitz betrachte, dem Kloster St. Gallen, wo jetzt Bernwicus als Abt der Herde Gottes vorzustehen beliebt, übergeben und übertragen wollen. [...] Bei dieser Schenkung stellen wir die Bedingung, dass unserer Schwester Thiotpuruch diese Schenkung auf ihre Bitte für sich erhalten und zu ihren Lebzeiten den Nießbrauch besitzen und daher Zins bezahlen soll.

Aus: Ludolf Kuchenbuch, Grundherrschaft im frühen Mittelalter, Idstein 1991, S. 145 f.

Aufgaben

1. Stelle wichtige Elemente der Grundherrschaft in einem Schaubild dar. → Text
2. a) Beschreibe möglichst genau, was auf den einzelnen Abbildungen dargestellt ist.
   b) Weshalb wählte man bäuerliche Tätigkeiten, um den Jahreslauf darzustellen?
   c) Beurteile die Aussagekraft der Abbildungen über das Leben der Bauern im frühen Mittelalter.
   → M3
3. a) Welche Leistungen der Grundhörigen kann man zu Gruppen zusammenfassen?
   b) Vergleiche die Situation von Vulfradus mit der von Probardus.
   → Text, M4
4. a) Welche Motive hatte Engilram bei seiner Schenkung?
   b) Welche Regelungen werden im Hinblick auf seine Schwester Thiotpuruch getroffen?
   c) Suche Gründe für diese Bedingungen.
   → M5
5. Stelle Vor- und Nachteile der Grundherrschaft in einer Tabelle gegenüber. → Text, M4, M5

Bauern im Mittelalter

Die Lebenswelt der mittelalterlichen Bauern – Eine fremde Welt

Die mittelalterliche Gesellschaft war eine Agrargesellschaft. Über 90 Prozent der Bevölkerung waren in der Landwirtschaft tätig. Die Bauern versorgten nicht nur sich selbst mit Nahrung und Kleidung. Sie sicherten mithilfe ihrer Überschüsse auch das Leben der unterschiedlichsten kirchlichen und adligen Grundherren sowie der städtischen Bevölkerung.

M 1 Bauernhäuser
Nachbauten mittelalterlicher Häuser in einem Berliner Museumsdorf, aktuelles Foto

Quellen zum Leben der Bauern im Mittelalter

In Güterverzeichnissen, sogenannten Urbaren, sind Steuern und Abgaben aufgelistet. Sie erlauben Rückschlüsse auf die Größe der Höfe, auf Art und Anzahl des Viehs und auf die angebauten Feldfrüchte. Sie sagen jedoch nichts über das Alter und die Lebenserwartung der Menschen aus. Darüber können aber Gräber Aufschluss geben. Archäologische Funde tragen zu Kenntnissen über das Aussehen der Häuser, des Viehs oder der angebauten Pflanzen bei. Schließlich machen im späten Mittelalter Bildnisse von Bauern und ihren Tätigkeiten die Lebenswelt der Landbevölkerung vorstellbar. Doch lässt keine der genannten Quellen die Bauern selbst zu Wort kommen. Die zeitgenössischen mittelalterlichen Darstellungen erfolgen meist aus der Sicht der Oberschichten.

Wohnbedingungen

Man spricht in Bezug auf das Mittelalter auch vom „hölzernen Zeitalter“, denn Holz war der Werkstoff der Zeit. Werkzeuge, Schiffe, Wagen und Behausungen, auch Kirchen, fertigten die Menschen vor allem aus Holz. Die Dächer bestanden bei Bauernhäusern aus Stroh oder Holzschindeln.

Nur das offene Herdfeuer heizte die Häuser, dessen Rauch durch Tür- oder Dachöffnung abziehen konnte. Später unterteilte man die Häuser in einzelne Kammern, ersetzte die offene Herdstelle durch einen geschlossenen Herd oder Ofen und baute Stuben ein.

M 2 Hölzerne Schüsseln und ein vornehmes Trinkglas
Funde aus dem Mittelalter

Arbeitsbedingungen

Der wirtschaftliche und rechtliche Rahmen für die Tätigkeit der Bauern war die Grundherrschaft. An einigen Tagen der Woche waren die Bauern mit Hand- und Spanndiensten für den Grundherrn beschäftigt. Außerdem mussten sie von der Ernte der Felder und von den anderen Erträgen des Bauernhofs Abgaben leisten.

Etwa seit dem 12. Jahrhundert wandelten sich die Pflichten dieser „hörigen Bauern“. Frondienste wurden für die Grundherren immer unwichtiger, weil sie ihre eigenen Betriebe verkleinerten oder ganz auflösten. Deshalb gewannen Abgaben von Naturalien oder Geldzahlungen an Bedeutung.

Landwirtschaftliche Geräte

Ein wichtiges Gerät war der Pflug. Im Frühmittelalter überwog der Einsatz eines einfachen Hakens, um den Boden aufzureißen. Aus einer bildlichen Quelle hat man einen gesicherten Nachweis, dass erst seit

M 3 Vornehmer Besuch in der Bauernstube
Gemälde von Jan Bruegel, das nicht im Mittelalter, sondern erst um 1597 entstanden ist.

M 4 Ein Schwein wird geschlachtet
Buchmalerei, um 1520

dem Ende des 11. Jahrhunderts Pflüge mit einem Streichbrett zum Wenden der Erdschollen eingesetzt wurden.

Als Zugtiere waren Ochsen am weitesten verbreitet. Daneben wurden auch Pferde verwendet. Die Gerätschaften der Bauern wurden im Laufe der Zeit verbessert. Das gilt etwa für die Mähgeräte. Zunächst hat man Sicheln zum Mähen des Getreides eingesetzt. Sensen, die mit ihrem langen Stiel den Bauern die Arbeit erleichterten, blieben bis ins 12. Jahrhundert eher selten. Der Grund war vermutlich, dass beim Sensen zu viele Körner auf den Boden fielen.

Zum Dreschen des Getreides ließ man das Vieh das Korn austreten. Dann wurden Stöcke verwendet. Schließlich benutzen die Bauern Dreschflegel, die aus zwei miteinander beweglich verbundenen Stöcken bestanden.

Für den Transport von landwirtschaftlichen Produkten gab es zwei- oder vierrädrige Wagen. Daneben wurden Waren auch auf Packtieren oder auf den Schultern der Bauern zu den Märkten transportiert.

Ackerbau und Nutztiere

Weit verbreitet war die seit dem 9. Jahrhundert bekannte Dreifelderwirtschaft mit Brache, Wintergetreide (Weizen, Roggen) und Sommergetreide (Hafer, Gerste). So konnte das Brachland reduziert und der Ertrag gesteigert werden. Die Getreideerträge lagen aber mit dem 2,5 bis 3-fachen der Saatmenge im Mittelalter nicht sehr hoch.

Tiere wurden gehalten, um die Menschen mit Nahrung zu versorgen, Rohstoffe für Kleidung und Gerätschaften zu liefern und als Trag- und Zugtiere.

Die Dreifelderwirtschaft mithilfe von Grafik und Darstellung verstehen

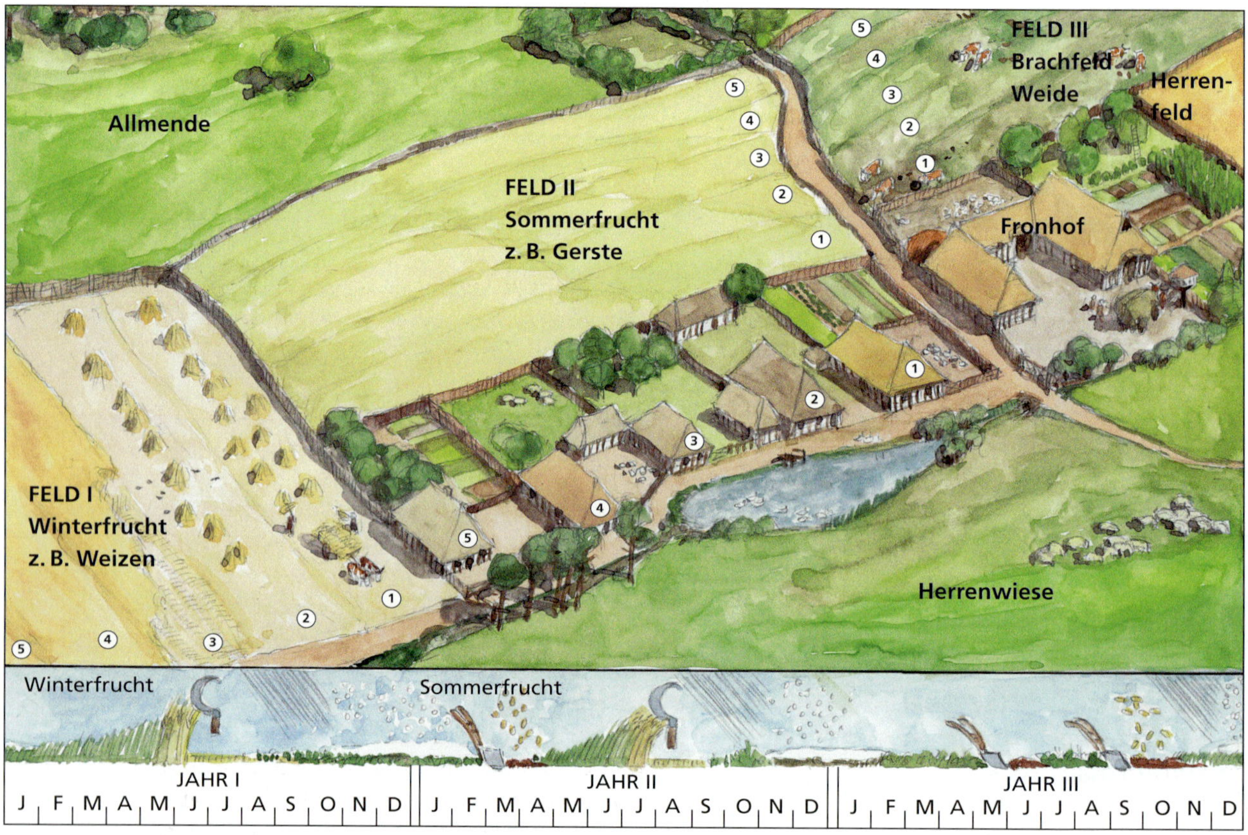

M 5

M 6 Eine wissenschaftliche Darstellung

Der Historiker Hans-Werner Goetz beschreibt die Dreifelderwirtschaft:

Machten sich trotz der Vielfalt der Arbeiten gerade im landwirtschaftlichen Betrieb die Saisonarbeiten bemerkbar, so brachte die Einführung der Dreifelderwirtschaft eine etwas kontinuierlichere [gleichmäßigere] Verteilung der Arbeiten über das Jahr. Die anfangs betriebene Feldgraswirtschaft, bei der man den Boden so lange bearbeitete, wie er Früchte trug, und dann brach liegen ließ, wurde vielerorts bald durch eine Fruchtwechselwirtschaft abgelöst: Bei der Zweifeldwirtschaft teilte man den Acker in zwei Teile; die eine Hälfte wurde bebaut, die andere lag brach, damit der Boden sich erholte; im nächsten Jahr war es umgekehrt. Dieses System wurde durch die Dreifelderwirtschaft vervollkommnet. […] Das Land wurde demnach in drei Teile geteilt: Das erste Drittel trug im ersten Jahr Wintergetreide (Weizen, Roggen, Dinkel, Gerste), das im Herbst ausgesät und im folgenden Frühsommer geerntet wurde, und diente anschließend als Stoppelweide, im folgenden Jahr trug es Sommergetreide (Hafer, Gerste) oder Hülsenfrüchte, d.h. man pflügte im Frühling und erntete im Hochsommer; danach diente das Feld wieder als Stoppelweide und lag dann im Winter und im kommenden (dritten) Frühjahr brach, wurde im Juni gepflügt und lag erneut brach, bis es im Spätherbst noch einmal gepflügt und mit Winterkorn besät wurde, sodass der Rhythmus von Neuem begann. Die Bearbeitung der beiden anderen Teile des Landes verschob sich um jeweils ein Jahr. […] Schuf die Dreifelderwirtschaft mit ihren besseren Möglichkeiten und Arbeitsbedingungen also höhere Erträge und mehr Qualität, so setzte sie andererseits eine Umverteilung des Bodens voraus. Denn nicht der einzelne Bauer konnte seine kleinen Parzellen in drei noch kleinere Teile teilen, vielmehr musste die Dorfflur insgesamt in mindestens drei Zelgen aufgeteilt werden, an denen jeder Bauer seinen Anteil erhielt.

Hans-Werner Goetz, Leben im Mittelalter, München 1994, S. 150 f.

Was aßen die Menschen früher? – Informationen aus Quellen und Darstellungen

M 7 Hunger

Eine zeitgenössische Quelle berichtet (1343):

Im Jahr 1343 war in Unterbayern eine solche Teuerung ausgebrochen, dass die Einwohner die Rinden von den Bäumen abschälten. Sie zerrieben dieselben, mischten sie mit viel ebenfalls zerriebenem Heu, machten einen Teig wie zu Brot daraus und aßen ihn; oder sie zerstampften jene Sachen in der Mühle, mengten sie unter abgekochten, mit Wasser und Salz bespritzten Wegerich, verzehrten dies und bezwangen die Qual eines grauenhaft herrschenden Hungers.

Johannes von Winterthur, aus: Auf dem Land. Aus dem mittelalterlichen Leben, Bern 1989, S. 83.

M 8 Essen einfacher Schichten im Mittelalter:

Aus einem anonymen Lehrgedicht (13. Jh.):

Man befahl Ihnen [den Bauern] als Leibesnahrung
Fleisch und Kraut und Gerstenbrei,
doch ohne Wildbret sollten sie sein,
zum Festtag Hirse, Linsen und Bohnen.
Fisch und Öl ließen sie schön
die Herren essen, das war Sitte. […]
Er [der Bauer] sprach: „Meine Gemahlin traut,
leg wenig Fleisch in unser Kraut,
damit der Schinken lange reicht."
Sie sprach: „Lieber Rüeger [Name des Bauern],
hätt ich doch eher dran gedacht,
ich behalte sehr gern das Gut."
Also gab sie nach im Streit.
Des Morgens zur Essenszeit
trug sie ihm das Kraut dann auf.

Siegfried Epperlein, Bäuerliches Leben im Mittelalter, Köln/Weimar/Wien 2003, S. 205 f.

M 9 Mittelalterliche Ernährung

Der Historiker Arno Borst berichtet in seinem Buch „Lebensformen im Mittelalter" über die Ernährungsgewohnheiten der einfachen Bevölkerung im Mittelalter:

Im 13. Jahrhundert ist Brot kein Leckerbissen mehr wie im 10. Jahrhundert, wo selbst vornehme Mönche nicht jeden Tag Brot bekommen; auch der Arme hat Anspruch auf Brot. Ähnliches gilt für Wein, dessen Qualität freilich fast durchweg bescheiden ist.
Brot und Wein sind so verbreitet, weil Rodung und Landesausbau die Vermehrung der Ackerflächen und Weinberge ermöglicht haben; technische Verbesserungen an Mühlen und Keltern tragen dazu ebenso bei wie Transporterleichterungen durch Straßenbau und Marktverflechtung.
Trotzdem bestehen noch im Hochmittelalter und in wohlhabenden Häusern die Grundnahrungsmittel aus Brei und Mus. Bestehen bleiben außerdem die sozialen Differenzierungen im Speisezettel; Fleisch ist vornehmen Kreisen vorbehalten, die Wildbret jagen, während Bauern nur einmal im Jahr ihr Schlachtfest mit Schweinefleisch halten und sich sonst mit Pflanzenkost und Milchprodukten begnügen.
Von ihren Bestandteilen her gesehen war die mittelalterliche Ernährung, […] gemischt, doch überwog pflanzliche Nahrung die tierische bei weitem. Bei aller Verbesserung der Quantität blieb die Qualität ziemlich gleich. Wer satt werden wollte, musste viel essen; der Reiche aß nicht besser, sondern mehr.

Arno Borst, Lebensformen im Mittelalter, Frankfurt u. a.1979, S. 189.

Aufgaben

1. Fasse mit eigenen Worten zusammen, was du über den bäuerlichen Lebensstandard erfährst.
   → Text
2. a) Bearbeite den Text von Hans-Werner Goetz zur Dreifelderwirtschaft.
   b) Erkläre die Begriffe Feldgraswirtschaft, Fruchtwechselwirtschaft und Zweifelderwirtschaft.
   c) Erläutere das Prinzip der Dreifelderwirtschaft. Verwende dafür auch die Abbildung.
   d) Welche Vorteile ergaben sich aus der Dreifelderwirtschaft?
   → M5, M6
3. a) Beschreibe anhand der Quellen, was du über die Ernährungsweise der Bauern im Mittelalter erfährst.
   b) Vergleiche die damalige Ernährung mit den heutigen Ernährungsgewohnheiten.
   → M7, M8, M9

Das Lehnswesen

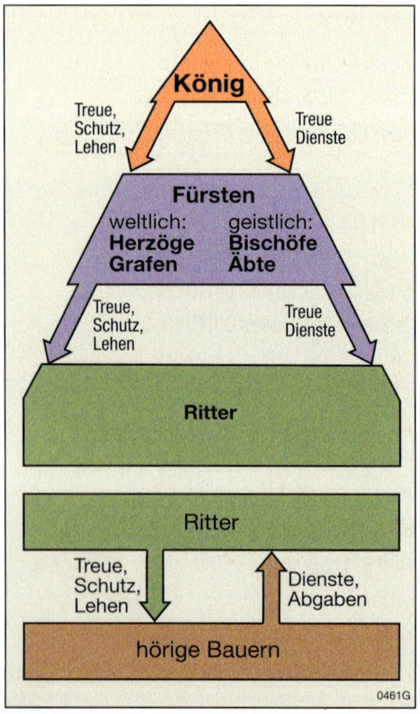

M 1 Lehnspyramide
Das Lehnswesen des Mittelalters lässt sich auch in Form einer solchen Pyramide darstellen.

„Rat und Tat" und „Schutz und Schirm"

Die Grundherren lebten im Mittelalter nicht isoliert voneinander, sondern gingen oft ein Lehnsverhältnis ein. Dabei überließ ein Adliger, der Lehnsherr, einem anderen Adligen, dem Lehnsmann, Land, das lateinisch „feudum" genannt wurde. Der Lehnsmann wurde auch als Vasall bezeichnet; dies bedeutete ursprünglich „Knecht".

Es handelte sich dabei aber nicht um eine Schenkung, sondern, wie der Begriff schon sagt, um eine „Leihe". Der Lehnsherr verpflichtete sich dazu, seinem Lehnsmann „Schutz und Schirm" zu gewähren, ihn insbesondere bei einem Angriff zu verteidigen. Umgekehrt musste der Lehnsmann seinem Lehnsherrn mit „Rat und Tat" zur Seite stehen und im Notfall für ihn kämpfen. Wie die meisten anderen Vereinbarungen wurde dieser „Vertrag" durch eine Reihe von symbolischen Handlungen geschlossen.

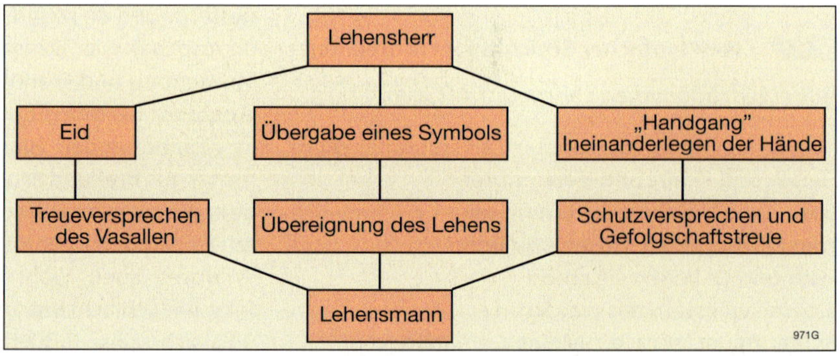

Für beide Seiten bot das Lehnsverhältnis Vorteile. Der Lehnsherr konnte die Teile seines Besitzes, deren Verwaltung ihn als Grundherrn möglicherweise überfordert hätte, zur Steigerung seiner eigenen Macht einsetzen und vergrößerte so seine Gefolgschaft.

Der Lehnsmann gewann, wenngleich er sich seinem Herrn formell unterordnete, mit dem überlassenen Land Macht als Grundherr hinzu und hatte einen mächtigen Verbündeten. Außerdem konnte er hoffen, dass auch seine Nachkommen belehnt und das Lehen gleichsam vererbt werden konnte.

Die Lehnspyramide

Lehnsverhältnisse waren nur zwischen Freien möglich. Sie dienten vor allem zur Machtsteigerung. Das Lehnswesen zeigt, dass es im Mittelalter einen eigenen Adelsstand gab, der vom Bauernstand strikt getrennt war. Adlige waren Grundherren, die untereinander Lehnsverhältnisse eingehen konnten. Auch die Bischöfe zählten zum Adel und konnten Lehen empfangen und vergeben.

An der Spitze des Adels stand der König als oberster Lehnsherr. Die von ihm belehnten großen Herren – die Kronvasallen – vergaben häufig einen Teil ihrer Besitzungen an Untervasallen. So entstand ein Netz von persönlichen Abhängigkeiten zwischen dem König, dem hohen und dem niederen Adel: das Lehnswesen des Mittelalters.

Der „Sachsenspiegel“ – Eine mittelalterliche Bilderhandschrift verstehen

M 2 Ein Bilderbuch des Rechts

Anfang des 13. Jahrhunderts verfasste der Adlige Eike von Repgow ein Rechtsbuch, den sogenannten Sachsenspiegel. Es sollte alle wichtigen Rechtsregeln in der sächsischen Heimat des Autors zusammenfassen. Neben dem Text enthält die Handschrift auch Illustrationen für diejenigen, die nicht lesen konnten. Wichtige Elemente des Lehnswesens sind also bildlich dargestellt:

Bilder aus: Der Sachsenspiegel, ausgewählt und erläutert von Walter Koschorreck, 2. Aufl., Frankfurt /M. 1977, S. 41, 43.

a)

Die Bilderhandschrift verwendet eine festgelegte Bildersprache:

- Lilienkrone: Lehnsherr;
- grüne Farbe: adlige Herkunft;
- Fahne, Ährenbüschel, Ast: Symbole für Lehen;
- Ährenbündel im Kreis: Symbol für Anwartschaft auf ein Lehen;
- erhobener Finger: Gelöbnisgebärde.

b)

c)

Aufgaben

1. Erkläre mit eigenen Worten, was Lehnswesen bedeutet. → Text
2. a) Suche auf den Abbildungen die symbolischen Handlungen, die für die Herstellung eines Lehnsverhältnisses notwendig waren, und erläutere sie.
   b) Woran ist die Unterordnung und woran die Gegenseitigkeit des Verhältnisses zwischen Lehnsherr und Lehnsmann erkennbar?
   c) Überlege, weshalb die Figuren auf den Abbildungen manchmal mit drei oder fünf Armen dargestellt sind.
   d) Welche Bedeutung hat die Abbildung eines Lehnsmannes zwischen zwei Lehnsherren? → M2
3. Welche Vor- und Nachteile hatte das Lehnswesen bei der Durchführung einer militärischen Aktion? → Text
4. Nenne Beispiele für Vereinbarungen, die auch heute symbolisch und nicht schriftlich getroffen werden.
5. Erläutere den Aufbau der Lehnspyramide. → M1

M 1 Aufbruch in den Kampf
Miniatur aus dem 12. Jahrhundert

M 2 Schwertleite
Mittelalterliche Buchmalerei

Adel im Mittelalter

König, Herzog, Graf, Freiherr – die Inhaber solcher Titel werden zu einer Gruppe vornehmer und bevorrechtigter Personen gerechnet, die man zusammenfassend als Adel bezeichnet. Die Ausübung politischer Macht war im Mittelalter dieser Schicht durch Geburt vorbehalten: Die Kinder von Adligen waren selbst wieder adlig. Eine Gesellschaft, in der die Stellung so vererbt wird, wird Ständegesellschaft genannt.

Sowohl ein reicher und mächtiger Herzog als auch ein verarmter Graf ohne nennenswerten politischen Einfluss werden zum Adel gerechnet. Der Adel war also stark gegliedert. Aber fast alle Adligen waren Grundherren. An der Spitze stand der König, dem die hohen Adligen im Rahmen des Lehnswesens untergeordnet waren. Diese hohen Adligen hatten ihrerseits wiederum Lehnsleute.

Die Ministerialen – Aufsteiger des Mittelalters

In einer Ständegesellschaft ist sozialer Aufstieg schwer möglich. Allerdings gelang den sogenannten Ministerialen, die ursprünglich Unfreie waren, dennoch ein bemerkenswerter Aufstieg. Im 11. Jahrhundert begannen geistliche und weltliche Herrn ihr Herrschaftsgebiet intensiver zu verwalten und mit Burgen besser zu sichern. Sie benötigten dafür vertrauenswürdige Dienstmannen, die zusehends unentbehrlich für ihre Herren wurden. Nach und nach gelang es einer Reihe von ursprünglich unfreien Ministerialen, eine adelsgleiche Stellung zu erreichen.

Ritter und Ritterlichkeit

Die Ritterkultur, die seit dem 12. Jahrhundert an Bedeutung gewann, erleichterte diesen sozialen Aufstieg. Zunächst wurde der berittene Kämpfer unabhängig von seiner rechtlichen Stellung als Ritter bezeichnet. Somit galten Ritter nicht generell als Adlige. Die hohen Kosten für die Ausrüstung konnten sich jedoch nur reiche Männer, zumeist Adlige, leisten. Dann wurde der Begriff Ritter auch für Kaiser, Könige und Herzöge übernommen und bezeichnete nun eine Lebensform, die sich an „ritterlichen“ Werten orientierte.

Die Ausbildung zum Ritter

Adlige Kinder wurden vom 7. Lebensjahr an meist zu Hause als Pagen erzogen. Dabei lernten sie unter anderem Reiten und den Kampf mit hölzernen Übungswaffen, aber auch Anstandsregeln, Tanz und Musizieren. Die Ausbildung in Lesen und Schreiben spielte jedoch kaum eine Rolle. Anschließend schickten die Väter ihre Söhne ab dem 14. Lebensjahr zu anderen Adligen. Dort erhielten die Jugendlichen eine verfeinerte Erziehung. Dazu konnte auch das Erlernen verschiedener Sprachen gehören. Die Heranwachsenden lernten die Jagd mit Hunden und Greifvögeln sowie den Umgang mit scharfen Waffen. Außerdem mussten sie ihrem Herrn im Kampf und im Turnier beistehen. Bestandteil der Erziehung war aber auch das gesittete Verhalten gegenüber der adligen Dame.

Hatte sich der Knappe bewährt, wurde er meist mit etwa 21 Jahren in die Ritterschaft aufgenommen. Diesen feierlichen Akt nennt man

„Schwertleite“, da den Knappen das Schwert „umgegürtet“ wurde. Später wurde sie durch den Ritterschlag ersetzt. Danach begann oftmals eine unsichere Zeit, da viele Ritter aus einfacheren Adelsfamilien auf Reisen gingen beziehungsweise Turniere besuchten.

Burgen im Mittelalter

Zentrum des ritterlichen Lebens war die Burg. Ihr ursprünglicher Zweck bestand darin, die in der Nähe lebende Bevölkerung bei einem Angriff zu schützen. Dazu war der Burgherr als Grundherr verpflichtet. Für ihn war die Burg auch als Wirtschaftszentrum wichtig, lebten doch dort Handwerker, deren Produkte auch die Dorfbevölkerung kaufen konnte. Des Weiteren diente die Burg als Wohnung des Burgherrn und war Herrschaftsmittelpunkt. Hier zog der Grundherr die Abgaben seiner Bauern ein und hier sprach er als Gerichtsherr über sie Recht.

Die Wohnungen in den Burgen boten wenig Komfort. Sie waren meist dunkel und schlecht beheizt. Brauchwasser musste erst mühsam aus dem Brunnen geschöpft oder von entfernten Plätzen herangeschafft werden.

M 3 Die Marksburg über Braubach in Rheinland-Pfalz

Die Marksburg ist ein gelungenes Beispiel für eine vollständig überlieferte mittelalterliche Wehranlage. In mehreren Phasen erbaut und erweitert, ist sie vor allem zwischen dem 13. und 15. Jahrhundert entstanden. Anfang des 19. Jahrhunderts diente die eindrucksvolle Wehranlage als Staatsgefängnis und Invalidenunterkunft. Die heutige Faszination der Marksburg scheint keine Grenzen zu kennen: Auf Miyako Island in Japan wurde vor einigen Jahren ein Themenpark errichtet, in dem die rheinische Burganlage im Maßstab 1 : 1 nachgebaut worden ist.

Ideale der Ritter – Text- und Bildquellen vergleichen

M 4 Ritter – im Ideal …

In einem sogenannten Ritterspiegel wurden die Ideale eines Ritters festgehalten:

Ist der Ritter ein guter Christ und eifrig zum Gottesdienst, so empfängt er mit Freuden und Innigkeit das Schwert aus eines Priesters Hand. Wird er nicht in dieser Weise damit umgürtet, so trägt er es wahrlich mit Schanden, denn er soll allezeit Gott zu Ehren damit fechten für die heilige Christenheit und für die Witwen und Waisen, darum nimmt er den Griff, der dem Kreuze gleicht, in die Hand […].
Er soll niemanden bekämpfen, der ihm nicht an Leib oder Gut Übles getan hat oder ein Ungläubiger ist. Er soll sich mit seinen Zinsen und Einkünften begnügen, den Untertanen für Frieden sorgen und nicht mit Gewalt über sie herrschen. Er soll die armen Leute nicht berauben, nicht würgen, noch Christen erpressen und bewuchern. Die Ritter sollen ihren Sold nehmen, mit den Fürsten reiten, die Gerechtigkeit lieben und für sie kämpfen. Darum verbietet Christus nicht, das Schwert zu gebrauchen, sondern sagt nur, man soll niemanden zu Unrecht verderben. […].
Zu einem vollkommenen Manne gehört, dass er gut reiten, schnell auf- und absitzen, gut traben, rennen und wenden kann und mit Verstand von der Erde etwas aufnehmen. Zum zweiten muss er schwimmen, im Wasser tauchen und sich vom Rücken auf den Bauch und vom Bauch auf den Rücken drehen können. Zum dritten muss er mit Armbrust, Büchse und Bogen schießen können: davon hat er bei Fürsten und Herzögen wohl Nutzen. Zum vierten muss er auf Leitern klettern können, wenn es nötig ist, wie etwa im Kriege, auch an Stangen und Seilen. Zum fünften muss er wohl turnieren können, streiten und stechen und recht und redlich tjostieren [einen Zweikampf – den sogenannten Tjost – ausfechten]. Zum sechsten muss er zu Abwehr und Angriff ringen können, auch weit springen und mit der Linken ebenso gut fechten wie mit der Rechten. Zum siebenten muss er bei Tische aufwarten können, tanzen und hofieren, auch Schach zu spielen verstehen und alles, was ihm zur Zierde gereicht.

Der Ritterspiegel des Johannes Rothe, in: Geschichte in Quellen, hrsg. von Wolfgang Lautemann und Manfred Schlenke, Bd. II, Mittelalter, München 1970, S. 450 und 452.

M 5 … und in der Wirklichkeit

Der Geistliche Petrus von Blois in Frankreich schrieb über die Ritter (1204):

Sie plündern und berauben die unbemittelten Diener Christi und […] sie unterdrücken erbarmungslos die Armen […]. Die im Kampf gegen die Feinde des Kreuzes Christi ihre Kräfte beweisen sollten, die liegen lieber mit ihrer Trunkenheit im Streit, geben sich dem Nichtstun hin, erschlaffen in Völlerei, und durch ihr verderbtes und unanständiges Leben schänden sie den Namen und die Pflichten des Rittertums. […] Wenn unsere Ritter zuweilen einen Feldzug unternehmen müssen, werden die Lastpferde nicht mit Waffen, sondern mit Wein beladen, nicht mit Lanzen, sondern mit Käse, nicht mit Schwertern, sondern mit Schläuchen, nicht mit Wurfspeeren, sondern mit Bratspießen. Man meint, dass sie zu einem Gelage ziehen, nicht in den Krieg.

Joachim Bumke, Höfische Kultur. Literatur und Gesellschaft im hohen Mittelalter, Bd. II, München 1986, S. 431 f.

M 6 Ritterromantik
Gemälde von Moritz v. Schwind, 19. Jahrhundert

Die Schwertleite – Quelle und Darstellung im Vergleich

M 7 Schwertleite

a) Gottfried von Straßburg schreibt in seinem Werk Tristan:

So waren der vornehme Herr von Parmenien und sein ganzes Gefolge gemeinsam zum Münster gekommen, hatten am Gottesdienst teilgenommen und auch den Segen empfangen, der ihnen zustand.
Marke nahm Tristan, seinen Neffen, bei der Hand und legte ihm Schwert und Sporen an. „Sieh Tristan, mein Neffe", sagte er, „jetzt, da dein Schwert gesegnet ist und du Ritter geworden bist, denke nach über ritterliche Werte und über dich und wer du bist. Deine Abkunft und Würde halte dir vor Augen. Sei bescheiden und aufrichtig, wahrhaftig und wohlerzogen. Sei gütig zu den Elenden und stolz zu den Mächtigen. Pflege und verbessere deine äußere Erscheinung. Ehre und liebe alle Frauen, sei freigiebig und zuverlässig, und arbeite immer daran […]".
Damit reichte er ihm den Schild. Er küsste ihn und sagte: „Neffe, nun gehe hin, und Gott in seiner Macht gebe dir Glück in deiner Ritterschaft! Sei immer höfisch, sei immer guten Muts!" […]
Und dann wurde auch nicht länger gewartet: Zweikämpfe und Reiterspiele gab es, da bin ich sicher.

Gottfried von Straßburg, Tristan, 5012-5055, hrsg. u. übers. von Rüdiger Krohn, Stuttgart[7], S. 307 ff.

b) Der Mittelalterhistoriker Hans-Werner Götz schreibt in seinem Buch „Leben im Mittelalter":

Der Ritterschlag, die „dubbatio", ein Schlag mit der Hand oder dem Schwert auf den Nacken oder mit der flachen Klinge auf die linke Schulter, den man heute meist mit „Ritterweihe" verbindet, war Endpunkt einer Entwicklung; er ist in Frankreich schon im 12. Jh. bezeugt, wurde in Deutschland aber erst im 14. Jh. üblich. Zunächst stand die Übergabe der Waffen, die Wehrhaftmachung, im Mittelpunkt, die in Form der Schwertleite, dem feierlichen Umgürten mit dem Schwert vollzogen wurde und in eine Folge zeremonieller Handlungen eingebettet war […].
Im 12. Jh. trat zu diesen Handlungen eine kirchliche Schwertsegnung hinzu […]. Im Spätstadium ging der Weihe ein eintägiges Fasten voraus, der künftige Ritter wurde in weiße Gewänder gekleidet, man feierte eine Messe mit Kommunion; danach wurde das Schwert gesegnet, man legte die Ritterrüstung an und nahm den Ritterschlag entgegen. Eine solche Ritterweihe war eine kostspielige Angelegenheit, denn sie war meist mit einem mehrtägigen Fest mit vielen Gästen, teuren Geschenken und Turnieren verbunden. Deshalb legte man gern mehrere Ritterweihen zusammen.

Hans-Werner Götz, Leben im Mittelalter, München 1994, S. 179 f.

Aufgaben

1. Arbeite aus dem Tugendkatalog ideale Eigenschaften eines Ritters heraus. → M4
2. a) Was wirft Petrus von Blois den Rittern vor?
   b) Kann man diesen Vorwürfen ohne weiteres Glauben schenken? Berücksichtige dabei auch den Verfasser.
   → M5
3. a) Erläutere, welche Vorstellung von einer Burg und vom Ritterleben das Gemälde Moritz von Schwinds ausdrückt.
   b) Beurteile, inwieweit das Bild der Wirklichkeit entspricht. Begründe deine Meinung mithilfe des Schulbuchtextes.
   → Text, M6
4. a) Beschreibe die bildliche Darstellung einer Schwertleite und nimm dazu die Textquelle zu Hilfe. Worin stimmen beide Quellen überein, worin unterscheiden sie sich?
   b) Vergleiche nun die Ergebnisse aus der Quellenarbeit mit der wissenschaftlichen Darstellung.
   c) Erläutere den Wert, den die bildliche und literarische Quelle jeweils für die Rekonstruktion des Ablaufs der Schwertleite haben.
   → M2, M7

M 1 **Ritterspiele heute**
Kaltenberg in Bayern, Fotografie 2003

Ritterfeste und höfische Kultur

Ritterfeste

Nur reiche Fürsten konnten sich Ritterfeste leisten. Ihre Burgen waren Zentren der höfischen Kultur. Feste des Adels fanden zu besonderen Ereignissen wie Taufe, Hochzeit oder Schwertleite statt. Unter französischem Einfluss wurden sie an den größeren Höfen im 12. Jahrhundert zusehends prunkvoll ausgestaltet.

Nicht alltäglich war auch das Programm eines solchen Festes. Ein Festessen mit musikalischer Umrahmung gehörte dazu. Die bereits gedeckte Tafel wurde hereingetragen und nach dem Essen als ganzes wieder hinausgetragen: Üblich war es, dass mit den Fingern gegessen wurde und mehrere Personen aus einem Becher tranken. Wild war zum Beispiel eine typische Festspeise, da die Jagd ein Vorrecht der Adligen war. Sie wurde als Beizjagd mit abgerichteten Greifvögeln oder als Treibjagd mit Hunden durchgeführt. Dabei konnten die Teilnehmer Mut und Geschicklichkeit unter Beweis stellen.

Ebenso wichtig waren die Ritterspiele. Es gab allerdings nicht nur Zweikämpfe voll gerüsteter Reiter, sondern auch Gruppenkämpfe. Doch nicht allein die Aussicht auf Ruhm und Bewunderung der Frauen, die als Zuschauer bei den Turnieren teilnahmen, war Grund für die Teilnahme. Es winkte auch materieller Gewinn. So fielen Pferd und Rüstung des Geschlagenen dem Sieger zu.

Höfische Literatur

Das Leben der Ritter – ihr Leben in vornehmer Gesellschaft, ihre Erlebnisse und Abenteuer sowie ihre prächtigen Feste – war das Thema der höfischen Literatur des Mittelalters. In groß angelegten Heldenerzählungen musste ein Ritter gefährliche Abenteuer bestehen und seine ritterlichen Tugenden unter Beweis stellen, bevor ihm am Ende seiner Fahrt Ruhm, Ehre und Anerkennung innerhalb der Adelsgesellschaft des Hofes zuteilwurden. Minnelieder enthielten spielerische Werbungen um eine vornehme Dame, die sich bei diesem Spiel allerdings zurückweisend verhielt und so den Dichter zu noch größeren Anstrengungen anspornte.

M 2 **Festbankett**
Zeitgenössische Miniatur

Ritterturniere in Quelle und Darstellung

M 3 Kampf und Sieg im ritterlichen Turnier
Buchmalerei aus der Manesseschen Liederhandschrift, die Anfang des 14. Jh. entstand. Sie enthält zahlreiche Minnelieder und ist mit 137 farbigen Bildern geschmückt.

M 4 Kampfspiele

Aus einer wissenschaftlichen Darstellung über die mittelalterlichen Ritterturniere:

Die ritterliche Turnierkultur kannte nicht nur ein Kampfspiel: In den mittelalterlichen Quellen wird zwischen Turnei, Buhurt und Tjost unterschieden. Das Turnei war die Simulation des Verbandsgefechts der Panzerreiter und wurde in der Regel zwischen zwei Gruppen ausgetragen. Der Buhurt war dagegen ein Gruppenwettkampf, bei dem es auf reiterisches Geschick ankam. Zur Übung von Paarkämpfen diente der Tjost. Der Begriff Turnier wurde erst seit dem Ausgang des 15. Jahrhunderts allmählich als Oberbegriff üblich. Beim Turnei, dem Turnier im engeren Sinne, simulierte man die Ritterschlacht. Das ging so vor sich: Zwei von Anführern kommandierte Parteien starteten auf ein Signal, meist das Durchschlagen eines Trennseils, fielen vom Trab in den Galopp, gingen in die Carriere (gestreckter Lauf) über, prallten aufeinander, wendeten (tornare!) und wiederholten das Ganze.

Andreas Schlunk/Robert Giersch, Die Ritter. Geschichte – Kultur – Alltagsleben, Stuttgart 2003, S. 68.

Aufgaben

1. Beschreibe mithilfe des Darstellungstextes die Buchmalerei über das Turnier.
   → Text, M3
2. Erkläre anhand der wissenschaftlichen Darstellung die unterschiedlichen Turnierarten.
   → M3, M4

M 1 Rolandssäule der Reichsstadt Nordhausen in Thüringen, heutiger Zustand

Einwohnerzahl deutscher Städte (15. Jahrhundert)	
Köln	40 000
Nürnberg	20 000
Magdeburg	20 000
Erfurt	18 500
Dresden	3 000

Die Entwicklung der Städte im Mittelalter

Die mittelalterliche Stadt

Heute lebt die Mehrheit der deutschen Bevölkerung in Städten. Die Verstädterung hat viele traditionell ländliche Gebiete verändert. Im Mittelalter war das gänzlich anders.

Wenige mauerumgürtete, mit Türmen, Kirchen und Burgen ausgestattete Städte überragten das Umland. Die Städte waren zumindest im Gebiet des heutigen Deutschlands zunächst nahezu Fremdkörper in einer landwirtschaftlich geprägten Umwelt. Vom 10. Jahrhundert an änderte sich dies langsam. Alte Römerstädte, vor allem, wenn in ihnen ein Bischof regierte, wurden wiederbelebt. An Furten und Brücken, die die Möglichkeiten eröffneten, Zölle zu erheben und Handel zu treiben, entstanden Städte neu. Wike, das heißt Handelsplätze, Kaufmannssiedlungen und Märkte genossen deshalb einen besonderen Schutz.

Dem Herrn, der eine Stadt gründete, winkte finanzieller Zugewinn: Er verdiente am Zoll, an Gerichtsgebühren oder an den Münzen, die hier geschlagen wurden. Zudem halfen die Städte dem Herren dabei, sein Gebiet zu bevölkern, wirtschaftlich zu erschließen und auch militärisch zu sichern. Stadtherr konnte ein Bischof, ein Adliger oder auch ein Kloster sein. Eine Sonderstellung hatten die Reichsstädte, die den König als Stadtherrn hatten.

Burgen oder Pfalzen zogen Menschen an, die ihr Auskommen mit der Versorgung der befestigten Plätze fanden. Im Schutz des Stadtrechts suchten diejenigen Bauern Schutz, die den wirtschaftlichen und rechtlichen Zwängen der Grundherrschaft entkommen wollten. Nicht zuletzt die sich langsam durchsetzende Geldwirtschaft vereinfachte und beschleunigte den Handel und somit das Städtewachstum, sodass im Spätmittelalter in Deutschland etwa 3 000 Städte existierten. Der größte Teil, etwa 2 800, besaßen weniger als 1 000 Einwohner. Nur 25 hatten mehr als 10 000 Einwohner.

Nach und nach gelang es den Bürgern in vielen Städten, den Stadtherrn zu entmachten. Sie verwalteten nun ihre Stadt selbst.

M 2 Lüneburg Stadtansicht 1444

Merkmale einer mittelalterlichen Stadt

Mauer, Wall und Graben machten die Stadt nicht nur zu einer Festung, sie bezeichneten auch den Bereich eines besonderen Stadtrechts. Das Stadtrecht unterschied die Bewohner der Stadt, die mit weitgehend gleichen Bürgerrechten ausgestattet waren und den städtischen Frieden genossen, von den Landbewohnern, die dem Recht eines Grundherrn unterstanden. Außerdem herrschte auf dem Lande das Fehderecht, das jedem Freien erlaubte, sein Recht mit der Waffe zu erstreiten.

Die städtische Verfassung, die Freiheit sowie das prinzipielle Recht an der Verwaltung der Stadt lassen die mittelalterlichen Städte als Vorläufer und Wegbereiter unseres Verständnisses von staatsbürgerlichen Freiheiten und Mitspracherechten erscheinen. Modern erscheint auch, dass die mittelalterliche Stadt als Zentrum gewerblicher Produktion eine bunte Vielfalt an Berufen beherbergte und damit die differenzierte Gesellschaft vorwegnahm, wie sie heute existiert.

Im Zentrum der Stadt lag der Markt, auf dem die Waren aus dem Umland und aus der Stadt zum Kauf angeboten wurden.

M 3 Augsburg um 1530
Gemälde aus dem 16. Jahrhundert

M 4 Luftbild der ehemaligen Reichsstadt Nördlingen

Das innere Oval markiert den Kernbereich der Stadt um 1200, damals lediglich vom „Alten Graben“ umflossen. Nach 1327 errichtete die sich ausweitende Stadt einen Mauerring mit 11 Türmen, heutiger Zustand.

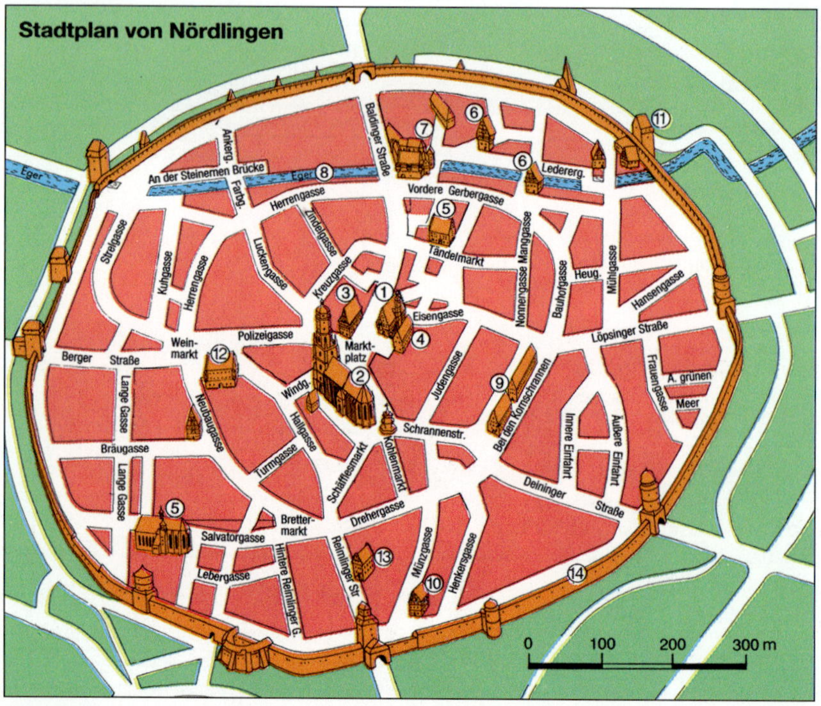

M 5 Stadtplan von Nördlingen

① Rathaus
② Stadtkirche St. Georg
③ Brot- und Tanzhaus
④ Leihhaus
⑤ Klöster
⑥ Gerberhäuser
⑦ Spital
⑧ Pferdetränke
⑨ Kornspeicher
⑩ Münzhaus
⑪ Mühle
⑫ Salz- und Weinspeicher
⑬ Haus des Deutschen Ordens
⑭ Stadtmauer mit 5 Toren, Türmen und 2 Bastionen

Eine Urkunde erschließen

M 6 Gründungsurkunde von Freiburg

Der Stadtherr Konrad von Zähringen verlieh der künftigen Stadt Freiburg folgende Freiheiten und Rechte (1120):

Es sei den lebenden und zukünftigen Geschlechtern bekannt, dass ich Konrad [von Zähringen] auf meinem Besitz Freiburg einen Markt eingerichtet habe im Jahre des Herrn 1120.
Nachdem ich Kaufleute der Umgebung zusammengerufen habe, habe ich beschlossen, mit einer Eidgenossenschaft diesen Markt zu gründen und einzurichten. Jedem Kaufmann habe ich ein Grundstück zum Bau eines eigenen Hauses gegeben und bestimmt, dass von jedem dieser Hausgrundstücke jährlich am St. Martins-Tag mir und meinen Nachfolgern ein Schilling Zins gezahlt werden soll. [...] Ich verspreche allen jenen, die zu meinem Markt kommen, Frieden und Schutz. Wenn einer in diesem Bereich beraubt worden ist und er nennt den Räuber, soll er den Schaden ersetzt bekommen.
[...] Allen Kaufleuten der Stadt erlasse ich den Zoll. Meinen Bürgern will ich keinen anderen Vogt [zur Ausübung der Stadtherrschaft] oder Priester geben außer den, welchen sie selbst gewählt haben. Wenn ein Streit oder Rechtsfall unter den Bürgern entsteht, soll nicht von mir oder meinen Richtern darüber entschieden werden, sondern nach Gewohnheit und Recht aller Kaufleute, wie sie besonders in Köln geübt werden.
[...] Wenn der Mangel am Notwendigsten jemanden dazu zwingt, darf er seinen Besitz verkaufen, an wen er will. [...]
Jeder, der in die Stadt kommt, darf sich hier frei niederlassen, wenn er nicht der Leibeigene irgendeines Herrn ist und diesen auch anerkannt als seinen Herrn. Der Herr kann aber seinen Leibeigenen in der Stadt wohnen lassen oder ihn aus der Stadt wegholen lassen, wie er will. Wenn aber ein Leibeigener seine Herrn verleugnet, kann der Herr mit sieben Zeugen beweisen, dass der Leibeigene ihm gehört. Dann soll der Leibeigene ihm gehorchen. Wer aber über Jahr und Tag in der Stadt gewohnt hat, ohne dass irgend ein Herr ihn als seinen Leibeigenen gefordert hat, der genießt von da an sicher die Freiheit. [...]
Keiner der Dienstmannen oder Leibeigenen eines Herrn darf in der Stadt wohnen und das Bürgerrecht genießen, wenn er nicht die Erlaubnis aller Bürger besitzt. [...]
Die Bürger sind nicht verpflichtet, bei einem Kriegszug oder sonstigen Unternehmungen des Herrn [diesen] länger als eine Tagesreise weit zu begleiten, sodass sie in der nächsten Nacht wieder in die Stadt zurückgelangen können. [...]

F. Keutgen, Urkunden zur städtischen Verfassungsgeschichte, 1901, o. S.

Aufgaben

1. a) Welche Vorteile hatte eine Stadtgründung für den Stadtherrn?
   b) Erläutere den Begriff Reichsstadt.
   → Text
2. a) Vergleiche das Foto von Nördlingen mit dem Stadtplan. Welche Reste der mittelalterlichen Stadtanlage kannst du erkennen?
   b) Erläutere die einzelnen Straßennamen.
   c) Beschreibe, welche Funktionen der Stadt sich auf dem Stadtplan erkennen lassen.
   → M4, M5
3. a) Was lässt sich aus der Urkunde über die Entstehung der Stadt Freiburg entnehmen?
   b) Stelle in einer Tabelle die einzelnen Regelungen zusammen.
   → M6
4. a) Welche Tätigkeiten lassen sich auf dem Bild aus Augsburg erkennen?
   b) Über welche Aspekte des städtischen Lebens gibt das Bild keine Auskunft? Vergleiche mit dem Schulbuchtext.
   → Text, M3

M 1 **Holzschuhmacher**
Buchillustration

M 2 **Bettler bitten um eine Gabe**
Altarbild um 1480

Die Stadtbevölkerung

Zwar waren in der Stadt alle Bürger frei und vor Gericht gleich, doch gab es große Unterschiede in der gesellschaftlichen Schichtung. An der Spitze der städtischen Gesellschaft standen die Patrizier. Die meisten von ihnen waren reiche Fernhandelskaufleute, freie Grundbesitzer oder Ministerialen. Sie zählten zu den vornehmen, alteingesessenen Familien der Stadt. Sie allein galten als fähig, die politischen Entscheidungen im Rat der Stadt zu fällen. Um das Risiko bei den kostspieligen und gefährlichen Fernhandelsunternehmen zu mindern, schlossen sich die Fernhandelskaufleute in Gilden zusammen.

Einen großen Teil der Bürger bildeten die selbstständigen Handwerker. Als zahlenmäßig größte Gruppe der Stadt stellten sie gewissermaßen die Mittelschicht der städtischen Gesellschaft dar. So hatten sie auch die meisten Pflichten für die gemeinschaftliche Sicherung und den Ausbau der Stadt zu übernehmen. Vor allem mussten sie bei der Instandhaltung der Mauern, bei der Verteidigung der Stadt oder beim Feuerlöschen helfen.

Auch die Handwerker schlossen sich jeweils nach Berufszugehörigkeit in Zünften zusammen. Die Zünfte hatten die Aufgabe, den Einfluss der Handwerker in der Stadt geltend zu machen. Sie übten eine strenge Kontrolle über ihre Mitglieder aus und bestimmten, wie viele Meister und Gesellen in der Stadt tätig sein durften. Weiterhin setzten sie einheitliche Verkaufspreise, Arbeitszeiten und Löhne fest. Sie sicherten aber auch die Qualität der Produkte, sodass der Verbraucher vor denen geschützt wurde, die „ins Handwerk pfuschten“. Das Leben der Handwerker spielte sich zum großen Teil in den Zünften ab. Im Zunfthaus berieten und feierten die Mitglieder. Im Notfall wurden Zunftgenossen sowie deren Witwen und Waisen unterstützt.

Die städtische Unterschicht hatte im Allgemeinen kein Bürgerrecht und konnte somit nicht an politischen Entscheidungen mitwirken. Sie setzte sich aus Gruppen zusammen, die nur über ein geringes Einkommen verfügten oder wenig angesehene, „unehrliche“, das heißt „unehrenhafte“ Berufe ausübten. Dazu zählte man die Scharfrichter und Abdecker, die Totengräber, die Bader und die fahrenden Spielleute. Zudem rechnete man Tagelöhner, Dienstboten, Mägde, Bettler, Kranke, Behinderte und Dirnen zur Unterschicht.

Der Kampf um die Stadtherrschaft

Gesellschaftliche und politische Ungleichheit hatten Spannungen zur Folge: Warum sollten etwa die Handwerker nicht auch an wichtigen Entscheidungen teilhaben? Die Spannungen entluden sich unter anderem in Bürgeraufständen. Für das 14. und 15. Jahrhundert haben die Geschichtswissenschaftler etwa 210 Bürgeraufstände in mehr als 100 Städten des Reichs gezählt. Teilweise verliefen die Auseinandersetzungen blutig. Erfolgreich für die Aufständischen waren sie vor allem in den großen Städten.

Juden in der mittelalterlichen Stadt

Seit der Spätantike sind jüdische Kaufleute in Europa nachweisbar, die lange Zeit friedlich mit ihren christlichen Nachbarn zusammenlebten.

Allerdings wurde Juden eine Beschäftigung in Handwerk und Ackerbau durch christliche Konkurrenten erschwert oder durch die christliche Obrigkeit untersagt. Ihnen blieben zur Betätigung nur Handel und Geldgeschäfte, darunter vor allem die Pfandleihe (Kredit gegen Zinsen). Da die Zinsnahme zwischen Christen verboten war, holten die Ratsherren Juden in die Städte, um das Geld zu beschaffen, das sie dringend benötigten. Im späten Mittelalter verliehen auch Christen Geld gegen Zinsen und betrachteten die Juden als Konkurrenten. Christliche Schuldner hofften sich durch die Beseitigung der jüdischen Gläubiger ihrer Schulden entledigen zu können.

Da die Kirche seit Beginn des 13. Jahrhunderts verstärkt darauf drängte, Juden von Christen zu trennen, wurden Juden in eigene Wohnbezirke in den Städten gedrängt, die später als Getto bezeichnet wurden. Auch die Kleidung der Juden sollte sich von der christlichen unterscheiden. Manchmal mussten Juden einen spitzen Hut, den „Judenhut" tragen. Schließlich gab es Vorurteile über die Ausübung des jüdischen Glaubens. So war beispielsweise die vollkommen absurde Vorstellung verbreitet, die jüdische Religion fordere den Mord christlicher Kinder. Juden, so glaubten viele, seien als Brunnenvergifter schuld an Pestepidemien. All dies führte im 13. und 14. Jahrhundert zu Pogromen, das heißt zur Verfolgung und Tötung von Juden.

Vor dem Hintergrund dieser Diskriminierung und Verfolgung wird der hohe Stand jüdischer Kultur und Gelehrsamkeit häufig übersehen, der in den mittelalterlichen Städten vorherrschte. Er lässt sich nur anhand von Bodenfunden – der Großteil der Bauten und Kulturgegenstände wurde während der Verfolgungen zerstört – und anhand von reich bebilderten Handschriften erschließen.

Die Vorstellung von der gettoartigen Abgrenzung der jüdischen Bewohner einer Stadt lässt sich nicht verallgemeinern. Zwar wohnten Juden ursprünglich – auch ohne christlichen Zwang – in einem Haus oder in einer Gasse ihrer Stadt, oftmals in der Nähe der städtischen Handelsplätze oder des Stadtherren, der ihnen Schutz gewährte. Allerdings lässt sich belegen, dass in manchen Städten auch Christen im Judenviertel Häuser besaßen und dort wohnten.

Wechselvolle Beziehungen – Juden und Christen im Rheinland

Bereits vor dem Jahr 1000 lebten Juden im Rheinland. Meist waren es Kaufleute aus Italien und aus Teilen Frankreichs, die sich bis 1100 in fast allen größeren Gemeinden am Rhein ansiedelten. Sie ließen sich bevorzugt an den alten Handelswegen, in unserer Region also vor allen Dingen entlang der Flüsse Rhein und Mosel (Trier, Mainz, Speyer, Worms) nieder. Die Juden brachten ihre eigenen Bräuche, Sitten und vor allem ihre Religion mit. In Mainz, Speyer oder Worms entstanden zur Vertiefung des Glaubens eigene jüdische Hochschulen. Aus ihnen gingen bedeutende Gelehrte hervor, wie die großen und heute noch von den Juden in aller Welt verehrten Rabbiner Rabbi Meir von Rotenburg oder Rabbi Shiomo ben Jitzchak (genannt Raschi) aus Troyes, der in Worms lebte. Die drei Städte Mainz, Speyer und Worms bildeten auch einen eigenen Ritus aus. Die Beschlüsse der Synoden der drei Schum-Städte (dieser Name leitet sich von den hebräischen Anfangsbuchstaben der drei Städte ab) waren maßgebend für die deutschen

Juden, und die Schum-Städte wurden somit zur Geburtsstätte der askenasischen religiösen Kultur.

Das Beispiel Worms

Die jüdische Gemeinde in Worms war im Früh- und Hochmittelalter angesehen und der Austausch zwischen Juden und Christen zeigt, dass eine fruchtbare Zusammenarbeit möglich war. Das Bürgerrecht der Stadt Worms stand Christen und Juden offen, wobei Judenrat, Bischof und christlicher Stadtrat zustimmen mussten. Die Wormser Juden beteiligten sich an den städtischen Aufgaben, was zur damaligen Zeit vor allem die Sicherung der Stadt bedeutete. Sie traten auch als treue Gefolgsleute des Kaisers auf, wie im Fall des in einem Erbstreit in Worms Schutz suchenden Heinrich IV., der dann auch als Belohnung die Wormser Juden unter seinen Schutz stellte. Dieses Privileg wurde 1236 von Friedrich II. auf alle Juden in Deutschland ausgeweitet. Jedoch stand die Unterstützung der jüdischen Gemeinden in wachsendem Widerspruch zur katholischen Kirche, die seit dem ausgehenden 10. Jahrhundert darauf drängte, die Rechte der Juden drastisch einzuschränken.

Angesiedelt waren die Wormser Juden in der Nähe der Stadtmauer zwischen Martins- und Judenpforte. Das Viertel wurde durch eine Mauer abgeschlossen, die von den Juden zum einen als Schutz angesehen wurde, zum anderen als Möglichkeit, einen eigenen abgeschlossenen „heiligen" Raum zu errichten. Ihre Toten begruben sie auf dem „Heiligen Sand", der zur Ruhestätte für Juden aus der gesamten Region wurde.

Seit den Pogromen durch die Kreuzritter auf dem Weg ins heilige Land waren die Mitglieder der jüdischen Gemeinde Worms aber auch immer wieder Übergriffen und Verfolgungen ausgesetzt. Nach den Pogromen im Verlauf der Pestepidemie von 1347 bis 1354 musste sich die jüdische Gemeinde in Worms neu gründen. Sie bestand von 1353 bis 1942, als im Rahmen des nationalsozialistischen Massenmords an den europäischen Juden auch die noch in Worms lebenden Juden deportiert und ermordet wurden.

M 3 Vorzeigen der geweihten Brote, jüdische Miniatur.
Das Bild verweist auf die beim Pessachfest durchzuführenden religiösen Handlungen. Das Pessachfest wird im Frühjahr gefeiert. Es erinnert an den Auszug aus Ägypten. Ein wesentliches Symbol ist das ungesäuerte Brot, das an die Eile erinnert, mit der die Israeliten aus Ägypten auszogen.

M 4 Privileg für die Juden in Worms

Heinrich IV. belohnt die Treue der Bürger von Worms am 18. Januar 1074:

Heinrich, durch Gunst göttlicher Güte König! Aufgabe königlicher Macht und Ergebenheit ist es, den Dienst der Untertanen mit angemessenen Wohltaten in der Form zu vergelten, dass diejenigen, die sich in dem frommen Dienst eifriger zeigen, die Freude haben sollen, sich bei der Entlohnung für ihre Dienste würdiger und höherstehend erachtet zu sehen. Unter diesen halten wir die Bewohner der Stadt Worms nicht der geringsten, sondern der größten und besonderen Erkenntlichkeit für würdig [...]. Sie haben uns nämlich [...] in höchster Bedrängnis des Reiches mit größter und ausgezeichneter Treue beigestanden [...]. Denn während alle sonstigen Städte verriegelt waren, [...] hat sich allein Worms mit gemeinsamer Anstrengung aller Bürger unter dem Schutz von Waffen aller Art für unsere Ankunft bereitgehalten. [...] Wir haben nämlich den Juden und den übrigen Wormsern die Abgabe, die in deutscher Sprache „Zoll" genannt wird, [...] erlassen, sodass sie fürderhin keinen Zoll mehr zu zahlen brauchen."

Zitiert nach: Deutsch-jüdische Geschichte. Quellen zur Geschichte und Politik, Stuttgart / Leipzig, 2007, S. 25.

M 5 Pogrom in Worms

In dem Jugendbuch „Das Vermächtnis der alten Pilger" erfährt Marius durch seinen Freund Bartholo vom Überfall des Grafen und seiner Soldaten auf die Juden in Worms:

„Emicho ist mit seinem Heer über die jüdische Gemeinde von Worms hergefallen. Wie in Speyer, so suchten die Juden auch in Worms zu einem kleinen Teil bei befreundeten Christen Zuflucht, während sich die meisten dem Schutz von Bischof Albrand anvertrauten. Der ließ sich teuer dafür bezahlen, dass er sie in einem Palast aufnahm. Dort verschanzten sie sich, während die Kreuzfahrer erst einmal im Judenviertel tobten und jeden Juden niedermachten, den sie noch vorfanden. Dann griffen sie den Palast des Bischofs an. [...] Entweder fehlte es dem Bischof an Entschlossenheit oder an der nötigen Truppenstärke, ich weiß es nicht, [...] es ändert nichts daran, dass die Kreuzfahrer den Bischofssitz gestürmt haben", fuhr Bartholo fort.

„Die Juden sollen sich tapfer verteidigt haben, konnten jedoch dieser überlegenen Streitmacht nicht lange standhalten. Jeder tote Jude, ob Mann oder Frau, jung oder alt, wurde ausgeplündert, bis auf den nackten Leib ausgezogen und auf die Straße geworfen. Wer die Schlacht überlebte, hatte die Wahl, auf der Stelle hingerichtet zu werden oder sich taufen zu lassen. Die meisten zogen es vor, unter den Schwertern, Lanzen und Knüppeln der Kreuzfahrer und Wormser Bürger zu sterben. Einige haben ihrem Glauben abgeschworen und sich taufen lassen, aber nur zum Schein. Sie wollten bloß ein wenig Zeit gewinnen." „Zeit gewinnen wofür?", fragte Marius verstört. „Um die nackten, misshandelten Leichen ihrer Leidensgenossen anständig begraben zu können", antwortete Bartholo. „Dann haben sie Selbstmord begangen. Insgesamt sollen an die achthundert Juden bei diesem Massaker in Worms den Tod gefunden haben."

Zitiert nach: Pädagogisches Zentrum Rheinland-Pfalz, PZ-Informationen 12/2004, Bad Kreuznach 2004: Europas Juden im Mittelalter. Die Juden im Rheinland, Heft 2, S. 64.

Aufgaben

1. a) Nenne die verschiedenen Bevölkerungsgruppen, die in einer mittelalterlichen Stadt lebten.
   b) Erstelle dazu ein Schaubild. → Text
2. a) Erkläre die Begriffe Zunft und Gilde.
   b) Erläutere, welche Aufgabe eine Zunft hatte.
   c) Überlege, was heute noch auf mittelalterliche Zünfte hinweist. → Text
3. a) Fasse das Privileg für die Juden in Worms in eigenen Worten zusammen.
   b) Untersuche, was Heinrich IV. in seinem Privileg noch alles für die Wormser Juden bestimmt hat. → M4
4. Der Text über das Pogrom in Worms stammt aus einem Jugendbuch. Überlegt, wie ihr die wichtigen Aussagen des Textes überprüfen könnt, und stellt eine eigene Recherche an. → M5
5. Suche nach Spuren einer jüdischen Gemeinde im Mittelalter in deiner näheren Umgebung. Verfasse einen Kurzvortrag zu ihrer Geschichte. → Internet oder Bibliothek

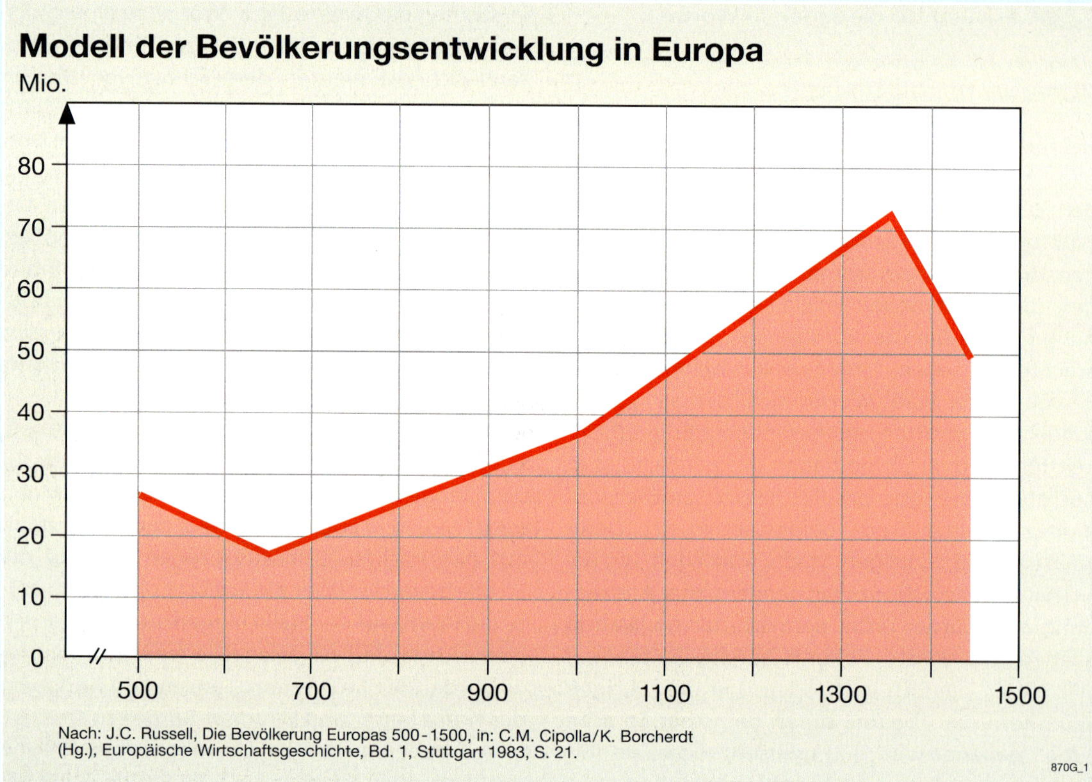

M 1

M 2 **Bevölkerungsentwicklung**

Die Bevölkerungsentwicklung der fränkischen Reichsstädte Windsheim und Schweinfurt hat der Historiker Rudolf Endres untersucht:

a) Windsheim

In Windsheim wurde die letzte Stadterweiterung im Jahre 1428 abgeschlossen. Im Rahmen dieses Mauerringes vollzog sich die Stadtentwicklung bis in das 19. Jahrhundert, wobei noch zwischen einem Kernbereich und einem Vorstadtbereich unterschieden wurde. In den Jahren 1521/22 wurden 281 Häuser in der Außenstadt und 143 in der Innenstadt gezählt, was einer Bevölkerungszahl von etwa 2500 entsprach, die bis 1618 auf 3628 Bewohner anwuchs.

Doch wiederum brachte der Dreißigjährige Krieg einen schweren Einbruch in der Stadtentwicklung. 1635 lebten nur noch 50 Bürger in der Reichsstadt, und noch 1675 lag ein Drittel der Stadt öd.

1757 erst zählte man wieder 620 Haushalte oder beim Übergang an Bayern 1803/04 genau 2706 Einwohner.

b) Schweinfurt

Für Schweinfurt lässt sich der rasche Bevölkerungsanstieg im Laufe des 16. Jahrhunderts besonders gut belegen:

1525 wird die Einwohnerschaft auf 2500 Personen geschätzt. Im Jahre 1557 zählte die Reichsstadt Schweinfurt 651 Bürger oder geschätzte 3255 Einwohner und 1610, also nach dem Wiederaufbau des schweren Stadtverderbens von 1585, genau 1023 Bürger oder geschätzte 5051 Einwohner.

Zwischen 1557 und 1610 hat sich also die Bevölkerung Schweinfurts fast verdoppelt. Doch auch in Schweinfurt bedeutete der Große Krieg [der Dreißigjährige Krieg von 1618 bis 1648] einen tiefen, lange nachhaltenden Einbruch in der Bevölkerungsentwicklung, wenn auch die hohen Verluste durch Pest und Hunger durch Zuzug vom Umlande wieder ausgeglichen werden konnten, sodass 1798 in der Reichsstadt 1317 Bürger oder geschätzte 6585 Einwohner lebten.

Rudolf Endres, Die soziale Problematik in den kleineren Reichsstädten, in: Reichsstädte in Franken, Aufsätze, Bd. 2, Wirtschaft, Gesellschaft und Kultur, hrsg. v. Rainer A. Müller, München 1987, S. 71 f.

Statistiken und Diagramme

Statistiken erfassen zahlenmäßig Zusammenhänge. Sie werden etwa bei naturwissenschaftlichen Forschungen eingesetzt. Man kann sie auch zur Beschreibung historischer Gegebenheiten nutzen. Zu ihrer Veranschaulichung werden sie oft als Diagramme grafisch dargestellt.

Ein anschauliches Beispiel gibt die Statistik über die Bevölkerungsentwicklung in Europa. Da im europäischen Mittelalter keine genauen Aufzeichnungen über Geburt und Tod geführt wurden, liegt allerdings kein verlässliches Zahlenmaterial vor. Die Historiker sind also darauf angewiesen, aufgrund ihres Wissens über die Bevölkerungsentwicklung in Gebieten, in denen sich konkretes Zahlenmaterial erhalten hat, auf die Bevölkerungszahlen anderer Gebiete zu schließen.

Auch die Frage, wie groß einzelne Städte waren, ist unsicher. Im Heiligen Römischen Reich war im 13. Jahrhundert Köln mit vermutlich 14 000 Einwohnern die größte Stadt. 90 bis 95 Prozent aller mittelalterlichen Städte hatten wohl weniger als 2 000 Einwohner. Die Anzahl der Bewohner einer kleinen Reichsstadt wie zum Beispiel Dinkelsbühl lässt sich auf der Grundlage der Steuerliste aus dem Jahr 1437 genauer schätzen: 991 Steuerpflichtige werden aufgeführt, was einer Einwohnerzahl von etwa 4 000 Menschen entsprechen dürfte. Erst für das Jahr 1804 ist die genaue Bevölkerungszahl mit 4 970 Personen überliefert.

Fragen an Statistiken

1. Themen der Statistik

a) Welcher Sachverhalt wird im Diagramm dargestellt?
b) Was zeigt in der Grafik die X-Achse, was die Y-Achse an?
c) Welche Bedeutung hat der Doppelstrich auf der X-Achse?
d) Auf welche Gebiete beziehen sich das Diagramm und die beiden Texte? Suche die Städte in einem Atlas.
e) Untersuche, auf welchen Zeitraum sich die jeweiligen Angaben beziehen (M1, M2). Suche Gründe dafür.

2. Darstellungen der Statistik

a) Wandle das Diagramm in eine Tabelle um, in die du unter die Jahreszahlen 500, 600, 700, 800, 900, 1000, 1100, 1200, 1300 und 1400 den entsprechenden Wert notierst.
b) Erstelle aus den Angaben im Text eine entsprechende Tabelle für Windsheim und Schweinfurt.
c) Zeichne ein Diagramm für die Bevölkerungsentwicklung in diesen Städten.

3. Informationsgehalt von Statistiken

a) Prüfe, ob die Angaben in M1 oder in M2 genauer sind.
b) Welche Angaben sind deiner Meinung nach am meisten informativ? Begründe deine Ansicht.
c) Welche Schwierigkeiten gibt es, wenn man genaue Zahlenangaben über die Bevölkerungsgröße einer Stadt herausfinden möchte?
d) Wo finden sich Hinweise auf Ursachen für die Bevölkerungsentwicklung? Lassen sich diese grafisch darstellen?

M 1 **Bremer Hansekogge**
Original aus dem 14. Jahrhundert, ausgestellt im Deutschen Schifffahrtsmuseum Bremerhaven

M 2 **Lübeck – Haupt der Hanse**
Holzschnitt aus der Schedelschen Weltchronik von 1493

Die Hanse

Noch heute nennen sich etwa Hamburg, Bremen, Rostock, Greifswald, Stralsund und Wismar als Hafenstädte Deutschlands „Hansestädte". Damit wird zum einen die historische Zugehörigkeit zu einem Städtebündnis, der Deutschen Hanse, herausgehoben, und zum anderen schwingt in dem Begriff der Stolz auf einen Abschnitt der Geschichte mit, der von ihnen als besonders erfolgreich und positiv angesehen wird. Inwiefern ist dieser Stolz berechtigt?

Das Wort „Hanse" bezeichnet zunächst einen Verband von Männern mit der gleichen Zielsetzung. Im Laufe der Zeit wurde der Begriff auf Kaufleute bezogen, die sich für ein gemeinsames Fahrtziel zusammenschlossen. Ziel dieser Vereinigung war zunächst der Schutz der Fernhändler vor Raub und Beschlagnahme. Hansen existierten in ganz Europa. Der Begriff „Hanse" steht aber auch für die Abgaben, die man einer Kaufleutegenossenschaft leisten musste und für das besondere Recht, das die Kaufmannsgesellschaft oder deren Mitglieder beanspruchten.

Im 12. Jahrhundert schlossen sich die deutschen Gotlandfahrer zu einer Hanse zusammen, um den Handel sicherer zu machen und wirtschaftliche Vorteile gegenüber Konkurrenten durchzusetzen. Aus dieser Vereinigung erwuchs die Deutsche Hanse, denn andere Kaufmannshansen aus Westfalen, Lübeck und Gotland kamen hinzu. Weil die Fernkaufleute aufgrund ihres Reichtums und ihres Erfolges in den Städten die Regierung stellten, ließen sich die Ziele der Kaufleute nicht von den Zielen der Städte trennen. Die Deutsche Hanse wandelte sich im Laufe der Zeit von einer Kaufmannshanse zu einer Städtehanse. Ihr gehörten in der Zeit vom 13. bis zum 16. Jahrhundert etwa 200 Städte an. In Nowgorod, Brügge (später Antwerpen), Bergen und London existierten selbstständige Handelsniederlassungen der Hanse, die Kontore. Ein Kontor war ein eigenes abgeschlossenes Stadtviertel mit Wohnungen, Büros, Versammlungsräumen, Warenspeichern, Hafen und Kirche. Schon vom Äußeren her zeigte sich so die Macht der Hanse.

Die Hanse war nur locker organisiert. Es gab keine gemeinsame Verfassung, keine gemeinsame Flotte oder Finanzordnung. Eine Führungsposition innerhalb der Hanse nahm allerdings Lübeck ein. Hier

M 3 Rathaus in Stralsund
Das im Stil der norddeutschen Backsteingotik errichtete Gebäude mit seiner im 14. Jahrhundert angelegten Schaufassade gilt als Wahrzeichen der Hansestadt.

trafen sich die Vertreter der Hansestädte zu den Hansetagen. Bei diesen Versammlungen wurden die nötigen Absprachen getroffen: Wann soll im Frühjahr die Fahrtsaison beginnen? Welche Schiffe stehen für die Fahrten zur Verfügung? Welche Stadt hat gegen die gemeinsamen Absprachen verstoßen? Ist es nötig, sie mit Handelssperren zu belegen, sie zu „verhansen“?

Obwohl die Hanse nur ein lockeres Bündnis war, gelang es ihr, vor allem im Ostseeraum, erheblichen Einfluss geltend zu machen: Die Hanse kontrollierte den Handel, erhob Steuern und führte Kriege. Als der dänische König Waldemar IV. (1340–1375) versuchte, die Vorrechte der Hanse zu beschneiden, entsandte diese ein Heer und eine Flotte, die Dänemark plünderten. Im Frieden von Stralsund erzwang die Hanse 1370 die Bestätigung ihrer Vorrechte und sogar ein Mitspracherecht bei der dänischen Königswahl.

Der Frieden von Stralsund kennzeichnet den Höhepunkt der hansischen Machtentfaltung. Danach begann der Abstieg. Das lag zum einen daran, dass die Hanse zunehmend nur noch darauf aus war, ihre angestammte Machtposition zu halten. Wagemutige Initiativen fehlten. Die Entstehung von Nationalstaaten in Europa erschwerte den Handel: England förderte eigene Aktivitäten und behinderte die Tätigkeit fremder Kaufleute. Die Niederlande dehnten ihren Handel in die Ostsee erheblich aus und konkurrierten erfolgreich. Kontore mussten geschlossen werden. Im Innern des Deutschen Reichs versuchten die Fürsten, die Städte unter ihre Kontrolle zu bringen, um ihre Territorialstaaten auszubauen. Am Ende des Mittelalters verlagerten sich zudem die Handelswege und der Ostseehandel verlor an Bedeutung.

M 4

Kaufleute der Hanse – Texte und Bilder analysieren

M 5 Schadensliste

Im Jahr 1345 sank vor der Maasmündung eine Hamburger Kogge, die von verschiedenen Kaufleuten beladen worden war. Hier ein Auszug aus der Schadensliste:

Hartwich von Verden:
23 Fässchen schwedisches Kupfer, 1 Tonne mit 2 540 gemischtem Kleintierpelzwerk, 160 Hermelinfelle.
Heinrich von Hoyginghen:
10 000 Junglämmerfelle, 2 000 Schneehasenfelle, 250 Rehfelle, 40 Hirschfelle, 6 Rindshäute, 6 Elchfelle.
Heinrich Lübbeke:
370 Otterfelle, 275 Wieselfelle, 2 000 Eichhornfelle, 55 Ellen Leinwand, 1 Brustharnisch, 1 Kapuzenmantel, 1 mit Silber eingelegter Dolch, 40 Stück Leder.
Johann von Eckernförde:
10 Tran-Fässer.

Nach: N. Fuchs/W. Goez, Die deutsche Stadt im Mittelalter, München 1977, S. 49 f., gekürzt.

M 7 Schiffbruch eines Bergenfahrers
Text des Bildes: „Mögen die, die sich ausschiffen, zur Beichte gehen! Es bleibt uns nur so wenig Zeit bis zum Tode."
Anonymes Gemälde von 1489, Lübecker Marienkirche

M 6 Leben als Hansekaufmann

Die Historikerin Edith Ennen beschreibt am Beispiel Nowgorods, wie die Kaufleute der Hanse in einem Kontor lebten:

Das Leben der Hansekaufleute in Nowgorod schildern unter anderem sehr anschaulich die Schragen, die Satzungen des Kontors, die in ihrem ältesten Teil aus der Mitte des 13. Jahrhunderts stammen. Sein Mittelpunkt ist die steinerne Peterskirche. Die Kirche, eine echte „Kaufmannskirche", war offensichtlich recht geräumig und besaß eine Art Kreuzgang mit Gewölben. Die Kaufleute benutzten sie nämlich auch als Warenmagazin und Archiv; die St.-Peters-Kiste stand darin mit den Pergamenturkunden und dem Schatz des Kontors, sogar die Gewichte und die Waage wurden über Nacht hier aufbewahrt.

Jeden Abend begab sich ein Kaufmann in die Kirche, um dort zu schlafen beziehungsweise zu wachen. Bei Abreise der Kaufleute wurden die Kirchenschlüssel den russischen Würdenträgern von Nowgorod zur Aufbewahrung in einem versiegelten Behältnis übergeben. Handeln und Kaufschlagen in der Kirche war untersagt. Kein Russe durfte ihr Inneres betreten. Man wollte dem Handelspartner keinen Einblick in das Warenlager des deutschen Handelshofes geben, der die Preisbildung ungünstig hätte beeinflussen können. Vom Olderman des Hofes wurden zwei Kaufleute zu Kirchenvorstehern ernannt. Sie mussten die Kirchenkasse verwalten und für die Bewachung und den Bau der Kirche sorgen.

Edith Ennen, Die europäische Stadt des Mittelalters, Göttingen 1975, S. 184 f.

M 8 Der rechtliche Status der Hanse

Antwort der Hanse auf eine Denkschrift des englischen Kronrates, die die Verhaftung von Hansekaufleuten und die Beschlagnahme ihrer Güter rechtfertigen sollte (1469):

[…] Die Hansa Theutonica [Deutsche Hanse] ist […] ein festes Bündnis (confederacio) von vielen Städten, Orten und Gemeinschaften zu dem Zwecke, dass die Handelsunternehmungen zu Wasser und zu Land den erwünschten und günstigen Erfolg haben und dass ein wirksamer Schutz gegen Seeräuber und Wegelagerer geleistet werde, damit nicht durch deren Nachstellungen die Kaufleute ihrer Güter und ihrer Werte beraubt würden.[…]
Die Hansa Theutonica wird nicht von den Kaufleuten geleitet, sondern jede Stadt und jeder Ort haben ihre eigenen Herren und ihre eigene Obrigkeit, durch die sie regiert werden. Denn die Hansa Theutonica ist, wie schon gezeigt worden ist, nichts anderes als eine Art Bündnis von Städten, das die Städte nicht aus der Rechtshoheit der Herren, die schon früher die Regierung ausübten, herauslöst: Sie sind vielmehr diesen Herren in allen Dingen untertänig wie vorher und werden von ihnen regiert.
Auch hat die Hansa Theutonica kein gemeinsames Siegel und keinen gemeinsamen Rat. Ein Siegel widerspricht nämlich der Sachlage. Sondern wenn wegen notwendiger Geschäfte Briefe im Namen der ganzen Hansa Theutonica geschrieben werden, so besiegelt man diese mit dem Siegel der Stadt, in der sie geschrieben wurden. […]
Weder die Hansa Theutonica noch irgendeine der Städte hat die Macht, Zusammenkünfte zu berufen und Versammlungen anzuordnen; die Städte der Hanse versammeln sich vielmehr, so oft Fragen zu erörtern sind, durch gegenseitigen Beschluss an einem Ort […]. Auch kommt bis jetzt keiner Stadt der Hanse die Vorrangstellung zu. […]

Zit. nach: Ph. Dollinger, Die Hanse, Stuttgart 1976, S. 533 f.

M 9 Siegel der Stadt Lübeck von 1253/65
Die Umschrift auf dem Siegel lautet:
Sigillum burgensium de Lubeke.

Aufgaben

1. a) Erläutere anhand der Karte die Handelswege der Hanse. Nenne die Handelsgüter und ihre Herkunftsländer.
   b) Nenne neben Hamburg und Bremen weitere Hansestädte.
   c) Woher könnten die Handelsgüter auf der Schadensliste stammen? Nutze hierzu die Karte.
   → M4, M5
2. a) Beschreibe anhand des Textes, wie die Kaufleute im Kontor von Nowgorod lebten.
   b) Versuche, das Verhältnis der Kaufleute zu den Einwohnern Nowgorods zu erschließen.
   → M6
3. Erarbeite anhand der Quelle Zielsetzung und Organisation der Hanse.
   → Text, M8
4. a) Erschließe mithilfe der Gesten den Sinn des lateinischen Textes auf dem Siegel.
   b) Welchen Zusammenhang haben Text und Bild mit dem Begriff der Hanse?
   → M9
5. a) Versuche, zu einer eigenständigen Wertung zu gelangen: Warum wird die Hanse heute in Deutschland vor allem positiv gewertet?
   b) Erkläre, warum die Geschichte der Hanse von manchen europäischen Nachbarn Deutschlands auch negativ betrachtet wird.

Mönchtum und Klöster >>>

Grundherrschaft und Lehnswesen >>>

500 600 700 800 900

Zusammenfassung

Unter dem gemeinsamen Dach des christlichen Glaubens lebten die Menschen des Mittelalters in einer fest gefügten ständischen Ordnung, die man für gottgewollt hielt. Jeder Mensch gehörte einem Stand an: als Geistlicher, Adliger oder Bauer. Jeder Stand hatte seine Aufgabe in der Gemeinschaft zu erfüllen, sei es durch Gottesdienst, Kampf oder körperliche Arbeit.

Mönche und Nonnen in den Klöstern lebten nach der Regel „bete und arbeite“, die Benedikt von Nursia als Gründer des ältesten Mönchsordens der Benediktiner verfasst hatte. Das Kloster war zugleich Ort der Andacht und Gelehrsamkeit, Wirtschaftsbetrieb, soziale Einrichtung und politischer Machtfaktor. Eine wichtige Rolle spielten Klöster bei der Ausbreitung des Christentums und der Urbarmachung von Land im Osten. Sie waren Zentren von Wissenschaft, Bildung und Kultur in einer oft noch unwegsamen Landschaft.

Der überwiegende Teil der Bevölkerung bestand aus Bauern. In Abhängigkeit von einem adligen Grundherrn führten sie ein karges Leben, waren unfrei und mussten Abgaben und Frondienste leisten. Das ganze Mittelalter hindurch änderte sich die Lage der Bauern wenig: der Grundherr herrschte über Land und Leute, entschied als Richter und konnte die Bauern sogar zusammen mit dem Land verkaufen.

In dieser Zeit erlebte die höfische Ritterkultur einen Höhepunkt. Die Ritter, die sich als eigener Stand abschlossen, verfolgten das Ideal eines christlichen Kämpfers. Dazu zählten Treue, Tapferkeit und ein christlicher Lebenswandel. Turniere, Ritterdichtung und der höfische Minnesang kennzeichnen diese Epoche.

Ein neues Element in der Gesellschaft des Mittelalters bildeten die Städte, denn Handel und Handwerk errangen zunehmende Bedeutung. Die Stadt verhieß ihren Bürgern Friede und Freiheit und bot die Möglichkeit des sozialen Aufstiegs. Sie erreichte vom Grundherrn allmählich ihre Selbstverwaltung und beim Stadtregiment traten neben die Patrizier die Zünfte der Handwerker.

Dem Städtebund der Hanse gelang es, unter Führung der Stadt Lübeck zu einer wirtschaftlichen und politischen Macht aufzusteigen.

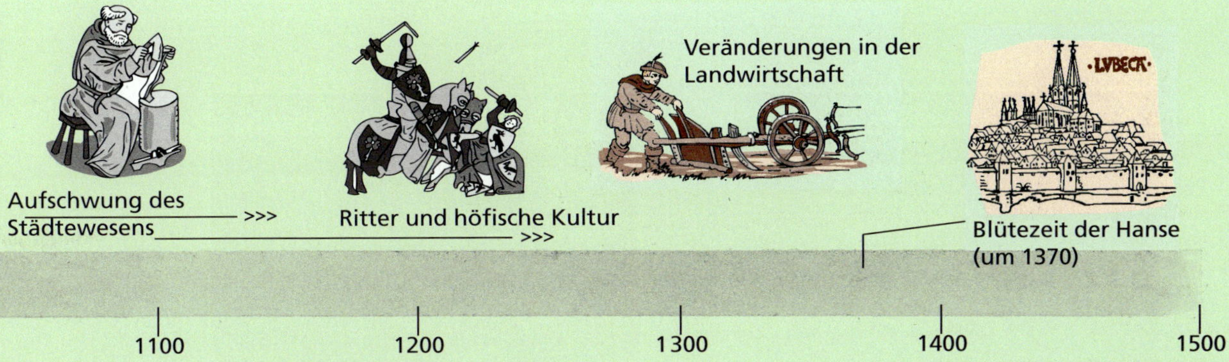

Daten

529 Benedikt von Nursia gründet das Kloster Montecassino

seit 8. Jh. Freie Bauern verlieren ihre Selbstständigkeit

seit 11. Jh. Aufstieg der Städte

seit 12. Jh. Entfaltung einer höfischen Ritterkultur

Begriffe

Kloster, Mönche, Nonnen
Grundherrschaft
Fronarbeit
Hörige
Ritter
Minne(sang)
Bürger
Patrizier
Zunft
Hanse

Personen

Benedikt von Nursia
Hildegard von Bingen

Tipps zum Thema: Leben im Mittelalter

Filmtipp

Leben im Mittelalter – Rittertum/ Höfische Erziehung, Deutschland 2002

Abenteuer Mittelalter. Leben im 15. Jahrhundert, Doku-Reihe (5 x 26 min), Deutschland 2005

Lesetipp

Lilly Thal: Mimus. Abenteuer-Roman, Weinheim, Basel 2005

Rosemary Sutcliff: Randal, der Ritter, Stuttgart 2000

Claudia Frieser: Oskar und das Geheimnis der verschwundenen Kinder, Hamburg 2004

Europas Juden im Mittelalter. Die Juden im Rheinland, Bad Kreuznach 2004

Museen

Reichsburg Trifels bei Annweiler

Marksburg bei Braubach

Burg Eltz bei Münstermaifeld

Benediktinerabtei Maria Laach

Historisches Museum am Strom – Hildegard von Bingen

Kommentierte Links: www.westermann.de/geschichte-linkliste

Canossa
Wandgemälde von
Eduard Schwoiser
im Maximilianeum
in München
aus dem Jahre 1862

Krone, Reichsapfel und Reichszepter

Dom zu Mainz

Christus an der Spitze der Kreuzfahrer
Illustration aus dem 14. Jahrhundert

Der Magdeburger Reiter
um 1240 entstandenes Standbild

Königsherrschaft im Mittelalter

Ein Königsdenkmal

Im Zentrum von Magdeburg befindet sich der sogenannte Magdeburger Reiter. Man vermutet, dass die Figur Otto I. darstellen soll, der im 10. Jahrhundert regierte. Magdeburg war sein bevorzugter Aufenthaltsort. Die einflussreiche Adelsfamilie der Ottonen, aus der er stammte, hatte in der dortigen Gegend ihre Besitzungen. Diese Adelsfamilie stellte den Herzog von Sachsen und konnte sich nach dem Ende der Karolingerherrschaft die Königswürde sichern.

M 1 Der Magdeburger Reiter
Um 1240 entstandenes Standbild, das vermutlich Kaiser Otto I. darstellt.

M 2 Siegel König Ottos I. (936 n. Chr.)
Umschrift:
OTTO D(E)I GR(ATI)A REX
(Otto von Gottes Gnaden König),
Durchmesser: 5,2 cm

Der König als oberster Lehnsherr im Reich

Als Begründer des mittelalterlichen Deutschen Reichs gilt der Vater von Otto, Heinrich I. Er einte die mächtigen Stammesherzöge, besiegte 933 die Ungarn an der Unstrut und festigte das Reich. Dass sein Sohn Otto die Nachfolge antrat, war keineswegs selbstverständlich, denn das Reich war ein Wahlkönigtum. Es gelang Heinrich I. jedoch, seinem Sohn noch zu Lebzeiten die Thronfolge zu sichern. So wurde Otto I. 936 in Aachen vom Adel zum König gewählt und feierlich gekrönt. Der König war auf die Zusammenarbeit mit dem mächtigen Adel, beson-

M 3 Siegel Kaiser Ottos I. (um 965 n. Chr.)
Umschrift:
OTTO IMP(ERATOR) AUG(USTUS)
Durchmesser: 6,5 cm

ders den Herzögen, angewiesen. Um zu gemeinsamen Entscheidungen zu kommen, fanden auf großen Versammlungen, den sogenannten Hoftagen, regelmäßig Beratungen statt.

Die Stellung der Herzöge und anderer Adliger war deshalb so stark, weil sie mächtige Grundherren waren. Daneben hatten sie Vasallen. Dies waren andere Freie, meist Adlige, denen ein Stück Land, das Lehen, leihweise überlassen wurde. Der Lehnsherr war zu Schutz und Schirm verpflichtet und konnte von den Lehnsleuten „Rat und Tat“ verlangen. Otto war als König oberster Lehnsherr im Reich. Seine Lehnsleute versuchten aber, möglichst selbstständig zu werden, weshalb sich Otto nicht immer auf sie verlassen konnte. Deshalb suchte Otto Rückhalt bei der Kirche.

Die Reichskirche als Stütze der Königsherrschaft

Die Erzbischöfe und Bischöfe waren in ihrem Erzbistum oder Bistum für alle religiösen Fragen zuständig. Sie waren aber nicht nur Geistliche, sondern auch weltliche Grund- und Lehnsherren und hatten also auch politisch großen Einfluss. Daneben gab es Klöster, die ebenso über großen Besitz verfügen und große Macht besitzen konnten.

Als König galt Otto nicht nur als weltlicher Herrscher. Er war nach dem damaligen Verständnis von Gott dazu berufen. So beanspruchte er, über kirchliche Angelegenheiten zu bestimmen und setzte Äbte und Bischöfe ein. Durch Schenkungen von Land, durch die Stiftung von Geld und durch die Überlassung von bestimmten Rechten, wie zum Beispiel das Recht, Zoll zu erheben, waren die mächtigen kirchlichen Würdenträger dem König verpflichtet. Er konnte auf ihre Unterstützung vertrauen. So bildete die Kirche eine wichtige Stütze der Herrschaft Ottos und seiner Nachfolger.

Die Förderung der Kirche hatte für Otto noch einen anderen Vorteil. Da es in der damaligen Zeit keine Hauptstadt und keine feste Residenz gab, war der König mit seinem Gefolge immer unterwegs. Der Herrscher war „vor Ort“ in seinem Königreich, um für Frieden zu sorgen, um Gericht zu halten oder um politische Verhandlungen zu führen. Dies war allerdings sehr aufwendig, da alle am Hof Anwesenden versorgt werden mussten. Zu diesem Zweck gab es im ganzen Reich Königspfalzen. Nun übernahmen auch die reich ausgestatteten Klöster und Erzbistümer diese kostspielige Aufgabe.

Königtum und Kaisertum

Ottos Herrschaft war aber auch von außen bedroht. Die Ungarn unternahmen im 10. Jahrhundert immer wieder Vorstöße nach Mitteleuropa, überfielen Klöster, Burgen und Städte und zogen sich dann wieder zurück. Im Jahr 955 kam es zu einer großen Schlacht auf dem Lechfeld bei Augsburg, die Otto gewann.

Nach den Erfolgen gegen seine Widersacher im Inneren und nach dem Sieg über die Ungarn konnte Otto die Kaiserwürde beanspruchen. Im Jahr 962 wurde er in Rom vom Papst zum Kaiser gekrönt. Während sich das Königtum auf die nördlich der Alpen gelegenen Gebiete erstreckte, bezog sich das Kaisertum auch auf die Herrschaft über Italien. Der deutsch-römische Kaiser sah sich zudem in der Tradition des römischen Weltreiches.

Die Königskrönung Ottos I. – Arbeiten mit einer Textquelle

Rekonstruktion der Pfalz in Aachen
① Pfalzkapelle, ② Kaiserpfalz, ③ Kaiserbad, ④ Gärten der Pfalz, ⑤ Wohnbezirk der Kaufleute, ⑥ Grenze des Pfalzbezirkes, ⑦ Säulenvorhalle

M 4

M 5 Ein „Krönungsbericht"

In seiner „Sachsengeschichte" berichtet der Mönch Widukind aus dem Kloster Corvey an der Weser, der den Ottonen nahestand, über wichtige Ereignisse im 10. Jahrhundert. Da er die Krönung Ottos I. nicht persönlich miterlebte, beruht sein „Bericht" vermutlich auf der Beobachtung einer späteren Königserhebung:

Nachdem also der Vater des Vaterlandes und der größte wie beste König Heinrich gestorben war, wählte sich das gesamte Volk der Franken und Sachsen seinen Sohn Otto, der bereits vorher vom Vater zum König designiert worden war, als Herrscher aus. Als Ort der allgemeinen Wahl nannte und bestimmte man die Pfalz Aachen. […]
Und als man dorthin gekommen war, versammelten sich die Herzöge und obersten Grafen mit der übrigen Schar vornehmster Ritter in dem Säulenhof, der mit der Basilika Karls des Großen [Pfalzkapelle] verbunden ist, setzten den neuen Herrscher auf einen dort aufgestellten Thron, huldigten ihm, gelobten ihm Treue, versprachen ihm Unterstützung gegen alle seine Feinde und machten ihn nach ihrem Brauch zum König. Während dies die Herzöge und die übrige Beamtenschaft vollführten, erwartete der Erzbischof mit der gesamten Priesterschaft und dem ganzen Volk im Innern der Basilika den Auftritt des neuen Königs. Als dieser erschien, ging ihm der Erzbischof entgegen, berührte mit seiner Linken die Rechte des Königs, während er selbst in der Rechten den Krummstab trug, bekleidet mit der Albe, geschmückt mit Stola und Messgewand, schritt vor bis in die Mitte des Heiligtums und blieb stehen. Er wandte sich zum Volk um, das ringsumher stand – es waren nämlich in jener Basilika unten und oben umlaufende Säulengänge –, sodass er vom ganzen Volk gesehen werden konnte, und sagte: „Seht, ich bringe euch den von Gott erwählten und von dem mächtigen Herrn Heinrich einst designierten, jetzt aber von allen Fürsten zum König gemachten Otto; wenn euch diese Wahl gefällt, zeigt dies an, indem ihr die rechte Hand zum Himmel emporhebt."
Da streckte das ganze Volk die Rechte in die Höhe und wünschte unter lautem Rufen dem neuen Herrscher viel Glück. Dann schritt der Erzbischof [Hildebert von Mainz] mit dem König, der nach fränkischer Sitte mit einem eng anliegenden Gewand bekleidet war, hinter den Altar, auf dem die königlichen Insignien lagen: das Schwert mit

dem Wehrgehänge, der Mantel mit den Spangen, der Stab mit dem Zepter und das Diadem. [...]

Derselbe [Erzbischof von Mainz] aber ging zum Altar, nahm von dort das Schwert mit dem Wehrgehänge auf, wandte sich an den König und sprach: „Nimm dieses Schwert, auf dass du alle Feinde Christi verjagst, die Heiden und schlechten Christen, da durch Gottes Willen dir alle Macht im Frankenreich übertragen ist, zum unerschütterlichen Frieden für alle Christen".

Dann nahm er die Spangen, legte ihm den Mantel um und sagte: „Durch die bis auf den Boden herabreichenden Zipfel [deines Gewandes] seist du daran erinnert, mit welchem Eifer du im Glauben entbrennen und bis zum Tod für die Sicherung des Friedens eintreten sollst." Darauf nahm er Zepter und Stab und sprach: „Durch diese Abzeichen bist du aufgefordert, mit väterlicher Zucht deine Untertanen zu leiten und in erster Linie den Dienern Gottes, den Witwen und Waisen die Hand des Erbarmens zu reichen; und niemals möge dein Haupt ohne das Öl der Barmherzigkeit sein, auf dass du jetzt und in Zukunft mit ewigem Lohn gekrönt werdest." Auf der Stelle wurde er mit dem heiligen Öl gesalbt und mit dem goldenen Diadem gekrönt von eben den Bischöfen Hildebert und Wigfried [von Köln], und nachdem die rechtmäßige Weihe vollzogen war, wurde er von denselben Bischöfen zum Thron geführt, zu dem man über eine Wendeltreppe hinaufstieg, und er war zwischen zwei Marmorsäulen von wunderbarer Schönheit so aufgestellt, dass er von da aus alle sehen und selbst von allen gesehen werden konnte.

Nachdem man dann das Lob Gottes gesungen und das Messopfer feierlich begangen hatte, ging der König hinunter zur Pfalz, trat an die marmorne, mit königlicher Pracht geschmückte Tafel und nahm mit den Bischöfen und dem ganzen Adel Platz; die Herzöge aber taten Dienst. Der Herzog der Lothringer, Giselbert, zu dessen Machtbereich dieser Ort gehörte, organisierte alles; Eberhard kümmerte sich um den Tisch, der Franke Hermann um die Mundschenken; Arnulf [von Bayern] sorgte für die Ritterschaft sowie für die Wahl und Errichtung des Lagers [...].

Der König aber ehrte danach einen jeden Fürsten freigebig, wie es sich für einen König gehört, mit einem passenden Geschenk und verabschiedete die vielen Leute mit aller Fröhlichkeit.

Widukind von Corvey, Sachsengeschichte, hrsg. v. Ekkehart Rotter u. Bernd Schneidmüller, Stuttgart 1981, S. 105–109.

Aufgaben

1. a) Erläutere, was man unter „Lehnswesen" und unter „Grundherrschaft" versteht.
   b) Erkläre die Begriffe „Erzbischof", „Reisekönigtum" und „Reichskirche".
   → Text
2. Zeige, auf wen sich Otto bei der Ausübung der Königsherrschaft stützen konnte.
   → Text
3. a) Den Bericht über die Krönung Ottos I. kann man in einzelne Handlungen einteilen. Erstelle eine Tabelle, in die du Ort, Handlung und Bedeutung der Handlung einträgst.
   b) Welche der einzelnen Handlungen gehören zusammen?
   c) Worauf konnte sich Otto berufen, wenn er seine Königsherrschaft rechtfertigte?
   → M5
4. a) Versuche, die Inschriften auf den beiden Siegeln zu entziffern.
   b) Erkläre die Bedeutung der beiden Inschriften.
   → M2, M3

M 1 Theophanu und Adelheid
Die beiden Medaillons auf dem Rand einer Kölner Evangelienhandschrift sind kürzlich als Portraits der Kaiserinnen Theophanu (oben) und Adelheid aus der Zeit ihrer Regentschaft identifiziert worden.

Theophanu – Die landfremde Kaiserin

Eine prachtvolle Heiratsurkunde

Die Heiratsurkunde der Kaiserin Theophanu ist eine der prächtigsten, die im gesamten Mittelalter im Heiligen Römischen Reich angefertigt wurde. Sie hielt fest, welche Schenkungen der Braut aus Anlass der Hochzeit gemacht wurden. Da Hochzeiten zwischen fürstlichen Häusern damals üblich waren, muss es andere Gründe dafür geben, dass eine so prachtvolle Urkunde ausgestellt wurde. Wer war diese Frau mit dem fremden Namen Theophanu?

Das Leben der Theophanu

Die junge Prinzessin Theophanu wurde am 14. April 972 in Rom mit dem bereits zum Mitkaiser gekrönten Thronfolger Otto II. verheiratet. Sie war damals etwa 13 Jahre alt, sodass sie in den Quellen als „puella", als Mädchen, bezeichnet wird. Theophanu war eine Nichte des Kaisers des Oströmischen Reiches, der in Byzanz, dem heutigen Istanbul, herrschte. Sie war mit allen wichtigen byzantinischen Familien verwandt. Trotzdem war sie manchen Menschen im Umfeld von Kaiser Otto I. nicht vornehm genug. Sie hätten lieber eine Tochter des vorherigen byzantinischen Kaisers als Braut des Thronfolgers gehabt und wollten Theophanu zurückschicken. Otto I. war diese Heirat aber politisch sehr wichtig, da er Byzanz nicht verärgern wollte. Außerdem heißt es, er sei von der Persönlichkeit Theophanus sofort beeindruckt gewesen.

Sie hatte in Byzanz eine Erziehung genossen, die sie dafür bestimmte, einen äußerst einflussreichen Mann zu heiraten und auch selbst Politik zu gestalten, wie es für Frauen aus dem byzantinischen Kaiserhaus durchaus üblich war. Theophanu war sehr gebildet, sie sprach und schrieb Griechisch und Latein und es scheint, als habe sie sich auch mit ihrem Ehemann, den sie nie zuvor gesehen hatte, von Anfang an gut verstanden. Gleichzeitig mit der Hochzeit wurde sie zur Mitkaiserin gekrönt.

Theophanu hatte mit Otto II. fünf Kinder: vier Töchter und einen Sohn, den Thronfolger Otto III. Als ihr Mann 980 starb, war sie 22 Jahre alt. Von den vier Töchtern verstarb eine. Mathilde heiratete einen Adligen. Die beiden ältesten Töchter, Sophie und Adelheid, wurden angesehene und einflussreiche Äbtissinnen. Standesgemäße Heirat und Führung eines Klosters waren übliche Lebenswege für adlige Frauen.

Theophanu und ihr Ehemann Otto konnten die Kinder nicht immer selbst erziehen, denn das Kaiserpaar – und später die Kaiserin allein – befand sich fortwährend auf Reisen. Sie mussten immer wieder in allen Gebieten des Reiches – von den heutigen Niederlanden bis nach Süditalien – nach dem Rechten sehen und auch selbst Feldzüge gegen ihre Feinde anführen.

Bei den damaligen Reisebedingungen dauerten solche Züge oft Monate oder sogar mehrere Jahre. Waren die Reisen nur kurz oder war es für eine Sache erforderlich, dass der Thronfolger und die anderen kaiserlichen Kinder anwesend waren, nahmen ihre Eltern sie mit. Bei längerer Abwesenheit des Kaiserpaares vertraute man die Kinder einem Bischof, einem Adligen oder einer Äbtissin zur Erziehung an.

Am 25. Juni 991 starb Theophanu in Nimwegen eines natürlichen Todes oder durch Gift. Sie wurde höchstens 33 Jahre alt.

M 2 **Heiratsurkunde der Theophanu**

Pergament, Länge: 144,5 cm, Breite: 39,5 cm, um 972

Die Urkunde verzeichnet die reichen Schenkungen an die byzantinische Prinzessin Theophanu, die am Ostertag des Jahres 972 in Rom den Sohn Ottos des Großen, Otto II., heiratete. Der Text ist mit Goldtinte auf Purpur geschrieben. Der Purpurgrund ist in der Art kostbarer byzantinischer Seidenstoffe durch kreisrunde Medaillons gegliedert, die mit Darstellungen kämpfender Tiere gefüllt sind: Löwen, die ein Rind schlagen, sowie Greifen mit einem Lamm in den Fängen – beides antike Motive, die sich in dieser Form bis in die altorientalische Kunst zurückverfolgen lassen. Der kostbar wirkende Purpurgrund entspricht dem Wunsch nach höchster Prachtentfaltung, mit der das ottonische Herrscherhaus die byzantinische Prinzessin in Rom empfing.

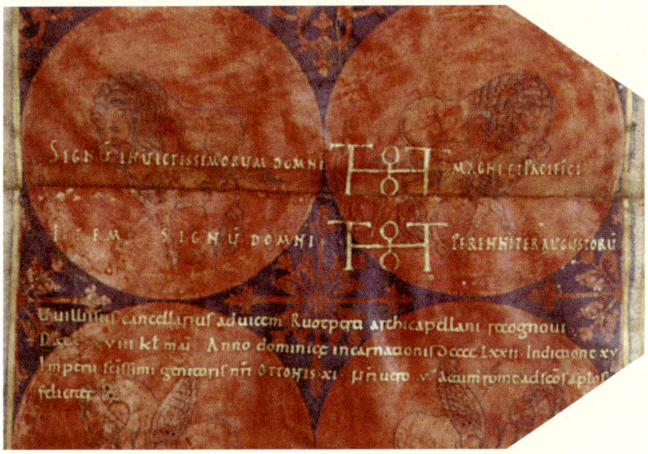

Ausschnittvergrößerung mit dem Monogramm Ottos

M 3 **Lebensdaten der Theophanu**

- geboren wahrscheinlich 959
- Hochzeit mit Otto II. am 14. April 972
- Regentschaftsregierung für Otto III. ab 984
- gestorben in Nimwegen am 15. Juni 991

Theophanu als Regentin

Im Byzantinischen Reich hatten Frauen als Kaiserinnen viel Macht und Einfluss. Auch deshalb hat Theophanu nicht gezögert, sich die Regentschaft für ihren nur dreijährigen Sohn Otto III. zu sichern. Das war im Heiligen Römischen Reich durchaus nicht selbstverständlich, wenn es auch seit dem 5. Jahrhundert im Abendland immer wieder Regentinnen gegeben hatte.

Normalerweise wurde aber der nächste männliche Verwandte Vormund beziehungsweise Regent, weshalb Heinrich der Zänker, der Herzog von Bayern und Neffe Ottos I., das königliche Kind in seine Gewalt brachte. Aber auch der König von Frankreich versuchte, sich die Regentschaft zu sichern. Beide wollten selbst anstelle des Kindes König werden.

Um ihr Ziel zu erreichen, reiste Theophanu von Rom aus sofort zu ihrer Schwiegermutter Adelheid nach Pavia und verständigte sich mit ihr, sodass beide Frauen gemeinsam das Ziel einer Regentschaft Theophanus für Otto III. verfolgten, obwohl sie sich nie besonders gut verstanden hatten. Dabei half ihnen Erzbischof Willigis von Mainz, dem der Kaiser die Verwaltung des Reiches während seiner Italienaufenthalte anvertraut hatte.

Heinrich der Zänker musste schließlich den jungen Otto III. an die beiden Kaiserinnen übergeben, weil die Großen des Reiches hinter der Regentschaft der Frauen standen.

Bereits im Juli 985 verdrängte Theophanu ihre Schwiegermutter aber wieder vom Königshof zurück nach Italien; anschließend machte sie sich mit ihrem Sohn auf den traditionellen Königsumritt durch das Reich, wodurch die Rechtmäßigkeit des Königtums Ottos III. symbolisch abgesichert wurde.

Theophanu gelang es, die Ostgrenze des Reiches gegen die Slawen abzusichern. Sie führte dazu sogar selbst ein Heer über die Elbe. Auch die Westgrenze konnte sie festigen. Dadurch erwarb sie sich großes Ansehen. 989/90 unternahm sie allein, ohne ihren Sohn, einen Italienzug, weil sie das ganze Reich und nicht nur Teile für ihn sichern wollte. Ob dies der Ausdruck eines „Regierungsprogramms“ war, nämlich die verschiedensprachigen Völker des Reichsgebietes – vielleicht sogar alle des ehemaligen Karolingerreiches – unter dem Dach des Kaisertums (und auch der Kirche) zusammenzufassen, ist umstritten.

Allerdings würdigten schon ihre Zeitgenossen und sogar ihre Gegner die außerordentlichen Verdienste, die sie sich um das Reich und um das Kaisertum erworben hatte.

Theophanu – Eine Ausnahmeerscheinung?

Theophanu war im Mittelalter eine Ausnahme. Die meisten Frauen lebten als Bäuerinnen oder Mägde auf dem Lande. Über sie ist wenig bekannt, sodass ihr individueller Lebensweg nicht nachvollzogen werden kann. Aber auch über viele adlige Frauen gibt es nur wenige Informationen. Das Wissen über Theophanu dagegen beruht auf den Urkunden, die sie als coimperatrix, als Mitkaiserin, zusammen mit ihrem Mann und später auch alleine ausgestellt hat. Weiter haben der Geschichtsschreiber Thietmar von Merseburg und der Biograf ihrer Schwiegermutter, der heiligen Adelheid, Abt Odilo von Cluny, über sie berichtet. Dieser Abt war Theophanu gegenüber allerdings nicht wohlgesonnen.

M 4 Ein Kaiserpaar

Elfenbeintäfelchen (entstanden 982/983), vermutlich auf einem Buchdeckel angebracht. Der zusammengekauerte Mann verharrt in der orientalischen Untergebenheitshaltung, der Proskynese.

M 5 Eine wissenschaftliche Sichtweise

Die Amtsauffassung der Theophanu in der Sichtweise eines modernen Historikers:

In Italien trat Theophanu nicht nur im Auftrag ihres Sohnes auf. Am 2. Januar stellte sie in Rom als divina gratia imperatrix augusta [von göttlicher Gnade erhabene Kaiserin] eine Urkunde aus. Nun war die Rechtslage hier verwickelter, denn die Herrschaft über Rom war nicht ein Teil des Königreichs Italien, das Otto III. geerbt hatte, sondern kaiserliches Vorrecht. Kaiser wurde man aber nicht einfach durch Erbrecht, sondern erst durch die Krönung. Theophanu konnte also nicht einfach im Namen Ottos III. urkunden. Sie war jedoch selber bei ihrer Eheschließung zur Kaiserin gekrönt worden und sah sich nun als regierende Kaiserin. [...]
Auf dem Rückweg stellte sie in Ravenna [...] sogar eine Urkunde aus, die mit Theophanius gratia divina imperator augustus gezeichnet und auf das achtzehnte Jahr ihrer Herrschaft datiert war. In Ravenna wurde auch in ihrem Auftrag und Namen, iussione domne Theophana imperatricis, Gericht gehalten. Das zeigt, dass Theophanu genug Selbstbewusstsein hatte, um sich als einzige derzeitige Vertreterin des kaiserlichen Purpurs und damit als regierende Kaiserin zu verstehen und zu betätigen. [...]
Der Inhalt des Regierens war ihr wichtiger als die Form, aber im Kaisertum sah sie sich nicht nur als consors [Teilhaberin] ihres Gatten, dessen Mandat mit seinem Tod erloschen war, sondern als eigenständige imperatrix [Kaiserin].

Hansjörg Frommer, Adelheid und Theophanu. Zwei Kaiserinnen des 10. Jahrhunderts. In: Adelheid. Kaiserin und Heilige. 931 bis 999. Impératrice et sainte. 931 à 999. Adélaide. Karlsruhe1999, S. 76 ff.

Aufgaben

1. a) Vergleiche, wie Otto II. und Theophanu dargestellt werden. Was bedeutet diese Art der Darstellung?
   b) Wie lässt sich erklären, dass der Künstler byzantinische Bildelemente in seiner Darstellung verwendet hat?
   → M4
2. a) Stelle das Selbstverständnis der Theophanu dar.
   b) Charakterisiere Theophanus Regierungsweise.
   → M5
3. Welche Probleme ergeben sich, wenn man etwas über das Leben von Frauen im Mittelalter herausfinden will?

Kampf zwischen Kaiser und Papst: Investiturstreit

M 1 **Die Salier**

- **Konrad II.** (um 990–1039), Kg. 1024, Ks. 1027
- **Heinrich III.** (1017–1056), Kg. 1039, Ks. 1047
- **Heinrich IV.** (1050–1106), Kg. 1056, Ks. 1047
- **Heinrich V.** (um 1081–1125) Kg. 1106, Ks. 1111

Das Schlagwort vom „Canossagang“

Der deutsche Reichskanzler Otto von Bismarck sagte am 14. Mai 1872: „Nach Canossa gehen wir nicht“. Er spielte damit auf ein historisches Ereignis an, das sich Ende Januar des Jahres 1077 auf einer italienischen Burg in der Nähe von Modena ereignete. Es hat die Nachwelt jedenfalls so sehr beeindruckt, dass man noch heute von einem „Canossagang“ spricht, wenn jemand einen schweren und für ihn vielleicht entwürdigenden Gang tun muss. Worum ging es?

Das Verhältnis von geistlicher und weltlicher Gewalt

Im Mittelalter war das Verhältnis zwischen Kaiser und Papst immer wieder umstritten. Zunächst war das Papsttum schwach und auf die Hilfe der weltlichen Könige und Kaiser angewiesen. Im 11. Jahrhundert hatte es jedoch schrittweise an Macht und Unabhängigkeit gewonnen, sodass es im Zeitalter der Kirchenreform den weltlichen Herrschern selbstbewusster gegenübertreten konnte.

Die Reform der Kirche, wie sie im 11. Jahrhundert eingeleitet wurde, stand ganz im Zeichen der „Freiheit“, die die Kirche für sich erringen wollte. Diese Entwicklung begann mit der Reform des Papsttums, das damals von stadtrömischen Adelsgeschlechtern abhängig war. Der salische König Heinrich III. (1039–1056) hatte diesem Missstand insofern ein Ende gemacht, als er wiederholt Reformpäpste einsetzte.

Die Papstreform war aber nur Teil einer viel größeren Reform, die nach und nach die ganze Kirche erfasste. Sie war von den Benedikti-

M 2 **Größte Kirche der Christenheit,** die Kirche des Klosters Cluny war 187 m lang, Rekonstruktion.

M 3 **Krönung Heinrichs II.**
Die Krönung Heinrichs II. (973–1024) ist Zeugnis kaiserlicher Selbstdarstellung. Die unmittelbare Krönung durch Gott (Christus) verlieh dem Kaiser eine eigene Würde. Engel reichen die Herrschaftsinsignien Schwert und Lanze, Schutzheilige stützen die Arme, um 1004.

M 4 **Monogramm und Siegel Heinrichs IV.**
Es bestand aus Wachs oder Blei und sollte die Echtheit des königlichen Schreibens beweisen, Anfang 12. Jahrhundert.

nerklöstern Gorze bei Metz und Cluny bei Mâcon angestoßen worden. Ursache des Reformverlangens war, dass es in fast allen Bereichen der Kirche Missstände gab.

Der Kampf gegen die Laieninvestitur

Der Streit entzündete sich an einer für das mittelalterliche Kirchenwesen zentralen Einrichtung: der Investitur. Damit ist die Einsetzung eines Bischofs oder eines Abtes in sein geistliches Amt gemeint. Der Investiturstreit entwickelte sich zu einer grundlegenden Auseinandersetzung zwischen Papst und Kaiser.

An der Investitur war nämlich der König oder Kaiser beteiligt. Sie stellte ein wichtiges Vorrecht des weltlichen Herrschers dar, da er das Kirchengut beziehungsweise weltliche Herrschaftsrecht vergab. Obgleich der Bischof nach kirchlichem Recht eigentlich durch „Klerus und Volk" gewählt werden sollte, wurde er häufig durch den Herrscher eingesetzt. Aus der Gottunmittelbarkeit seines Herrscheramtes leitete der König das Recht zu reformerischen Eingriffen in die Kirche ab. Solange er nicht nur als Laie, sondern auch als Priester galt, war es kein Problem, dass er Bischöfe einsetzte. Galt er aber nur noch als Laie, dann musste der Akt der Investitur als problematisch, ja sogar als Verletzung der „Freiheit der Kirche" erscheinen.

Wenn man berücksichtigt, dass die Bischofsinvestitur seit den Tagen Karls des Großen ein wichtiges Element königlicher Machtpolitik war, dann wird die Schärfe des ausbrechenden Streites verständlich, als dem König durch die Kirche das Recht auf die Bischofsinvestitur plötzlich bestritten wurde.

Der Ausbruch des Konflikts

Auslöser des Streits war die Einmischung König Heinrichs IV. (1056–1106) bei der Einsetzung der Bischöfe in Mailand, Fermo und Spoleto. Papst Gregor VII. (1073–1085) war im Gegensatz zu seinen Vorgängern nicht mehr bereit, dieses königliche Vorgehen zu akzeptieren. Er forderte von Heinrich IV. die Rücknahme der Entscheidung, was dieser empört zurückwies. Der Streit weitete sich aus und führte zu einer für das Mittelalter bisher einmaligen Situation: Der König forderte den Papst im Jahr 1076 zum Rücktritt auf, was dieser zum Anlass nahm, dem König seinerseits die Leitung des Reiches zu untersagen, alle Untertanen vom Eid, den sie dem König geleistet hatten, zu entbinden und schließlich den Kirchenbann über ihn zu verhängen.

Damit war etwas passiert, was es so bislang noch nie gegeben hatte. Ein Papst hatte es gewagt, einen König nicht nur abzusetzen, sondern auch aus der Kirche auszuschließen.

Canossa – Die Buße des Königs

Der König konnte dieses Vorgehen nicht akzeptieren. Aber seine Situation war schwierig. Die Reichsbischöfe, die ihn zuvor im Kampf gegen Gregor VII. unterstützt hatten, stellten sich gegen ihn. Die Fürsten verlangten vom König, sich innerhalb eines Jahres vom Kirchenbann zu lösen, andernfalls würden sie einen neuen König wählen. Die Herrschaft des Königs selbst stand in Frage.
Aus dem Streit um die Bischofsinvestitur war damit ein großer Konflikt

M 5 **Burg Canossa**
Heutiger Zustand

um die richtige Ordnung der Welt geworden. Heinrich beschloss, dem Papst, den die Fürsten als Schiedsrichter nach Deutschland eingeladen hatten, entgegenzuziehen. Der Winter, in dem Heinrich IV. mit seiner Familie über die Alpen nach Oberitalien zog, war hart. Der Papst, der davon ausgehen musste, Heinrich ziehe ihm mit einer Streitmacht entgegen, zog sich auf die Burg Canossa seiner Gönnerin Mathilde von Tuszien zurück. Heinrich aber kam nicht als Kriegsherr, sondern als Büßer. Drei Tage, vom 25. bis zum 28. Januar 1077, soll er barfuß im Büßergewand vor der Burg in der Kälte ausgeharrt haben, bis sich Gregor bereitfand, ihm zu verzeihen.

Sieg oder Niederlage?
Die Ereignisse von Canossa beschäftigen die Historiker bis heute. Fest steht: Der Konflikt zwischen König und Papst war vorläufig bereinigt. Heinrich hatte seine Herrschaft gerettet und der Papst konnte nicht umhin, den reuigen Büßer wieder in die Kirche aufzunehmen. Sein Plan, zusammen mit den Fürsten gegen den König vorzugehen, war durch den Alpenübergang Heinrichs gescheitert.

Aber auch Heinrich hatte sich in gewisser Weise vor dem Papst demütigen müssen. Die Frage, wer in diesem Konflikt der Sieger und wer der Verlierer war, ist daher schwer zu beantworten. Die Antwort hängt nicht zuletzt von der Perspektive ab, die man einnimmt. Betrachtet man die Ereignisse aus dem Blickwinkel der königlichen Machtposition, so war der König der Sieger, hatte er es doch geschafft, seine Macht wiederherzustellen und zu bewahren. Sieht man indes auf die Stellung eines Königs von „Gottes Gnaden“, so hatte sich Heinrich als König demütigen und vor dem Papst erniedrigen müssen. Seine königliche Würde hatte Schaden genommen.

Das Konkordat von Worms 1122
Auf die dramatischen Ereignisse von Canossa folgte eine lange Zeit bürgerkriegsähnlicher Zustände im Reich. Denn die Fürsten hatten an ihrem Plan, einen Gegenkönig zu wählen, trotz der Buße des Königs festgehalten. Am 15. März 1077 war es deshalb in Forchheim zur ersten freien deutschen Königswahl gekommen, aus der Rudolf von Rheinfelden (1077–1080) als Gegenkönig hervorging. Heinrich IV. hatte es nun also nicht nur mit dem Papst und den oppositionellen Fürsten, sondern auch mit einem Gegenkönig zu tun.

Was die strittige Investiturfrage anbelangte, so kam es erst unter Heinrich V. (1106–1125), dem Sohn Heirichs IV., zu einer dauerhaften Einigung. Wichtig war die Unterscheidung zwischen geistlichem Amt (Spiritualien) und den damit verbundenen weltlichen Hoheitsrechten (Temporalien).

Das Wormser Konkordat vom 23. September 1122 war insofern ein Kompromiss, der von beiden Seiten Zugeständnisse verlangte. Man unterschied den Akt der Investitur in einen geistlichen und einen weltlichen Teil. Für den ersten war der Papst, für den zweiten der König zuständig. Für Deutschland sah die Lösung so aus: Der Abt oder Bischof wurde von den zuständigen Geistlichen gewählt. Dann erfolgte die weltliche Investitur mit dem Zepter durch den König, schließlich die geistliche Investitur durch den Papst mit Ring und Stab.

M 6 Leitsätze des Papstes

Auszug aus 27 Leitsätzen von Papst Gregor VII. (1073–1085), die er im Jahre 1075 diktierte:

II. Dass allein der römische Bischof mit Recht „allgemein" genannt wird.
VIII. Dass er allein die kaiserlichen Herrschaftszeichen verwenden kann.
IX. Dass alle Fürsten allein des Papstes Füße küssen.
X. Dass allein sein Name in den Kirchen genannt wird.
XII. Dass es ihm erlaubt ist, Kaiser abzusetzen.
XXVI. Dass nicht für katholisch gilt, wer sich nicht in Übereinstimmung mit der römischen Kirche befindet.

Quellen zum Investiturstreit. Erster Teil: Ausgewählte Briefe Papst Gregors VII. Übers. von Franz-Josef Schmale, Darmstadt 1978, S. 149–151 Nr. 47.

M 7 Der Konflikt zwischen Papst und Kaiser

a) König Heinrich IV. an Papst Gregor VII. am 24. Januar 1076:

Heinrich, nicht durch Anmaßung, sondern durch Gottes gerechte Anordnung König, an Hildebrand, nicht mehr den Papst, sondern den falschen Mönch. Diese Anrede hast du nämlich für die von dir angerichtete Verwirrung verdient [...]. Um nämlich aus vielem nur einiges Wenige und Wichtige zur Sprache zu bringen: du scheutest dich nicht nur nicht, die Lenker der heiligen Kirche, nämlich Erzbischöfe, Bischöfe und Priester, die doch Gesalbte des Herrn sind, anzutasten, nein, wie Knechte, die nicht wissen, was ihr Herr tut, zertratest du sie unter deinen Füßen [...]. Und wir haben dies alles ertragen, während wir uns bemühten, die Stellung des apostolischen Stuhles zu wahren. Aber du hast unsere Demut für Furcht gehalten und dich daher nicht gescheut, dich sogar gegen die uns von Gott verliehene königliche Gewalt zu erheben; du hast zu drohen gewagt, du würdest sie uns nehmen, als ob wir von dir das Königtum empfangen hätten, als ob in deiner und nicht in Gottes Hand Königs- und Kaiserherrschaft lägen. Dieser unser Herr Jesus Christus hat uns zum Königtum, dich aber nicht zur geistlichen Herrschaft berufen. [...] So steige du denn, der du durch diesen Fluch und das Urteil aller unserer Bischöfe und unser eigenes verdammt bist, herab, verlasse den apostolischen Stuhl, den du dir angemaßt hast. [...]
Ich, Heinrich, durch die Gnade Gottes König, sage dir zusammen mit allen meinen Bischöfen: Steige herab, steige herab!

Quellen zur Geschichte Kaiser Heinrichs IV. Die Briefe Heinrichs IV. Neu übers. von Franz-Josef Schmale, Darmstadt 2000, S. 65–69, Nr. 12 (4. Aufl.).

b) Gregor VII. am 14. Februar 1076:

Heiliger Petrus, Fürst der Apostel, neige zu mir, ich bitte Dich, gnädig dein Ohr, und höre mich, Deinen Knecht [...]. Du bist mein Zeuge und meine Herrin, die Mutter Gottes, und der heilige Paulus, Dein Bruder, mit allen Heiligen, dass Deine Heilige Römische Kirche mich wider meinen Willen zu ihrer Leitung berufen hat [...]. Und deshalb glaube ich, [...] dass die Christenheit, welche Dir besonders anvertraut ist, mir gehorche. Besonders ist mir an Deiner Statt und durch Deine Gnade von Gott die Gewalt, zu binden und zu lösen im Himmel und auf Erden, anvertraut und verliehen worden. Auf diese Zuversicht also bauend, zur Ehre und zum Schutz Deiner Kirche, widersage ich im Namen des allmächtigen Gottes, kraft Deiner Macht und Gewalt, dem König Heinrich, Kaiser Heinrichs Sohn, der gegen Deine Kirche mit unerhörtem Hochmut sich erhoben hat, die Herrschaft über das gesamte Reich der Deutschen und Italiens und löse alle Christen von dem Band des Eides, welchen sie ihm geleistet haben oder noch leisten werden, und ich untersage jedem, ihm fürder als einem König zu dienen.

Quellen zur Allgemeinen Geschichte des Mittelalters, hrsg. von Gottfried Guggenbühl und Otto Weiss, 2. umgearb. Aufl., Zürich 1946, S. 101 f.

M 8 Canossa aus zeitgenössischer Sicht

Der Chronist Lampert von Hersfeld über die Buße des Königs in Canossa im Januar 1077:

Da kam der König, wie ihm befohlen war, und da die Burg von drei Mauern umgeben war, wurde er in den zweiten Mauerring aufgenommen, während sein ganzes Gefolge draußen blieb, und hier stand er nach Ablegung der königlichen Gewänder ohne alle Abzeichen der königlichen Würde, ohne die geringste Pracht zur Schau zu stellen, barfuß und nüchtern vom Morgen bis zum Abend, das Urteil des Papstes erwartend. So verhielt er sich am zweiten, so am dritten Tage. Endlich am vierten Tag wurde er zu ihm vorgelassen, und nach vielen Reden und Gegenreden wurde er schließlich [...] vom Bann losgesprochen.

Lampert von Hersfeld, Annalen. Neu übers. von Adolf Schmidt, Darmstadt [4]2000, S. 407.

M 9 **Canossa**
Wandgemälde von Eduard Schwoiser im Maximilianeum in München aus dem Jahre 1862

M 10 **Die Canossaszene**
Der Fußfall Heinrichs IV. vor der Burgherrin Mathilde. Heinrich bittet um Vermittlung in Canossa, links Abt Hugo von Cluny, der Taufpate Heinrichs, Miniatur um 1115.

M 11 Der Canossagang

a) Der Historiker Harald Zimmermann untersucht in seinem Buch die Ereignisse in Canossa 1077. Zur Miniatur von 1115 schreibt er:

Auffällig ist, dass Heinrich in königlicher Tracht mit einer Krone am Haupt und mit dem Reichsapfel in der rechten Hand dargestellt wird. Daraus haben einige moderne Forscher auf die Unrichtigkeit aller jener Quellenzeugnisse geschlossen, die vom Ablegen der Insignien durch Heinrich während seines ganzen Canossaaufenthaltes und von seinem Auftreten als Büßer in erbärmlichem Gewande erzählen. Von anderen wurde allerdings richtig eingewandt, […] dass dem Maler kaum eine andere Möglichkeit als die Abbildung auch königlicher Insignien zur Kennzeichnung der knieenden Gestalt als König Heinrich zur Verfügung stand, wie er ja auch Hugo einen Abtstab in die Hand gab sowie endlich und nicht zuletzt, dass [der Maler] Donizo zeigen wollte, wie sich vor seiner Heldin sogar ein gekrönter Herrscher gebeugt habe.
Als bildliche Quelle für das eigentliche Canossageschehen wird man also seine Miniatur nicht werten dürfen, obzwar der Autor der Ereignisse zeitlich und örtlich nahestand und daher zumindest über gute Informationen verfügt haben kann, wenn er aus Altersgründen auch schwerlich Augenzeuge gewesen sein dürfte.

b) Zur Darstellung von Eduard Schwoiser schreibt Harald Zimmermann:

Im klein gehaltenen Hintergrund sieht man oben am Söller Mathilde und Gregor, beide sichtlich, aber in verschiedener Weise vom Geschehen unten im Burghof bewegt. Gregor zeigt mit der Linken auf den büßenden König und weist vielsagend mit der Rechten in den Himmel. Er blickt dabei Mathilde an, die sich anscheinend eben in aller weiblichen Zurückhaltung für den König verwendet hat, ohne Erfolg allerdings, denn Gregors Haltung ist triumphierend stolz und er scheint seiner Gastgeberin die Bedeutung der Szene erklären zu wollen und seine eigene Rolle als Mittler zwischen Himmel und Erde.
Unten im Hofe findet man Heinrich. Sein Kopf ist hoch aufgerichtet, der Blick jedoch gesenkt, sicher auch aus Scham. Die geballten Fäuste raffen die Büßerkutte, sodass man die nackten Füße so sehen kann, wie es der Künstler beabsichtigt. Das Burgtor ist bereits geöffnet, aber doch durch Ritter Mathildes verstellt […].
Das Aussehen Heinrichs müsste freilich ein anderes sein, weniger herrisch. Aber zweifelsohne wollte der Künstler dem Beschauer einen solchen Menschen zeigen, der auch als Büßer König bleibt.

Harald Zimmermann, Der Canossagang von 1077 – Wirkungen und Wirklichkeit, Mainz 1975, S. 42 u. 54.

M 12 Wormser Konkordat

Das Wormser Konkordat vom 23. September 1122 besteht aus zwei Urkunden, in denen der Kaiser Heinrich V. und der Papst Calixtus II. dem jeweils anderen Vertragspartner Folgendes einräumen:

Ich, Heinrich, von Gottes Gnaden erlauchter Kaiser der Römer, überlasse aus Liebe zu Gott und zur Heiligen Römischen Kirche und zu dem Herrn Papste Calixtus und um meines Seelenheils willen Gott und seinen heiligen Aposteln Petrus und Paulus und der Heiligen Katholischen Kirche jede Investitur mit Ring und Stab und gestatte, dass in allen Kirchen meines Königreiches und Kaiserreiches die Wahl auf kanonische Weise stattfinde und die Weihe frei sei. [...]
Ich, Calixtus, Bischof und Knecht der Knechte Gottes, gestatte Dir, meinem lieben Sohn Heinrich, von Gottes Gnaden erlauchtem Kaiser der Römer, dass die Wahlen der Bischöfe und Äbte im deutschen Königreiche, soweit sie dazugehören, in Deiner Gegenwart stattfinden, aber ohne Simonie[1] oder irgendwelche Gewalttätigkeit, sodass Du, wenn irgendwo zwischen den Parteien Zwietracht entstehen wird, auf des Metropoliten[2] [...] und der Mitbischöfe derselben Provinz Rat oder Entscheid dem verständigeren Teile Zustimmung und Hilfe gewährest. Der Gewählte aber soll von Dir durch das Zepter die Regalien[3] empfangen, und was er daraus Dir rechtlich schuldet, soll er leisten.

1 Simonie: Bezeichnung für den Handel mit geistlichen Würden und allgemein die Gewalt von Laien über geistliche Ämter.
2 Metropolit: Der anderen Bischöfen seiner Provinz übergeordnete Erzbischof.
3 Regalien: Königliche Hoheitsrechte, wie z. B. das Zoll-, Münz- oder Marktrecht.
Quellen zur Allgemeinen Geschichte des Mittelalters, hrsg. von Gottfried Guggenbühl und Otto Weiss, 2. umgearb. Aufl., Zürich 1946, S. 120 f. Nr. 52.

M 13 Der sogenannte Investiturstreit

Die Historikerin Claudia Zey stellt zum Begriff „Investiturstreit" Folgendes fest:

Bei einem Blick in die derzeit im Unterricht verwendeten Bände fällt im Vergleich zu den Ausgaben aus den 70-er und 80-er Jahren auf, dass der Begriff Investiturstreit entweder in Anführungszeichen gesetzt oder häufig ganz aus den Inhaltsverzeichnissen verschwunden ist. Statt dessen finden sich die Überschriften wie „Papst und Kaiser im Konflikt", „Kaiser oder Papst – wer ist der erste im Abendland" oder „Kaisertum und Papsttum im Widerstreit". Darin spiegelt sich die in der Forschung seit einiger Zeit vorherrschende Erkenntnis wider, dass diese folgeschwere Auseinandersetzung mehr war als ein Streit um die königliche Einsetzung von Bischöfen und Äbten in ihre geistlichen Ämter mit den Symbolen Ring und Stab.

Claudia Zey, in: Macht und Ordnungsvorstellung im hohen Mittelalter, hrsg. von Stefan Weinfurter, Neuried 1998, S. 89.

Aufgaben

1. a) Erkläre den Begriff „Investiturstreit".
   b) Begründe, warum diese Bezeichnung nicht angemessen ist.
   → Text, M13
2. a) Welches Selbstverständnis hatten Papsttum und Kaisertum?
   b) Erkläre, wieso es zum Konflikt kommen konnte.
   → Text
3. Benenne Gedanken der Kirchenreform in den Leitsätzen des Papstes Gregor VII. → M6
4. a) Stelle in zwei Spalten die Argumente von Heinrich und Gregor gegenüber.
   b) Beurteile den Ton der Auseinandersetzung.
   → M7
5. a) Warum kann die Miniatur nicht als Wiedergabe der tatsächlichen Situation gelten?
   b) Wie wird Heinrich auf dem Gemälde von 1862 dargestellt? Vergleiche mit der Miniatur.
   c) Wie ist die Verlässlichkeit der beiden Bildquellen einzuschätzen?
   → M9, M10
6. a) Bearbeite die Quelle zum Wormser Konkordat. Wozu verpflichtete sich der Papst, wozu Heinrich?
   b) Welche Folgen hatte das Wormser Konkordat für den König, die Fürsten, die Reichsbischöfe und den Papst?
   → Text, M12

M 1 Christus an der Spitze der Kreuzfahrer

Die Illustration aus dem 14. Jahrhundert bezieht sich auf eine Bibelstelle. In der Offenbarung des Johannes wird die Erscheinung von Jesu beschrieben: „aus seinem Mund kam ein scharfes, zweischneidiges Schwert".

M 2 Der Graf von Vendôme

Er trägt noch das Kreuz der Kreuzfahrer auf dem Mantel, als er nach fünfzehnjähriger muslimischer Gefangenschaft zu seiner Frau zurückkehrt, Statue aus dem Franziskanerkloster in Nancy (Lothringen).

Die Kreuzzüge

Bewaffnete Wallfahrten

Im November des Jahres 1095 hielt Papst Urban im französischen Ort Clermont am Ende einer Kirchenversammlung eine folgenreiche Rede. Er rief die Zuhörer auf, die Christen im Osten und insbesondere das Heilige Grab in Jerusalem aus muslimischer Herrschaft zu befreien. Bereits im März hatte nämlich der byzantinische Kaiser den Papst um Hilfe gegen das Reitervolk der Seldschuken gebeten. Diese hatten Byzanz eine empfindliche Niederlage zugefügt und drohten nun, die Hauptstadt der östlichen Christenheit einzunehmen. Dem byzantinischen Kaiser war allerdings nur an militärischer Hilfe gelegen. Papst Urban jedoch stellte den Teilnehmern an einer solchen Aktion den Erlass der Sündenstrafen, einen sogenannten Ablass, in Aussicht: Er rief zu einem religiös motivierten Kampf auf, der als Bußleistung galt.

Die Resonanz auf die Rede war überwältigend: Es entstand eine Massenbewegung. Die Menschen glaubten, mit dem Kreuzzug den Willen Gottes zu erfüllen. Die Verpflichtung wollte man durch ein Zeichen ausdrücken. Die „Kreuznahme" hat man sich also ganz konkret vorzustellen. Die Ritter ließen sich, so wird berichtet, unmittelbar nach Urbans Ansprache Stoffkreuze auf ihren Mänteln und Umhängen befestigen.

Der Begriff Kreuzzug selbst ist erst nachträglich im 13./14. Jahrhundert entstanden. Die Zeitgenossen stellten vielmehr einen Zusammenhang zur Pilgerfahrt her. Wenn sie von der „vart über mer" oder von der „gotes vart" sprachen, meinten sie damit eine Wallfahrt nach Jerusalem. Dennoch waren die Kreuzfahrer nicht nur Pilger, denn sie führten Waffen mit sich, sodass der Kreuzzug als bewaffnete Wallfahrt ins Heilige Land bezeichnet werden kann.

Ursachen der Kreuzzüge

Für die Teilnehmer konnten verschiedene Gründe ausschlaggebend sein. Das religiöse Motiv war zwar nicht das einzige, das einen Ritter zum Aufbruch ins Heilige Land veranlasste, aber ein entscheidendes. In der damaligen Zeit breitete sich die Gottesfriedensbewegung aus, die dafür sorgte, dass sich die Ritter bei ihren Fehden an gewisse Regeln hielten, die vor allem den Schwachen, den Kirchen und den Geistlichen Schutz bieten sollten. Die Ritter orientierten sich also stärker an christlichen Werten und suchten neue Aufgaben, die sie im Kreuzzug fanden. Sie hatten nun die Möglichkeit, das Seelenheil durch ritterlichen Kampf zu erlangen. Die unkontrollierten ritterlichen Fehden sollten nicht mehr nach innen, gegen die eigenen Glaubensbrüder, die Christen, sondern nach außen, gegen ihrer Meinung nach „Ungläubige", gerichtet werden. Fulcher von Chartres, ein Kreuzzugschronist, meinte, „aus Räubern sollten Soldaten Gottes werden".

Mit dem Aufruf des Papstes zum Kampf hatte sich das Verhältnis der Kirche zum Krieg gewandelt. Die Durchsetzung des christlichen Glaubens gegen die islamischen Mauren in Spanien, die Eroberung des ebenfalls muslimischen Sizilien und andere Ereignisse hatten ein allmähliches Umdenken bewirkt.

Die Eroberung Jerusalems
Die Kreuzfahrer brachen 1096 auf. Das Heer bestand vor allem aus westeuropäischen und normannischen Rittern. Einer ihrer bedeutendsten Führer war der Herzog Gottfried von Bouillon. Der höchste weltliche Führer war Hugo, der Bruder des französischen Königs. Auf dem Weg ins Heilige Land wurden die Juden erste Opfer der Gewalt gegen die „Ungläubigen“. So kam es in Nordfrankreich, im Rheingebiet sowie in Böhmen zu blutigen Ausschreitungen gegen die jüdische Bevölkerung, der allein im Rheingebiet etwa 5000 Menschen – etwa ein Viertel der dort lebenden Juden – zum Opfer fielen.

Nach unendlichen Strapazen und Ängsten erreichte das Ritterheer schließlich im Jahre 1099 – nach drei Jahren – Jerusalem. Bei der Eroberung richteten die Ritter unter den rund 20000 Einwohnern ein Blutbad an. Wie es dazu kam, ist heute schwer nachvollziehbar. Der Rausch des Sieges, der religiöse Fanatismus der Kreuzfahrer und die aufgestauten Entbehrungen des dreijährigen Kreuzzugs werden als Erklärungen genannt. Die islamische Welt war darüber auf das Tiefste empört und entsetzt.

Die Kreuzzugsbewegung war von vornherein eine nur schwer kontrollierbare religiöse Bewegung gewesen. Der Papst hatte zwar zum Kreuzzug aufgerufen, den Aufbruchstermin festgelegt und einen päpstlichen Gesandten zur Begleitung des Heeres abgestellt. Auf das Verhalten der Kreuzfahrer selbst hatte er jedoch nur wenig Einfluss. Aus der Kreuzzugsbewegung wurde mehr und mehr eine Eroberungsbewegung, die zur Bildung von Kreuzfahrerstaaten in Jerusalem, Antiochia, Edessa und Tripolis führte. In der Folgezeit kam es zu weiteren Kreuzzügen, die auch nicht mehr nur ins Heilige Land führten. So eroberten die Kreuzritter 1204 Byzanz. Der sogenannte Kinderkreuzzug, als

M 3 Die Eroberung von Jerusalem 1099
Historiengemälde von Piloty aus dem 19. Jahrhundert

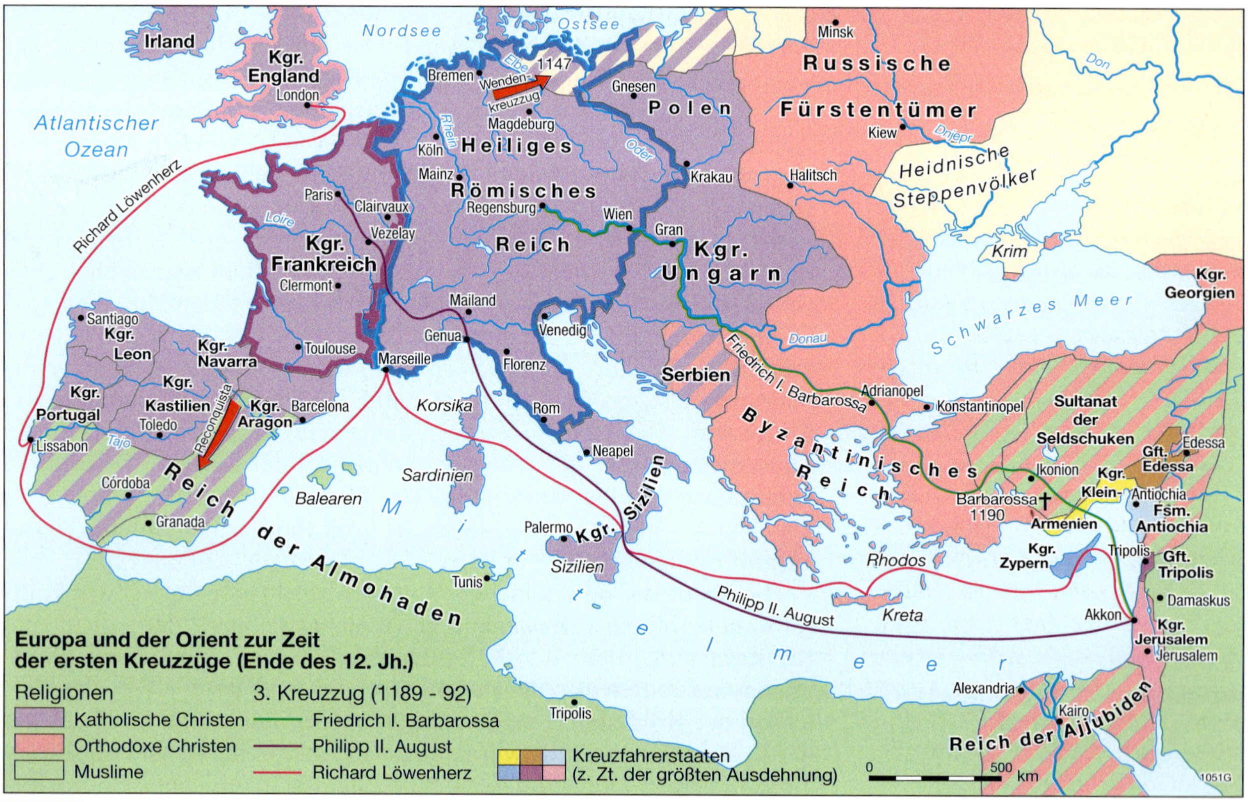

Europa und der Orient zur Zeit der ersten Kreuzzüge (Ende des 12. Jh.)

M 4

Kinder und Jugendliche sich ungeordnet auf den Weg machten, scheiterte vollends. Kaiser Friedrich II. war wegen eines Konflikts mit dem Papst gebannt, als er einen Kreuzzug antrat, den er allerdings ohne zu kämpfen mit einer Verhandlungslösung beendete. Später richteten sich Kreuzzüge gegen „Ungläubige“ in anderen Gebieten.

Die Folgen der Kreuzzüge

Die Kreuzzugsbewegung ist trotz der Anfangserfolge gescheitert. Die Kreuzfahrer haben es nicht vermocht, im Heiligen Land eine längerfristige Herrschaft zu begründen. Mit dem Fall der Hafenstadt Akkon im Jahre 1291 ging der letzte Stützpunkt an der syrischen Küste wieder verloren. Durch die religiös motivierte Kreuzzugsbewegung wurde allerdings das Zusammengehörigkeitsgefühl der Christen in Europa gestärkt.

Der wirtschaftliche und kulturelle Austausch zwischen dem christlichen Abendland und dem muslimischen Morgenland wurde durch die Kreuzzüge intensiver. Allerdings hatte es auch schon vorher Kontakte und Beziehungen gegeben. Sizilien, Spanien und auch Byzanz waren wichtige Räume, über die der Austausch stattfand.

Die Beurteilung der Kreuzzüge ist gespalten: Aus christlicher Sicht werden sie anders bewertet als aus muslimischer. Die religiösen Motive erscheinen nicht vereinbar mit dem gewaltsamen Vorgehen. Noch heute ist der Begriff „Kreuzzug“ gebräuchlich, wenn ein kompromissloses und gewaltsames Vorgehen charakterisiert werden soll, das weltanschauliche und religiöse Beweggründe hat.

M 5 Eroberung von Jerusalem in zweifacher Sicht

a) Der Chronist Wilhelm von Tyrus (ca. 1130–1186) berichtet in seiner Kreuzzugsgeschichte auch von der Einnahme Jerusalems am 15. Juli 1099:

Sofort durchzogen der Herzog [Gottfried von Bouillon] und die, welche mit ihm waren, in geschlossenen Gliedern, mit gezückten Schwertern und mit Schildern und Helmen bedeckt, die Straßen und Plätze der Stadt, und streckten alle Feinde, die sie finden konnten, ohne auf Alter oder Rang Rücksicht zu nehmen, mit der Schärfe des Schwertes nieder. Und es lagen überall so viele Geschlagene und solche Haufen abgeschlagener Köpfe umher, dass man keinen anderen Weg oder Durchgang mehr finden konnte als über Leichen. [...]
Der größte Teil des Volkes hatte sich nach der Halle des Tempels geflüchtet, weil dieser in einem entlegenen Teil der Stadt stand, auch mit der Mauer, mit Türmen und starken Toren verwahrt war. Diese Flucht brachte ihnen aber keine Rettung, denn sogleich begab sich Herr Tankret mit einem sehr großen Teil des ganzen Heeres dahin. Er brach mit Gewalt in den Tempel ein und machte Unzählige nieder. Er soll auch eine unermessliche Menge von Gold, Silber und Edelsteinen hinweggenommen, nachher jedoch, als der erste Tumult vorüber war, alles an den alten Platz zurückgebracht haben. Sofort gingen auch die übrigen Fürsten, nachdem sie, was ihnen in den übrigen Stadtteilen unter die Hände gekommen war, niedergemacht hatten, nach dem Tempel, hinter dessen Umschanzungen sich das Volk, wie sie gehört, geflüchtet hatte. Sie drangen mit einer Menge von Reitern und Fußgängern hinein, und stießen, ohne jemanden zu schonen, was sie fanden mit Schwertern nieder und erfüllten alles mit Blut. Es war dies ein gerechtes Urteil Gottes, dass die, welche das Heiligtum des Herrn mit ihren abergläubischen Bräuchen entweiht und dem gläubigen Volke entzogen hatten, es mit ihrem eigenen Blut reinigten und den Frevel mit ihrem Tod sühnen mussten. Schauerlich war es anzusehen, wie überall Erschlagene umherlagen [...] und wie der Boden mit vergossenem Blut ganz überdeckt war. Und nicht nur die verstümmelten Leichname [...] waren ein furchtbarer Anblick, den größten Schauer musste das erregen, dass die Sieger selbst von Kopf bis zu den Füßen mit Blut bedeckt waren. Im Umkreis des Tempels sollen an die zehntausend Feinde umgekommen sein, wobei also die, welche [...] in der Stadt niedergemacht wurden [...] noch nicht gerechnet sind. [...]
Der übrige Teil des Heeres zerstreute sich in der Stadt und zog die, welche sich in engen und verborgenen Gassen, um dem Tod zu entkommen, verborgen hatten, wie das Vieh hervor und stieß sie nieder.

Wilhelm von Tyrus, Geschichte der Kreuzzüge und des Königreichs Jerusalem, übers. von E. und R. Kausler, Stuttgart 1840, S. 200 ff.

b) Der arabische Geschichtsschreiber Ibn al-Atir (1160–1233) berichtet in seinem Hauptwerk, einer Gesamtdarstellung der islamischen Welt, über die Eroberung Jerusalems:

Die Franken wandten sich also gegen Jerusalem, nachdem sie Akkon erfolglos belagert hatten und hielten es nach ihrer Ankunft mehr als vierzig Tage lang eingeschlossen. Sie errichteten zwei Türme, einen davon auf der Seite Zions, aber die Muslime verbrannten ihn und töteten alle, die in ihm waren. Kaum hatten sie ihn verbrannt, als ein Bote mit einem Hilferuf kam: die Stadt sei von der anderen Seite her genommen. Die Franken nahmen sie tatsächlich von der Nordseite, morgens am Freitag, dem [...] [15. Juli 1099]. Die Einwohner wurden ans Schwert geliefert, und die Franken blieben eine Woche in der Stadt, während deren sie die Einwohner mordeten. Eine Gruppe von diesen suchte Schutz in Davids Bethaus, verschanzte sich dort und leistete einige Tage Widerstand. Nachdem die Franken ihnen das Leben zugesichert hatten, ergaben sie sich; die Franken hielten den Vertrag, und sie zogen des Nachts in Richtung Askalon und setzten sich dort fest. In der al-Aqsa Moschee dagegen töteten die Franken mehr als siebzigtausend Muslime, unter ihnen viele Imame, Religionsgelehrte, Fromme und Asketen, die ihr Land verlassen hatten, um in frommer Zurückgezogenheit an diesem heiligen Ort zu leben. Aus dem Felsendom raubten die Franken mehr als vierzig Silberleuchter, von denen jeder über dreitausendsechshundert Drachmen wog, einen großen Silberleuchter im Gewicht von vierzig syrischen Pfund, außerdem von den kleineren Leuchtern einhundertundfünfzig silberne und mehr als zwanzig goldene, und andere unermessliche Beute.

Aus: Die Kreuzzüge aus arabischer Sicht. Aus den arabischen Quellen ausgew. und übers. von Francesco Gabrieli, Zürich – München 1973, S. 49 f.

M 6 **Zerstörung Jerusalems aus muslimischer Sicht**
Zeitgenössische Abbildung

M 7 **Zerstörung Jerusalems aus christlicher Sicht**
Französische Buchmalerei, 15. Jahrhundert

Bilanz der Kreuzzüge – Eine Darstellung analysieren

M 8 Nachleben der Kreuzzüge

Der Historiker Nikolaus Jaspert schreibt über die Folgen der Kreuzzüge:

Kulturaustausch:
In der Tat lässt sich eine Vielzahl von kulturellen Errungenschaften benennen, die aus der muslimischen Welt Einzug in den lateinischen Westen fanden. Arabische Lehnwörter aus der Welt des Handels wie Bazar, Scheck, Tarif oder Arsenal oder aus den Naturwissenschaften wie Algebra oder Algorithmus lassen sich in diesem Zusammenhang anführen. Künstlerische Errungenschaften […] sowie Fertigkeiten in der Metall-, Textil-, Keramik- und Lederverarbeitung wurden nachweislich aus der islamischen Welt übernommen. Auch aus muslimischer Sicht lassen sich Transferprozesse erkennen, obwohl die lateinischen Christen den Muslimen in kultureller Hinsicht wenig zu bieten hatten. In der Militärtechnik z. B. führte die Begegnung mit den fremden Kriegern zu wichtigen Neuerungen, von der Einführung gepanzerter Reiter bis zu Veränderungen in der Belagerungstechnik und im Festungsbau. Die konfessionelle Grenze war also durchlässiger als man annehmen könnte.
Doch wie viel von alledem fand über die Kreuzfahrerherrschaften des Vorderen Orients seinen Weg in den Westen? Die Forschung ist sich mittlerweile weitgehend einig, dass in den Kreuzfahrerherrschaften Palästinas und Syriens vergleichsweise wenige derartige Transfervorgänge stattfanden. Andere Kontaktzonen dienten in stärkerem Maße als Einfallstore für fremdes Wissen. Sizilien und Süditalien blieben mehrere Jahrhunderte stark von der Kultur der unterworfenen Muslime geprägt, und in vielen islamischen Hafenstädten des Mittelmeeres traten christliche Händler in Kontakt mit den Andersgläubigen und ihrer Kultur […].

Eigenes und Fremdes:
Die Begegnung mit dem Islam führte dem lateinischen Westen seine Gemeinsamkeit vor Augen […]. Ebenso, wie eine bislang unbekannte Bündelung von Kräften über bisherige politische Grenzen hinweg den militärischen Erfolg des Ersten Kreuzzuges überhaupt erst ermöglichte, wurde die Besiedlung und Verteidigung des Eroberten über fast zwei Jahrhunderte hinweg nur durch immer wieder erneuerte kollektive [gemeinsame] Anstrengungen gewährleistet. So lässt sich wohl konstatieren [feststellen], dass die Begegnung mit andersartigen Kulturen weniger zu einem größeren Verständnis für das Fremde als vielmehr zu einer genaueren Kenntnis des Eigenen führte – mit allen positiven wie negativen Folgen. Die Kreuzzüge trugen wesentlich zur Selbstfindung sowohl des Christentums als auch des Islam bei.

Nikolaus Jaspert, Die Kreuzzüge, Darmstadt 2003, S 158 ff.

Aufgaben

1. a) Was versteht man unter „Kreuzzug"?
   b) Nenne Beweggründe der Kreuzfahrer.
   → Text
2. Vergleiche die Schilderungen über die Eroberung von Jerusalem. Nenne Gemeinsamkeiten und Unterschiede.
   → M5
3. a) Woran ist auf den Bildern von der Eroberung Jerusalems erkennbar, ob sie die christliche oder muslimische Sicht wiedergeben?
   b) Erläutere, wie die Kreuzfahrer im Gemälde von Piloty dargestellt werden.
   → M3, M6, M7
4. a) Wie schätzt der Historiker Jaspert die Kreuzzüge im Hinblick auf den Kulturaustausch ein?
   b) Prüfe, ob die Kreuzzüge seiner Meinung nach eher das Verständnis für das Fremde gefördert oder aber die Zusammengehörigkeit der Christen gestärkt haben. Suche Belege im Text.
   → Text, M8
5. a) Erstelle eine Tabelle über die weiteren Kreuzzüge (Zeit, Teilnehmer, Ausgang).
   b) Suche nach Beispielen für die heutige Verwendung des Begriffs „Kreuzzug".

M 1 Kreuzzugspredigt – Version 1

a) Die sogenannten Gesta Francorum, die „Taten der Franken", wurden um 1100 von einem unbekannten Kreuzfahrer verfasst. In dieser Quelle wird über die Kreuzzugspredigt Papst Urbans II. auf der Synode von Clermont 1095 berichtet:

„Jeder, der seine Seele erretten will, sollte nicht zögern, in aller Demut den Gott gefälligen Weg zu gehen und falls er nicht über genügend Geldmittel verfügt, so wird ihm die göttliche Gnade reichlich davon zuteilwerden lassen." Dann fuhr seine Heiligkeit fort: „Ihr Brüder, wir sollten im Namen Christi viel Leid ertragen – Elend, Armut, Nacktheit, Verfolgung, Not, Krankheit, Hunger, Durst und andere Übel mehr, so wie der Herr seinen Jüngern sagt: 'Ihr sollt vieles in meinem Namen erleiden' und 'Fürchte dich nicht, im Angesicht der Menschen Zeugnis von mir abzulegen; wahrlich, ich werde euch Beredsamkeit und Weisheit verleihen'. Und zu guter letzt, 'Großer Lohn wird euch im Himmel zuteil werden'".

The First Crusade. The Chronicle of Fulcher of Chartres and other Source Materials, ed. Edward Peters, Philadelphia 1971, S. 5 f., übers. von Herbert Rogger.

M 2 Kreuzzugspredigt – Version 2

Der Chronist Robert der Mönch beschrieb zu Beginn des 12. Jahrhunderts die Synode von Clermont, an der er teilgenommen hatte. Sein Bericht beinhaltet auch eine Version der Kreuzzugsrede Urbans II.:

„Kein Besitz, keine Haussorge soll euch fesseln. Denn dieses Land, in dem ihr wohnt, ist allenthalben von Meeren und Gebirgszügen umschlossen und von euch beängstigend dicht bevölkert. Es fließt nicht vor Fülle und Wohlstand über und liefert seinen Bauern kaum die bloße Nahrung. Daher kommt es, dass ihr euch gegenseitig beißt und bekämpft, gegeneinander Krieg führt und euch meist gegenseitig verletzt und tötet. Aufhören soll unter euch der Hass, schweigen soll der Zank, ruhen soll der Krieg, einschlafen soll aller Meinungs- und Rechtsstreit! Tretet den Weg zum Heiligen Grab an, nehmt das Land dort dem gottlosen Volk, macht es euch untertan! Gott gab dieses Land in den Besitz der Söhne Israels; die Bibel sagt, dass dort Milch und Honig fließen [2. Buch Moses 3, 8]. Jerusalem ist der Mittelpunkt der Erde, das fruchtbarste aller Länder, als wäre es ein zweites Paradies der Wonne. Der Erlöser der Menschheit hat es durch seine Ankunft verherrlicht, durch seinen Lebenswandel geschmückt, durch sein Leiden geweiht, durch sein Sterben erlöst, durch sein Grab ausgezeichnet. Diese Königsstadt also, in der Erdmitte gelegen, wird jetzt von ihren Feinden gefangengehalten und von denen, die Gott nicht kennen, dem Heidentum versklavt. Sie erbittet und ersehnt Befreiung, sie erfleht unablässig eure Hilfe. Vornehmlich von euch fordert sie Unterstützung, denn euch verlieh Gott, wie wir schon sagten, vor allen Völkern ausgezeichneten Waffenruhm. Schlagt also diesen Weg ein zur Vergebung eurer Sünden; nie verwelkender Ruhm ist euch im Himmelreich gewiss".

Arno Borst, Lebensformen im Mittelalter, Frankfurt a. M./Berlin 1987, S. 319 f.

M 3 Aufruf zum Kreuzzug

Auf einer Kirchenversammlung im französischen Clermont verkündet Papst Urban II. am 27. November 1095 seinen Entschluss zum ersten Kreuzzug, Holzschnitt von 1482.

Die Kreuzzugspredigt Urbans im Spiegel der schriftlichen Quellen

In der französischen Stadt Clermont fand eine Kirchenversammlung statt. Am 27. November 1095 hielt Papst Urban außerhalb der Stadt auf freiem Feld die Predigt. Sie gilt als Auftakt der Kreuzzugsbewegung. Woher weiß man jedoch, was er gesagt hat? Es gibt nämlich keine schriftlichen Aufzeichnungen des Papstes, und es hat auch niemand wörtlich mitgeschrieben.

Allerdings gibt es mehrere nachträglich entstandene Darstellungen. Über das Ereignis berichten:

- ein namentlich nicht bekannter Kreuzfahrer, der wahrscheinlich um 1100 die sogenannte Gesta Francorum – „Die Taten der Franken" – verfasste,
- der Mönch Robert v. Reims (gestorben 1120),
- der Erzbischof Balderich von Dol (1045–1130),
- der Geistliche Fulcher von Chartres (geboren 1127).

Robert, Balderich und Fulcher waren mit großer Wahrscheinlichkeit anwesend, als Urban seine Rede hielt; Fulcher nahm sogar am ersten Kreuzzug selbst teil.

Durch das genaue Lesen und den Vergleich der schriftlichen Quellen lässt sich herausfinden, was der Papst – zumindest sinngemäß – gesagt hat. Allerdings ist zu berücksichtigen, dass alle Darstellungen nach der erfolgreichen Eroberung von Jerusalem im Jahr 1099 entstanden.

Fragen an schriftliche Quellen

1. Entstehung der Quelle	a) Wann sind die Quellen entstanden? b) Was weiß man über die Autoren?
2. Art der Quelle	a) Es handelt sich in beiden Fällen um persönliche Berichte. Welche Besonderheit weisen solche Texte auf?
3. Inhalt der Quelle	a) Fasse die beiden Texte kurz zusammen. b) Welche Informationen finden sich in beiden Texten? c) An welchen Stellen weichen sie voneinander ab? d) Fertige eine Tabelle an und stelle die wichtigen Aussagen der beiden Texte einander gegenüber.
4. Glaubwürdigkeit der Quelle	a) Prüfe, ob die Länge der Darstellung von Robert für oder gegen seine Glaubwürdigkeit spricht. b) Welche Folgen konnte die Tatsache der erfolgreichen Eroberung Jerusalems für die Art der Darstellung haben?
5. Bedeutung der Quelle	a) Welche Aussagen des Papstes lassen sich verlässlich erschließen? An welchen Stellen sind Zweifel angebracht? b) Untersuche, ob die Darstellung auf dem Holzschnitt das Ereignis korrekt wiedergibt. Berücksichtige dabei auch die Entstehungszeit des Bildes.

Die Zeit der Staufer

M 1 **Kaiseradler Friedrichs II.** vom Kastell Rocca Ursino in Catania (nach 1239)

Der Adler als Wappentier

Der Adler, der als „Bundesadler" die Bundesrepublik Deutschland symbolisiert, lässt sich bis ins Mittelalter zurückverfolgen. Da er als „König der Vögel" galt, wurde er gerne als Wappentier gewählt. Seit dem 12. Jahrhundert, als die Herrscherfamilie der Staufer die Könige und Kaiser stellte, steht er als Zeichen für das Heilige Römische Reich und gilt seitdem als Wappentier Deutschlands.

Lange galt die Zeit der Staufer als Höhepunkt des mittelalterlichen Kaisertums, weil das Heilige Römische Reich in dieser Zeit in Europa eine besonders große Machtstellung erreicht hatte.

Friedrich Barbarossa und Italien

Der mächtigste und bis heute bekannteste staufische Herrscher war Friedrich I., der wegen seines roten Bartes den italienischen Beinamen „Barbarossa" erhielt. Als er 1152 zum König gewählt wurde, konkurrierten die Adelsgeschlechter der Staufer und der Welfen um die Königswürde. Friedrich wurde von den Welfen anerkannt, weil seine Mutter Judith aus dieser Familie stammte und weil er sich von Anfang an um einen Ausgleich bemühte. So überließ er seinem welfischen Konkurrenten Heinrich dem Löwen sowohl das Herzogtum Sachsen als auch das Herzogtum Bayern. Heinrich vergrößerte und festigte seine Herrschaft in diesen Gebieten und stellte das Königtum Friedrichs nicht infrage, sondern unterstützte lange Zeit aktiv die Reichspolitik.

M 2 **Christus krönt Heinrich den Löwen und seine Frau Mathilde**
Links hinter Heinrich: seine Eltern Heinrich der Stolze und Gertrud sowie deren Eltern Kaiser Lothar III. und Richenza.
Rechts hinter Mathilde ihr Vater, König Heinrich II. von England, und dessen Mutter Mathilde, englische Königin und Witwe Kaiser Heinrichs V., Buchmalerei aus dem Evangeliar Heinrichs des Löwen.

M 3 **Die Staufer**

Konrad III. 1138–1152

Friedrich I. 1152–1190

Heinrich VI. 1190–1197

Philipp v. Schwaben 1198–1208

Gegenkönig:
Otto IV. (Welfe) 1198–1218

Friedrich II. 1212–1250

Konrad IV. 1250–1254

Der Staufer versuchte auf seine Weise, die Macht zu steigern. Zum einen bemühte sich Friedrich, die Reichsrechte gegenüber der Kirche wieder zur Geltung zu bringen, sah sich jedoch bald in einen Konflikt mit dem Papsttum verstrickt. 1154 war Friedrich in Rom noch zum Kaiser gekrönt worden. Als Papst Hadrian IV. 1159 starb, wurden zwei Päpste gewählt. Friedrich entschied sich für den kaiserfreundlichen Papst Viktor IV. Ihm und seinem Nachfolger Paschalis stand jedoch der kaiserfeindliche Alexander III. gegenüber. Es kam zu einer Kirchenspaltung, zu einem sogenannten Schisma, das 18 Jahre andauerte.

Zum anderen konnte Friedrich als Kaiser auch die Herrschaft über Nord- und Mittelitalien beanspruchen und versucht auf dieser Grundlage von den reichen italienischen Städten Abgaben einzutreiben. Denn diese nahmen stellvertretend Königsrechte, sogenannte Regalien, wahr. Dazu zählten Münz-, Zoll-, Markt- und Fischereirechte.

Nachdem Friedrich zunächst seine Ansprüche durchsetzen konnte, verbündete sich die Mehrzahl der Städte, allen voran Mailand, mit Papst Alexander III. gegen den Kaiser. Obwohl Friedrich sechs Mal nach Italien zog und dort 16 von 38 Regierungsjahren verbrachte, gelang es ihm trotz zwischenzeitlich triumphaler Erfolge nicht, die Herrschaft über Italien dauerhaft zu sichern. Als er 1176 in der Schlacht von Legnano in der Nähe von Mailand eine schwere Niederlage erlitten hatte, kam es zum Ausgleich mit dem Papst und den italienischen Städten.

M 4

M 5 **Portrait Kaiser Friedrichs I.**
Die vergoldete Bronzebüste ist ein Geschenk des Kaisers an seinen Taufpaten Otto von Cappenberg. Die Mauerzinnen am unteren Rand symbolisieren Rom, Original um 1160.

M 6 Löwenstandbild
Heinrichs des Löwen vor dem Dom in Braunschweig. Im Dom, den er errichten ließ, befindet sich auch seine Grabstätte.

Königsherrschaft in Deutschland
Schließlich versuchte Barbarossa, seine Herrschaft auch in Deutschland zu festigen. Er wollte den Besitz des Reiches und des staufischen Hauses vergrößern und zu einem geschlossenen Territorium ausbauen. Städte waren dabei als wirtschaftliche Zentren, die Geld einbrachten, und als politische Stützpunkte von großer Bedeutung. Zur Verwaltung zog Friedrich Ministeriale heran. Als ehemals Unfreie waren diese vom Herrscher abhängig und übten ihr Amt, im Unterschied zu den unabhängigen und durch die Lehnsverpflichtung nur locker gebundenen Adligen, im Sinne ihres Herrn aus. Den Ministerialen gelang es wegen ihrer Verdienste und der Förderung durch den Herrscher nach und nach, eine adlige Stellung zu erreichen.

Nachdem Heinrich der Löwe vor der entscheidenden Schlacht von Legnano Friedrich die Unterstützung verweigert hatte, kam es zu einem ernsthaften Zerwürfnis zwischen den bislang eng zusammenarbeitenden Vettern. Als Heinrich von Konkurrenten in Sachsen angeklagt wurde, Rechtsbrüche begangen zu haben, wurde er von Friedrich nicht wie bisher gedeckt, sondern als Angeklagter vorgeladen. Als er dreimal nicht erschienen war, erkannte Friedrich ihm im Jahre 1180 die beiden Herzogtümer Bayern und Sachsen ab. Heinrich musste zu seinem Schwiegervater, dem englischen König, ins Exil gehen. Das Herzogtum Bayern erhielten die Wittelsbacher, das Herzogtum Sachsen wurde geteilt.

An diesem Konflikt kann man erkennen, dass der König zwar als oberster Lehnsherr anerkannt war, dass aber gleichzeitig eine Verpflichtung bestand, die Lehen wieder zu verleihen. Innerhalb des Lehnswesens entwickelte sich die sogenannte Heerschildordnung. Der Rang eines Adligen bemaß sich danach, von wem er Lehen annahm. So ließen sich die obersten Reichsfürsten nur vom König belehnen. Unter ihnen standen die Grafen und freien Herren sowie schließlich die Ministerialen.

Nachdem Friedrich Barbarossa 1190 auf dem Kreuzzug nach Jerusalem ertrunken war, verlagerten seine Nachfolger Heinrich VI. und Friedrich II. den Schwerpunkt der staufischen Herrschaft immer mehr nach Italien. Dabei wurden auch Süditalien und Sizilien in die staufische Herrschaft einbezogen. Auf diese Weise konnten die deutschen Fürsten ihre Herrschaft auf Kosten der Königsmacht stärken.

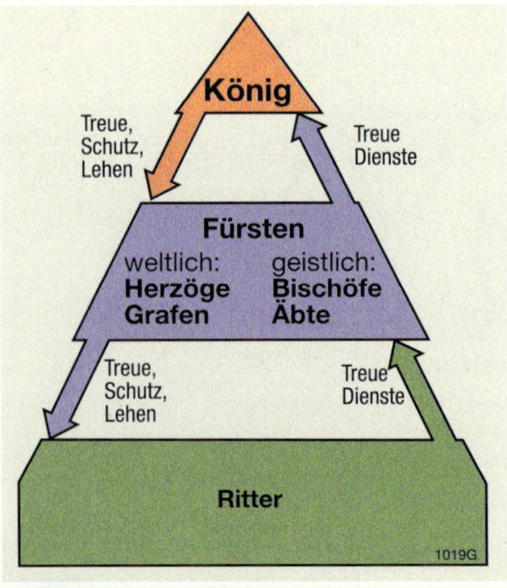

M 7 Das Lehnswesen

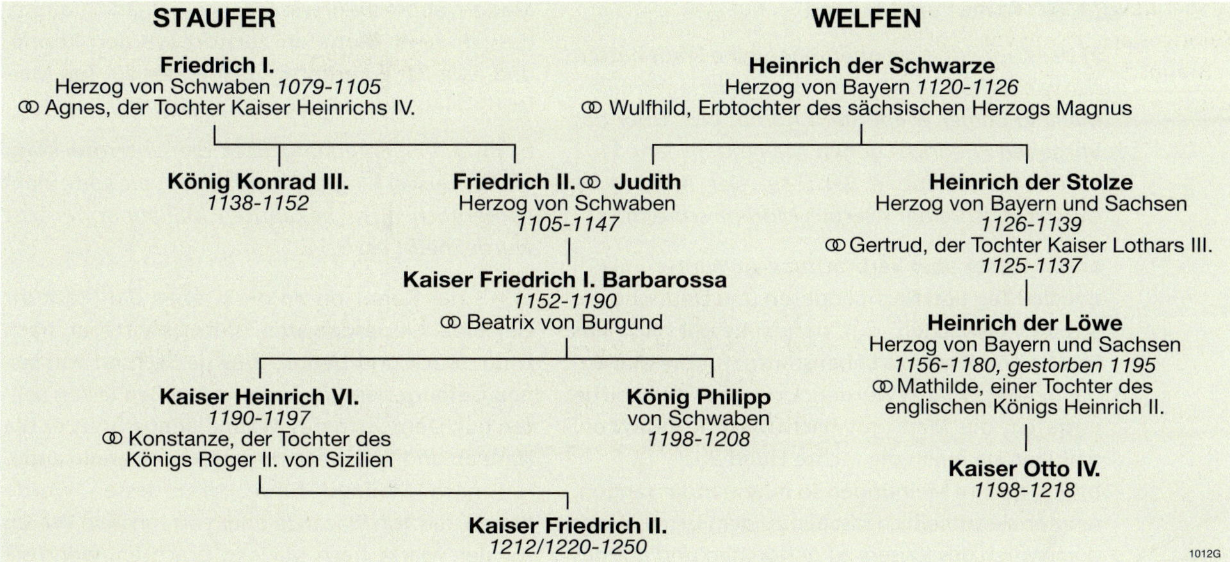

M 8

M 9 Die Begegnung in Chiavenna

Über das Zusammentreffen von Heinrich und Friedrich 1176 wird in den Annalen des Romuald von Salerno berichtet:

Der Kaiser sandte nun dringende Boten nach Deutschland, um das Heer zu verstärken, und vor allem an seinen Vetter Heinrich, den Herzog von Sachsen und Bayern, um ihn zu einer Aussprache in Chiavenna zu laden. Er kam ihm bis hier entgegen und bat ihn dringender, als es der kaiserlichen Majestät ansteht, dem Reiche in seiner gefährlichen Lage zu Hilfe zu kommen. Man sagt sogar, er habe sich ihm zu Füßen geworfen. Aber Herzog Heinrich, der allein die Macht und die Mittel besaß, damals dem Reiche einen wirklichen Dienst zu leisten, forderte dafür Goslar, die reichste Stadt in ganz Sachsen, zum Lehen. Der Kaiser aber hielt es für eine Schande, sich gegen seinen Willen um ein solches Lehen erpressen zu lassen, und stimmte nicht zu, worauf Heinrich ihn in hellem Zorn in der Gefahr verließ und heimkehrte.

Aus der Chronik Ottos von St. Blasien, übers. v. W. Lautemann, in: Geschichte in Quellen, Band 2, München 1975, S. 426.

M 10 Die Verurteilung Heinrichs des Löwen

Über die Vorgänge, die zur Absetzung Heinrichs führten, informiert lediglich eine Urkunde, die Friedrich für Erzbischof Philipp von Köln ausstellte. Dieser erhielt einen Teil des eingezogenen Herzogtums Sachsens. Das Original wurde im Zweiten Weltkrieg vernichtet:

Allen gegenwärtigen wie zukünftigen Getreuen des Reiches tun wir daher kund und zu wissen, dass Heinrich, einst Herzog von Bayern und Westfalen, deswegen, weil er die Freiheit der Kirchen Gottes und das Recht der Edlen des Reiches durch Einnahme ihrer Güter und Minderung ihrer Rechte schwer bedrückt und auf dringende Klage der Fürsten und zahlreicher Edlen drei Mal vorgeladen, sich unserem Gericht zu stellen verschmäht hat und wegen dieser Widerspenstigkeit nach dem Gericht der Fürsten und seiner schwäbischen Standesgenossen unserer Acht verfallen ist, weil er sodann weiterhin ohne Unterlass gegen die Kirchen Gottes und die Rechte und Freiheiten der Fürsten und Edlen gewütet hat, wegen des jenen zugefügten Unrechts, der vielfältigen uns bezeigten Missachtung und besonders wegen des offenkundigen Vergehens gegen die Staatsgewalt, nachdem er trotz vorgeschriebener dreimaliger Vorladung zum Verhör weder selbst erschienen ist noch einen Fürsprecher gesandt hat, in Anwendung des Lehnrechts als Nichterschienener abgeurteilt ist, und dass ihm daraufhin sowohl das Herzogtum Bayern und Westfalen samt Engern als auch alle anderen Lehen, die er vom Reiche aus innehatte, nach einstimmigem Urteil der Fürsten feierlich auf dem in Würzburg abgehaltenen Reichstage abgesprochen und uns zu Recht und Besitz zugesprochen sind.

Deutsche Geschichte in Quellen und Darstellungen, Bd. 1: Frühes und hohes Mittelalter 750–1250, hrsg. v. Wilfried Hartmann, Stuttgart 1995, S. 366.

M 11 Kampf um Mailand

a) Der Kaiser und die oberitalienische Stadt hatten sich wiederholt bekämpft. Trotz Niederlagen nahm Mailand immer wieder den Kampf auf. Über das Vorgehen Friedrichs gegen Mailand im Jahr 1162 gibt es verschiedene Berichte. Der italienische Geschichtsschreiber Acerbus Morena schreibt:

a) Der Kaiser aber verbrachte den Winter in Lodi und ließ Tag und Nacht Lodesen und Deutsche die Straßen bewachen, auf denen gewöhnlich aus Brescia und Piacenza Lebensmittel für die Mailänder herangeschafft wurden. Und wenn sie welche antrafen, die Marktgut nach Mailand brachten, schlugen sie ihnen die rechte Hand ab.

b) Und da ihre Meinungen so miteinander rangen, neigten sie schließlich fast alle zu dem Urteil, lieber dem Willen des Kaisers zu gehorchen und auf das Glück seiner Güte zu hoffen, als weiterhin im Krieg zu verharren [...]. Am folgenden Donnerstag, am ersten des genannten März, kamen die Konsuln von Mailand [...] und 8 Mailänder Ritter vor den Herrn und durchlauchtesten Kaiser Friedrich in dessen Palast zu Lodi [...] und ergaben sich stellvertretend für die ganze Stadt dem Kaiser. [...]

Am folgenden Sonntag [4.3.] kamen 300 Mailänder Ritter zum Kaiser in den erwähnten Palast, darunter waren 36 Fähnleinträger, die die Fähnlein in die Hände des Kaisers gaben und dessen Füße küssten [...]. Also kommen am folgenden Dienstag etwa 1000 Mann Fußvolk aus Mailand mit ihrem Wagen und mit dem großen Banner und außerdem 94 anderen Wimpeln auf dem Wagen; diese übergaben sie dem Kaiser [...] zum Zeichen für das gesamte Gemeinwesen von Mailand [...]. Am folgenden Mittwoch löste der gütige Kaiser die Mailänder vom Bann und befahl den Konsuln, dass sie nun 114 Ritter zu ihm schicken sollten, damit er auch von ihnen 40 Geiseln erhalte, [...] und allem Fußvolk gab er Erlaubnis, nach Hause zurückzukehren.

c) Am folgenden Montag [19.3.] dann befahl der Kaiser den Mailänder Konsuln, in acht Tagen alle Personen, Männer und Frauen zum Auszug aus der Stadt Mailand zu veranlassen; dies erfüllten, wenn auch mit Trauer, die Mailänder völlig und begaben sich [...] in andere Städte und Orte der Lombardei. [...] Nach dem Einzug in die Stadt befahl Friedrich die Zerstörung: Sie alle gaben sich bei der Zerstörung solche Mühe, dass sie bis zum folgenden Passionssonntag [1.4.] so viel von den Mauern abbrachen, wie anfangs niemand glaubte, dass in zwei Monaten zerstört werden könne, und, wie ich wahrhaftig meine, der 40. Teil Mailands blieb nicht zur Zerstörung übrig.

b) In einer „Erzählung über die Unterdrückung und Unterwerfung der Lombardei", die von einem namentlich nicht bekannten Mailänder verfasst wurde, heißt es:

a) Als der Kaiser bis an die Gräben der Stadt ihr Getreide niedergetreten hatte, kehrte er nach Lodi zurück und befahl, dass sie Sechsen von seinen Gefangenen die Augen ausreißen lassen sollten [...]. Dem Suzo des Mizano aber schnitt er die Nase ab und ließ ihm ein Auge, damit er die anderen nach Mailand führe. Unterdessen wurde denen, die von Piacenza oder von sonstwo Waren für den Markt nach Mailand brachten, wenn sie gefangen wurden, die rechte Hand abgeschlagen; an einem Tag wurden 25 amputiert.

b) Nach vielen Streitereien [...] kam es schließlich dahin, dass sie sich Gott und dem Kaiser ergaben in der Hoffnung auf dessen Erbarmen, das alle Fürsten fest versprachen. [...] In der Stadt Lodi übergaben sie sich und die Stadt. Und innerhalb acht Tagen schickten sie 500 Reiter und ebensoviel Fußvolk mit dem Fahnenwagen, Fähnlein und anderen Feldzeichen der Reiter und des Fußvolks zusammen mit den Trompeten zum Kaiser nach Monteghezzone, um alle Würde und alles Recht auf ihn zu übertragen. Er aber behielt die Reiter, den Fahnenwagen, alle Feldzeichen und die Trompeten, das Fußvolk entließ er, und die Reiter schickte er nach Pavia, damit sie dort in Haft gehalten würden.

c) Dann befahl er [Friedrich], die Stadt zu evakuieren und gab dafür acht Tage Zeit. Am 26. März zogen sie also mit ihrer Habe aus der Stadt und verließen sie [...]. Könnte es jemand geben, der die Tränen zurückhalten könnte, wenn er das Weinen und die Trauer und den Schmerz der Männer und Frauen, vor allem der Kranken, der schwangeren Frauen und der Knaben sähe, wie sie hinauszogen und ihre eigenen Feuerstätten zurückließen? [...] Zuerst ließ er alle Häuser anzünden, dann zerstörte er Häuser, Türme und Mauern der Stadt, und das meiste wurde vernichtet, alle Altäre wurden entweiht, die Reliquien vieler Heiliger weggeschleppt.

Italische Quellen über die Taten Friedrichs I. in Italien und der Brief über den Kreuzzug Kaiser Friedrichs I., übers. v. Franz-Josef Schmale, Darmstadt 1986, S. 173–179, S. 275–279.

M 12 Die Sage von König Rotbart

Die Gebrüder Grimm haben die Sage über Friedrich Barbarossa aufgezeichnet:

Friedrich Rotbart auf dem Kyffhäuser

Von diesem Kaiser gehen viele Sagen im Schwange. Er soll nicht tot sein, sondern bis zum Jüngsten Tage leben, auch kein rechter Kaiser nach ihm mehr aufkommen. Bis dahin sitzt er verhohlen in dem Berg Kyffhausen und wenn er hervorkommt, wird er seinen Schild hängen an einen dürren Baum, davon wird der Baum grünen und eine bessere Zeit werden. Zuweilen redet er mit den Leuten, die in den Berg kommen, zuweilen lässt er sich auswärts sehen. Gewöhnlich sitzt er auf der Bank an dem runden steinernen Tisch, hält den Kopf in der Hand und schläft, mit dem Haupt nickt er stetig und zwinkert mit den Augen. Der Bart ist ihm groß gewachsen, nach einigen durch den steinernen Tisch, nach andern um den Tisch herum, dergestalt, dass er dreimal um die Rundung reichen muss bis zu seinem Aufwachen, jetzt aber geht er erst zwei Mal darum.

Deutsche Sagen. Herausgegeben von den Brüdern Grimm. Ausgabe auf der Grundlage der Ersten Auflage, hrsg. von Heinz Rölleke, Frankfurt/M. 1994, S. 55 f.

M 13 Postkarte von 1910

Aufgaben

1. Stelle dar, wie das Verhältnis zwischen Papst und Kaiser zur Zeit der Staufer war. → Text
2. a) Erschließe aus der Stammtafel, weshalb die Staufer und die Welfen jeweils Anspruch auf den Königsthron erheben konnten.
   b) In welchem Verwandtschaftsverhältnis standen Friedrich und Heinrich?
   → M8
3. a) Fasse mit eigenen Worten zusammen, was über das Zusammentreffen von Friedrich und Heinrich in Chiavenna berichtet wird.
   b) Untersuche, ob der Bericht von Romuald objektiv ist oder ob er für eine der beiden Personen Partei ergreift.
   c) Suche Gründe, die für und die gegen das Verhalten Heinrichs sprechen. Erkläre, welche davon damals von besonderer Bedeutung waren.
   d) Erläutere, mit welcher Begründung der Kaiser Heinrich verurteilt.
   e) Ist deiner Meinung nach das Urteil gerechtfertigt?
   → M9, M10
4. Welche Veränderungen in den politischen Verhältnissen Deutschlands ergaben sich zur Zeit der Staufer?
   → Text
5. a) Erläutere, worum es in den einzelnen Abschnitten in den Berichten über den Kampf um Mailand geht.
   b) Vergleiche die einzelnen Abschnitte der beiden Berichte miteinander. Suche mögliche Gründe für die Unterschiede.
   c) Untersuche, für welche Seite der jeweilige Geschichtsschreiber Partei ergreift. Begründe dies am Text.
   → M11
6. a) Was wird in der Sage über König Rotbart berichtet?
   b) Welche Erwartungen werden mit der Sage verbunden?
   → M12, M13

M 1 **Der König und die sieben Kurfürsten**
Glockenspiel an der Frauenkirche in Nürnberg, heutiger Zustand

Das Heilige Römische Reich im Spätmittelalter

Wer kann König werden?

Bei der Bestimmung des Königs waren im Mittelalter zwei Grundsätze wirksam: zum einen der Erbgedanke, das heißt, dass der Sohn oder ein naher männlicher Verwandter die Nachfolge antritt, zum anderen der Wahlgedanke, das heißt, dass der am besten geeignete Kandidat Herrscher wird. Dabei handelte es sich nicht um eine freie Wahl im heutigen Sinn, sondern eher um eine Auswahl aus einem Kreis besonders Geeigneter. So stellten immer wieder bestimmte Herrscherfamilien den König.

Im Jahr 1254 starb der letzte König aus der Herrscherfamilie der Staufer. In den folgenden Jahrzehnten stellten verschiedene Herrscherhäuser, sogenannte Dynastien, den König. Immer wieder kam es zu Doppelwahlen: Die beiden Gewählten versuchten dann, sich auch gewaltsam gegen den jeweiligen Konkurrenten durchzusetzen. Angesichts dieser Situation wurde im Jahr 1356 eine Neuregelung der Königswahl beschlossen und in einer berühmten Urkunde festgehalten, die wegen des Goldsiegels Goldene Bulle genannt wird.

Die Neuordnung der Königswahl

Neu war die Festlegung, dass sieben Kurfürsten den König wählen sollten. Diese Bezeichnung leitet sich vom mittelhochdeutschen Wort „kur“ beziehungsweise „kür“ für „Wahl“ ab. Dazu zählten die Erzbischöfe von Trier, Köln und Mainz, der König von Böhmen, der Pfalzgraf bei Rhein, der Herzog von Sachsen und der Markgraf von Brandenburg. Sie bestimmten nun in einem genau geregelten Verfahren den König. Die ungerade Anzahl von sieben Wählern garantierte ein eindeutiges Ergebnis.

Dass gerade diese sieben Fürsten sich das alleinige Wahlrecht sichern konnten, hat verschiedene Gründe. Manche gehörten zu wichtigen Dynastien und vertraten mächtige Herrschaften. Manche versahen schon seit langer Zeit wichtige Ämter in der königlichen Verwaltung und galten daher im Reich als hohe Würdenträger. Manche hatten bei den vorangegangenen Wahlen eine entscheidende Rolle gespielt. Andere Fürsten, die auch als Kurfürsten in Frage gekommen wären, hatten sich auf den Ausbau ihrer eigenen Herrschaft konzentriert und sich deshalb wenig für die Königswahl interessiert.

Neu war auch, dass nun die Mehrheit der Stimmen entschied. Zuvor sollte es immer eine einstimmige Wahl sein. Bei Doppelwahlen hatten beide Parteien jeweils für sich beansprucht, die „richtige“ Wahl getroffen zu haben. Ebenso neu war schließlich, dass der gewählte König als künftiger Kaiser betrachtet wurde. Ein mögliches Mitwirkungsrecht des Papstes wurde nicht erwähnt.

Die Stellung des Königs

Die Neuregelung der Königswahl lässt erkennen, wie sich die Stellung des Königs im Spätmittelalter veränderte. Im Unterschied etwa zu Frankreich kam es nicht zur Entstehung einer Erbmonarchie mit einem starken Herrscher an der Spitze. Der deutsche König war zwar als Herrscher anerkannt. Als römischer Kaiser besaß er zudem eine besondere Würde. Da er aber von seinen Wählern, den Kurfürsten, abhängig war und da er nur über wenig königlichen Besitz verfügte, war seine Position vergleichsweise schwach.

Dem König standen also die Kurfürsten und die anderen Fürsten gegenüber, die beanspruchten, für das Heilige Römische Reich zu handeln. Der Herrscher musste sich mit ihnen abstimmen. Aus den seit langem üblichen Besprechungen beim König entwickelten sich regelmäßige Beratungen mit dem König: die Reichstage. Dort wurden wichtige Fragen erörtert und Beschlüsse gefasst.

Der Aufstieg der Landesherren

Innerhalb des Reiches gelang es einigen einflussreichen Dynastien, ihren oft weit verstreuten Besitz zu einem geschlossenen Herrschaftsgebiet auszubauen und dieses Territorium einheitlich zu verwalten und zu regieren. Auf diese Weise entstanden innerhalb des Heiligen Römischen Reiches sogenannte Territorialstaaten. Hier entwickelte sich nach und nach eine ständige Verwaltung. Allerdings standen den Landesherren – wie auf der Ebene des Reiches – die Stände gegenüber: Vertreter der Kirche, des Adels, der Städte, manchmal auch der Bauern, die bei wichtigen Entscheidungen befragt wurden und zustimmen mussten. Daraus entwickelten sich regelmäßig tagende Ständeversammlungen, die als Vorformen heutiger Parlamente gelten können.

M 2

Die Regelung der Königswahl – Eine Textquelle bearbeiten

M 3 Die gesetzliche Regelung der Königswahl

In der Goldenen Bulle von 1356 wurde die Wahl des Königs erstmals gesetzlich geregelt:

Im Namen der heiligen und unteilbaren Dreifaltigkeit Glück und Segen, Amen. Karl IV. von Gottes Gnaden Römischer Kaiser, zu allen Zeiten Mehrer des Reichs und König von Böhmen. [...]
Da wir nun kraft des Amtes, das wir vermöge unserer Kaiserwürde innehaben, den künftigen Gefahren der Uneinigkeit und Zwietracht unter den Kurfürsten, zu deren Zahl wir als König von Böhmen bekanntlich gehören, aus zwei Gründen, nämlich sowohl wegen unseres Kaisertums als auch wegen des von uns ausgeübten Kurrechts, entgegenzutreten gehalten sind, haben wir, um die Einigkeit unter den Kurfürsten zu fördern, um Einhelligkeit bei der Wahl herbeizuführen und um der vorerwähnten schmählichen Uneinigkeit und den mannigfachen, aus ihr erwachsenden Gefahren den Zugang zu verschließen, die hiernach geschriebenen Gesetze auf unserem feierlichen Reichstag zu Nürnberg, im Beisein aller geistlichen und weltlichen Kurfürsten und vor einer zahlreichen Menge anderer Fürsten, Grafen, Freiherren, Herren, Edelleute und Städte, auf dem Kaiserthron, mit den kaiserlichen [...] Kleinodien und der Krone geschmückt, nach vorgängiger reiflicher Beratung kraft kaiserlicher Machtvollkommenheit erlassen, aufgestellt und zu bestätigen für gut befunden im Jahre des Herrn 1356, [...] am 10. Januar, im zehnten Jahr unserer Reiche und im ersten unseres Kaisertums. [...]
Nachdem aber die mehrgenannten Kurfürsten oder ihre Gesandten in die Stadt Frankfurt eingezogen sind, sollen sie sogleich bei Anbruch des folgenden Tages in der Kirche des heiligen Apostels Bartholomäus daselbst in vollzähliger Anwesenheit die Messe de Sancto Spiritu singen lassen, damit der Heilige Geist ihre Herzen erleuchte und ihren Verstand mit dem Licht seiner Kraft erfülle, auf dass es ihnen gelinge, mit seinem Beistand einen gerechten; redlichen und tüchtigen Mann zum römischen König und künftigen Kaiser zu wählen zum Heil der Christenheit. [...]
Nachdem aber sie oder die Mehrzahl von ihnen an diesem Ort gewählt haben, muss eine solche Wahl gleich gehalten und geachtet werden, wie wenn sie von ihnen allen ohne Gegenstimme einhellig vollzogen wäre. [...]
Sooft und wann aber künftig das heilige Reich ledig ist, alsdann soll der Erzbischof von Mainz die Befugnis haben, die er bekanntlich von alters her gehabt hat, die übrigen ehgenannten Kurfürsten, seine Genossen bei besagter Wahl, durch Briefe zu berufen, und wenn sie alle oder diejenigen, die teilnehmen können und wollen, sich am Wahltag versammelt haben, soll besagter Erzbischof und kein anderer diese seine Mitkurfürsten einzeln um ihre Stimme befragen in folgender Reihenfolge: Zuerst soll er den Erzbischof von Trier fragen, dem wir die erste Stimme zuerkennen, die ihm, wie wir erfahren, auch bisher zustand, zweitens den Erzbischof von Köln, dem die Würde und Pflicht zukommt, dem römischen König zuerst die Königskrone aufzusetzen, drittens den König von Böhmen, der unter den weltlichen Kurfürsten vermöge der Hoheit königlicher Würde mit Recht und nach Gebühr den Vorrang behauptet, viertens den Pfalzgrafen bei Rhein, fünftens den Herzog von Sachsen, sechstens dem Markgrafen von Brandenburg [...]. Wenn das geschehen ist, sollen ihn seine Mitkurfürsten ihrerseits befragen, damit auch er seinen Willen ausspreche und ihnen seine Stimme kundgebe.

Die Goldene Bulle. Nach König Wenzels Prachthandschrift, 3. Aufl., Dortmund 1989, S. 97 ff.

M 4 Goldene Bulle
Erste Seite der sogenannten Goldenen Bulle mit dem anhängenden goldenen Siegel, Original von 1356

Der Kampf um die Reichskrone – Stammbaum und Regententabelle

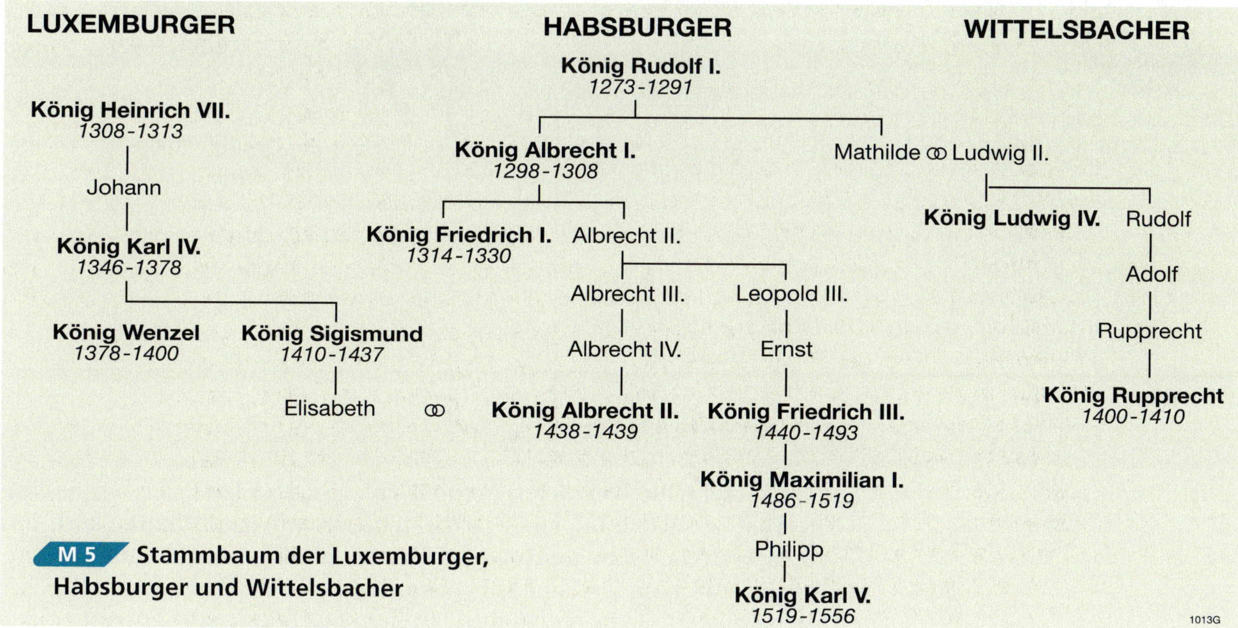

M 5 Stammbaum der Luxemburger, Habsburger und Wittelsbacher

1250–1254	Konrad IV. (Staufer)	1314–1347	Ludwig IV. (Wittelsbach)
1247–1256	Wilhelm von Holland	1314–1330	Friedrich I. „der Schöne" (Habsburg)
1257–1272	Richard von Cornwall	1346–1378	Karl IV. (Luxemburg)
1257–1284	Alfons von Kastilien	1378–1400	Wenzel (Luxemburg)
1273–1291	Rudolf von Habsburg (Habsburg)	1400–1410	Rupprecht von der Pfalz (Wittelsbach)
1292–1298	Adolf von Nassau	1410–1437	Sigismund (Luxemburg)
1298–1308	Albrecht von Habsburg (Habsburg)	1438–1439	Albrecht II. (Habsburg)
1308–1313	Heinrich VII. (Luxemburg)	1440–1493	Friedrich III. (Habsburg)

M 6 Deutsch-römische Könige im Spätmittelalter

Aufgaben

1. a) Zwischen 1254 und 1356 kam es immer wieder zu Doppelwahlen. Errechne, in wie vielen Jahren zwei Könige die Herrschaft beanspruchten.
   b) Stelle zusammen, wie viele Habsburger zwischen 1254 und 1493 den Königstitel trugen und wie viele Luxemburger. Wie lange waren Luxemburger, wie lange waren Habsburger Könige?
   c) Verfolge, wie sich die Herrscherfamilien der Luxemburger und der Habsburger weiterentwickelten.
   d) Weshalb konnten andere Herrscherfamilien nicht oder nur selten Könige stellen?
   → M5, M6
2. a) Welche Gründe gibt die Urkunde für die Notwendigkeit der Neuregelung an?
   b) Weshalb sollten die Kurfürsten zuerst eine Messe besuchen? Suche andere Stellen in der Urkunde, wo von Gott und Religion die Rede ist.
   c) Wer spielte beim Wahlvorgang die entscheidende Rolle?
   d) Begründe, warum die erste und letzte Stimme so wichtig war?
   → M3

Zusammenfassung

Die Geschichte von vielen europäischen Staaten lässt sich bis ins Mittelalter zurückverfolgen. Um die Jahrtausendwende hatten sich aus dem Frankenreich verschiedene Herrschaften herausgebildet. So entwickelte sich im Ostteil das Heilige Römische Reich. Dieses erstreckte sich von Mitteleuropa bis nach Italien. Nach den Karolingern gelang es den Ottonen, deutsche Könige zu werden und sich vom Papst zu römischen Kaisern krönen zu lassen.

Papst und Kaiser verkörperten in der Vorstellung des Mittelalters die geistliche und die weltliche Gewalt. War der Papst zunächst vom Kaiser abhängig, wuchs in der Folge seine Unabhängigkeit durch die Kirchenreform. Der sogenannte Investiturstreit zwischen den Päpsten und den Kaisern aus der Herrscherfamilie der Salier entzündete sich an der Einsetzung von Bischöfen. Es war jedoch eine grundsätzliche Auseinandersetzung um den Einfluss von geistlicher und weltlicher Gewalt im Mittelalter.

Ausgelöst durch einen Aufruf des Papstes entstand eine Kreuzzugsbewegung. In mehreren bewaffneten Wallfahrten zogen christliche Ritterheere nach Palästina, eroberten Jerusalem und konnten dort für eine begrenzte Zeit Herrschaften errichten.

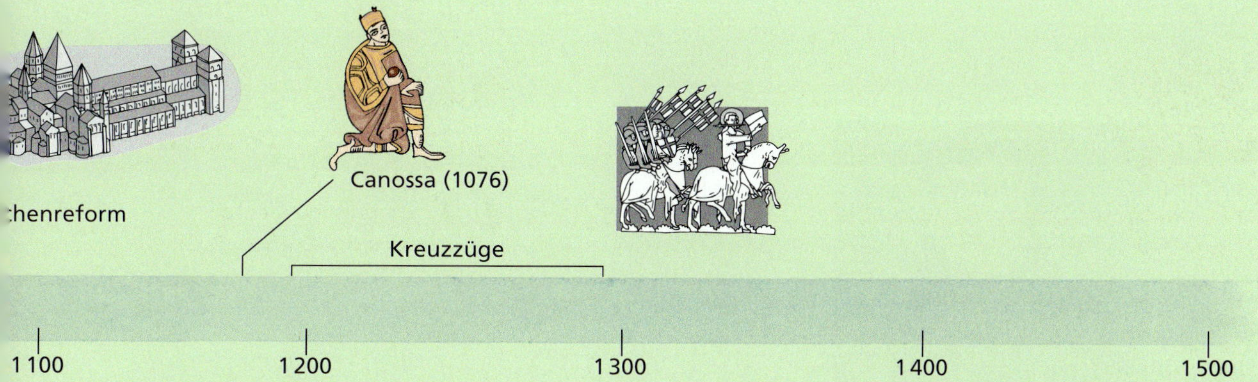

Daten

962 Kaiserkrönung Ottos I.

1077 Heinrich IV. in Canossa

1095 Aufruf zum Kreuzzug

Begriffe

König
Kaiser
Herzog
Reichskirche
Investiturstreit
Kreuzzug

Personen

Theophanu
Heinrich IV.
Gregor VII.
Friedrich Barbarossa

Tipps zum Thema: Glaube und Herrschaft im Mittelalter

Filmtipp

Der Krieger Gottes.
Bernhard von Clairvaux und der Zweite Kreuzzug,
Deutschland 2002, 45 min

Lesetipp

Harald Parigger:
Im Schatten des Schwarzen Todes, München 2001

Museen

Kaiserpfalz Ingelheim

Dom- und Diözesanmuseum Mainz

Kaiserdom Speyer

Dom- und Diözesanmuseum Trier

Kommentierte Links: www.westermann.de/geschichte-linkliste

Martin Luther
Gemälde von 1532

Blick auf Florenz

Jakob Fugger im Augsburger Kontor
Miniatur von 1520

Der Buchdrucker
Holzschnitt von 1568

Am Ortseingang

Landung der Spanier auf Hispaniola
Stich von 1594

Plünderung eines Dorfes
Stich um 1630

Das Entstehen neuer Wirtschaftsformen

Die Fugger in Augsburg – eine beispielhafte Familiengeschichte
1367 zog der Weber Hans Fugger aus dem Umland in die aufstrebende freie Reichsstadt Augsburg. Diese lag am Schnittpunkt wichtiger Handelswege und war besonders durch ihre Tuchproduktion bekannt. Mit dem Umzug begann eine erstaunliche Familiengeschichte: Jakob Fugger, ein Enkel von Hans, starb 1525 als einer der vermögendsten Männer Europas. 1519 hatte er bei der Wahl des Habsburgers Karl zum Kaiser den Großteil der Bestechungsgelder finanziert.

Diese Erfolgsgeschichte einer Handwerkerfamilie wäre schon unter heutigen Umständen erstaunlich, für die Welt um 1500 stellt sie aber etwas Außerordentliches dar. Dass ein einfacher Augsburger Kaufmann zum begehrten Ansprechpartner für die wichtigsten Adelsfamilien Europas wurde, ihnen seine Bedingungen diktieren konnte und die Weltpolitik der damaligen Zeit beeinflusste, stellte die mittelalterliche Ständeordnung infrage.

Grundlagen des Geschäfts waren der Tuchhandel und die Tuchproduktion. Dabei bediente man sich des sogenannten Verlagswesens. Das heißt, dass die Fugger den Webern die Rohstoffe für ihre Produktion lieferten und das fertige Tuch zu einem Festpreis abkauften. Das weit verzweigte Netz von Niederlassungen des fuggerischen Handelshauses ermöglichte den Verkauf der Stoffe in ganz Europa.

Daneben traten aber Geschäftszweige, die wesentlich mehr Gewinn abwarfen. Durch neue Abbaumethoden im Bergbau konnte wesentlich mehr Metall gefördert werden. Silber wurde benötigt, um den steigenden Bedarf an Münzgeld zu befriedigen. Blei und Kupfer waren für die steigende Produktion von neuen Waffen unabdingbar. Jakob Fugger beherrschte sowohl den Abbau als auch den Handel mit diesen Metallen in Europa.

Noch einträglicher waren aber seine Geldgeschäfte. Mit Geschick und dem nötigen Maß an Geheimhaltung gelang es ihm, immer dort

M 1 Jakob Fugger mit seinem Buchhalter Matthäus Schwarz im Augsburger Kontor. Der Aktenschrank zeigt einige wichtige Handelsniederlassungen, Miniatur von 1520.

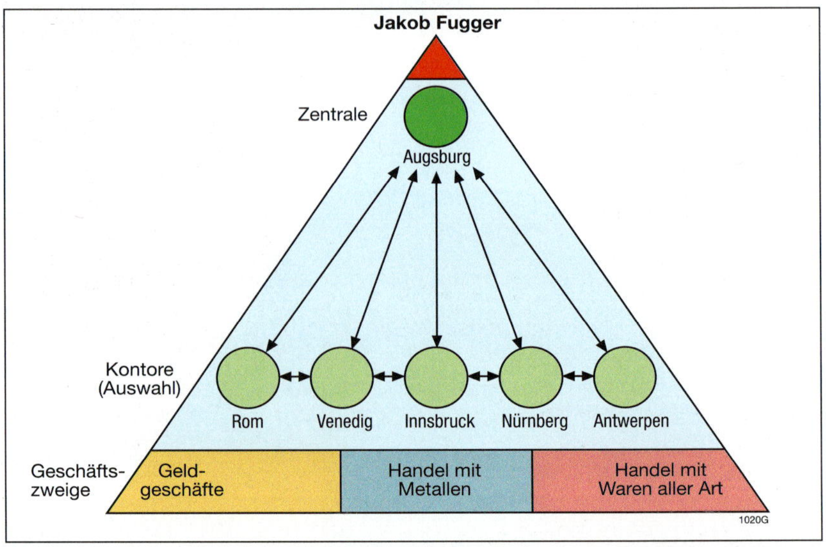

M 2 Aufbau eines frühkapitalistischen Unternehmens, Schaubild

Kredite zu geben, wo es am gewinnbringendsten war. Außerdem konnte er die Verwaltung großer Geldsummen an sich bringen, die er dann wieder als Kredite einsetzte: Jakob Fugger ließ das Geld für die Firma arbeiten. Er benutzte die sogenannte „doppelte Buchführung“, die ursprünglich aus Norditalien stammte und im Grundsatz noch heute gültig ist. Dabei werden Ausgaben und Einnahmen zur besseren Kontrolle zwei Mal getrennt aufgeführt.

Der sogenannte Frühkapitalismus

Der Aufstieg der Fugger ist nur ein, wenn auch herausragendes Beispiel für die Entwicklung großer Handels- und Bankhäuser. Ein halbes Jahrhundert früher hatte im italienischen Florenz die bürgerliche Familie der Medici ebenfalls ein riesiges Vermögen angehäuft. Aus ihr gingen später sogar Fürsten von europäischem Rang und Päpste hervor.

„Ich will Gewinn machen, solange ich lebe“, ist ein wichtiger von Jakob Fugger überlieferter Satz. Er zeigt, dass sich die Einstellungen im Wirtschaftsleben änderten. Die Hauptaufgabe war nun die Vermehrung des eigenen Vermögens. Das erwirtschaftete Geld wurde wieder in die Unternehmen investiert, anstatt es zu verbrauchen. Für die Wirtschaftsweise der Fugger und Medici prägte die Geschichtswissenschaft den Begriff „Frühkapitalismus“. Kapitalismus bedeutet die Anhäufung und Vermehrung großer Geldsummen, also das Wirtschaften mit Geld. Der Frühkapitalismus war im Wesentlichen ein Handelskapitalismus. Später gewann die Produktion von Waren an Bedeutung. Mit diesen neuen Einstellungen wurden mittelalterliche Vorstellungen überwunden.

M 3

Das Bank- und Handelshaus der Fugger zu Beginn des 16. Jh.

Frühe Formen der Buchführung – Eine Quelle auswerten

M 4 Vermögensaufstellung
Vom Nachfolger Jakob Fuggers, Anton Fugger, 1527 eigenhändig erstelltes Abschlussblatt.

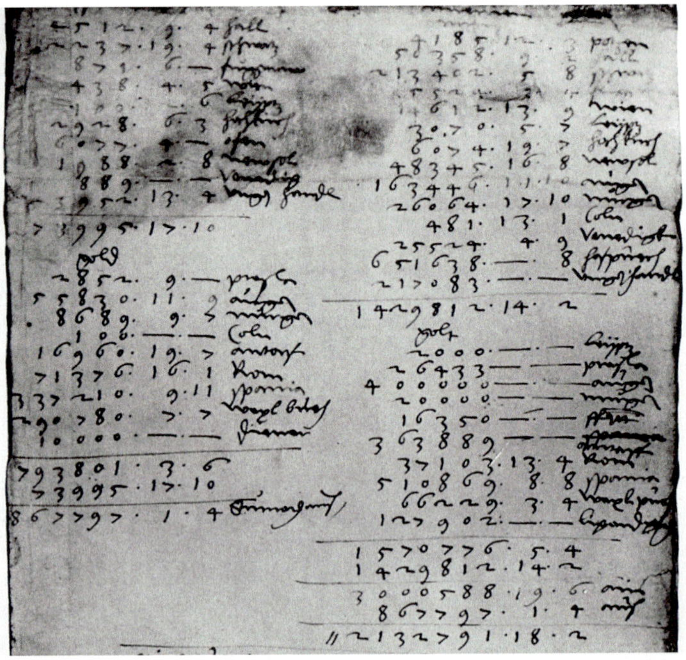

M 5 Die Aufstellung ist von Historikern vereinfacht und vorsichtig ergänzt worden.

Guthaben	**Gulden**
Bergwerke und Bergwerksanteile	270.000
Immobilien (unbewegliche Habe)	150.000
Waren (u. a. Kupfer, Seide, Silber, Messing)	380.000
Bargeld	50.000
Außenstände (an die Fugger zu zahlen, davon ca. 65 % von den Habsburgern)	1.650.000
Guthaben von Gesellschaftern (Familienmitglieder)	430.000
Laufende Geschäfte	70.000
Summe	3.000.000
Passiva (noch von den Fuggern zu zahlen)	870.000
Gesamtvermögen	2.130.000
Anlagekapital im Jahre 1511	197.000
Gewinn von 1511 bis 1527	1.933.000

M 6 Jahreseinkommen einiger Berufsgruppen zu Beginn des 16. Jahrhunderts in Deutschland

Dienstmädchen	3–5 Gulden
Hausknechte	6–7 Gulden
Tagelöhner[1]	20 Gulden
niedere Geistliche	20–40 Gulden
Landsknechte	48 Gulden
Professoren	50–150 Gulden
hohe städtische Beamte	150–250 Gulden

1 Ein Tagelöhnerhaushalt benötigte jährlich 14 Gulden für Lebensmittel
H. Lutz, Das Ringen um deutsche Einheit und kirchliche Erneuerung, Berlin – Frankfurt – Wien, 1983, S. 60.

Jakob Fugger im Urteil zeitgenössischer Quellen

M 7 Zwei Meinungen über Jakob Fugger

a) Eine Chronik um 1500 berichtet:

Kaiser, Könige, Fürsten und Herren haben zu ihm ihre Botschaft geschickt. Der Papst hat ihn als seinen lieben Sohn begrüßt, die Kardinäle sind vor ihm aufgestanden. Alle Kaufleute der Welt haben ihn einen erleuchteten Mann genannt, und die Heiden sind ob ihn verwundert. Er ist eine Zierde des ganzen deutschen Landes.

Zit. nach: Propyläen Geschichte Europas, Bd. 1, Frankfurt 1975, S. 227.

b) 1526 fordern Bauern in Tirol, das sich unter habsburgischer Herrschaft befindet und reich an Bodenschätzen ist, Folgendes:

Alle Schmelzhütten, Bergwerke, Erz, Silber, Kupfer [...], sofern es dem Adel und ausländischen Kaufleuten und Gesellschaften wie der Fuggerischen [...] gehört, sollen [...] eingezogen werden. Denn sie [Adel und Gesellschaften] haben ihre Berechtigung nach Billigkeit verwirkt, weil sie sie mit unrechtem Wucher erlangt haben: Geld zum Vergießen menschlichen Blutes; desgleichen haben sie dem gemeinen Mann und Arbeiter seinen Lohn mit Betrug und schlechter überteuerter Ware gezahlt und ihn damit zwei Mal mehr belastet, [...] alle Kaufmannsware in ihre Hand gebracht und die Preise erhöht und so die ganze Welt mit ihrem unchristlichen Wucher beschwert und sich dadurch ihre fürstlichen Vermögen verschafft, was nun billig bestraft und abgestellt werden sollte.

Michael Gaismaiers Landesordnung 1525, in: Günther Franz, Quellen zur Geschichte des Bauernkriegs, S. 289 f.

Aufgaben

1. Beschreibe anhand des Schaubildes, wie ein frühkapitalistisches Unternehmen aufgebaut ist und welche Geschäftszweige es gibt. Verwende auch den Schulbuchtext und die Karte.
   → Text, M2, M3
2. Worin liegt das Besondere an einem frühkapitalistischen Unternehmen? Wo siehst du Gemeinsamkeiten, wo Unterschiede zu einem modernen Betrieb?
   → M2
3. Vergleiche die originale Aufstellung mit der des Historikers. Wieso müssen Historiker solche Vereinfachungen herstellen?
   → M4, M5
4. Bei welchen Geschäftstätigkeiten fließen dem Unternehmen Gewinne zu? In welchen Positionen verbergen sich Probleme? → M4 M5
5. Die Gesamtaufstellung ist ein gutes Beispiel für den typisch kapitalistischen Grundsatz, dass Geld nicht liegen bleiben dürfe, sondern arbeiten müsse. Erkläre diesen Grundsatz an Beispielen.
   → M5
6. Vergleiche den Gewinn der Fugger 1511–1527 mit dem Jahreseinkommen verschiedener Berufsgruppen. Wie groß ist der fuggerische Reichtum einzuschätzen?
   → M5, M6
7. a) Welche Meinung über die Fugger wird in den Quellen geäußert? Wie wird diese Meinung jeweils begründet?
   b) Welche der Meinungen trifft deiner Ansicht nach zu? Begründe deine Meinung.
   → M7

M 1 **Bibelseite (um 1380)**

M 2 **Gutenberg-Bibel (um 1454)**

1,1-23 LUKAS 1154

DAS VORWORT: 1,1-4

1 Schon viele haben es unternommen, einen Bericht über all das abzufassen, was sich unter uns ereignet und erfüllt hat. 2 Dabei hielten sie sich an die Überlieferung derer, die von Anfang an Augenzeugen und Diener des Wortes waren. 3 Nun habe auch ich mich entschlossen, allem von Grund auf sorgfältig nachzugehen, um es für dich, hochverehrter Theophilus, der Reihe nach aufzuschreiben. 4 So kannst du dich von der Zuverlässigkeit der Lehre überzeugen, in der du unterwiesen wurdest.

DIE VORGESCHICHTE: 1,5 – 2,52

Die Verheißung der Geburt des Täufers: 1,5-25

5 Zur Zeit des Herodes, des Königs von Judäa, lebte ein Priester namens Zacharias, der zur Priesterklasse Abija gehörte. Seine Frau stammte aus dem Geschlecht Aarons; sie hieß Elisabet. 6 Beide lebten so, wie es in den Augen Gottes recht ist, und hielten sich in allem streng an die Gebote und Vorschriften des Herrn. 7 Sie hatten keine Kinder, denn Elisabet war unfruchtbar, und beide waren schon in vorgerücktem Alter.

8 Eines Tages, als seine Priesterklasse wieder an der Reihe war und er beim Gottesdienst mitzuwirken hatte, 9 wurde, wie nach der Priesterordnung üblich, das Los geworfen, und Zacharias fiel die Aufgabe zu, im Tempel des Herrn das Rauchopfer darzubringen. 10 Während er nun zur festgelegten Zeit das Opfer darbrachte, stand das ganze Volk draußen und betete. 11 Da erschien dem Zacharias ein Engel des Herrn; er stand auf der rechten Seite des Rauchopferaltars. 12 Als Zacharias ihn sah, erschrak er, und es befiel ihn Furcht. 13 Der Engel aber sagte zu ihm: Fürchte dich nicht, Zacharias! Dein Gebet *ist erhört worden. Deine Frau* Elisabet *wird dir einen Sohn gebären: dem sollst du den Namen* Johannes *geben.* 14 Große Freude wird dich erfüllen, und auch viele andere werden sich über seine Geburt freuen. 15 Denn er wird groß sein vor dem Herrn. *Wein und andere berauschende Getränke wird er nicht trinken,* und schon im Mutterleib wird er vom Heiligen Geist erfüllt sein. 16 Viele Israeliten wird er zum Herrn, ihrem Gott, bekehren. 17 Er wird mit dem Geist und mit der Kraft des Elija dem Herrn vorangehen, um *das Herz der Väter wieder den Kindern zuzuwenden* und die Ungehorsamen zur Gerechtigkeit zu führen und so das Volk für den Herrn bereit zu machen. 18 Zacharias sagte zu dem Engel: Woran soll ich erkennen, daß das wahr ist? Ich bin ein alter Mann, und auch meine Frau ist in vorgerücktem Alter. 19 Der Engel erwiderte ihm: Ich bin Gabriel, der vor Gott steht, und ich bin gesandt worden, um mit dir zu reden und dir diese frohe Botschaft zu bringen. 20 Aber weil du meinen Worten nicht geglaubt hast, die in Erfüllung gehen, wenn die Zeit dafür da ist, sollst du stumm sein und nicht mehr reden können, bis zu dem Tag, an dem all das eintrifft. 21 Inzwischen wartete das Volk auf Zacharias und wunderte sich, daß er so lange im Tempel blieb. 22 Als er dann herauskam, konnte er nicht mit ihnen sprechen. Da merkten sie, daß er im Tempel eine Erscheinung gehabt hatte. Er gab ihnen nur Zeichen mit der Hand und blieb stumm.

23 Als die Tage seines Dienstes (im Tem-

1,3 Der »hochverehrte Theophilus«, ein vornehmer Heidenchrist, wird nur hier und Apg 1,1 erwähnt.
1,5 – 2,52 In den beiden ersten Kapiteln hat Lukas neben alten christlichen Überlieferungen auch Traditionen der Johannesjünger übernommen. Johannes dem Täufer stellt er Jesus als den Größeren, den Messias, den Sohn des Allerhöchsten gegenüber. – Die Hymnen enthalten altes liturgisches Überlieferungsgut (1,46-55; 1,68-79; 2,29-32).
1,5 Herodes der Große herrschte als Vasallenkönig der Römer von 40 bis 4 v. Chr. über Palästina.
Die Gruppe Abija war die achte Dienstklasse oder Wochenabteilung der 24 priesterl. Dienstordnungen (vgl. 1 Chr 24,10), die zwei- bis dreimal jährlich je eine Woche im Tempel Dienst taten. Die einzelnen Dienste bestimmte das Los.
1,9 Das Rauchopfer im Heiligtum eröffnete den Opferdienst am Morgen; das Brandopfer am Nachmittag (gegen 3 Uhr) schloß ihn ab.
1,22 Am Schluß des Opferdienstes wurde das Volk vom Priester gesegnet.

M 3 **Gedruckte Bibelseite (heute)**

Erfindungen verändern die Welt

Die Erfindung des Buchdrucks als Beispiel

Als im Jahre 1999 eine Gruppe amerikanischer Wissenschaftler die wichtigste Persönlichkeit des zweiten Jahrtausends nach Christus küren sollte, fiel ihre Wahl auf einen Deutschen: Johannes Gutenberg. Von diesem Mann, der eigentlich Johannes Gensfleisch hieß – Gutenberg war der Name seines Geburtshauses –, ist allerdings nur sehr wenig bekannt, da wir kaum Quellen über ihn besitzen. Geboren wurde er zwischen 1399 und 1405 in Mainz und stammte aus einer Handwerkerfamilie. Offensichtlich erlernte er das Handwerk des Goldschmieds, lebte einige Zeit in Straßburg und hielt sich zwischen 1448 und 1457 wieder in Mainz auf. 1468 starb er in seiner Heimatstadt, der genaue Ort seines Grabes ist unbekannt.

Um 1450 erfand er den Buchdruck mit beweglichen Lettern. Zwar gab es in China eine ähnliche Technik schon früher, in unserem Kulturkreis war diese aber vor Gutenberg unbekannt. Hier waren Bücher immer noch sehr teure Güter, da sie auf wertvollem Pergament per Hand mühevoll abgeschrieben werden mussten. Bücher gab es deshalb nur in wenigen Exemplaren zumeist in Klosterbibliotheken.

Schon vor Gutenberg wurde mit dem Druck von Büchern experimentiert. Zunächst schnitzte man eine gesamte Buchseite in Holz und druckte sie dann, wodurch schnell viele Exemplare hergestellt werden konnten; ein neues Werk anzufertigen, dauerte aber sehr lang. Durch die von Gutenberg entwickelte Technik wurde es nun möglich, in kurzer Zeit große Mengen zu drucken. Wichtig ist in diesem Zusammenhang auch, dass mit dem schon seit längerer Zeit produzierten Papier als Schreib- und Druckgrundlage ein gegenüber dem Pergament äußerst billiger Stoff zur Verfügung stand.

Zunächst blieb Gutenberg allerdings noch ganz in der mittelalterlichen Tradition. Sein erstes Druckwerk war die Bibel, die er nach Art der alten Handschriften kostbar ausmalen ließ. Von den etwa 180 produzierten Exemplaren sind heute noch 48 erhalten.

So begabt Gutenberg als Erfinder war, so schlecht scheint er als Geschäftsmann gewesen zu sein. Während sich der Buchdruck sehr schnell in ganz Europa verbreitete, konnte er oftmals seine Schulden nicht bezahlen und lebte in ärmlichen Verhältnissen.

Die Folgen der Erfindung

Seit etwa 1480 wandten sich die Buchdrucker von der ausschließlichen Herstellung teurer Bücher, die nur einen kleinen Kundenkreis interessierten, ab. Es entstanden nun Druckwerke der unterschiedlichsten Art, von Formularen über Grammatiken und Schulbüchern bis zu Romanen und Erzählungen sowie neuesten wissenschaftlichen und technischen Abhandlungen. Wichtig wurden auch einzelne Blätter, die unterschiedlichste Nachrichten über politische Ereignisse oder Naturkatastrophen verbreiteten und meist mit drastischen Abbildungen versehen waren – sogenannte Flugschriften oder auch „newe Zeitung“, was man mit „neueste Nachrichten“ übersetzen kann.

Binnen weniger Jahrzehnte veränderte sich das Leben der Menschen, die des Lesens mächtig waren, ganz erheblich. Viele Wissen-

M 4 Gutenberg-Statue in Mainz
Bronzestandbild nach Entwürfen des dänischen Bildhauers Bertil Thorvaldsen, 1837

schaftler und Gelehrte bekamen nun leichter Zugang zu Werken, die sie sonst wahrscheinlich ihr ganzes Leben nicht zu Gesicht bekommen hätten. Sie konnten diese nutzen und die entsprechenden Kenntnisse weiterentwickeln. Zudem erschienen ihre eigenen Forschungsergebnisse schnell und erschwinglich in Buchform, sodass andere wiederum darauf aufbauen konnten.

Ähnliches galt auch für die Bereiche Politik und Religion. Flugschriften informierten die Menschen schnell über Ereignisse und Ansichten. Die Zeitgenossen konnten sich nun ihre eigene Meinung bilden und waren nicht mehr darauf angewiesen, das zu glauben, was die Kirche oder die weltliche Obrigkeit sagte. Auch stellte sich sehr schnell heraus, dass man kritische Meinungen, waren sie einmal gedruckt, nur schwer unterdrücken konnte. Denn es war nicht möglich, alle vorhandenen Exemplare zu vernichten.

Dies sind nur einige Beispiele dafür, wie sehr der Buchdruck die mittelalterliche Welt veränderte.

Gutenbergs Erfindung hat also ein neues Zeitalter eingeleitet, das bis heute andauert. Erst in jüngster Zeit hat mit der Erfindung des Computers und des Internets möglicherweise eine ähnlich weitreichende Veränderung ihren Anfang genommen wie diejenige, die durch die Entwicklung des Buchdrucks angestoßen wurde.

M 5

Herstellung eines Buches – Analyse von Bildquellen

M 6 Holzschnitte
von Jost Amman,
Texte von Hans Sachs,
1568

Der Papyrer.

Ich brauch Hadern zu meiner Mül
Dran treibt mirs Rad deß wassers viel/
Daß mir die zschnitn Hadern nelt/
Das zeug wirt in wasser einquelt/
Drauß mach ich Pogn auff dē filtz bring/
Durch preß das wasser darauß zwing.
Denn henck ichs auff/laß drucken wern/
Schneweiß vnd glatt / so hat mans gern.

Der Schrifftgiesser.

Ich geuß die Schrifft zu der Druckrey
Gemacht auß Wißmat/Zin vnd Bley/
Die kan ich auch gerecht justiern/
Die Buchstaben zusammn ordniern
Lateinisch vnd Teutscher Geschrifft
Was auch die Griechisch Sprach antrifft
Mit Versalen/ Puncten vnd Zůgn
Daß sie zu der Truckrey sich fůgen.

Der Buchdrucker.

Ich bin geschicket mit der preß
So ich aufftrag den Firniß reß/
So bald mein dienr den bengel zuckt/
So ist ein bogn papyrs gedruckt.
Da durch kombt manche Kunst an tag/
Die man leichtlich bekommen mag.
Vor zeiten hat man die bůcher gschribn/
Zu Meintz die Kunst ward erstlich triebn.

Der Buchbinder.

Ich bind allerley Bůcher ein/
Geistlich vnd Weltlich/groß vnd klein/
In Perment oder Bretter nur
Vnd beschlags mit guter Clausur
Vnd Spangen/vnd stempff sie zur zier/
Ich sie auch im anfang planier/
Etlich vergůld ich auff dem schnitt/
Da verdien ich viel geldes mit.

Medien im Wandel – Meinungen vergleichen

M 7 Zwei Stellungnahmen zum Buchdruck

a) Papst Alexander nahm in einer päpstlichen Bulle (Urkunde) aus dem Jahr 1501 Stellung zum Buchdruck:

Da wir erkannt haben, dass durch die Buchdruckerkunst sehr viele Bücher in verschiedenen Teilen der Welt [...] gedruckt worden sind, die viele Irrtümer und der christlichen Religion feindliche Lehren enthalten, verbieten wir [...] allen Buchdruckern [...], in Zukunft Bücher zu drucken, ohne vorher eine ausdrückliche Erlaubnis der Bischöfe oder ihrer Stellvertreter erhalten zu haben. Diesen machen wir zur Pflicht, das zu Druckende sorgfältig zu prüfen und darauf zu achten, dass nichts gedruckt wird, was dem Glauben widerspricht, gottlos oder ärgerniserregend ist.

Bulle „Inter multiplices" Papst Alexanders VI., 1501; bearbeitet nach: Richard Loening, Über Zensur und Preßfreiheit, in: Deutsche Rundschau, 1891, S. 445.

b) Erasmus von Rotterdam, ein wichtiger Gelehrter des beginnenden 16. Jahrhunderts, schrieb im Jahr 1516:

Leidenschaftlich rücke ich von denen ab, die nicht wollen, dass die heiligen Schriften in die Volkssprache übertragen und auch von Laien gelesen werden, als ob Christus so verwickelt gelehrt hätte, dass er kaum von einer Hand voll Theologen verstanden werden könne, und als ob man die christliche Religion dadurch schützen könne, dass sie unbekannt bleibt. Es mag angehen, dass Könige ihre Geheimnisse verheimlichen, aber Christus will mit Nachdruck, dass seine Geheimnisse unter das Volk gebracht werden. Ich würde wünschen, dass alle Weiblein das Evangelium lesen, auch dass sie die Paulinischen Briefe lesen. Wären doch diese in die Sprachen aller Völker übertragen, damit sie nicht nur von den Schotten und Iberern, sondern auch von den Türken und Sarazenen gelesen und verstanden werden könnten.

Erasmus von Rotterdam, Ausgewählte Schriften, hrsg. von Werner Welzig, 3. Bd., Darmstadt 1967, S. 15.

M 8 Faszination Computer

Der Autor Jochen Hörisch schreibt 2001 in seiner Mediengeschichte zur Überlegenheit des Computers gegenüber dem Medium Buch Folgendes:

Die anhaltende Faszination von Computern und Internet [...] ist schnell zu erklären. Können Computer und Internet doch (fast) „alles": rechnen sowieso, aber eben auch schreiben, zeichnen, verwalten, Kalkulationen und Tabellen erstellen, Musik komponieren, Weltmeister im Schachspiel besiegen, Filme und Fotos speichern und verarbeiten, an Termine erinnern, immaterielle Güter wie Software, Musik, Texte, Daten transportieren und und und. Dabei sprechen sie allen tradierten [überlieferten] Raum- und Zeitgrenzen Hohn. Denn sie prozedieren [arbeiten] mit atemberaubender Geschwindigkeit und halten auf kleinstem Raum Datenspeicher bereit, die Verlegern von Lexika entweder schlaflose Nächte bereiten oder sie schnell auf die Idee bringen, ihre 20-bändigen Wissensfreunde auch in Form einer CD beziehungsweise DVD beziehungsweise [...] gleich im Internet anzubieten.

Hörisch, Jochen, Der Sinn und die Sinne, eine Geschichte der Medien, Frankfurt/M. 2001, S. 381 f.

Aufgaben

1. a) Beschreibe anhand der Abbildungen, wie im 16. Jahrhundert ein Buch hergestellt wurde.
   b) Nenne die Vorteile des Buchdrucks gegenüber der mittelalterlichen Herstellungsweise eines Buches.
   → M6
2. Versuche, die alten Texte zu lesen und ins heutige Deutsch zu übersetzen. → M6
3. a) Welche Verfügung trifft der Papst und wie begründet er sie? Beurteile seine Entscheidung.
   b) Fasse die Aussagen von Erasmus mit eigenen Worten zusammen. Nimm dazu Stellung.
   → M7
4. a) Stelle die Vorteile von Computer und Internet zusammen.
   b) Welche Zukunft siehst du für das Medium Buch? Begründe deine Meinung.
   → M8

Der Beginn einer „neuen Zeit"

Die mittelalterliche Vorstellungswelt gerät ins Wanken

Die Menschen im Mittelalter glaubten, dass Gott die Welt erschaffen hatte und über sie herrschte. Der Mensch hatte sich dieser göttlichen Ordnung zu fügen. Auch die soziale Ordnung, die Einteilung in Stände, die gesellschaftliche Stellung, ja der gesamte Lebenslauf des Einzelnen erschien als gottgegeben. Große Hoffnungen richteten sich auf das Leben nach dem Tod: Das Paradies konnte durch ein diesseitiges Leben nach Gottes Geboten erreicht werden.

Seit der Mitte des 14. Jahrhunderts gibt es Hinweise, dass dieses mittelalterliche Weltbild allmählich ins Wanken geriet. Nicht mehr die göttliche Ordnung, sondern der einzelne Mensch als Wesen Gottes erschien als Maß aller Dinge.

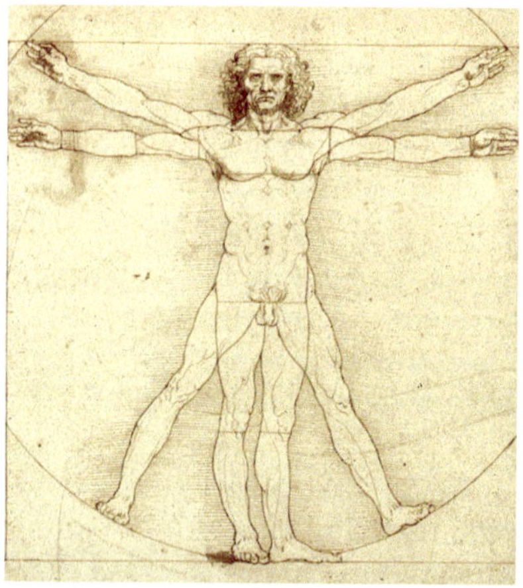

M 1 Studien

„Proportionsschema der menschlichen Gestalt" von Leonardo da Vinci, um 1490

Die Antike als Vorbild – Renaissance und Humanismus

Die Vertreter der neuen Geisteshaltung beriefen sich auf die Antike und orientierten sich an der Kunst und Literatur der alten Griechen und Römer. Die neue Zeit erschien so als Wiedergeburt der Antike, italienisch „rinascitá", französisch „Renaissance". Dieser Begriff hat sich für das neue Denken sowie die neue Kunst und Kultur eingebürgert, die sich von der zweiten Hälfte des 14. Jahrhunderts bis ins 16. Jahrhundert hinein in Europa ausbreiteten. Vor diesem Hintergrund erschien der Zeitraum zwischen Antike und der nun beginnenden „neuen Zeit" als „medium aevum", als Mittelalter.

Auch in der eigenen Ausbildung orientierten sich die Gelehrten an antiken Vorbildern. So sprach der römische Schriftsteller Cicero im 1. Jahrhundert v. Chr. von „studia humanitatis", das heißt von Fähigkeiten, die man erwerben muss, um sich zu einem Menschen im eigentlichen Sinn auszubilden. Dazu gehörte eine umfassende Bildung.

Das humanistische Menschenbild setzte in Europa große geistige Kräfte frei. Sowohl in den Künsten als auch in den Naturwissenschaften kam es zu Entdeckungen, Erfindungen und Entwicklungen, die bis heute grundlegend sind. So verwendeten die Maler in ihren Bildern die Zentralperspektive und erzeugten eine neuartige, für uns heute selbstverständliche Raumwirkung. Studien der menschlichen Proportionen ermöglichten eine wirklichkeitsgetreue Darstellung der Figuren.

Florenz als Stadt der Renaissance

Eine Vorreiterrolle nahm dabei die Stadt Florenz in der Toskana ein. Dort förderte die vornehme Herrscherfamilie der Medici diese neuen Strömungen. Viele bedeutende Kunstwerke Europas befinden sich deshalb in dieser Stadt. Florenz und andere Handelsstädte verdankten ihren Reichtum dem Selbstvertrauen und der Gelehrsamkeit ihrer Bürger. Gerade diese Städte hatten aber auch enge Handelskontakte zur arabischen Welt und kamen so mit einer anderen Kultur in Kontakt. Vermittelt durch islamische Wissenschaftler, aber auch durch Gelehrte aus dem alten Oströmischen Reich, öffnete sich für die Bewohner der italienischen Handelsstädte der Weg zu neuen Erkenntnissen. Allerdings blieben diese Strömungen zunächst auf einen kleinen Bereich von Gebildeten beschränkt.

M 2 Erschaffung Adams durch Gott
Ausschnitt aus einem Deckenfresko Michelangelos in der Sixtinischen Kapelle im Vatikan, entstanden 1508–1512.

Ein „neues Weltbild“

Da die neuen Erkenntnisse oft im Widerspruch zu den mittelalterlichen Vorstellungen standen, fiel es der Kirche schwer, sie zu akzeptieren. Dies lag auch daran, dass sich die neuen Wissenschaftler ganz anderer Methoden der Erkenntnisfindung bedienten.

Ein Beispiel dafür war die Auseinandersetzung darüber, ob sich die Sonne um die Erde oder die Erde um die Sonne dreht. Bereits in der Antike wurde die Ansicht vertreten, dass die Sonne im Mittelpunkt des Planetensystems stehe und sich die Erde um sie drehe. Im Lauf der Jahrhunderte setzte sich allerdings die Lehre des griechischen Astronomen Ptolemäus durch. Die Erde bildete demnach den Mittelpunkt des Universums, um den sich alle anderen Himmelskörper drehten. Der Mensch als Krone der göttlichen Schöpfung musste demnach im Zentrum dieser Schöpfung leben. Daran zu zweifeln bedeutete, die gesamte christliche Lehre in Frage zu stellen.

Als Erster wagte dies der Astronom und Mathematiker Nikolaus Kopernikus (1473–1543). Er behauptete aufgrund seiner Forschungen, dass die Sonne im Mittelpunkt des Planetensystems stehen müsse. Der Italiener Galileo Galilei (1564–1642) bestätigte mithilfe eines neu entwickelten Fernrohrs die Erkenntnisse von Kopernikus durch Beobachtungen am Nachthimmel. Nun reagierten die kirchlichen Autoritäten mit Gegenmaßnahmen. Die Schriften Galileis wurden als Ketzerei verboten, er selbst wurde unter Androhung der Folter gezwungen, seine Aussagen zu widerrufen. Erst 1992 hob die katholische Kirche das damalige Urteil gegen Galilei förmlich auf.

Das neue Menschenbild – Analyse zeitgenössischer Bild- und Textquellen

M 3 Der Mensch in der Welt

a) 1452 schreibt der italienische Gesandte und Geschichtswissenschaftler Gianozzo Manetti Folgendes:

Die Welt ist wohl von Gott erschaffen, aber der Mensch hat sie verwandelt und verbessert. Denn alles, was uns umgibt, ist unser eigenes Werk, das Werk der Menschen; alle Wohnstätten, alle Schlösser, alle Gebäude auf der ganzen Welt [...]. Von uns sind die Gemälde, die Skulpturen; von uns kommen der Handel, die Wissenschaften und politischen Systeme. Von uns kommen alle Erfindungen und alle Arten von Sprache und Literaturen.

Zit. nach: Hale, John R., Fürsten, Künstler, Humanisten, Reinbek bei Hamburg 1973, S. 26.

b) 1486 verfasst der italienische Gelehrte Giovanni Pico della Mirandola eine Rede „Über die Würde des Menschen", die er zu seinen Lebzeiten weder gehalten noch veröffentlicht hat. In dem vorliegenden Ausschnitt spricht Gott zu Adam:

Keinen bestimmten Platz habe ich dir zugewiesen, auch keine bestimmte äußere Erscheinung und auch nicht irgendeine besondere Gabe habe ich dir verliehen, Adam, damit du den Platz, das Aussehen und alle die Gaben, die du dir selber wünschest, nach deinem eigenen Willen und Entschluss erhalten und besitzen kannst.
Die fest umrissene Natur der übrigen Geschöpfe entfaltet sich nur innerhalb der von mir vorgeschriebenen Gesetze. Du wirst von allen Einschränkungen frei nach deinem eigenen freien Willen, dem ich dich überlassen habe, dir selbst deine Natur bestimmen. In die Mitte der Welt habe ich dich gestellt, damit du von da aus bequemer alles ringsum betrachten kannst, was es auf der Welt gibt [...]. Du kannst nach unten hin ins Tierische entarten, du kannst aus eigenem Willen wiedergeboren werden nach oben in das Göttliche.

Pico della Mirandola, Giovanni, Oratio de hominis dignitate/Rede über die Würde des Menschen, hrsg. und übers. von Gerd von der Gönna, Stuttgart 1997, S. 9.

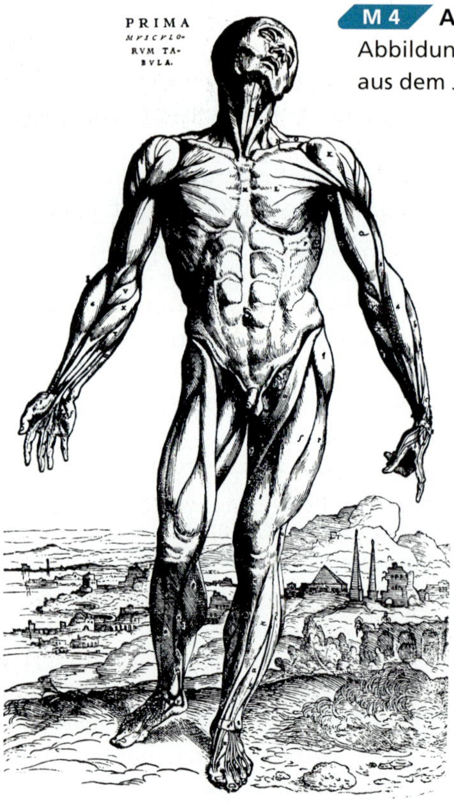

M 4 Anatomie

Abbildung aus einem Buch von Andreas Vesalius, Professor für Anatomie, aus dem Jahr 1543

M 5 Sektion einer Leiche

Galileo Galilei (1564–1642) berichtet über eine Sektion zu wissenschaftlichen Zwecken:

Diesen Tag nun geschah es, dass man den Ursprung und den Ausgangspunkt der Nerven aufsuchte, welches eine berühmte Streitfrage zwischen den Ärzten ist. Als nun der Anatom zeigte, wie der Hauptstamm der Nerven, vom Gehirn ausgehend, den Nacken entlangzieht, sich durch das Rückgrat erstreckt und durch den ganzen Körper verzweigt, wendete er sich an einen Edelmann mit der Frage, ob er nun zufrieden sei und sich überzeugt habe, dass die Nerven im Gehirn ihren Ursprung nehmen und nicht im Herzen. Worauf dieser erwiderte: Ihr habt mir das alles so klar, so augenfällig gezeigt, – stünde nicht der Text des Aristoteles entgegen, der deutlich besagt, der Nervenursprung liege im Herzen, man sähe sich zu dem Zugeständnis gezwungen, dass Ihr Recht habt.

Galileo Galilei, Dialog über die beiden hauptsächlichsten Weltsysteme, in: K. Vorländer, Philosophie d. Renaissance, Reinbek 1965, S. 251 f.

Madonna und Jesus – Vergleich von Gemälden

M 6 Madonna mit dem Jesuskind
Um 1260 in Lucca bei Florenz für den Altarraum einer Kirche entstanden, unbekannter Künstler.

M 7 Madonna mit dem Jesuskind
1465, Geschenk für den Herzog von Florenz, der es in seinem Palazzo ausstellen ließ. Als Modelle dienten dem Maler Filippo Lippi seine Frau und sein Sohn.

Aufgaben

1. a) Fasse die wesentlichen Aussagen der beiden Quellen thesenartig zusammen.
   b) In welchen Punkten unterscheiden sich die Ansichten Manettis und Pico della Mirandolas vom mittelalterlichen Menschenbild?
   c) Welche Aussagen haben für dich persönlich bis heute Gültigkeit?
   → M3
2. a) Welches wissenschaftliche Interesse wird in der Abbildung von Vesalius deutlich?
   b) Wie kann man dieses Interesse erklären?
   c) Inwiefern ist diese Studie auch für die heutigen Menschen wichtig?
   → M4
3. a) Verdeutliche, welcher wissenschaftlichen Vorgehensweise jeweils der Anatom und der Edelmann folgen.
   b) Welche Methode hältst du für die richtige? Begründe deine Meinung.
   → M5
4. a) Vergleiche die beiden Gemälde und zeige alle Unterscheide auf.
   b) Welche Entwicklungen in Maltechnik, Menschen- und Weltbild lassen sich erschließen?
   → M6, M7

M 1 Christoph Kolumbus (1451–1506)
Es gibt kein einziges zeitgenössisches Portrait von Kolumbus. Dieses Bild kommt den schriftlichen Beschreibungen, die wir besitzen, am nächsten, Gemälde von 1520.

Europa entdeckt die Welt

Auf der Suche nach neuen Handelswegen

Die Inselgruppe, auf der Christoph Kolumbus 1492 erstmals den amerikanischen Kontinent betrat, heißt heute Westindische Inseln. Dies erinnert daran, dass er keine neue Welt suchte, sondern einen neuen Weg nach Indien. 1453 hatten nämlich die Osmanen Byzanz (Konstantinopel) erobert. Sie beherrschten damit das östliche Mittelmeer und kontrollierten den gesamten Handel zwischen Europa und dem fernen Osten. Die Preise für Gewürze, Seide, Parfüm und viele andere Luxuswaren aus Indien und China stiegen erheblich. Während die großen Handelsstädte am Mittelmeer dieser Entwicklung hilflos gegenüberstanden, gewannen andere, bislang weniger wichtige Regionen Europas dadurch an Bedeutung. Schon vor 1450 hatte man von Portugal aus begonnen, entlang der westafrikanischen Küste mit Schiffen in Richtung Süden vorzustoßen. Gelänge es, so die damalige Überlegung, Afrika zu umrunden und dann in Richtung Osten nach Indien zu segeln, könnte der osmanische Zwischenhandel umgangen werden. Die Suche nach einem neuen Handelsweg nach Indien war damit eröffnet.

Die Voraussetzungen der Entdeckungsfahrten

Kaum vorstellbar sind die beginnenden Entdeckungsfahrten ohne das neue Menschenbild der Renaissance. Wagemut und Vertrauen in die eigenen Fähigkeiten waren Voraussetzungen für die gefahrvollen Fahrten in unbekannte Regionen der Erde. Eine große Rolle spielte aber

M 2

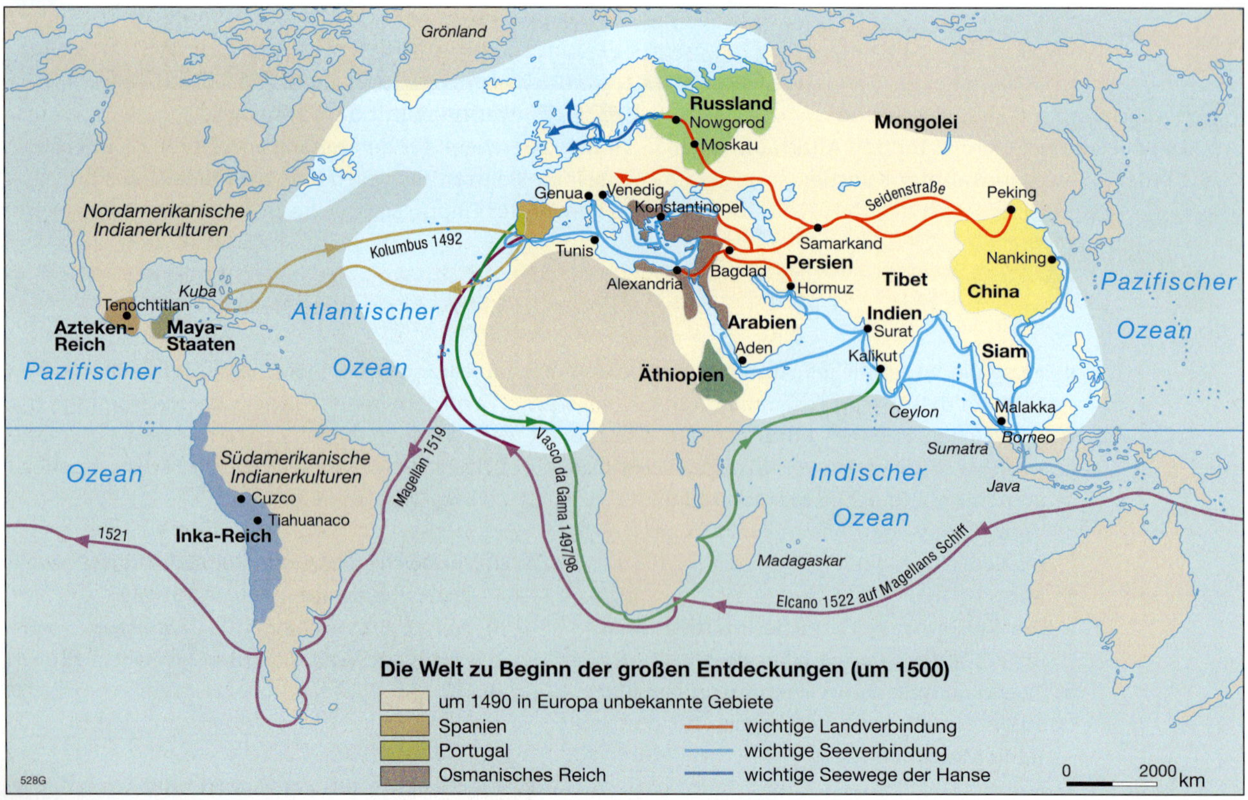

M 3 Die Santa Maria
Diese Darstellung zeigt, wie eine zeitgenössische Karavelle aussah, Druck aus dem Jahr 1493.

auch die neue wissenschaftliche Vorgehensweise. Entfernungen wurden gemessen und die entdeckten Gebiete kartografisch erfasst. Besonders wichtig wurde die Erkenntnis, dass die Erde keine Scheibe, sondern eine Kugel ist. Aber auch technische Neuerungen trugen wesentlich zum Erfolg der Entdeckungsreisen bei. Der Kompass ermöglichte es, die eingeschlagene Richtung ohne sichtbaren Orientierungspunkt genau einzuhalten. Gleichzeitig wurde ein neuer Schiffstyp entwickelt: die Karavelle. Dieses Schiff war aufgrund seiner Takelage schneller und wegen seiner besonderen Bauform widerstandsfähiger als die bisher üblichen Schiffe und somit für Hochseefahrten gut geeignet.

Die Erfolge der portugiesischen Entdeckungsreisen blieben nicht aus. 1487 umrundete Bartolomão Diaz das „Kap der guten Hoffnung“, die Südspitze Afrikas, und 1498 erreichte Vasco da Gama Indien auf der Ostroute. Eine der größten schifffahrerischen Leistungen überhaupt stellt die erste Umseglung der Welt durch Fernando Magellan von 1519 bis 1522 dar, wobei nach dem Tod des Kapitäns auf den Philippinen sein Vertrauter Elcano die Expedition zu Ende führte.

Die Entdeckung Amerikas 1492

Kolumbus war nicht der erste Europäer auf dem amerikanischen Kontinent. Bereits die Wikinger, so ist heute bekannt, erreichten um 1000 n. Chr. über Island und die Südspitze Grönlands Nordamerika. Aber es war den Wikingern weder bewusst, dass sie einen „neuen“ Kontinent entdeckt hatten, noch nahm man in Europa von ihren Fahrten Notiz.

Kolumbus, 1451 als Sohn einer Handwerkerfamilie in Genua geboren, war ausgebildeter Kapitän und Navigationsexperte. Ausgehend von der Überzeugung, die Welt sei eine Kugel, glaubte er Indien zu erreichen, wenn er von Europa aus immer in Richtung Westen segelte. Kolumbus nutzte dabei die Karten des Geografen Toscanelli. Dieser hatte allerdings die Entfernung zwischen der Westküste Europas und der Ostküste Asiens auf etwa 4400 km veranschlagt. Tatsächlich beträgt sie weit mehr als 18000 km. Nachdem Kolumbus’ Plan von verschiedenen europäischen Königshäusern immer wieder abgelehnt worden war, erhielt er 1492 schließlich Unterstützung von Spanien. Da man in Konkurrenz zu den benachbarten Portugiesen treten wollte, konnte Kolumbus eine kleine Flotte ausstatten.

Am 6. September segelten die „Santa Maria“, die „Nina“ und die „Pinta“ von den Kanarischen Inseln in Richtung Westen. Am 12. Oktober, die Mannschaft stand wegen der scheinbar aussichtslosen Lage kurz vor einer Meuterei, kam endlich Land in Sicht: die kleine, südwestlich von Florida gelegene Insel Guanahani, die Kolumbus San Salvador, das heißt „Heiliger Retter“, nannte.

Kolumbus blieb bis 1493 in der Inselwelt der Karibik, die er für einen Teil Indiens hielt. Die Ureinwohner, die er antraf, nannte er deswegen auch Indianer. Noch drei Mal wagte Kolumbus die Fahrt von Spanien nach Westen, bevor er 1506 starb. Dass er einen völlig neuen Kontinent entdeckt hatte, war ihm zeitlebens nicht bewusst. Der aus Florenz stammende Amerigo Vespucci, der selbst einige Fahrten zum neuen Kontinent unternahm, erkannte wohl als einer der Ersten, dass es sich um eine „neue Welt“ handelte. Sein Vorname bürgerte sich allmählich als Bezeichnung für den neuen Kontinent ein: Amerika.

Die Fahrt des Kolumbus – Informationsentnahme aus Schaubild, Text- und Bildquelle

M 5 Die Nina

Die Nina war 21 Meter lang und bis zu 7 Meter breit. Ihr fast 3 Meter breiter Laderaum konnte 51 Tonnen Fracht aufnehmen. Auf der Nina kehrte Kolumbus nach Spanien zurück, nachdem die Santa Maria gestrandet war, Rekonstruktion.

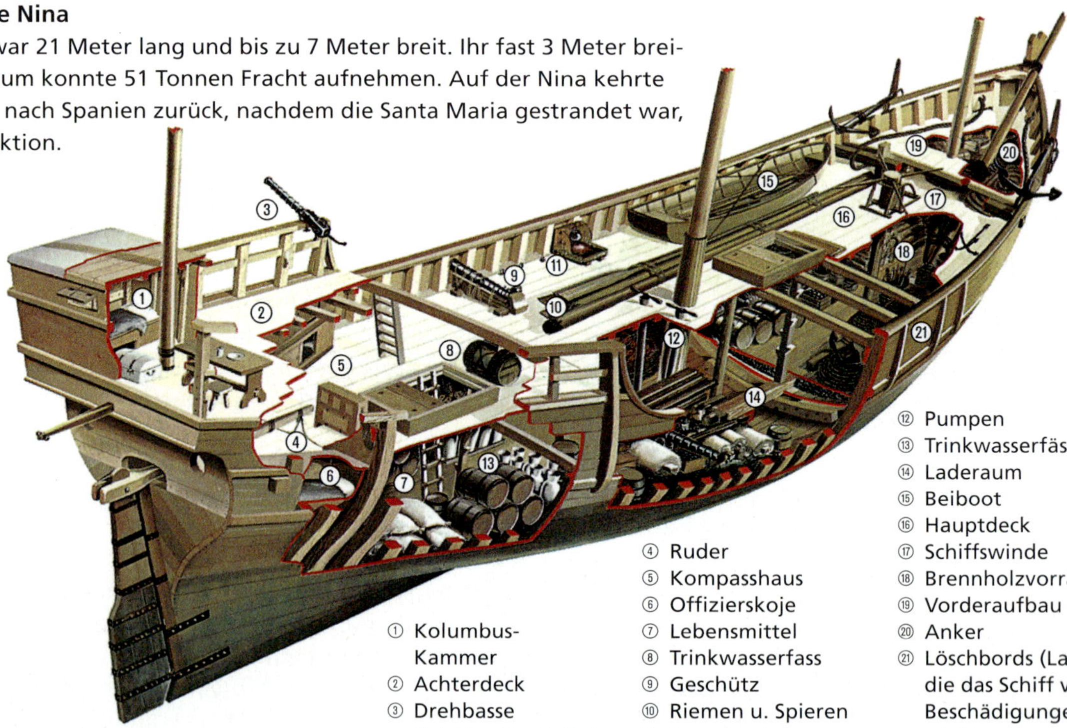

M 6 Auszug aus dem Bordbuch des Kolumbus

Eintrag für Freitag, den 12. Oktober 1492:

Um zwei Uhr morgens kam das Land in Sicht, von dem wir etwa 8 Seemeilen entfernt waren. Wir holten alle Segel ein und fuhren nur mit einem Großsegel, ohne Nebensegel. Dann lagen wir bei und warteten bis zum Anbruch des Tages, der ein Freitag war, an welchem wir zu einer Insel gelangten […].

Dort erblickten wir also gleich nackte Eingeborene. Ich begab mich, begleitet von Martin Alonso Pinzón und dessen Bruder Vicente Yánez, dem Kapitän der „Niña", an Bord eines mit Waffen versehenen Bootes an Land. Dort entfaltete ich die königliche Flagge […].

Ich rief die beiden Kapitäne und auch all die anderen, die an Land gegangen waren, […] zu mir und sagte ihnen, durch ihre persönliche Gegenwart als Augenzeugen davon Kenntnis zu nehmen, dass ich im Namen des Königs und der Königin, meiner Herren, von der genannten Insel Besitz ergreife […]. Sofort sammelten sich an jener Stelle zahlreiche Eingeborene der Insel an. In der Erkenntnis, dass es sich um Leute handle, die man weit besser durch Liebe als mit dem Schwerte retten und zu unserem Heiligen Glauben bekehren könne, gedachte ich, sie mir zu Freunden zu machen und schenkte also einigen unter ihnen rote Kappen und Halsketten aus Glas und noch andere Kleinigkeiten von geringem Werte, worüber sie sich ungemein erfreut zeigten.

Sie gehen nackend umher, so wie Gott sie erschaffen, Männer wie Frauen […]. Einige von ihnen bemalen sich mit grauer Farbe […], andere wiederum mit roter, weißer oder einer anderen Farbe; einige bestreichen damit nur ihr Gesicht oder nur die Augengegend oder die Nase, noch andere bemalen ihren ganzen Körper.

Sie führen keine Waffe mit sich, die ihnen nicht einmal bekannt sind; ich zeigte ihnen die Schwerter und da sie sie aus Unkenntnis bei der Schneide anfassten, so schnitten sie sich. Sie besitzen keine Art Eisen. Ihre Spieße sind eine Art Stäbe ohne Eisen, die an der Spitze mit einem Fischzahn oder einem anderen harten Gegenstand versehen sind.

Christoph Kolumbus. Bordbuch. Aus dem Spanischen von Anton Zahorsky, München 2006, S. 35 ff.

M 7 Landung der Spanier auf der Insel Hispaniola

Der abgebildete Kupferstich von Theodor de Bry ist eine der berühmtesten Darstellungen von der ersten Landung des Kolumbus in der Neuen Welt. Sie stammt allerdings erst vom Ende des 16. Jahrhunderts. Der Lütticher Kupferstecher Theodor de Bry (1528–1598), der aus Glaubensgründen seine Heimat verlassen musste und sich in Frankfurt niederließ, brachte ab 1590 eine Sammlung von Reiseberichten in lateinischer und deutscher Sprache heraus und versah diese mit zahlreichen Kupferstichen.

Aufgaben

1. a) Beschreibe die Karte „Die Welt zu Beginn der großen Entdeckungen". Benutze dazu die Legende.
   b) Welche Informationen lassen sich aus dieser Karte gewinnen?
   c) Erstelle eine Übersicht über die anderen Entdecker und ihre Unternehmungen.
   → M2, Internet oder Lexikon
2. a) Wie schildert Kolumbus seine Landung und seine erste Begegnung mit den Ureinwohnern?
   b) Wie stellt de Bry die Szene dar?
   c) Vergleiche den Bericht des Kolumbus mit der Darstellung des Theodor de Bry.
   → M6, M7
3. a) Fasse zusammen, wie es zur Entdeckung des amerikanischen Kontinents kam.
   b) Von welchen geografischen Vorstellungen ließ sich Kolumbus bei seiner Entdeckungsfahrt leiten?
   → Text

Europa erobert die Neue Welt

Das Reich der Azteken

Im heutigen Mexiko existierte zur Zeit von Kolumbus die hoch entwickelte Kultur der Azteken. Diese hatten in den Jahrhunderten zuvor ihre Nachbarvölker unterworfen, lebten in einer streng hierarchischen Gesellschaft unter Führung eines Königs und besaßen hervorragende technische und organisatorische Fähigkeiten. Ihre Hauptstadt Tenochtitlan lag an der Stelle des heutigen Zentrums von Mexico-City. Sie zählte mit ihren 300 000 Einwohnern zu den größten Städten der Welt. Wie die ersten Europäer, die sie sahen, erstaunt erwähnten, war sie im Hinblick auf Sauberkeit und Großzügigkeit der Bauten den europäischen Siedlungen weit überlegen.

Der Spanier Hernan Cortez (1485–1547) drang 1517 mit 500 Soldaten in das Gebiet der Azteken ein. Ohne Auftrag der spanischen Krone hoffte er in den noch unentdeckten Gebieten Reichtum und Macht zu gewinnen. Die Spanier waren von Anfang an entschlossen, rücksichtslos und brutal vorzugehen, also als Eroberer (span. „Conquistadores") aufzutreten. Dieser Trupp von Glücksrittern traf nun als Gegner auf den tief verunsicherten aztekischen Herrscher Montezuma: Nach einem alten aztekischen Mythos sollte der aztekische Gott Quetzalcoatl, der vor langer Zeit vertrieben worden war, von Osten zurückkehren. Das Aussehen der hellhäutigen Spanier sowie ihre Feuerwaffen, ihre Rüstungen und die Pferde, auf denen sie ritten – dies alles war den Azteken

M 1 Montezuma
Der aztekische Herrscher Montezuma im Gewand des aztekischen Adels trägt am Rücken die königliche Standarte aus den Schwanzfedern des Quetzal-Vogels, der dem Gott Quetzalcoatl geweiht war, zeitgenössische Darstellung.

M 2 Tenochtitlan
Lageplan der Stadt und Tempelbezirk inmitten des Texoco-Sees. Dies ist wohl der einzige authentische Plan der 1521 völlig zerstörten Stadt, Nürnberg 1524.

M 3 **Tenochtitlan**
Rekonstruktionszeichnung, um 1980

völlig unbekannt –, verstärkten zunächst noch den Eindruck, dass es sich hier um die erwarteten Götter handle.

Während Montezuma die spanischen Eindringlinge ehrenvoll in seiner Hauptstadt empfing, waren die Spanier von Anfang an auf die Unterwerfung der Azteken aus. Ihre Gier wurde durch die für europäische Augen unglaublichen Goldschätze der Aztekenherrscher verstärkt. Geschickt nutzte Cortez den Friedenswillen Montezumas aus, schloss Bündnisse mit den von den Azteken unterworfenen Indianerstämmen und überrumpelte den König mit seinem schnellen und brutalen Vorgehen. Als es zu kriegerischen Auseinandersetzungen kam, gelang es, die Azteken durch die Wirkung der Feuerwaffen völlig zu entmutigen.

Der Untergang der aztekischen Kultur

Ohne irgendwelche Rücksichten begann nun die Unterdrückung und Ausbeutung der einheimischen Bevölkerung. Viele aztekische Kunstwerke wurden wegen ihres Edelmetallgehalts eingeschmolzen. Die Indios wurden unter unmenschlichen Bedingungen zur Zwangsarbeit gepresst und ihre Religion als „barbarisches Heidentum" radikal bekämpft. Binnen weniger Jahrzehnte ging so die aztekische Kultur zugrunde. Die Zerstörung war so gründlich, dass selbst heute – nach intensiven Forschungen von Archäologen und Historikern – nur relativ wenig über diese bedeutsame Hochkultur bekannt ist.

Ein ganz ähnliches Schicksal ereilte im Übrigen einige Jahre später das Reich und die Kultur der Inka an der Pazifikküste Südamerikas. An die Stelle der Indianerkulturen traten von Spaniern und Portugiesen beherrschte Kolonialreiche.

Auf diese Weise verbreiteten sich die spanische und portugiesische Sprache, das Christentum und die europäische Kultur in Süd- und Mittelamerika – man spricht von der „Europäisierung" der Welt. Diese hat aber, da die Kolonien von den Europäern ausgebeutet wurden, negative Auswirkungen bis heute.

Erst im 19. Jahrhundert erlangten die ersten süd- und mittelamerikanischen Staaten ihre Unabhängigkeit.

M 4 **Goldene Göttermaske**
aus Mexiko, etwa 800–1500 n. Chr.

Die Ureinwohner – Kontroverse Standpunkte erfassen

M 5 Welche Rechte haben Indios?

a) Der spanische Gelehrte Juan Ginès de Sepulveda nimmt in seinem Werk „Democrates alter" von 1545 Stellung zur Situation in Mittel- und Südamerika:

Alles dies folgt aus den Gesetzen Gottes und der Natur. Beide fordern, dass das Perfekte und Starke über das weniger Perfekte und Schwache regiert [...]. Der Mann herrscht über die Frau, der Erwachsene über das Kind, der Vater über seine Kinder [...]. Und so ist es auch mit den barbarischen und unmenschlichen Völkern [den Indios], die kein geordnetes Staatswesen und keine Friedensordnung kennen. Deshalb ist es gerecht und mit den Naturgesetzen im Einklang, dass sich solche Völker den Regeln kultivierter und menschlicherer Fürsten und Nationen unterwerfen. Dank ihrer Tugenden und der praktischen Weisheit ihrer Gesetze können die letzteren die Barbarei besiegen und diese Völker lehren, ein menschliches und tugendhaftes Leben zu führen. Und wenn sie diese Regeln ablehnen, darf man sie ihnen mit Waffengewalt aufzwingen. Ein solcher Krieg ist nach den Naturgesetzen gerecht [...]. Da dies hier der Fall ist, kannst du gut verstehen [...], dass die Spanier völlig zu Recht über die Barbaren der Neuen Welt herrschen, [...] die, was Weisheit, Intelligenz, Tugend und Menschlichkeit betrifft, den Spaniern in gleicher Weise untergeordnet sind wie Kinder den Erwachsenen und die Frau dem Mann. Zwischen ihnen besteht der gleiche Unterschied wie zwischen grausamen, wilden Völkern und den allerbarmherzigsten Nationen [...] sozusagen wie zwischen Affen und Menschen.

J.G. Sepulveda, Democrates alter, zitiert nach: Dor-Ner, Zvi, Kolumbus und das Zeitalter der Entdeckungen, Köln 1991, S. 236.

b) Der Dominikanermönch Bartolomé de las Casas berichtet in seinem Werk „Historia de las Indias" von der Predigt eines Geistlichen vor der spanischen Bevölkerung auf einer karibischen Insel:

Als der Sonntag gekommen war und die Zeit der Predigt, stieg der besagte Pater Antonio de Montesinos auf die Kanzel [...] und sagte Folgendes: „Ich bin hier hinaufgestiegen, damit ihr sie kennenlernt, ich, die Stimme Christi in der Wüste dieser Insel; deshalb ziemt es euch, aufmerksam zu sein, nicht einfach nur aufmerksam, sondern mit ganzem Herzen und all euren Sinnen sollt ihr mir zuhören. [...] Sagt, mit welcher Berechtigung und mit welchem Recht haltet ihr diese Indios in so grausamer und schrecklicher Sklaverei? Was ermächtigt euch, so verabscheuungswürdige Kriege gegen diese Menschen zu führen, die friedlich und ruhig in ihrem eigenen Lande lebten, Kriege, in denen ihr unendlich viele von ihnen mit nie gehörtem Mord und Zerstörung vernichtet habt? Warum haltet ihr sie so unterdrückt und erschöpft, ohne ihnen etwas zu essen zu geben, noch ihre Krankheiten zu heilen, die sie wegen dem Übermaß an Arbeit befallen, das ihr ihnen auferlegt; und sie sterben euch weg, oder besser, ihr tötet sie, nur um jeden Tag Gold herauszupressen und zu erhalten? Und was kümmert euch, wer sie im Glauben unterweist, damit sie ihren Gott kennen lernen, getauft werden und die Messe hören, die Feiertage und die Sonntage einhalten? Sind sie keine Menschen? Haben sie keine vernunftbegabten Seelen? Seid ihr nicht verpflichtet, sie zu lieben wie euch selbst? Versteht ihr dies nicht? Fühlt ihr dies nicht? Wie könnt ihr in so tiefem Schlaf befangen sein? Seid dessen gewiss, dass ihr euch ebenso wenig retten könnt wie die Mauren oder Türken, die den Glauben an Jesus Christus nicht haben oder nicht annehmen wollen".

B. de las Casas, Historia de las Indias, zitiert nach: Emir Rodriguez Monegal (Hg.), Die Neue Welt, Chroniken Lateinamerikas von Kolumbus bis zu den Unabhängigkeitskriegen, Frankfurt/M. 1992, S. 97 f.

M 6 Bartolomé de las Casas (1474–1566), Gemälde um 1690

Spätfolgen der Eroberungen – Verschiedene Perspektiven analysieren

M 7 Bilanz

a) Der Historiker Wolfgang Reinhard schreibt in seiner „Kleinen Geschichte des Kolonialismus" (1996):

Seit […] 1552 ist es üblich, die Entdeckung Amerikas und des Seewegs nach Indien für das wichtigste Ereignis der Menschheitsgeschichte zu erklären. […] Die europäische Expansion kann in der Tat den Anspruch erheben, die vielen Welten der Menschen letztendlich zu der einen Welt gemacht zu haben, in der wir heute leben. Deswegen erscheint es auch unmöglich, ältere Welt- und Universalgeschichte anders als aus europäischer Perspektive zu schreiben. Alles andere müsste zu einer bloßen Addition von Regional- oder Nationalgeschichten werden. Gewiss, eine solche Perspektive ist eurozentrisch, aber das ist in diesem Fall nicht zu vermeiden, weil die Sache selbst eurozentrisch ist. Das lässt sich deswegen vertreten, weil damit keine Wertung verbunden ist. Es ist nicht beabsichtigt […] festzustellen, dass Europa seine Sache in der Geschichte gut gemacht hat. Wir können nämlich streng genommen gar nicht wissen, wie es sich damit verhält! […]

[Es] ist unmöglich, wissenschaftliche, d.h. nachprüfbare Aussagen darüber zu machen, ob der europäische Kolonialismus für die Welt als Ganze oder auch nur einen Teil von ihr gut oder schlecht gewesen ist, selbst wenn völliges Einvernehmen darüber bestünde, was man jeweils für gut oder schlecht halten soll. Selbst für ein offensichtlich negativ zu beurteilendes Phänomen wie den Handel der Europäer mit afrikanischen Sklaven wurden aus nüchterner wirtschafts- und sozialhistorischer Perspektive mögliche positive Gesichtspunkte ausgemacht wie Entlastung Afrikas von überschüssiger Bevölkerung und die relativ bessere Ernährung in Teilen Amerikas.

Wolfgang Reinhard, Kleine Geschichte des Kolonialismus, Stuttgart 1996, S. 338 f.

M 8 Logo gegen die 500-Jahr-Feier 1992

b) Der aus Uruguay stammende Journalist Eduardo Galeano schreibt in seinem 1971 erstmals erschienenen Buch „Die offenen Adern Lateinamerikas":

Lateinamerika ist die Region der offenen Adern. Von der Entdeckung bis in unsere Tage hat sich alles zuerst in europäisches, nachher in nordamerikanisches Kapital verwandelt und als solches hat es sich in fernen Machtzentren angehäuft und häuft sich weiter an. Alles: die Schätze der Natur und die [Struktur] jedes Ortes sind von auswärts durch seine Eingliederung in [ein] weltumfassendes Getriebe […] bestimmt worden. Jedem ist eine Funktion zugewiesen worden und zwar immer zugunsten der Entwicklung der jeweiligen ausländischen Metropole. Die Kette der aufeinanderfolgenden Abhängigkeiten, die weit mehr als zwei Glieder hat, ist ins Unendliche gewachsen.

Eduardo Galeano, Die offenen Adern Lateinamerikas, Die Geschichte eines Kontinents von der Entdeckung bis zur Gegenwart, Wuppertal 1983 (4. Auflage), S. 11.

Aufgaben

1. a) Wie begründet de Sepulveda die spanische Herrschaft?
   b) Was wirft de las Casas den Spaniern vor und wie begründet er seine Vorwürfe?
   c) Erarbeite deine eigene, persönliche Position zu diesen Aussagen und begründe deine Meinung.
   → M5
2. Vergleiche die beiden Texte über die Bilanz des Kolonialismus. Welcher Meinung stimmst du zu? Begründe deine Meinung.
   → M7
3. Beschreibe das Logo gegen die 500-Jahr-Feier von 1992 und erläutere die einzelnen Bildelemente.
   → M8

Der Aufstieg des Osmanischen Reiches

Schnelle Eroberungen

Die heutige Türkei entstand nach dem Ersten Weltkrieg auf dem Boden des Osmanischen Reiches, das 1920 aufgelöst wurde und zu diesem Zeitpunkt auf eine etwa 600-jährige Geschichte zurückblickte.

Der Aufstieg dieses Reiches war eine der wichtigsten Veränderungen im ost- und südosteuropäischen Raum. Als eines der Nachfolgereiche der türkischen Seldschuken entstand um 1300 das osmanische Fürstentum. Der Gründungssultan Osman I. setzte sich gegen seine Nachbarn durch, sodass das Fürstentum zu einer führenden Macht im östlichen Mittelmeer aufstieg. Dort existierte noch das Oströmische Reich mit seiner Hauptstadt Byzanz, das den Untergang des Weströmischen Reichs überlebt hatte. Durch osmanische Eroberungen auf dem Balkan und in Anatolien wurde es im 14. und 15. Jahrhundert eingekreist und auf ein kleines Herrschaftsgebiet beschränkt. Im Jahr 1453 gelang es dem Sultan Mehmed II., die Stadt zu erobern und sie zu seiner Hauptstadt zu machen. In der Folgezeit gelangen weitere Eroberungen, sodass die Osmanen im Jahr 1529 und später noch einmal im Jahr 1683 Wien – wenngleich erfolglos – belagern konnten. Die große und schnelle Ausdehnung des Reiches ließ in Europa im 16. und 17. Jahrhundert die Angst vor der „Türkengefahr“ wachsen.

Ein islamischer Staat

Die Eroberung von Byzanz 1453 stellte einen tiefgreifenden Einschnitt dar. Denn im Oströmischen Reich war die griechische Sprache üblich und das Christentum in seiner griechisch-orthodoxen Variante verbreitet. Nun wurde Türkisch gesprochen und der Islam zur Staatsreligion. Anders-

M 1

gläubige waren im Osmanischen Reich nicht gleichberechtigt, wurden jedoch toleriert. Gewaltsame Versuche, sie zum Islam zu bekehren, sind eher selten gewesen. Dies mag auch damit zusammenhängen, dass Nicht-Muslime eine Kopfsteuer zahlen mussten. In der Folgezeit wanderten auch Juden ein und ließen sich im Osmanischen Reich nieder.

Die Herrschaft des Sultans

An der Spitze des Staates stand ein Sultan. Erbberechtigt waren alle Söhne, sodass es zum Teil blutige Kämpfe um die Nachfolge gab. Im Vergleich zu den europäischen Königreichen existierten wichtige Unterschiede:

- So galten zum einen alle Bewohner, von Sklaven abgesehen, als Untertanen des Sultans. Auch wenn es einflussreiche Familien und mächtige Politiker gab, bestanden keine rechtlichen Abstufungen.
- Zum anderen galt das ganze Land als Besitz des Sultans. Er konnte ein sogenanntes timar, ein „Militär-Lehen", vergeben. Dessen Inhaber war berechtigt, von der Dorfbevölkerung Steuern zu erheben. Diese bewirtschaftete selbstständige Höfe. Der timar-Inhaber war aber Beauftragter des Sultans und musste als bewaffneter Reiter zur Verfügung stehen. Da er in verschiedene Gebiete des Reiches geschickt wurde, konnte er selbst keine eigene Herrschaft errichten. Die höchsten Staatsbeamten wurden gezielt ausgewählt und ausgebildet.
- Zum dritten sorgte der Sultan dafür, dass er ein schlagkräftiges Heer besaß. Dazu wurden geeignete Männer ausgewählt, die dem Sultan besonders treu waren, weil er ihnen einen sozialen Aufstieg ermöglicht hatte. Die Fußsoldaten, die sogenannten Janitscharen, waren oft christliche Sklavenjungen. Sie mussten zuerst Türkisch lernen und sich zum Islam bekennen, bevor sie aufgenommen wurden. Es musste also nicht – wie in den europäischen Herrschaften – für jeden Feldzug ein neues Heer von den einzelnen Vasallen zusammengestellt werden.

Seit dem 17. Jahrhundert schwand die Macht des Osmanischen Reiches, das allerdings noch bis zum Ersten Weltkrieg (1914-1918) eine wichtige politische Rolle spielte. Als 1920 die Türkei gegründet wurde, grenzte sie sich deutlich vom Osmanischen Reich ab: Die Türkei verstand sich als Republik, die Hauptstadt wurde nach Ankara verlegt und der Islam als Staatsreligion abgeschafft.

M 2 Minarette in Istanbul
Kolorierter Kupferstich vom Ende des 15. Jahrhunderts

M 3 Rekrutierung der Janitscharen
Die Jungen im Vordergrund werden von einem Janitscharen (vorne links mit Stab) bewacht. Rechts im Hintergrund die Angehörigen, auch sie werden von einem Janitscharen zurückgehalten, osmanische Miniatur von 1517.

M 4 Eindrücke eines Augenzeugen

Hans Dernschwam war Mitglied einer Gesandtschaft und reiste in der Mitte des 16. Jahrhunderts zum Sultan nach Konstantinopel. In seinem Tagebuch berichtet er über seine Reiseeindrücke:

a) Solche Knaben, die zwischen 8 und 12 Jahren alt sind, nennt man agiamogli; das bedeutet soviel wie unerfahrene oder unausgebildete Leute. Diese kleidet man alle auf Kosten des Kaisers neu ein, stattet sie aus und gibt jedem einen gelben spitzen Hut, der aus Mantelstoff gemacht ist. Solche agiamogli führt man wie Tiere an die Orte, wo der Kaiser seine Lager und Häuser hat. Die vornehmsten Orte sind Konstantinopel, Galata, Trinapol, Brussa. Dort werden sie beschnitten. [...] Aus solchen Knaben, die agiamogli heißen, wählt man die schönsten und geschicktesten aus. Diese bringt man in die Lager oder Häuser des Kaisers und lässt sie das Lesen und Schreiben der türkischen Sprache sowie Reiterspiele lernen. Aus ihnen macht der Kaiser Janitscharen [...]. Sie sind die Vornehmsten am Hof und in den türkischen Ländern; diese verwalten – gemäß ihres jeweiligen Auftrags – alle Ämter und behandeln das Volk wie Tiere. Die gehören nur dem Kaiser und sind die Geisel und Strafe der Welt.

b) Wie bereits erwähnt, unternehmen die Türken noch mehr Schurkereien, damit sie die Christen hintergehen, mit Worten fangen und betrügen und mit Gewalt zu Türken machen: entweder wird er [ein Christ] verbrannt oder sonst um all sein Gut gebracht. Wenn sie mehr Geld brauchen, so versuchen sie, wie es ihnen einfällt, zu Recht oder zu Unrecht, zu zweit einen Christen oder Juden zu betrügen, indem sie anfangen mit ihm über den Glauben zu sprechen. Der Christ sagt im Scherz etwas oder setzt ihr weißes Tuch auf oder er spricht den Lobspruch der Türken nach, den sie stets auf den Lippen haben, welcher lautet „fa iffa hillala hack Memede rusllala“, das bedeutet: Gott ist ewig und Mohammed der Gerechte. Dann gehen die zwei Zeugen vor den Kadi, das ist der Richter, und sagen: Wir haben gehört, dass dieser Christ ein Türke werden will. Und auch wenn er widerspricht, hilft es nicht.

Hans Dernschwams Tagebuch einer Reise nach Konstantinopel und Kleinasien (1553/55), hrsg. v. Franz Babinger, München/Leipzig 1923, S. 6 f, 73 (Übersetzung: Ulrich Baumgärtner).

M 5 Erkenntnisse einer Wissenschaftlerin

Die Wissenschaftlerin Suraiya Faroqhi fasst den heutigen Wissensstand zusammen:

a) Unter den Fußsoldaten waren die berühmtesten ohne Zweifel die Janitscharen [...]. Diese wurden ursprünglich aus dem Fünftel aller Kriegsgefangenen rekrutiert, das dem Sultan nach jedem Feldzug zustand. Später, als diese Zahl nicht mehr ausreichte, bestand ein großer Teil der Janitscharen aus zwangsweise rekrutierten christlichen Bauernsöhnen, die bereits Untertanen des Sultanswaren. Diese Form der Rekrutierung heißt in der Sekundärliteratur [Fachliteratur] Knabenlese [...].
Das Verfahren wurde auch zur Auslese zukünftiger hoher Staatsdiener genutzt. Während die letzteren in der Pagenschule des Palastes eine sorgfältige Ausbildung erhielten, wurden die künftigen Soldaten nach Anatolien zu Bauern geschickt, wo sie den Islam annahmen und die türkische Sprache erlernen sollten. War das einmal geschehen, so wurden sie in die Hauptstadt beordert, wo sie als „unerfahrene Jungen" (türk. acemi oglan) darauf warteten, dass in den Reihen der Janitscharen eine Stelle frei wurde. Bis in die Mitte des 16. Jahrhunderts durften Janitscharen während des aktiven Dienstes nicht heiraten. [...] Andererseits war mit der Funktion eines Janitschars oder eines andern Mitglieds der Sultanstruppen die Zugehörigkeit zum Staatsapparat verbunden. Die bedeutete nicht nur Steuerfreiheit, sondern auch das Privileg, nur von den eigenen Kommandanten abgeurteilt zu werden. Besonders in Provinzstädten gehörte ein Janitschar oftmals zu den angesehenen Leuten.
b) Vor allem kamen im Gegensatz zu den europäischen Staaten jener Epoche, in denen Vertreibungen und Hinrichtungen religiöse Konformität [Gleichförmigkeit] erzwangen, unfreiwillige Bekehrungen zum Islam nur relativ selten vor. [...] Allerdings hatte die Mehrheit der Sklaven, sowie die durch die Knabenlese für den Dienst des Sultans eingezogenen jungen Männer, in dieser Sache kaum eine Wahl. Es kam auch vor, dass Leuten, die für die osmanische Verwaltung „Ruhestörer" darstellten, nur die Wahl zwischen einer schweren Strafe und der Annahme des Islams blieb. Die überwältigende Mehrheit aller Bekehrungen dürfte jedoch auf freiwilliger Basis erfolgt sein. Dafür gab es etliche Gründe. [...] Von der cizye [Steuer, die Nicht-Muslime entrichten mussten] einmal abgesehen, öffnete die Annahme des Islam Möglichkeiten des sozialen Aufstiegs, etwa als Diener eines Gouverneurs. Auch mögen manche Menschen es einfach vorgezogen haben, als Untertanen „erster" und nicht „zweiter" Klasse zu leben. Bisweilen gab es auch Bekehrungen ganzer Dörfer oder Familien, deren Gründe wegen Quellenmangels meist nicht mehr nachzuvollziehen sind. Aber schon die Bedeutung der cizye als staatlicher Einnahmequelle dürfte osmanische Provinzgouverneure und Kadis [Richter] davon abgehalten haben, die Bekehrung der Ungläubigen mit allzuviel Nachdruck zu betreiben.

Suraiya Faroqhi, Geschichte des Osmanischen Reiches, 2. Aufl., München 2001, S. 22 f., 50 f.

Aufgaben

1. Erarbeite mithilfe der Karte, in welchen Phasen die osmanischen Eroberungen vor sich gingen.
   → M1
2. Worin bestand der Unterschied zwischen einem timar-Inhaber und einem Grundherrn?
   → Text
3. a) Erläutere, wie die Knabenlese vor sich ging.
   b) Prüfe, ob Hans Dernschwam als Augenzeuge dies richtig erfasst hat.
   → M3, M4, M5
4. a) Wie sieht Dernschwam das Verhältnis zwischen Christen und Türken? Erkläre, wie seine Einstellung zustande kommen konnte.
   b) Wie stellt sich dieser Sachverhalt aus heutiger Sicht dar?
   → M4, M5

Reformation und Kirchenspaltung

M 1 **Am Ortseingang**
Fotografie von 2005

In vielen Ortschaften leben heute katholische und evangelische Christen nebeneinander und besuchen die Messe bzw. den Gottesdienst. Diese Glaubensspaltung nahm ihren Ausgang zu Beginn des 16. Jahrhunderts und führte zu zwei verschiedenen Kulten mit unterschiedlichen Formen des Gottesdienstes, getrennten Schulen und sogar Heiratsverboten. Wie kam es dazu?

Kritik am Zustand der Kirche

Aus schriftlichen und bildlichen Quellen lässt sich erschließen, dass sich seit dem 14. Jahrhundert die Kritik am Zustand der Kirche häufte:

- Man klagte über mangelhafte Ausbildung der Pfarrer. Nur wenige hatten ein Theologiestudium absolviert und viele vernachlässigten ihre geistlichen Aufgaben.
- Auch die Lebensführung der Geistlichen bot Anlass zur Kritik. Manche Priester führten ein ausschweifendes Leben, in vielen Klöstern ließ die Ordnung zu wünschen übrig; Päpste, Bischöfe und Äbte pflegten oft einen luxuriösen Lebensstil.
- Ärger erregte der hohe Geldbedarf der Kirche. Besonders für den Neubau der Peterskirche in Rom benötigte Papst Leo X. große Geldsummen, die er im Jahr 1515 durch einen Ablass aufbringen wollte. Solche Ablassbriefe konnten Gläubige kaufen. Sie erlangten nach damaliger Auffassung dadurch den Erlass von Sündenstrafen, die nach kirchlicher Lehre im Diesseits oder Jenseits abzubüßen waren. Der Ablasshandel bildete eine sprudelnde Einnahmequelle für die Kirche.

Da die Kirche den von Sündenangst gepeinigten Menschen wenig half, unternahmen sie eigene religiöse Anstrengungen für ihr Seelenheil. Viele begaben sich auf Wallfahrten, andere stifteten kostbare Altäre oder unterstützten Arme und Alte. Volksprediger zogen durch das Land und hatten großen Zulauf. Doch hatte die Volksfrömmigkeit auch ihre bedenklichen Seiten, denn der Glaube an Hexen, Dämonen und Geister war weit verbreitet.

Enttäuscht von der Kirche wandten sich viele Leute Martin Luther zu, als dieser Kirche und Papst heftig kritisierte.

Martin Luther

Die herausragende Gestalt der Reformation war Martin Luther, der 1483 in Eisleben (Sachsen-Anhalt) geboren wurde. Nachdem er bei einem schweren Gewitter gelobt hatte, Mönch zu werden, trat er in das Augustinerkloster der Stadt Erfurt ein. Dort begann er ein Theologiestudium, wurde bald Priester und 1512 Professor für Theologie in Wittenberg. Luther hatte wie viele seiner Zeitgenossen große Angst um sein Seelenheil. Er fühlte sich als Sünder und fragte sich, wie die Gnade Gottes zu erreichen sei. Nach Auffassung der Kirche konnten sich die Menschen dieser Gnade vor allem durch „gute Werke" wie Almosen oder Stiftungen versichern.

Nach umfangreichem Bibelstudium kam Luther zu der Überzeugung, dass der sündige Mensch nicht durch gute Werke, sondern nur durch den Glauben der Gnade Gottes teilhaftig werden könne. Daher bekämpfte er den Ablasshandel, der kein Ersatz für echten Glauben und

M 2 **Martin Luther (1483–1546)**
Gemälde von Lukas Cranach d. Ä., 1532

M 3 Huldrich (Ulrich) Zwingli (1484–1531)
Gemälde von Hans Asper von 1531

M 4 Johann Calvin (1509–1564)
Gemälde von 1555

die persönliche Buße sein könne. Auch vertrat er die Ansicht, die Kirche bedürfe keines irdischen Hauptes, da ihr Haupt Jesus Christus sei.

Als Luther am 31. Oktober 1517 seine berühmten Thesen gegen den Ablasshandel in Wittenberg veröffentlichte, begann der folgenreiche Konflikt mit der katholischen Kirche.

Ulrich Zwingli

Der Schweizer Ulrich Zwingli (1484–1531) war ein Bauernsohn. Er studierte unter anderem Theologie und ging dann als Priester nach Zürich, wo er Anhänger Luthers wurde. Seine Glaubensvorstellungen zeigten jedoch deutliche Unterschiede. Zwar stellte auch Zwingli das Evangelium ins Zentrum des Glaubens und wandte sich gegen die Heiligenverehrung. Doch verbannte er aus den Kirchen auch Kruzifixe, Bilder und Altäre, da er sie nicht für biblisch begründet hielt. Ferner war er der Überzeugung, dass Brot und Wein beim Abendmahl nicht mit der realen Gegenwart Christi verbunden seien. Zwinglis Lehre verbreitete sich besonders in der Schweiz und in Süddeutschland.

Johann Calvin

Der Franzose Johann Calvin (1509–1564) bekannte sich nach dem Studium der Rechte zur Reformation und musste deshalb aus Paris in die Schweiz flüchten. Dort ließ er sich in Genf nieder, wo er als evangelischer Prediger wirkte. Sein Ziel war es, das gesamte Leben im Sinn der Reformation umzugestalten. Zu diesem Zweck arbeitete er eine strenge Gemeindeordnung aus. So war es unter Strafe verboten, Gasthäuser zu besuchen, Karten zu spielen, zu tanzen oder weltliche Lieder zu singen. Außerdem wurden alle Bilder aus den Kirchen verbannt.

Doch nicht nur darin bestand ein Unterschied zwischen Calvin und Luther: So waren die Calvinisten von der Vorherbestimmung (Prädestination) überzeugt. Gott habe, so glaubten sie, jeden Menschen von Geburt an entweder zum Heil oder zum Verderben bestimmt. Erfolg im Leben oder Beruf sei das sichtbare Zeichen seiner Gnade.

Verbreitung fand Calvins Lehre besonders in Frankreich, wo man seine Anhänger „Hugenotten“ nannte, und in England, wo sie „Puritaner“ hießen. Nach 1620 wanderten viele von ihnen als Glaubensflüchtlinge nach Nordamerika aus und gingen als erste Siedler Europas an Land.

Neue Lehre	Alte Lehre
Vermittlung von Gnade nicht durch „gute Werke“ oder Kirche, sondern nur durch den Glauben → Hinfälligkeit von Askese, Mönchtum und Priestertum	Vermittlung der Gnade Gottes durch die Kirche in Form der Spendung von Sakramenten und der Gewährung von Ablass sowie durch „gute Werke“
Keine Unterscheidung zwischen Geistlichen und Laien → Hinfälligkeit des Sakraments der Priesterweihe; aufgrund der direkten Beziehung zu Gott: Fähigkeit eines jeden zum Verständnis der Bibel, zur Predigt und Taufe, Wahl und Abwahl eines Predigers durch die Gemeinde	Unterscheidung zwischen Geistlichen und Laien
Irrtumsfähigkeit von Päpsten und Konzilien	Alleinige päpstliche Autorität bzgl. der Auslegung der heiligen Schrift
Heilige Schrift in ihrem urspr. Wortlaut als alleinige Glaubensgrundlage: deswegen nur zwei Sakramente statt sieben: Taufe, Abendmahl	Betonung der Heiligen Schrift und der Tradition (zusätzliche Glaubenssätze von Päpsten und Bischöfen) als Glaubensgrundlage

Der Ablass – Bild- und Textquellen interpretieren

M 5 Eine Ablasspredigt

Die Predigt des Ablasskrämers Johann Tetzel:

Du Priester, du Edler, du Kaufmann, du Weib, Jungfrau, du Verheiratete, du Jüngling, du Greis, gehe doch hinein in deine Kirche, […] besuche das allerheiligste Kreuz, das für dich aufgerichtet ist, das immer schreiet und dich ruft.
[…] Bedenke, dass du auf dem tobenden Meer dieser Welt in so viel Sturm und Gefahr bist und nicht weißt, ob du zum Hafen des Heils kommen könntest. […]
Du sollst wissen, dass wer beichtet und in Reue Almosen in den Kasten legt, wie ihm der Beichtvater räth, vollkommene Vergebung aller seiner Sünden habe, und wenn er sowohl nach der Beichte als dem gehaltenen Jubeljahr täglich das Kreuz und die Altäre besucht, den Ablass erlangen wird, […] Was steht ihr also müßig? Laufet alle nach dem Heil eurer Seele. […]
Höret ihr nicht die Stimme eurer schreienden todten Eltern und anderer, die da sagen: Erbarmet, erbarmet euch doch meiner etc., weil die Hand Gottes uns berührt hat. Wir sind in schweren Strafen und Pein, davon ihr uns mit wenigen Almosen erretten könntet, und doch nicht wollt. Thut die Ohren auf, weil der Vater zu dem Sohn, und die Mutter zur Tochter etc. schreiet: […] Wir haben euch gezeuget, ernährt, erzogen und euch unser zeitlich Gut gelassen; warum seid ihr denn so grausam und hart, dass, da ihr uns jetzt mit leichter Mühe erretten könntet, ihr doch nicht wollt; und lasset uns in Flammen liegen, dass wir so langsam zu der uns verheißenen Herrlichkeit kommen. Ihr könnt ja Beichtzettel haben, kraft deren ihr im Leben und in der Todesstunde einmal […] volle Erlassung der Strafen, die den Sünden gebühren, erlangen könnet.

Walter Köhler, Dokumente zum Ablassstreit von 1517, Tübingen [2]1934, S. 125f.

M 6 Thesen gegen den Ablass

Aus den Thesen Martin Luthers vom 31. Oktober 1517:

Aus Liebe zur Wahrheit und dem Eifer, sie zu ermitteln, soll über das Nachstehende in Wittenberg disputiert werden. […]
21. Daher irren all die Ablassprediger, welche erklären, dass der Mensch durch den Ablass des Papstes von jeder Strafe los und frei werde. […]
24. Folglich wird der größte Teil des Volkes betrogen, wenn man ihm schlankweg mit hohen Worten verspricht, es sei die Strafe los.
27. Man predigt Menschenlehre, wenn man sagt: sobald das Geld im Kasten klingt, entflieht die Seele [dem Fegefeuer].
28. Das ist gewiss, dass Gewinn und Habgier zunehmen können, wenn das Geld im Kasten klingt; ob die Kirche mit ihrer Fürbitte Erfolg hat, steht dagegen bei Gott. […]
32. Wer glaubt, durch Ablassbriefe seines Heils sicher zu sein, wird auf ewig mit seinen Lehrmeistern verdammt werden. […]
36. Jeder Christ, der wahrhaft Reue empfindet, hat einen Anspruch auf vollkommenen Erlass von Strafe und Schuld, auch ohne Ablassbrief.
[…]
67. Den Ablass, den die Ablassprediger als „größte Gnade" ausschreien, kann man insofern tatsächlich dafür ansehen, als er ein großes Geschäft bedeutet.

E. Büssem, M. Neher (Hg.), Arbeitsbuch Geschichte, Neuzeit 1, Quellen, München 1977, S. 1.

M 7 „Ohne Ablass von Rom kann man wohl selig werden"
Kritik am Handel mit Ablasszetteln. Unter dem Kreuz steht die Ablasskiste. Der Mönch verliest die päpstliche Ablassbulle, Holzschnitt von 1520.

Kritik an der Kirche – Ein Propagandaflugblatt analysieren

M 8 Ein Holzschnitt von 1521

Superbia: [lat.] Anmaßung
Luxuria: [lat.] Prunksucht
Avaritia: [lat.] Habsucht
Paupertas: [lat.] Armut
Der Bauer trägt eine Bibel in der Hand.

Aufgaben

1. Stelle in einer Übersicht die wichtigsten Grundsätze der reformatorischen Richtungen von Luther, Zwingli und Calvin gegenüber. → Text
2. a) Erkläre den Begriff „Ablass".
   b) Wie versuchte Tetzel, die Menschen zum Erwerb von Ablässen zu überzeugen?
   c) Welche Argumente führte Luther gegen den Ablasshandel an? → Text, M5–M7
3. Beschreibe den Holzschnitt von 1521 und erläutere, was der Künstler mit diesem Holzschnitt aussagen wollte. → M8

M 1 Das siebenhäuptige Papsttier

Der Druck des Holzschnitts erfolgte 1530 in der Werkstatt des Nürnberger Druckers Wolf Resch. Die Kolorierung erfolgte nachträglich. Der Text „Das siebenhauptig pabstier Appocalipsis" stammt von Hans Sachs, Größe des Originals 32,2 x 22,9 cm.

Folgender Text steht im Original unter der Abbildung:

Schauet an das siben heubtig tier
Gantz eben der gstalt und manier
Wie Johannes gesehen hat
Ein tier an des meres gestat
Das hat siben ungeleicher haubt
Eben wie diß pabstier gelaubt
Die waren all gekrönt bedeut
Die blatten der gaistlichen leut
Das thier das het auch schen horen
Deut der gastlig gwalt un rumoren
Das thier trüg Gottes lesterung
Bedeut ir verfürische zung
Das thier was aim pardel geleich
Bedeut des Bapst mordische reich
Das auch hinricht durch tiranney
Alles was im entgegen sey
Auch so hat das thier peren füß
Deut das das Evangeli süß
Ist von dem bastum undertretten
Verschart/verdecket un zerknetten
Das thier het auch ains löwen mund
Bedeut deß bapstum weiten schlund
Den doch gar nie erfüllen thetten
Aples/pallium noch annatten
Bann/opfer/peicht/stifft zu Gotsdienst
Land und leut Königreich rent un zinst
Das es alles hat in sich verschlunden
Das thier entpfieng ain tödlich wunden
Deut das Doctor Martin hat geschriben
Das bapstum tödlich wund gehieben
Wie dem otten des Herren mund
Gott geb das es gar gee zu grund Amen.

M 2 Offenbarungen des Johannes

Der Text des Flugblattes bezieht sich auf eine Bibelstelle. In der Offenbarung des Johannes werden der Weltuntergang und das Jüngste Gericht in einer Vision geschildert:

Und ich sah: Ein Tier stieg aus dem Meer, mit zehn Hörnern und sieben Köpfen. An seinen Hörnern trug es zehn Diademe und auf seinen Köpfen Namen, die eine Gotteslästerung waren. Das Tier, das ich sah, glich einem Panther, seine Füße waren wie die Tatzen eines Bären und sein Maul wie das Maul eines Löwen. Und der Drache hatte ihm seine Gewalt übergeben, seinen Thron und seine große Macht. Einer seiner Köpfe sah aus wie tödlich verwundet.

Offenbarung des Johannes, 13,1 f.

Worterklärungen

gestat – Strand, Ufer; blatten – Glatze, Tonsur; horen – Hörner; gastlich – geistlich; rumoren – Lärm, Toben; pardel – Panther; peren – Bären; bastum – Papsttum; Aples – Ablässe, peicht – Beichte; rent, zinst – Geldeinnahmen; otten – Atem; gee – gehen möge; Regnum diabol – Reich des Teufels; Stifft zu Gotsdienst – gegen eine Spende bestellte Messen; Pallium – Binde des Erzbischofs; anatten – Abgabe der Bischöfe nach Rom

M 3 **Luther – des Teufels Dudelsack**
Flugblatt von 1521

Flugblätter als Propagandawaffe

Dass das reformatorische Gedankengut vom abgelegenen Wittenberg seinen Weg in das gesamte Reich und sogar darüber hinaus fand, hängt mit dem Buchdruck zusammen. Eine besondere Rolle spielten die Flugblätter. Im Gegensatz zu den mehrblättrigen Flugschriften handelt es sich dabei um Einblattdrucke mit Bilddarstellungen (Holzschnitt oder Kupferstich), die seit der zweiten Hälfte des 15. Jahrhunderts hergestellt wurden. Sie waren kostengünstig zu produzieren und ebenso günstig zu verkaufen, da das reformatorische Gedankengut auf fruchtbaren Boden fiel und die Nachfrage nach solchen Flugblättern groß war.

Schon allein aufgrund der geringen Zahl an Lesekundigen waren die Flugblätter auch für Leseunkundige gemacht. Allerdings ebenso für Lesekundige, da die Bilder den Text näher erläutern und umgekehrt. Zudem erfuhren Leseunkundige den Inhalt nicht nur über das Bild: Die Texte auf Flugblättern wurden öffentlich vorgelesen und diskutiert. Sie hingen aber auch an Rathaus- und Kirchentüren, in Wirtsstuben und an Wänden oder Schränken in Privatwohnungen.

Da Flugblätter aus vergänglichem Material bestanden, von Hand zu Hand weitergereicht und damit schnell abgenutzt wurden, existieren heute von einem Flugblatt oft nur noch wenige Exemplare. Dass zumindest diese überliefert sind, verdanken wir der Sammelleidenschaft städtischer Oberschichten und fürstlicher Bibliotheken.

Fragen an bildliche Quellen

1. Entstehung des Bildes

a) Was erfährst du in der Bildunterschrift (M1) über die Entstehungszeit und den Entstehungsort?
b) Suche – zum Beispiel im Internet, in Lexika – weitere Informationen über den Künstler.
c) Ordne die Entstehungszeit historisch ein.

2. Beschreibung des Bildes

a) Aus welchen Teilen besteht das Flugblatt?
b) Benenne, was im Einzelnen auf dem Bild dargestellt ist.

3. Deutung des Bildes

a) Versuche, die Bedeutung der einzelnen Bestandteile zu erklären.
b) Woran erinnert die Truhe mit Kreuz und Flamme?
c) In der Mitte des Kreuzes hängt ein gesiegelter Brief mit der Aufschrift „Umb gelt ein sack vol ablas." Was bedeutet dieser Brief? Was will der Künstler damit aussagen, dass er ihn an dieser Stelle platziert hat?
d) Lies den Bibelauszug und vergleiche ihn mit dem Text auf dem Flugblatt. Wie deutet der Autor des Textes auf dem Flugblatt die einzelnen Merkmale des in der Bibel beschriebenen Tieres?
e) Welches Thema hat das Flugblatt?
f) Ordne das Flugblatt aufgrund deiner Analyse einer Glaubensrichtung in Deutschland des 16. Jahrhunderts zu.
g) Erläutere, welches Ziel der Künstler mit diesem Flugblatt verfolgte.

Der Bauernkrieg

Die Situation der Bauern

Eine Anhöhe über dem thüringischen Ort Frankenhausen heißt heute noch Schlachtberg, die dazu gehörige Bergflanke „Blutrinne". Dies erinnert an die Schlacht von Frankenhausen. Sie war der Höhe- und Endpunkt des sogenannten Bauernkrieges. Von ungefähr 6 000 Bauern wurden am 15. Mai 1525 etwa 5 000 niedergemetzelt. Was waren die Gründe für den Aufruhr der Bauern?

Im 15. Jahrhundert verschärfte sich die Situation für die Bauern. Die Grundherren versuchten, ihre Herrschaft auszudehnen und die Selbstverwaltung der Bauern einzuschränken. Dazu gehörte die Beschneidung der bäuerlichen Nutzrechte an der Allmende, Verbote für den Fischfang und die Nutzung des Waldes für die Eichelmast der Schweine. Denn die Herren reservierten den Wald für die eigene Jagd und den ertragreichen Holzverkauf. Außerdem versuchten die Grundherren, die Dorfgerichte zu beseitigen, in denen die Bauern ihre Streitigkeiten regelten. Die steigenden Bevölkerungszahlen führten zu innerdörflichen Spannungen, da sich die Zahl kaum überlebensfähiger Kleinbauern mehrte und die Größe der Familien stieg.

M 1 Die Schlacht bei Frankenhausen
Historiengemälde, 20. Jahrhundert

M 2 Thomas Müntzer (1490–1525)
Das nicht authentische Bild von 1608 zeigt den revolutionären Theologen als Pfarrer in Allstedt (Thüringen).

Bauernaufstände

Deshalb kam es seit Anfang des 15. Jahrhunderts zu Bauernaufständen, die ihren Höhepunkt 1524/25 erreichten. Die im Vergleich zu früheren Aufständen überregionale Ausdehnung hatte ihre Ursache in den reformatorischen Predigten: So wie für die Reformatoren wurde auch für die Bauern das Neue Testament, in der sie ihre Forderungen bestätigt fanden, der Maßstab für eine gerechte Gesellschaftsordnung. Sie beriefen sich seitdem auf das „Göttliche Recht". Der Aufstand gegen die Herren wurde damit zum Kampf für das Evangelium.

Der Bauernkrieg nahm seinen Ausgang in Südwestdeutschland. Die Bauern fassten ihre Forderungen in den sogenannten Zwölf Artikeln zusammen. Dass die Bauern eine eigenständige Meinung hatten und politisch dachten, zeigen aber auch ihre Entwürfe für Landesverfassungen, die von der Beibehaltung der Ständegesellschaft mit größerer eigener Mitsprache bis hin zu einer ständelosen Gesellschaft reichten.

Nach erfolglosen Verhandlungen kam es zu gewalttätigen Auseinandersetzungen. Die Bauern hatten sich in „Haufen" zusammengefunden und bewaffnet. Um die militärische Schlagkraft zu erhöhen und Aktionen besser zu koordinieren, schlossen oftmals mehrere Haufen Bündnisse.

Die Rolle Luthers

Martin Luther distanzierte sich nach anfänglichen Sympathien von den Aufständischen. Anders hingegen Thomas Müntzer – ebenfalls Reformator, aber Gegner Luthers – der die Bauern Thüringens im Aufstand unterstützte, um die Feinde des Evangeliums zu vernichten und die Grundlage für das kommende Reich Gottes auf Erden zu schaffen. Nach der Schlacht von Frankenhausen wurde er hingerichtet.

Die Obrigkeit wiederum rüstete in Gestalt des Schwäbischen Bundes auf und zeigte sich kompromisslos. Bei den Bauern setzten sich die Radikalen durch, was zur Zerstörung zahlreicher Burgen, Schlösser und Klöster führte. Die Söldnerheere des Schwäbischen Bundes richteten aufgrund ihrer Überlegenheit (Reiter, Artillerie) unter den Bauernhaufen im Verlauf des Jahres 1525 Blutbäder an. Obwohl die Bauernaufstände niedergeschlagen und die Anführer verfolgt und hingerichtet wurden, waren jedoch einzelne Herren aus Angst vor erneuten Aufständen zu Zugeständnissen bereit.

M 3 Das Ende
Gefangene Bauern werden abgeführt, zeitgenössischer Holzschnitt.

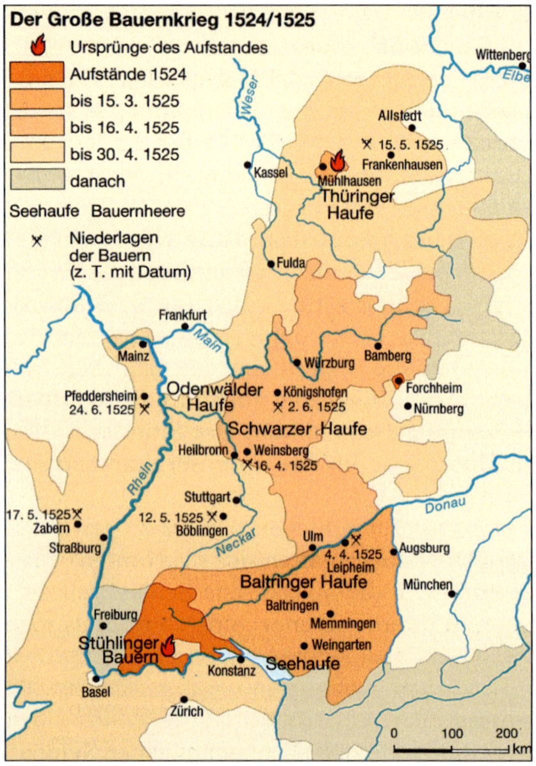

M 4

M 5 Die Zwölf Artikel (1525)

Der Handwerksgeselle Sebastian Lotzer und der Prediger Christoph Schappeler verfassten im Februar 1525 folgendes Dokument:

Dem christlichen Leser Fried und Gnade Gottes durch Christum. […]

Der erste Artikel

Zum Ersten ist unser demütig Bitt und Begehr, auch unser aller Wille und Meinung, dass wir nun fürderhin Gewalt und Macht haben wollen, dass die ganze Gemeinde ihren Pfarrer selbst erwählen […] soll; auch Gewalt haben, den selbigen wieder abzusetzen, wenn er sich ungebührlich verhalten sollte. […]

Der andere Artikel

Zum andern, nachdem der rechte [Getreide] Zehnt auferlegt ist im Alten Testament und im Neuen vollkommen erfüllt: nichtsdestoweniger wollen wir den rechten Korn-Zehnt gern geben, doch wie sich's gebührt. […]

Den kleinen [Fleisch] Zehnten wollen wir gar nicht geben. Denn Gott der Herr hat das Vieh dem Menschen abgabenfrei erschaffen. Das erachten wir für einen ungebührlichen Zehnten, den die Menschen ersonnen haben. Darum wollen wir ihn nicht weiter geben.

Der dritte Artikel

Zum Dritten ist der Brauch gewesen, dass man bisher behauptet hat, wir seien Eigenleute, was zum Erbarmen ist, in Anbetracht dessen, dass uns Christus alle mit seinem kostbaren Blutvergießen erlöst und loskauft hat – den Hirten ebenso wie den Höchsten, keinen ausgenommen. Darum ergibt sich aus der Schrift, dass wir frei sind, und deshalb wollen wir's sein.

Nicht, dass wir völlig frei sein und keine Obrigkeit haben wollen: das lehrt uns Gott nicht. […]

Der vierte Artikel

Zum Vierten ist bisher im Brauch gewesen, dass kein Untertan die Befugnis gehabt hat, das Wildbret, Geflügel oder Fische in fließendem Wasser zu fangen – was uns gar nicht ziemlich und brüderlich dünkt, vielmehr eigennützig und dem Wort Gottes nicht gemäß. […]

Der fünfte Artikel

Zum Fünften sind wir auch beschwert der Holznutzung halben. Denn unsere Herrschaften haben sich die Wälder alle allein zugeeignet, und wenn der Bauer etwas bedarf, muss er's ums doppelte Geld kaufen. Hier ist unsere Meinung: was es an Waldungen gibt – mögen sie Geistliche oder Weltliche innehaben –, das soll, wenn jene sie nicht gekauft haben, der ganzen Gemeinde wieder anheimfallen. […]

Der sechste Artikel

Zum Sechsten fühlen wir uns hart beschwert der Dienste halben, welche von Tag zu Tag gemehrt werden und täglich zunehmen. […]

Der zehnte Artikel

Zum Zehnten sind wir damit beschwert, dass etliche Herren zugeeignet haben Wiesen, desgleichen Äcker, die der Gemeinde zugehören. […]

Beschluss

Zum Zwölften ist unser Beschluss und unsere endgültige Meinung: Wenn einer oder mehr Artikel allhier aufgestellt sein sollten, die dem Worte Gottes nicht gemäß – wie wir denn nicht vermeinen –: dieselbigen Artikel wolle man uns aufgrund des Wortes Gottes als ungebührlich erweisen, so wollten wir davon abstehen, wenn man uns den Nachweis mit Begründung aus der Schrift führt. […]

Der Friede Christi sei mit uns allen.

G. Franz (Hg.), Quellen zur Geschichte des Bauernkriegs, Darmstadt 1963, S. 102 ff.

M 6 Stellungnahmen zum Bauernaufstand

a) In seiner Schrift „Wider die räuberischen und mörderischen Rotten der Bauern" von Anfang Mai 1525 schrieb Martin Luther:

Dreierlei gräuliche Sünden wider Gott und Menschen laden diese Bauern auf sich, weswegen sie den Tod verdient haben an Leib und Seele mannigfältig.

Zum Ersten, dass sie ihrer Obrigkeit Treu und Huld geschworen haben, untertänig und gehorsam zu sein, wie solches Gott gebietet […]. Weil sie aber diesen Gehorsam mutwillig und mit Frevel brechen und dazu sich wider ihre Herren setzen, haben sie damit Leib und Seele verwirkt, wie die treulosen, meineidigen, lügenhaften, ungehorsamen Buben und Bösewichter zu tun pflegen. […]

Zum Andern, dass sie Aufruhr anrichten, rauben und plündern mit Frevel Klöster und Schlösser, die nicht ihnen gehören, womit sie, als die öffentlichen Straßenräuber und Mörder, allein wohl zwiefältig den Tod an Leib und Seele verdienen […].

Denn Aufruhr ist nicht ein einfacher Mord, sondern wie ein großes Feuer, das ein Land anzündet und verwüstet. So bringt Aufruhr mit sich ein Land voll Mordes, Blutvergießens und macht Witwen und Waisen und zerstört alles, wie das allergrößte Unglück. […].

Zum Dritten, dass sie solche schreckliche, greuliche Sünde mit dem Evangelium decken, nennen sich christliche Brüder, nehmen Eid und Huld und zwingen die Leute zu solchen Gräueln mit ihnen [sich] zu halten. Womit sie die allergrößten Gotteslästerer und Schänder seines heiligen Namens werden und ehren und dienen [auf diese Weise] dem Teufel unter dem Schein des Evangeliums. Daran haben sie wohl zehnmal den Tod verdient an Leib und Seele […].

Zit. nach: G. Wehr (Hg.) Thomas Müntzer, Schriften und Briefe, Frankfurt/M. 1973, S. 206 ff.

b) Thomas Müntzer, revolutionärer Theologe, trat als Gegenspieler von Luther auf (1524):

Sieh zu, die Grundsuppe des Wuchers, der Dieberei und Räuberei sind unsere Herren und Fürsten; [sie] nehmen alle Kreaturen als Eigentum: die Fische im Wasser, die Vögel in der Luft, das Gewächs auf Erden muss alles ihrer sein, Jes. 5. Darüber lassen sie dann Gottes Gebot ausgehen unter die Armen und sprechen: Gott hat geboten, du sollst nicht stehlen; es [hilft] ihnen aber nicht. So sie nun alle Menschen [nötigen], den armen Ackersmann, Handwerksmann und alles, was da lebt, schinden und schaben, Micha 3, und wenn [einer] sich dann am Allergeringsten vergreift, so muss er hängen. Da sagt dann der Doktor Lügner [gemeint ist Luther] [auch noch]: Amen. [Dabei] machen die Herren das selber, dass ihnen der arme Mann feind wird. Die Ursache des Aufruhrs wollen sie nicht wegtun, wie kann es [auf] die Dauer gut werden? Wenn ich das sage, muss ich aufrührerisch sein, wohlan!

Zit. nach: G. Wehr (Hg.) Thomas Müntzer, Schriften und Briefe, Frankfurt/M. 1973, S. 130 f.

Aufgaben

1. a) Nenne die Gründe für die Unzufriedenheit der Bauern.
   b) Welche Bedeutung hatte die Reformation für die Bauern?
   → Text
2. a) In welchen heutigen Bundesländern bzw. Staaten Europas fand der Bauernkrieg statt?
   b) Suche Gründe dafür, dass Südwestdeutschland einen Schwerpunkt bildete.
   → Text, M4
3. a) Erstelle eine Liste mit zwei Spalten. Schreibe links die Nummer und rechts stichpunktartig den Inhalt der Forderung.
   b) Fasse anschließend die Forderungen in Gruppen zusammen und bilde dazu Überbegriffe.
   c) Suche Textstellen, an denen sich die Bauern auf das „göttliche Recht" berufen.
   → M5
4. a) Welche Position nahm Martin Luther gegenüber den Bauernaufständen ein und wie begründete er sie?
   b) Vergleiche die Position Luthers mit der Haltung von Thomas Müntzer.
   c) Formuliere eine eigene Stellungnahme zum Bauernkrieg.
   → M6, Text

Reformation und Politik

Der Streit um Luther weitet sich aus

Nachdem Luther 1517 seine Thesen gegen den Ablasshandel veröffentlicht hatte, weitete sich der Konflikt schnell aus. Aus einer religiösen Streitfrage wurde ein politischer Konflikt. Luther wurde bereits 1518 in Augsburg vom Kardinal Cajetan verhört, widerrief seine Auffassungen allerdings nicht. Das päpstliche Schreiben mit der Bannandrohung, das heißt mit der Drohung des Ausschlusses aus der Kirchengemeinschaft, verbrannte Luther 1520. Wenig später wurde Luther vom Papst mit dem Kirchenbann belegt.

M 1 Martin Luther auf dem Reichstag zu Worms 1521
Historiengemälde von Anton von Werner (1843–1915)

Auf dem Reichstag in Worms verweigerte Luther 1521 vor Kaiser Karl V. und den Reichsfürsten den Widerruf. Er wurde daraufhin mit dem Wormser Edikt vom Kaiser geächtet, das heißt für rechtlos erklärt. Der Landesherr des Reformators, Kurfürst Friedrich der Weise von Sachsen, ließ ihn nach der Abfahrt von Worms zum Schein überfallen und auf die Wartburg bringen, um ihn zu schützen. Dort übersetzte Luther, als „Junker Jörg" verkleidet, das Neue Testament ins Deutsche. 1522 kehrte Luther schließlich nach Wittenberg zurück und setzte seine Arbeit als Professor für Theologie fort. 1546 starb er in Eisleben.

Die neue Lehre gewinnt an Boden

Eine Reihe von Landesherren schloss sich der neuen Lehre an. Dabei spielten neben der religiösen Überzeugung auch machtpolitische Überlegungen eine Rolle. So konnten die Fürsten durch die Einführung der Reformation ihre Eigenständigkeit gegenüber dem Kaiser betonen und durch die Aufhebung der Klöster finanzielle Gewinne erzielen. Neben Sachsen, der Kurpfalz und Hessen bekannten sich insbesondere viele Städte zur Reformation, während Bayern neben anderen süd- und westdeutschen Gebieten katholisch blieb.

Die Verfestigung der Spaltung

1526 legte der Reichstag zu Speyer fest, dass sich die Fürsten in der Religionsfrage bis zu einem späteren Konzil zur Wiederherstellung der kirchlichen Einheit so verhalten sollten, wie sie es vor Gott und dem Kaiser verantworten könnten. Dies bedeutete die vorübergehende Duldung der neuen Glaubensrichtung. Infolge dieser Atempause entstanden die evangelischen Stadt- und Landeskirchen.

1529 protestierten die evangelischen Landesherren auf einem erneuten Reichstag zu Speyer gegen den Versuch, den Beschluss von 1526 aufzuheben. Sie begründeten ihre Haltung damit, dass jeder Herrscher vor Gott verantwortlich sei und deswegen in Glaubensangelegenheiten zu nichts gezwungen werden dürfe. Die Bezeichnung „Protestanten“ leitet sich von diesem Ereignis ab.

M 2 **Karl V. (1500–1558)**
Das Gemälde zeigt den Kaiser etwa zur Zeit des Wormser Reichstags von 1521.

Kaiser Karl V.

Der 1519 zum Kaiser gewählte Karl V. aus der Dynastie der Habsburger beherrschte ein riesiges Reich, das auch überseeische Besitzungen umfasste. In religiösen Belangen verstand sich Karl als Bewahrer der alten katholischen Lehre. In Luthers Haltung sah er nur eine Abweichung von der wahren Lehre, die unterdrückt werden müsse. Dies machte Karl in Worms 1521 unmissverständlich deutlich, als er Luther mit der Reichsacht belegte. Aber seine harte Haltung gegenüber der neuen Lehre wich immer wieder einer Politik des Ausgleichs, um mit einem befriedeten Reich im Rücken andere Probleme außerhalb des Reiches bewältigen zu können.

Der Kaiser, Franz I., die Türken und die Reichsfürsten

Widersacher Karls war der französische König Franz I., der die Umklammerung seines Landes durch den Habsburger als große Gefahr betrachtete. Aus diesem Grund kam es immer wieder zu Kriegen gegen Frankreich, was die Abwesenheit des Kaisers in Deutschland zur Folge hatte. Dies begünstigte die Ausbreitung der Reformation. Auch der Abwehrkampf gegen den Vorstoß der Türken in Südosteuropa kam der neuen Lehre zugute, da sich der Kaiser die finanzielle Unterstützung der evangelischen Reichsstände durch Gewährung eines zeitlich befristeten Religionsfriedens erkaufen musste.

Erst als Karl V. mit dem französischen König Franz I. Frieden und einen Waffenstillstand mit den Türken geschlossen hatte, wandte er sich ab 1544 mit ganzer Kraft gegen den Protestantismus. 1546 besiegte der Kaiser das Bündnis der Protestanten, den sogenannten Schmalkaldischen Bund.

Karl V. war damals auf dem Höhepunkt seiner Macht angelangt, und genau darin lag auch der Grund seines Scheiterns. Denn evangelische wie katholische Fürsten fürchteten um ihre Eigenständigkeit. Das Ergebnis war ein Aufstand der Fürsten und deren Sieg über den Kaiser.

Der Augsburger Religionsfrieden von 1555 und die Folgen

Ein endgültiger Ausgleich zwischen dem Kaiser Karl V. und den protestantischen und katholischen Ständen kam auf dem Reichstag von 1555 mit dem Augsburger Religionsfrieden zustande.

M 3 Glaubensflüchtlinge
Der Augsburger Religionsfrieden hatte weitreichende Folgen. Noch 1731 wurden protestantische Bauern aus Salzburg vertrieben. Sie fanden als Glaubensflüchtlinge eine neue Heimat in Brandenburg-Preußen, Darstellung aus dem 18. Jahrhundert.

Der Kaiser und die Reichsstände einigten sich auf folgende Punkte:
- Das lutherische Bekenntnis wird neben dem katholischen anerkannt. Andere Bekenntnisse sind ausgeschlossen.
- Nur Fürsten und Reichsstände haben das Recht zur freien Konfessionswahl und zur Bestimmung der Konfession ihrer Untertanen; geistliche Fürsten dürfen mit ihren Untertanen nicht konvertieren, um die katholische Mehrheit im Reichstag und im Kurkolleg nicht zu gefährden.
- Die evangelische und katholische Religionsausübung wird in gemischt-konfessionellen Reichsständen garantiert.
- Wenn ein Fürst die Konfession wechselt, müssen ihm alle Untertanen folgen. Wollen sie das nicht, können sie in ein anderes Land ihrer Konfession auswandern.

Die Folge war eine dauerhafte Glaubensspaltung in Deutschland. Die katholischen und evangelischen Gebiete unterschieden sich nicht nur in ihrer religiösen Ausrichtung. Da die Religion damals das Leben der Menschen entscheidend bestimmte, waren die Auswirkungen auch im Alltag spürbar. Es gab unterschiedliche Formen von Frömmigkeit, zum Teil andere kirchliche Feiertage und konfessionell getrennte Schulen.

Gegenreformation und Reformbestrebungen

Die Antwort der katholischen Kirche auf die Ausbreitung und Festigung der Reformation folgte mit dem Konzil von Trient, welches von 1545 an mit Unterbrechungen bis 1563 abgehalten wurde. Es hatte zwei Stoßrichtungen: die Zurückdrängung des Protestantismus, die sogenannte Gegenreformation, und eine Reform der Kirche. Diese war unter anderem geprägt durch die Förderung der Priesterausbildung sowie durch die Betonung der höchsten Lehrautorität des Papstes. Der neu gegründete Jesuitenorden sollte bei der Verwirklichung dieser Ziele eine entscheidende Rolle spielen.

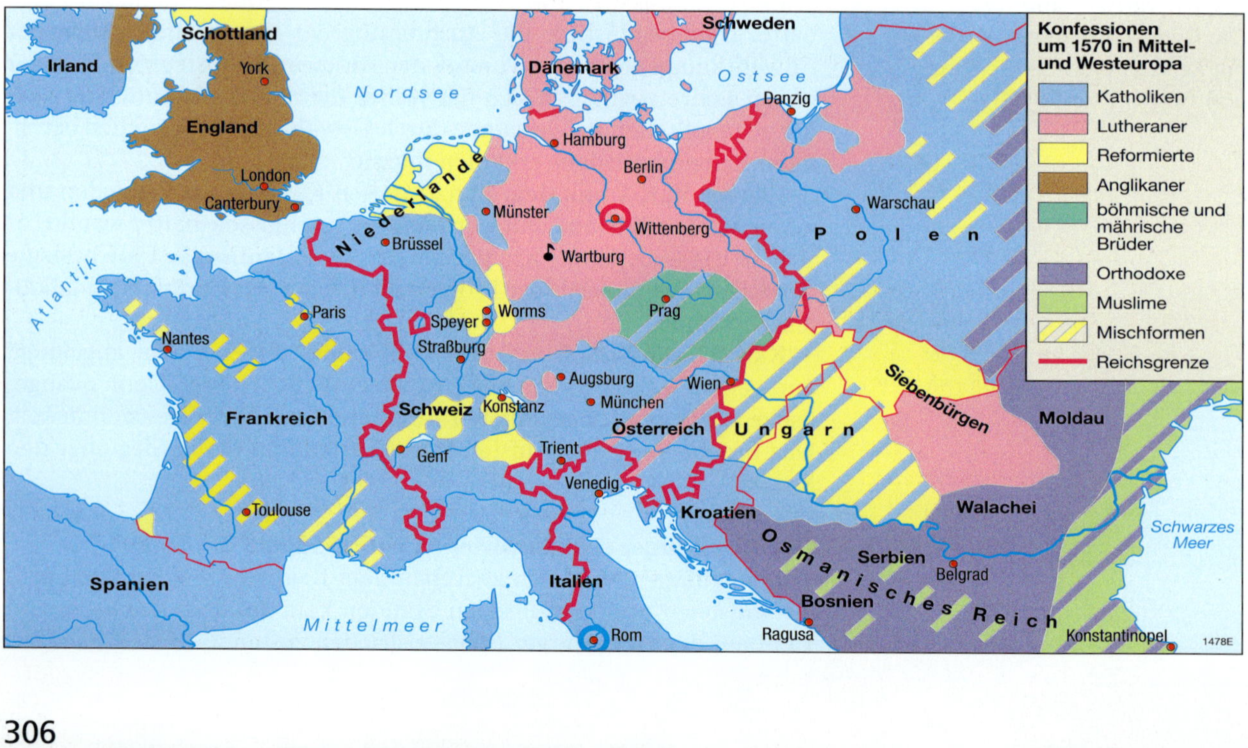

Der Reichstag zu Worms 1521 im Spiegel der Quellen

M 6 Luther und Karl V. in Worms

a) Nach Zusicherung freien Geleites reiste Luther von Wittenberg nach Worms, wo er am 16. April 1521 eintraf. Am 17. April stand Luther erstmals vor dem Kaiser Karl V. und den Reichsständen. Der Leiter der bischöflichen Gerichtsbehörde, Johannes Eck, fragte ihn, ob er zum Widerruf des Inhalts seiner Schriften bereit sei. Nach einer Bedenkzeit trug Luther am 18. April seine Antwort vor:

Weil Eure geheiligte Majestät und Eure Herrlichkeiten es verlangen, so will ich eine schlichte Antwort geben, die weder Hörner noch Zähne hat: Es sei denn, dass ich durch das Zeugnis der Heiligen Schrift oder vernünftige Gründe überwunden werde – denn weder dem Papst, noch den Konzilien allein vermag ich zu glauben, da es feststeht, dass sie wiederholt geirrt und sich selbst widersprochen haben –, so halte ich mich überwunden durch die Schrift, auf die ich mich gestützt, so ist mein Gewissen im Gotteswort gefangen, und darum kann und will ich nichts widerrufen, weil gegen das Gewissen zu handeln gefährlich ist. Gott helf mir! Amen.

Zit. nach: Deutsche Geschichte in Quellen und Darstellung, Bd.3, hrsg. von Ulrich Köpf, Stuttgart 2001, S. 175.

b) Am folgenden Tag (19. April) ließ der Kaiser vor den Kurfürsten und vielen Fürsten eine feierliche Erklärung verlesen:

Wie ihr wisst, stamme ich von den allerchristlichsten Kaisern der edeln deutschen Nation, den gläubigen Königen von Spanien, den Erzherzogen von Österreich und den Herzogen von Burgund. Sie alle waren bis in den Tod treue Söhne der römischen Kirche; denn stets verteidigten sie den christlichen Glauben, die geheiligten Zeremonie, die Dekrete, Verordnungen und heiligen Bräuche zur Ehre Gottes, zum Wachstum des Glaubens und Heil der Seelen. Sie hinterließen Uns als natürliches Erbe die Erfüllung jener heiligen christlichen Pflichten, nach ihrem Beispiel zu leben und zu sterben; und in wahrer Nachahmung dieser Unserer Vorfahren haben Wir durch Gottes Gnade bisher gelebt.
Aus diesem Grunde bin ich entschlossen, alles aufrecht zu erhalten, was meine Vorfahren und ich bis zum gegenwärtigen Augenblick aufrechterhalten haben [...].
Denn es ist gewiss, dass ein einziger Bruder irrt, dessen Meinung gegen die der gesamten, über tausend Jahre alten Christenheit steht – eine Meinung, nach der die Christenheit sich zu jeder Zeit im Irrtum befunden hätte. Deshalb bin ich ganz und gar entschlossen, hierfür meine Reiche und Herrschaften, meine Freunde, Leib und Blut, Leben und Seele einzusetzen. [...]
Und nachdem ich die Antwort Luthers gehört habe, die er gestern in unser aller Gegenwart gab, erkläre ich Euch, dass ich bereue, so lange das Vorgehen gegen Luther und seine falsche Lehre aufgeschoben zu haben, und dass ich entschlossen bin, ihn nicht weiter anzuhören.

Zit. nach: Deutsche Geschichte in Quellen und Darstellung, Bd.3, hrsg. von Ulrich Köpf, Stuttgart 2001, S. 176 f.

Aufgaben

1. a) Stelle dar, wie sich die Reformation ausbreitete. Orientiere dich dabei an den Jahreszahlen 1517 – 1521 – 1526 – 1529 – 1555.
   b) Nenne die Bestimmungen des Augsburger Religionsfriedens.
   → Text
2. a) Erläutere, warum sich manche Landesfürsten der Reformation anschlossen.
   b) Warum ging Kaiser Karl V. nicht konsequent gegen die Reformation vor?
   c) Was versteht man unter „Gegenreformation"?
   → Text
3. a) Wie begründete Luther, dass er an seiner Position festhielt und nicht widerrief?
   b) Erkläre, wie Kaiser Karl sein Vorgehen gegen Luther begründete.
   → M6
4. a) Beschreibe, was auf dem Bild zu erkennen ist. Welche Szene ist dargestellt?
   b) Handelt es sich deiner Meinung nach um eine verlässliche Darstellung der damaligen Ereignisse? Begründe deine Einschätzung.
   → Text, M1

M 1 **Der „Prager Fenstersturz"**
Kolorierter Kupferstich von Matthaeus Merian, 1635

Der Dreißigjährige Krieg

Der Beginn eines langen Krieges

Seit 1617 war der Habsburger Ferdinand II. böhmischer König. Die Vertreter des protestantischen Adels in Böhmen betrachteten seine gegenreformatorische Politik als Verletzung ihrer Rechte, die ihnen von Kaiser Rudolf im „Majestätsbrief" von 1609 zugesichert worden waren. 1618 drangen Vertreter der böhmischen Stände in die Prager Burg ein und warfen die kaiserlichen Statthalter aus dem Fenster. Diese überlebten den Fall, aber der „Prager Fenstersturz" löste einen der grausamsten Kriege der deutschen und europäischen Geschichte aus.

Der Böhmisch-Pfälzische Krieg

Die böhmischen Stände setzten Ferdinand II. als böhmischen König ab und wählten den Führer der protestantischen „Union", den calvinistischen Kurfürsten von der Pfalz Friedrich V., zum neuen König. Ferdinand erhielt zur Niederschlagung der „Rebellion" Unterstützung durch das Heer der katholischen „Liga". 1620 wurde das böhmische Heer vernichtend geschlagen. Die Führer des Aufstandes wurden hingerichtet und ihr Besitz fiel an den Kaiser und seine Verbündeten. Trotzdem wurde der Krieg weitergeführt.

Das Reich wird zum europäischen Kriegsschauplatz

1625 griff der dänische König Christian IV., unterstützt von England und den Niederlanden, auf protestantischer Seite in den Krieg ein. Zu diesem Schritt veranlassten ihn sowohl konfessionelle als auch machtpolitische Gründe. Bis 1629 erlitt Christian IV. aber schwere Niederlagen gegen die katholische „Liga" und den kaiserlichen Feldherrn Wallenstein. Dieser kämpfte zwar im Auftrag seines Herrn, betrieb aber den Krieg als Unternehmer auf eigene Rechnung. Seine Armee bestand aus Söldnern unterschiedlichster Herkunft und Konfession. Für Bezahlung, Unterkunft und Verpflegung seiner Soldaten wurde während der Feldzüge gesorgt. Es kam zu Zwangseinquartierungen, Plünderungen und Raubzügen.

Der Sieg des Kaisers und seiner Verbündeten bedeutete für die deutschen Protestanten den Verlust aller Gebietsgewinne seit 1555. Die Erzbistümer Magdeburg und Bremen, 12 Bistümer und 500 Abteien und Klöster mussten zurückerstattet werden. Dieses „Restitutionsedikt" veranlasste die protestantischen Reichsfürsten, sich aus Angst um ihre Eigenständigkeit mit ausländischen Gegnern des Kaisers, vor allem mit Schweden und Frankreich, zu verbünden.

M 2 **Albrecht von Wallenstein**
Zeitgenössisches Gemälde von Anthonis van Dyck (1599–1641)

Die Schweden im Reich

König Gustav Adolf von Schweden, dessen Land sich seit der Mitte des 16. Jahrhunderts zu einer Großmacht im Ostseeraum entwickelt hatte, landete 1630 mit seinem Heer an der Odermündung. Er begründete sein Eingreifen mit konfessioneller Solidarität mit seinen deutschen Glaubensgenossen. Ein weiteres Ziel war aber, Schwedens Macht weiter auszubauen. Die Schweden blieben in mehreren Schlachten siegreich und drangen bis nach Südwest- und Süddeutschland vor. In dieser Notlage holte der Kaiser seinen Feldherrn Wallenstein zurück,

M 3 Plünderung eines Dorfes
Zeitgenössischer Stich von Jacques Callot (1592–1635)

den er zuvor aus Misstrauen entlassen hatte, da er zu mächtig geworden war. Wallenstein konnte sich 1632 bei Lützen nahe Leipzig gegen die Schweden behaupten. In dieser Schlacht fiel Gustav Adolf. Wallenstein nahm in der Folgezeit eigenmächtig Kontakt mit den Schweden und den Franzosen auf, woraufhin der Kaiser ihn zum Hochverräter erklärte. Im Februar 1634 wurde Wallenstein in Eger von eigenen Offizieren ermordet.

Frankreich greift in den Krieg ein

Frankreich hatte bereits Gustav Adolf finanziell unterstützt. Nach einer Niederlage der Schweden und ihrer protestantischen Verbündeten ging der französische König nun von der verdeckten zur offenen Kriegsführung über, da er den Krieg als Entscheidungskampf zwischen den Häusern Habsburg und Bourbon, das die französischen Könige stellte, betrachtete. Noch dreizehn weitere Jahre tobte der Krieg, in dem das katholische Frankreich gegen den katholischen Kaiser kämpfte. Im Vordergrund standen zunehmend die Interessen der europäischen Großmächte – und nicht mehr religiöse Fragen.

Die Folgen des Krieges waren in Deutschland katastrophal. Handel, Gewerbe und Landwirtschaft kamen zum Erliegen. Seuchen und Hunger führten zum Massensterben. Nach Schätzungen ging die Einwohnerzahl des Reiches von 21 auf 13 Millionen zurück.

Der Westfälische Frieden von 1648

Nach langwierigen Verhandlungen kam es 1648 zum Friedensschluss in den westfälischen Städten Münster und Osnabrück. Der Krieg wurde beendet und die Religionskonflikte zwischen den Reichsständen beigelegt. Die Calvinisten wurden als dritte Konfession anerkannt. Innerhalb des Reiches konnten sich die Reichsstände als Sieger fühlen. Sie erhielten die volle Landeshoheit und konnten jetzt selbstständig Bündnisse abschließen. Frankreich ging als kontinentale Vormacht aus dem Krieg hervor, da das französische Staatsgebiet bis an den Rhein vorgeschoben wurde. Schweden konnte seine Macht im Norden Deutschlands ausbauen. Die protestantischen Niederlande und die Schweizer Eidgenossenschaft schieden aus dem Reichsverband aus.

M 4 Rathaus in Osnabrück
Ort des Westfälischen Friedens, heutiger Zustand.

Der Westfälische Frieden – Ein Flugblatt analysieren

Neuer
Auß Münster vom 25. deß Weinmonats im Jahr 1648. abgefertigter Freud- vnd Friedenbringender Postreuter.

Ich komm von Münster her gleich Sporenstreich geritten/
und habe nun das meist deß Weges überschritten/
Ich bringe gute Post und neue Friedenszeit/
der Frieden ist gemacht/ gewendet alles Leid.
Man bläst ihn freudig auß mit hellen Feldtrommeten/
mit Kesselpaucken Hall/ mit klaren Feld-Clareten.
Mercur fleugt in der Lufft/ und auch der Friede; Jo/
Gantz Münster/ Oßnabrugg vnd alle Welt ist froh/
die Glocken thönen starck/ die Orgeln lieblich klingen/
HErr Gott wir loben dich/ die frohen Leute singen.
die Stücke donneren und sausen in der Lufft/
die Fahnen fliegen schön/ und alles jauchtzend rufft:
der Höchste sey gelobt/ der Friede ist getroffen/
fortan hat männiglich ein besser Jahr zu hoffen/
der Priester und das Buch/ der Rahtherr und das Schwerdt/
der Bauer und der Pflug/ der Ochse und das Pferd.

Die Kirchen werden fort in voller Blüte stehen/
Man wird zum Hauß deß HErrn in vollen Sprüngen gehen/
und hören Gottes Wort: Kunst wird seyn hochgeacht/
die Jugend wird studiern bey Tag und auch bey Nacht/
Man wird deß HErren Ruhm auff Psälter und auff Seiten/
In Osten und in West/ in Süd und Nord außbreiten:
die Saine und Paris/ die Donau und ihr Wien/
der Belht und sein Stockholm sind friedlich/ frisch und grün.

Der Friede kömt Gott lob mit schnellem Flug geflogen/
mit jhm komt alles Glück und Segen eingezogen/
Er bringet Friedenspost und güldene Friedens Zeit/
der Krieg ist nun gestillt/ geendet alles Leid.
Spieß/ Bogen/ Schild und Schwerdt/ und Lantzen sind zerschmissen/
Gerechtigkeit und Fried sich miteinander küssen/
Wo Mars der Landsknechts Gott/ die Oberherrschafft hat
da herrschet Lasterschwarm/ und Tugend hat nicht statt.
Drum freuet/ freuet Euch jhr hohen Potentaten/
und alle die jhr müst den grossen Städten rahten/

Fortan wird Land und Sand und Dörffer nehmen zu/
und Herr und Knecht wird sein in angenehmer Ruh.
Es werden Fürsten nicht in Cantzeleyen schwitzen/
der Raht nicht in die Nacht mit schweren Sorgen sitzen/
und dencken/ wo doch Raht wol herzunehmen sey/
damit betäubet werd deß Krieges Tyranney.
Man wird stäts seyn bedacht/ wie rechte Sach mög bleiben/
Wie man/ was unrecht ist/ recht möge hindertreiben/
Man wird nicht so versehn was böses wird verricht/
wie sonst zu Kriegeszeit/ doch ohne Lust geschicht.
Es werden Obrigkeit und Vnterthanen wohnen
in Einigkeit und Fried: das gute wird man lohnen/
das böse straffen ab: Kurtz/ es wird friede seyn/
im Rahthauß/ in der Stadt/ wo man geht auß und ein.
Ihr Obern dancket Gott/ der Frieden ist gerichtet/
Ihr Vntern lobet Jhn/ das widrig ist geschlichtet/
Es lebt in Fried und Freud der Rahtsherr und die Stadt/
Biß das was in der Welt und Sie ein Ende hat.

Auch/ Ich der Kaufleut Gott Mercur kom hergedrungen/
und hab mich mit dem Brieff durch Lufft und Tufft geschwungen/
Ihr Kaufleut seyt wolauff und habt ein guten Muth/
Ihr Handwercksleute auch/ es wird alls werden gut.
Fort wird man sicherlich zu Wasser können handeln/
und ohne noht zu Land auff Messen ruhig wandeln/
die Wahren werden wol zu reissen abgehn/
die Läden und Gewölb voll lauter Kauffer stehn/
Man wird ja Tag für Tag den Seidenzeug außmessen/
und zu Mittag für Müh nicht einen bissen essen/
Gewürtz und Spezerey verkauffen wol mit Macht/
bey lauter Centnern wegwägen Tag und Nacht.
Der Schuster wird sein Geldt vor Schuh nicht können zehlen/
Den Schneider wird das Volck umb neue Kleider quelen/
Der Breuer nimbt nicht ab/ der Becker der wird reich/
Der Kirschner füttert stäts/ und feyret keinen Streich.
Es hitzen bey dem Feur die Schmid/ die Amboßschläger/
Es tauren mich allein die armen Degenfeger/

Die haben nichts zu thun: Last Degen/ Degen seyn/
macht einen Pflug darfür/ und eine Pflugschar drein.

Ihr Bauren spannet an die starcken Acker Pferde/
klatscht mit der Peitschen scharff/ die Pflugschar in die Erde/
Säet/ Hirsche/ Heidel/ Korn/ Hanf/ Weitzen/ Gersten auß/
Kraut/ Ruben/ Zwiebeln/ Köhl/ füllt Keller/ Boden/ Hauß.

Ihr Gärtner werdet dann zu Marckt können fahren/
und lösen manchen Batz auß euren grünen Wahren/
dann kehret jhr mit Lust fein in ein Küchlein ein/
und esst ein stücklein Wurst vnd lescht den Durst mit Wein;
Juch/ Juch/ jhr seyt befreyt von tausend tausend Nöthen/
und schlaffet biß es tagt mit euren Bauren Greten.

Ihr Wirthe freut euch auch/ der Friede trägt euch ein/
Es wird die Stub und Stall voll Gäst und Pferde seyn/
Vorans die jhr wol ligt/ beym weiß und roten Hanen/ nen.
Beim Baum/ Bärn/ Engel/ Stern/ Wolf/ Lamie/ Thürmen/ Schwa
Beim Bitterhold/ beim Creutz/ Gauß/ Rindfuß/ Rädlein/ Tisch/
beim wilden Mann/ Kron/ Mond/ beim güldnen Ochsen/ Fisch/
Beim Ochsenfelder auch: Jhr krieget gute sachen/
Jhr wolt denn selbsten nicht/ die Zech Wirthlich machen/
doch glaub ichs gäntzlich nicht: Nun es hat keine Noth/
Ein jeder gebe mir ein gutes Botenbrodt.

Doch dieses alles recht mit beten vnd mit dancken/
daß keiner überschreit der Erbarkeiten Schrancken/
Es dancke alles Gott/ es danck Jhm frü vnd spat/
was kreucht/ fleugt/ lebt und schwebt/ und was nur Odem hat.

Gedruckt im Jahr nach der Geburt vnsers HErrn Jesu Christi 1648.

M 5 Flugblatt mit dem „Friedenbringenden Postreiter"
Kupferstich von 1648

M 6 Ein Flugblatt zum Frieden

Die Nachricht vom Friedensschluss in Münster und Osnabrück wurde 1648 in ganz Europa durch Zeitungen und Flugblätter verbreitet. Die folgenden Auszüge aus dem Text des Flugblattes wurden der heutigen Sprache angepasst:

Ich komm von Münster her gleich Sporenstreich [spornstreichs = sofort] geritten,
und habe nun das meist' des Weges überschritten.
Ich bringe gute Post und neue Friedenszeit,
der Frieden ist gemacht, gewendet alles Leid.
Man bläst ihn freudig aus mit hellen Feldtrommeten [= Trompeten], mit Kesselpaucken Hall, mit klaren Feld-Clareten [= Musikinstrument].
Mercur fliegt in der Luft, und auch der Friede. Ja, ganz Münster, Osnabrück und alle Welt ist froh,
die Glocken tönen stark, die Orgeln lieblich klingen, Herr Gott wir loben dich, die frohen Leute singen. […]
Der Höchste sei gelobt, der Friede ist getroffen,
fortan hat männiglich [= jeder] ein besser Jahr zu hoffen:
der Priester und das Buch, der Ratsherr und das Schwert, der Bauer und der Pflug, der Ochse und das Pferd. Die Kirchen werden fort [=fortan] in voller Blüte stehen.
Man wird zum Haus des Herrn in vollen Sprüngen gehen und hören Gottes Wort. […]
Es werden Obrigkeit und Untertanen wohnen
in Einigkeit und Fried': das Gute wird man lohnen,
das Böse strafen ab [= bestrafen]: Kurz, es wird Friede sein, im Rathaus, in der Stadt, wo man geht aus und ein. […]
Auch Ich, der Kaufleut' Gott Mercur, komm' hergedrungen, und hab mich mit dem Brief durch Luft und Tuft geschwungen.
Ihr Kaufleut', seid wohlauf und habt ein' guten Mut, Ihr Handwerksleute auch, es wird all's werden gut.
Fort[an] wird man sicherlich zu Wasser können handeln, und ohne Not zu Land auf Messen [= Handelsmessen] ruhig wandeln. […]
Der Schuster wird sein Geld für Schuh nicht können zählen. Den Schneider wird das Volk um neue Kleider quälen.
Der Brauer nimmt nicht ab, der Bäcker der wird reich. Der Kürschner füttert stets, und feiert keinen Streich [hat genug zu tun]. […]
Es dauern mich allein die armen Degenfeger [= Degenmacher]. Die haben nichts zu tun: Lasst Degen Degen sein, macht einen Pflug dafür, und eine Pflugschar drein.
Ihr Bauern spannet an die starken Ackerpferde, klatscht mit der Peitschen scharf, die Pflugschar in die Erde,
Säet Hirse, Heidel [= Buchweizen], Korn, Hanf, Weizen, Gersten aus, Kraut, Rüben, Zwiebeln, Kohl füllt Keller, Boden, Haus.
Ihr Gärtner werdet dann zu Markte können fahren, und [er]lösen manchen Batz [Batzen = Geldeinheit] aus euren grünen Waren,
dann kehret ihr mit Lust fein in ein Küchlein [=Gasthaus] ein, und esst ein Stücklein Wurst und löscht den Durst mit Wein. […]
Ihr Wirte freut euch auch, der Friede trägt euch ein, Es wird die Stub' und Stall voll Gäst' und Pferde sein. […]
Es danke alles Gott, es dank' Ihm früh und spat [spät], was kriecht, fliegt, lebt und schwebt und was nur Odem [=Atem] hat.

Aufgaben

1. Beschreibe anhand der zeitgenössischen Darstellung die Gräuel des Krieges für die Zivilbevölkerung.
   → M3
2. a) Versuche, den Text auf dem Flugblatt zu entziffern.
   b) Gib den Text des Flugblattes mit eigenen Worten wieder.
   c) An welche Personen bzw. Personengruppen wendet er sich?
   d) Welche Erwartungen formuliert der Bote jeweils?
   e) Verfasse Dialoge zwischen dem Boten und einzelnen von ihm angesprochenen Personen.
   f) Gestalte eine Spielszene, in der der Bote einzelnen Personen (aus verschiedenen Berufsgruppen) die Botschaft vom Friedensschluss in Münster mitteilt.
   → M5, M6

M 1 **Augustus**
Marmorkopie nach einem Bronzeoriginal, entstanden nach 20 v. Chr. Die zwei Meter hohe Statue des Augustus wurde in der Villa seiner Frau Livia bei Prima Porta gefunden. Sie zeigt Augustus in der Pose des Siegers. Er trägt keine Schuhe, was nach der Wahrnehmungsweise der Zeitgenossen einer Überhöhung ins Göttliche Vorschub leistete.

Herrscherdarstellungen

Das Herrscherporträt im zeitlichen Wandel
Bereits seit der Antike wurden Herrscher als Helden oder sogar als übermenschliche Wesen dargestellt. Der einzelne Herrscher diente oft als Verkörperung von Ideen oder Werten. So stellt der „Augustus von Prima Porta“ eine idealisierte Person dar, die so während ihrer gesamten Herrschaftsdauer das Bild ewiger Jugend vermittelte.

Auch aus mittelalterlichen Herrscherdarstellungen ist es nicht möglich, eine auch nur annähernde Vorstellung vom tatsächlichen Aussehen der dargestellten Person zu erhalten. Das Bild der mittelalterlichen Herrscher geht zumeist auf römische oder byzantinische Vorlagen zurück oder nimmt Bezug auf Bibelillustrationen. Die Bilder sind Herrschaftssymbole. So verleiht das Königsbild auf Siegeln oder Münzen diesen erst Gültigkeit. Erst seit dem 14. Jahrhundert wird der durch sein Gesicht charakterisierte Mensch zum eigentlichen Thema der Darstellung, vorher wurde der Dargestellte durch gewisse Attribute bestimmt, wie etwa der König durch seine Insignien.

In der Renaissance zu Beginn der Neuzeit wandte man sich den Abbildungen „wirklicher“ Menschen zu, dem eigentlichen Porträt. Das Herausarbeiten einmaliger und unverwechselbarer Züge führte zu Bildnissen im Halb- und Dreiviertelprofil. Das Streben nach Wahrheit wurde bei Darstellungen hoch gestellter Persönlichkeiten aber nicht immer konsequent umgesetzt.

M 2 **Kaiser Otto III.**
Otto III. (983–1002) mit den Reichsinsignien thront zwischen Reichskirche und Reichsadel. Aus dem Reichenauer Evangeliar, das im Auftrag des Kaisers entstand, Ende des 10. Jahrhunderts

M 3 **Kaiser Karl V.**
nach seinem Sieg über den Schmalkaldischen Bund, Gemälde von Tizian, 1548

Im Zeitalter des Absolutismus wurde die antike Tradition wiederbelebt. Kleidung, Haltung und die dargestellten Attribute vermittelten den Eindruck von Majestät und Macht der Herrscher. Am Hof von Versailles durfte man den Porträts Ludwigs XIV. nicht den Rücken zukehren. Es war, als wäre der König persönlich anwesend, das Bildnis diente als Stellvertreter des Dargestellten.

Das Herrscherporträt
Herrscherdarstellungen gibt es aus vielen Epochen. Sie scheinen uns ein wirklichkeitsgetreues Abbild zu vermitteln. Es ist aber gefährlich, ein Porträt als genaue Wiedergabe eines Modells zu betrachten, das im Augenblick der Abbildung genau so aussah, wie es dargestellt wurde. Die Porträtierten wollten meist in einer für sie vorteilhaften Art dargestellt werden. Sie trugen im Regelfall ihre beste Kleidung. Auch ist es ein menschliches Anliegen, schöner und perfekter in der Erinnerung weiterzuleben, als man es in Wirklichkeit je war.

Viele Porträts folgen einem überlieferten Muster, was ebenso Haltung und Gesten betrifft wie den Hintergrund oder dargestellte Gegenstände. Vieles davon hat symbolische Bedeutung, die den zeitgenössischen Betrachtern ohne Weiteres verständlich war. Viele Attribute sind einfach zu deuten, wie etwa ein Marschallstab, der auf militärische Befehlsgewalt verweist. Andere Symbole, wie etwa Blumen, sind schwerer zu interpretieren, da sie neben ihrer symbolischen Bedeutung auch eine rein gegenständliche haben.

Dem Historiker kann ein Porträt in vielerlei Hinsicht als Quelle dienen. Als sogenannte realkundliche Quelle kann ein Bild Aufschluss geben über Mode, Haar- und Barttracht sowie das Aussehen von Gegenständen. Es sind – mit aller Vorsicht – Aussagen über Aussehen und Eigenschaften historischer Persönlichkeiten möglich. Darüber hinaus vermitteln solche Porträts einen Einblick in die Idealvorstellungen von Herrschern und Herrschaftsauffassungen. Die Art der Darstellung lässt auch Rückschlüsse auf das damalige Weltbild zu.

M 4 **Ludwig XIV.**
Gemälde von Hyacinthe Rigaud, um 1700, Museo del Prado, Madrid

M 5 **„Kaiser Wilhelm II. in der Paradeuniform der Garde du Corps“**
Gemälde von L. Noster, 1906, Hechingen, Burg Hohenzollern

M 6 Otto III.
Liuthar-Evangeliar, hergestellt in Reichenau, um 1000, Domschatz Aachen

M 7 **Evangelistensymbole** Matthäus, Markus, Lukas und Johannes

M 8 **Lexikon der Symbole**

a) Hand:

Symbol für Aktivität, in der Gestik aber auch Symbol der apotropäischen [Unheil abwehrenden] Wirkung. Sich in der Hand eines Gottes oder Herrschers zu befinden heißt, ihm ausgeliefert zu sein, aber auch unter seinem Schutze zu stehen. – Das Eingreifen bzw. Darreichen der Hand bzw. Hände ist ein Zeichen freundlicher Offenheit, der Hingabe oder der Verzeihung; es ist daher auch seit alters ein wesentliches Symbol des geschlossenen Ehebundes und hat vielfach rechtssymbolische Bedeutung. [...] Sehr weit verbreitet ist die Unterscheidung der symbolischen Bedeutung von rechter und linker Hand [...]. Sie spielt z.B. beim Segensgestus durch Handauflegen eine Rolle, der in der Regel mit der rechten Hand ausgeführt und häufig als eine reale Übertragung von Kräften verstanden wurde. In der christlichen Kunst wird das Eingreifen Gottes oft durch eine aus den Wolken herabfahrende Hand symbolisiert. [...] Gebetsgebärde ist seit dem Mittelalter das Falten der Hände. – Als rechtsverbindlich gilt noch heute das Heben der rechten Hand beim Schwur.

b) Mandorla:

mandelförmige Aureole [ein Heiligenschein, der die gesamte Gestalt umgibt], die auch an der symbolischen Bedeutung der Mandel teilhat; seit frühchristlicher Zeit hauptsächlich für Darstellungen des verherrlichten Christus u. Marias verwendet.

c) Gold:

Gold gilt seit je als edelstes der Metalle; es ist dehnbar, polierfähig, glänzend, weitgehend hitze- und säurebeständig und daher ein Sinnbild der Unveränderlichkeit, der Ewigkeit, der Vollkommenheit. U.a. wegen seiner Farbe wurde es fast überall mit der Sonne oder dem Feuer identifiziert. Deshalb ist es auch häufig ein Symbol der [...] Erkenntnis. In der Symbolik des Christentums ist das Gold weiterhin ein Symbol für die höchste Tugend, die Liebe. – Der Goldgrund auf Tafelbildern des Mittelalters ist stets ein Symbol des himmlischen Lichtes.

Udo Becker (Hg.), Lexikon der Symbole, Freiburg i. Br. 1992, S. 121, 181 und 104.

M 9 **Das Bild Ottos III. vom Liuthar-Evangeliar**

Das Bild des Liuthar-Evangeliars stellt die Herrschaft Ottos III. anhand folgender Symbole dar:

In der Mitte krümmt sich eine graugrün gekleidete Figur, die als Terra zu deuten ist, unter der Last des von ihr getragenen Thrones. [...] Links und rechts daneben beugen sich zwei Figuren nach vorne, die Kronen tragen. [...]
Wie auch die hohen Kronen nahe legen, können damit nur Könige gemeint sein. [...] Die geschulterten (!) roten Fahnen sind ebenfalls als typische Herrschaftszeichen für Könige zu werten.

Helmut Altrichter (Hg.), Bilder erzählen Geschichte, Freiburg i. Br. 1995, S. 66.

Aufgaben

1. Beschreibe die einzelnen Elemente des Bildes und deren Anordnung.
2. a) Welche Bedeutungen kann die Hand haben?
   b) Prüfe, welche Bedeutung für das Bild zutrifft.
3. a) Wie wird das Verhältnis von Otto zu Gott dargestellt? Was lässt sich daraus über seine Herrschaftsauffassung ableiten?
   b) Prüfe, warum das Bild in ein Evangeliar, eine Sammlung der Evangelien, eingefügt wurde.
4. Warum ist die Interpretation des Bildes heute besonders schwierig?

M 1 **Kaiser Karl V.**
Gemälde von Tizian (1487/90–1576), 1548, Endausführung durch Tizians Werkstätte, Alte Pinakothek München, Leinwand, 203,3 x 122 cm

M 2 Orden vom Goldenen Vlies

In einem Lexikon wird der Orden vom Goldenen Vlies folgendermaßen erklärt:

Goldenes Vlies, Orden vom, einer der ältesten, vornehmsten und noch heute bestehenden mittelalterlichen Ritterorden, 1430 von Philipp dem Guten von Burgund zu Ehren des heiligen Andreas gestiftet. Die Würde des Souveräns ging 1477 durch die Heirat der letzten Herzogin [von Burgund] Maria mit Maximilian I. an das Haus Habsburg und nach dem Tod Karls V. mit dem Burgundischen Erbe an die spanische Linie des Hauses [Habsburg] über. Nach deren Aussterben wurde er von der österreichischen Linie der Habsburger Erben der Niederlande weitergeführt, aber auch von Spanien als Verdienstorden verliehen.
Der Orden zählte anfangs 31, ab 1516 genau 51 Ritter. Der Schatz des Ordens vom Goldenen Vlies wird in Wien in der Weltlichen Schatzkammer verwahrt, das Archiv im Staatsarchiv.

Österreich Lexikon (www.aeiou.at/aeiou.encyclop.g/g538560. htm)

M 3 Säule

Eine Säule hat in der Geschichte folgende symbolische Bedeutungen:

Eine Säule ist mit Pfahl, Baumstamm und Pfeiler in der Symbolwertigkeit austauschbar. Vorstellungen einer kosmischen Säule finden sich u.a. bei den alten Germanen (Irminsul der Sachsen) und Kelten. [...]
Nach antiker Überlieferung tragen die Säulen des Herakles den Himmel; auch das Alte Testament spricht von den Säulen des Himmels. [...] Säule und Pfeiler sind Ausdruck von Macht und Hoheit. In der römischen Kaiserzeit wurden Säulen als Staatsymbole aufgestellt. [...]
Das Mittelalter erblickte in den die Kirche tragenden Säulen die Apostel. Um Gott näher zu sein, lebten in Syrien/Palästina (4.–6. Jahrhundert) einzelne Mönchsasketen auf der Plattform einer Säule (Säulenheilige).

Manfred Lurker (Hg), Wörterbuch der Symbolik, Stuttgart 1991, S. 639f.

M 4 Karl V.

Über Karl V. schreibt eine Historikerin:

Karl war [...] ein ernster Knabe von wenig einnehmendem Äußeren. Das blonde, nach Pagenart glattgekämmte Haar milderte nur wenig das schmale, scharfgeschnittene Gesicht mit der langen, spitzen Nase und dem eckig vorstehenden Unterkiefer – dem berühmten habsburgischen Kinn in seiner ausgeprägtesten Form. Dieses Kinn ragte so weit vor, dass der Mund offen stand, was seinem Träger ein wenig geistreiches Aussehen verlieh. Eine kurze, dicke Zunge hinderte ihn auch noch daran, deutlich zu sprechen.
Karl lernte es, dieses wenig erfreuliche Gesicht mit trocken-ironischem Humor zu betrachten. Als er Jahre später den König von Frankreich zu einem Zusammentreffen einlud, schrieb Karl, dass es wohl wahr sei, dass sein Mund offen stehe, „aber nicht, um die Leute zu beißen", der französische König brauche deswegen keine Angst zu haben.

Dorothy Gies McGuigan, Familie Habsburg, Wien/München 1967, S. 75.

Aufgaben

1. Beschreibe, was auf dem Bild zu erkennen ist.
   → M1
2. a) Erläutere mithilfe der Lexikoneinträge die Bedeutung der Säule und des Ordens auf dem Bild.
   b) Ist das Porträt Karls V. deiner Meinung nach ein typisches Herrscherporträt? Begründe deine Ansicht.
   → M1–M4
3. a) Vergleiche das Porträt Karls V. mit dem Ottos III. Benenne die wichtigsten Unterschiede und Gemeinsamkeiten.
   b) Überlege, worin sich die Herrschaftsauffassung beider Kaiser unterschied.
   → M1 und M6 (Seite 186)

——————>>>
Renaissance

Buchdruck

Kolumbus ent-
deckt Amerika
(1492)

1350 n. Chr. | 1380 | 1410 | 1440 | 1470

Zusammenfassung

Zwischen 1350 und 1650 fanden in Europa zahlreiche Veränderungen statt. Am Anfang stand dabei die Erschütterung der festgefügten Vorstellungen von Mensch und Welt, die man im Mittelalter als unumstößliche Wahrheiten ansah. Die Erfindung des Buchdrucks eröffnete für Bildung, Wissenschaft und Politik völlig neue Perspektiven, die in ihrer Wichtigkeit kaum zu überschätzen sind.

Auch im Bereich der Wirtschaft kam es mit dem sogenannten Frühkapitalismus zu Entwicklungen, die die Grenze des mittelalterlichen Vorstellungsvermögens überschritten.

Mit der Renaissance und dem Humanismus traten zwei eng verwandte geistige Bewegungen auf, in denen unter Rückbesinnung auf Autoritäten der Antike nicht mehr Gott, sondern der Mensch mit seinen Eigenschaften und Fähigkeiten im Mittelpunkt des Denkens stand. Es entstand ein neues Menschen- und Weltbild.

Durch die Entdeckung Amerikas 1492 und Entdeckungsfahrten in andere Regionen der Erde veränderten sich die geografischen Vorstellungen der Menschen grundlegend. Die europäischen Staaten gründeten überall auf der Welt Kolonien, was bis heute problematische Folgen für diese Gebiete hat. Auch Europa selbst wurde durch diese Entwicklung verändert.

Ferner kam es zu einer für die mittelalterliche Gedankenwelt unvorstellbaren Spaltung der abendländischen christlichen Kirche. Reformatoren wie Martin Luther interpretierten in ihrem Kampf gegen die Missstände der Kirche die Aussagen der Bibel neu und wurden zu Gründern eigenständiger, protestantischer Kirchen. Der Katholizismus war nun nur eine unter mehreren christlichen Konfessionen. Wegen dieser Veränderungen wird die Zeit um 1500 als Epochenwende und als Beginn der Neuzeit angesehen.

Die religiöse Spaltung führte zu gewaltigen Konflikten innerhalb Europas. Der Dreißigjährige Krieg im Heiligen Römischen Reich Deutscher Nation, eine konfessionelle wie machtpolitische Auseinandersetzung in der Mitte Europas, stellte für Deutschland eine der größten Katastrophen seiner Geschichte dar.

Beginn der Reformation (1517)

Augsburger Religionsfrieden (1555)

Westfälischer Frieden (1648)

Dreißigjähriger Krieg

1530 1560 1590 1620 1650

Daten

Um 1450 Buchdruck
1453 Eroberung Konstantinopels
1492 Entdeckung Amerikas
1517 95 Thesen
1525 Bauernkriege
1618–1648 Dreißigjähriger Krieg

Begriffe

Humanismus
Renaissance
Reformation
Ablasshandel
Konfession
Westfälischer Frieden

Personen

Johannes Gutenberg
Jakob Fugger
Christoph Kolumbus
Martin Luther
Karl V.
Wallenstein

Tipps zum Thema: Aufbruch in eine neue Zeit

Filmtipp

Luther, 123 min, USA 2003.

Lesetipp

Anthony Mason:
Die Renaissance, Nürnberg 2006.

Rainer M. Schröder:
Das Geheimnis des Kartenmachers, Würzburg 2006.

Roland Mueller:
Die abenteuerliche Reise des Marco Polo, München 2007.

Christa Maria Zimmermann:
Das Gold des Columbus, München 2006.

Museen

Gutenberg Museum Mainz

Fuggerei und Fugger-Museum Augsburg

Kommentierte Links: www.westermann.de/geschichte-linkliste

Ablass. Der reuige Sünder musste für seine Sünden verschiedene Bußen auf sich nehmen, z. B. Gebete, Almosen, Wallfahrten. Erst danach wurde er von seinen Sünden losgesprochen. Nur diese Bußstrafen – und nicht wie oft angenommen die Sünden selbst – konnte man im Spätmittelalter durch einen Ablass verkürzen oder erleichtern. Aus dem Verkauf der päpstlichen Ablassbriefe entwickelte sich für die Kirche eine sprudelnde Einnahmequelle.
Adel. Privilegierter Stand, dessen Macht sich im Mittelalter auf Grundbesitz und kriegerischen Erfolg stützte. Im Frankenreich erhielten Adlige vom König Land (Lehnswesen), wofür sie als bewaffnete Reiter Heeresfolge leisten mussten. Von seinen Bauern verlangte der adlige Grundherr Abgaben und Frondienste, übernahm deren Schutz und sprach Recht. Der Adel entwickelte im Mittelalter besondere Lebensformen und war von Steuern befreit. Zum Adel zählt man durch Geburt (Geburtsadel) oder Dienst im Auftrag des Königs (Dienst- oder Amtsadel). Im 12. Jh. bildete sich der Hochadel heraus, an dessen Spitze die Kurfürsten standen. Zum niederen Adel zählten vor allem Ritter und Ministeriale.
Ädil (Mz. Ädilen). Ursprünglich zwei Beamte der römischen Plebejer, die als Gehilfen der Volkstribunen eingesetzt waren. Seit 366 v. Chr. traten zwei weitere Ädilen hinzu, die Beamte des römischen Gesamtvolks mit einjähriger Amtszeit waren. Sie führten die Aufsicht über die öffentlichen Gebäude, Straßen und Märkte, regelten die Getreideversorgung Roms und organisierten die öffentlichen Spiele.
Agora. Marktplatz und zumeist auch Versammlungsort der griechischen Polis.
Akropolis (gr. = Oberstadt). Burgberg der griechischen Polis, zumeist verbunden mit dem Tempel der Stadtgottheit.
Allmende (mittelhd. = „was allen gemeinsam gehört"). Der Ursprung der Allmende reicht in die Zeit der germanischen Siedlung zurück. Man versteht darunter Ländereien, die den Mitgliedern einer Gemeinde zur gemeinschaftlichen Nutzung zustehen. Dazu zählen Wälder, Weiden und Ödland, aber auch Wege und Brücken, sofern sie gemeinsam genutzt wurden. Das Recht der Nutzung hatten jedoch auch Könige und Fürsten, denen das Jagdrecht, der Holzeinschlag, die Wassernutzung und das Recht der Rodung zustanden.
Amphitheater. Theaterbau der Römer mit kreisförmiger Arena und rundum angeordneten Sitzreihen. Es diente der Veranstaltung von Tierhetzen und Gladiatorenkämpfen. Das größte Amphitheater ist das römische Kolosseum mit rund 50 000 Plätzen.
Antike. Die Zeit der griechisch-römischen Kultur im Altertum. Die Antike bildet zusammen mit dem Christentum die Grundlage der abendländischen Kultur.
Apostel (gr. = Sendbote). Bezeichnung der von Jesus zur Verkündigung des Christentums ausgewählten 12 Jünger. Sie genossen nach Jesu Tod bei der christlichen Urgemeinde hohes Ansehen und waren als Missionare tätig.
Aquädukt (lat. = Wasserleitung). Brückenartige Bauwerke der Römer zur Weiterleitung von Wasser, vorwiegend bei der Überwindung von Höhenunterschieden.
Archäologie. Wissenschaft, die aufgrund von Ausgrabungen und Bodenfunden alte Kulturen erforscht.
Archon. Nach Abschaffung des Königtums wurden in Athen jährlich neun Archonten als oberste Beamte gewählt. Die Bestellung durch das Los nahm dem Amt seit 487 v. Chr. seine Bedeutung.
Areopag (gr. = Areshügel). Sitz des gleichnamigen Rates in Athen, der während der Adelszeit die politischen Entscheidungen fällte und oberster Gerichtshof war. Ihm gehörten die ehemaligen Archonten an. Nach Einführung der Demokratie verblieb ihm lediglich die Blutgerichtsbarkeit.
Aristokratie (griech. = Herrschaft der Besten). Staatsform, wo im Unterschied zur Monarchie oder Demokratie ein bevorzugter Teil des Volkes herrscht. In der Regel handelt es sich dabei um eine privilegierte, oftmals grundbesitzende Adelsschicht, wie sie z. B. in der frühen römischen Republik herrschte.

Bischof. Amtsträger der christlichen Kirche, dem die Verwaltung eines bestimmten Gebietes (Bistum, Diözese) übertragen ist. Aufgrund seines Lehr-, Priester- und Hirtenamtes beaufsichtigt der Bischof das Gemeindeleben in seiner Diözese. Er gilt nach katholischer Lehre als Nachfolger der Apostel.
Bronzezeit. Epoche etwa zwischen 2500–800 v. Chr., in der sich die Verarbeitung von Bronze für Werkzeuge, Waffen und Schmuck durchsetzte. Die Technik entstand in Vorderasien und breitete sich seit etwa 1800 v. Chr. auch in Europa aus. Auf die Bronzezeit folgte die Eisenzeit.
Bürger. Wer an politischen Entscheidungen des Staates aktiv mitwirkte und das Bürgerrecht besaß, galt in der Antike als Bürger. In Griechenland vererbte sich das Bürgerrecht, konnte jedoch durch die Volksversammlung auch Fremden verliehen werden. Neben solchen Vollbürgern gab es auch Bürger mit eingeschränkten Rechten (z. B. Frauen). Römischer Bürger war man durch Geburt von römischen Eltern. Anfangs beschränkte sich das Bürgerrecht auf die Stadt Rom, wurde später auf die römischen Bundesgenossen übertragen und galt seit 212 n. Chr. für alle freien Reichsuntertanen.

Christentum. Eine der großen monotheistischen Weltreligionen. Gott gilt als Schöpfer der Welt und der Menschen. Die Vertreibung von Adam und Eva aus dem Paradies, die sich über ein Verbot Gottes hinweggesetzt hatten, ist Sinnbild für die Belastung des Menschen mit Sünden. Das Leben und Leiden von Jesus Christus verspricht den Menschen allerdings die Erlösung. Die Zehn Gebote bilden die Leitlinien für das Handeln des Einzelnen.
Christenverfolgung. Die Ausbreitung des Christentums im Römischen Reich stieß bei Teilen der nichtchristlichen und jüdischen Bevölkerung schon früh auf Widerstand. Nach Verfolgungen einzelner Christen und Christengemeinden im 1./2. Jh. kam es im 3. Jh. zu einer systematischen Christenverfolgung mit dem Ziel der Ausrottung. Die Christen galten als Staatsfeinde, da sie den Kaiserkult ablehnten und den offiziellen Göttern nicht opferten. Dahinter stand vor allem die Sorge der Kaiser um die Einheit des Reiches. Die Verfolgungen endeten erst mit dem Mailänder Toleranzedikt Kaiser Konstantins, das den Christen im Jahr 313 Religionsfreiheit gewährte.

Demokratie (gr. = Herrschaft des Volkes). Die Staatsform der Demokratie ist in Athen entstanden. Sie beruht auf der Gleichheit aller Bürger, die über politische Entscheidungen in der Volksversammlung – der höchsten demokratischen Einrichtung – abstimmen (direkte Demokratie). Dennoch herrschte in der athenischen Demokratie nur eine Minderheit, da breite Bevölkerungsschichten keine politischen Rechte besaßen (Frauen, Sklaven).
Diadochen (gr. = Nachfolger). Die Feldherrn Alexanders d. Gr., die sich nach seinem Tod das Weltreich unter sich aufteilten. So entstanden mehrere unabhängige Staaten mit griechischen Herrscherfamilien (z. B. Ägypten unter den Ptolemäern).
Diktator. Während der frühen römischen Republik konnte bei einem Staatsnotstand ein außerordentlicher Beamter als Diktator eingesetzt werden. Seine Ernennung erfolgte auf Vorschlag des Senats durch einen der zwei Konsuln für höchstens 6 Monate. Während dieser Amtszeit hatte er weitreichende Befugnisse, doch blieben die Magistrate als untergeordnete Instanzen bestehen. Unterschiedlich davon ist die Diktatur von Caesar, da er als unumschränkter Alleinherrscher ohne Begrenzung der Amtszeit regierte.
Dreifelderwirtschaft. Art der Bodenbewirtschaftung seit etwa 800 n. Chr. In jährlichem Wechsel wird 1/3 des Ackerlandes mit Wintergetreide bestellt, 1/3 mit Sommergetreide, 1/3 bleibt brach liegen, damit sich der Boden erholen kann.
Dreiteilung der Mittelmeerwelt. Nach dem Ende des Weströmischen Reiches um 500 n. Chr. im Zuge der Völkerwanderung entstanden in den nachfolgenden Jahrhunderten auf dem Gebiet des ehemaligen Imperium Romanum drei große Reiche: Der östliche Teil des Römischen Reiches mit der Hauptstadt Konstantinopel bestand als Byzantinisches Reich fort; der südliche Teil des Römischen Reiches wurde ab dem 7. Jahrhundert von arabischen Herrschern erobert; im westlichen Teil des Römischen Reiches kam es schließlich zur Reichsbildung der Franken.

Eisenzeit. Epoche etwa ab 1000 v. Chr. (in Europa), in der sich Eisen als Rohstoff für Waffen und Werkzeuge durchsetzte. Sie löste die Bronzezeit ab.

Faustkeil. Meist aus Feuerstein gefertigtes Werkzeug der Altsteinzeit. Er wurde mithilfe eines Schlagsteins kegelförmig zugeschlagen und zum Stoß in der Faust geführt.
Forum (lat. = Marktplatz). Das Forum war in allen römischen Städten Mittelpunkt des öffentlichen Lebens und Zentrum für die städtischen Behörden. Magistratsgebäude, Tempel, Wandelgänge und Markthallen umgaben den Platz. Nach dem Vorbild des Forum Romanum wurden auch die Foren in den Städten der Provinzen erbaut.
Frondienst (althochdt. frô = Herr). Der hörige oder leibeigene Bauer musste für seinen Grundherrn unbezahlte Arbeit leisten. Je nach seiner rechtlichen Stellung waren diese Arbeiten nach Anzahl der Tage, Zeit, Ort und Art festgelegt. Zu den Frondiensten zählten besonders Bodenbestellung, Fuhrdienste sowie Burg-, Haus-, und Straßenbau.

Geld/Geldwirtschaft. Nach dem Zerfall des römischen Münzwesens war das Geld bis ins 12. Jh. kaum gebräuchlich. Das Wirtschaftsleben bestand zumeist im Tausch von Ware gegen Ware. Die Geldwirtschaft blühte seit den Kreuzzügen zuerst in den norditalienischen Städten wieder auf, wo auch das moderne Bankwesen entstand.
Getto. Der Name stammt angeblich von einer Insel in Venedig, die 1516 von der Stadtverwaltung zum einzigen Wohnort der jüdischen Gemeinde bestimmt wurde. Seither bezeichnet man alle behördlich erzwungenen jüdischen Wohnviertel oder von Juden bewohnten Gassen als Getto. Die räumliche Absonderung der jüdischen Bevölkerung wurde bereits im 12. Jh. von der Kirche gefordert und setzte sich später vielfach durch. So gab es in Deutschland z.B. Gettos in Köln, Worms oder Regensburg.
Gladiator (von lat. gladius = Schwert). Berufsmäßige Kämpfer und Fechter, die in Rom zur Unterhaltung des Volkes auftraten. Bei den Gladiatorenspielen wurde auf Leben und Tod gekämpft. Die Gladiatoren waren Sklaven, Kriegsgefangene oder Verbrecher, doch gab es auch Angeworbene. Die Ausbildung erfolgte in Gladiatorenschulen.
Goldene Bulle (lat. Bulla = Kapsel). Eine Bulle ist das in eine Kapsel eingeschlossene Siegel einer Urkunde. Im Abendland benutzten Herrscher und Päpste bei besonders wichtigen Urkunden Gold- und Silberbullen. Seit dem 13. Jh. bezeichnet man die gesiegelte Urkunde selbst als Bulle. Die 1356 von Kaiser Karl IV. erlassene Goldene Bulle bestimmte endgültig allein die sieben Kurfürsten zur Königswahl und legte ein Mehrheitswahlrecht fest. Weiterhin bestimmte sie die Unteilbarkeit der Kurländer sowie das Erstgeburtsrecht bei der Erbfolge.
Graf. Stellvertreter des Königs in einem bestimmten Gebiet mit dem Auftrag, den Frieden zu sichern und die Finanzen, d.h. die Zölle, zu verwalten. In der Karolingerzeit wuchs seine Bedeutung, da der Graf das Heeresaufgebot befehligte. Außerdem übte er im Namen des Königs die hohe Gerichtsbarkeit aus. Karl der Große hatte das Amt noch an Unfreie gegeben, doch bald wurde es in den vornehmen Familien erblich. Seit dem 12. Jh. machten einige Grafen ihr Herrschaftsgebiet zu selbstständigen Territorien und wurden zu Landesherren.
Grundherrschaft. Herrschaft über das Land und die darauf lebenden Menschen. Adelige, auch Klöster, gaben an meist unfreie Bauern (Hörige, Leibeigenschaft) Land zur Bewirtschaftung und gewährten den Bauern Schutz. Dafür leisteten diese Abgaben und Frondienste. Der Grundherr verfügte über die niedere Gerichtsbarkeit und verurteilte leichtere Vergehen; damit war er ein Teil der Obrigkeit. Die Grundherrschaft formte die europäische Wirtschaft und Gesellschaft über Jahrhunderte, in Deutschland bis zum Beginn des 19. Jh.

Hanse (althochdt. = bewaffnete Schar). Zusammenschluss deutscher Kaufleute (= Gilde) zur Sicherung ihrer Handelsinteressen im Ausland. Die seit 1358 im lockeren Bund organisierten Handelsstädte bauten den Nord- und Ostseebereich als Wirtschaftsraum aus und verfügten über eine Vormachtstellung in Nordeuropa. Seit Ende des 15. Jh. wurde die Hanse von aufkommenden Nationalstaaten und den deutschen Landesfürsten (Territorialstaaten) entmachtet und wirtschaftlich durch den Atlantikhandel verdrängt.
Hellenismus. Eine von Alexander d. Gr. eingeleitete Epoche, in der sich die griechische Kultur im gesamten Mittelmeerraum und bis in den Orient ausbreitete. Die Aufnahme orientalischer Elemente führte zu einer Mischkultur, in der das Griechische jedoch bestimmend blieb.
Heloten. Die von den Spartanern nach ihrer Einwanderung in Lakonien versklavte Vorbevölkerung. Sie gehörten dem Staat, mussten mit ihren Familien das Land der spartanischen Herren bebauen und die Hälfte des Ertrages abliefern. Mehrere Helotenaufstände erschütterten immer wieder den spartanischen Staat.
Herzog. Bei den Germanen der oberste gewählte Heerführer eines Stammes. Diese Stammesherzöge erlangten eine vom König fast unabhängige erbliche Macht. Sie lenkten ihre Herzogtümer Bayern, Schwaben, Sachsen, Franken und Lothringen als Kriegsherren und Friedenssicherer, als Richter und Gesetzgeber. Die Stammesherzöge wählten 919 den Sachsenherzog Heinrich zum König und gründeten damit das mittelalterliche Deutsche Reich. Seit dem 12. Jh. zerfielen die Stammesherzogtümer in zahlreiche fest umrissene Gebiete (Territorien), deren Einheit nicht mehr durch einen Stamm, sondern durch die Herrschaft des Landesherrn gebildet wurde.
Hieroglyphen (gr. = heilige Zeichen). Die Bilderschrift der alten Ägypter, die neben Zeichen für Begriffe auch Silben- und Konsonantenzeichen enthielt. Die Entzifferung gelang dem französischen Gelehrten Champollion.
Hochkultur. Wenn menschliche Gruppen in einer bestimmten Region typische Lebensformen entwickeln, spricht man von einer Kultur. Erkennbar ist sie anhand ihrer materiellen und geistigen Schöpfungen: Geräte, Waffen, Kleidung, Kunstwerke, Siedlungen, Bestattungsarten, Religion, Formen des Zusammenlebens. – Seit etwa 3000 v.Chr. entstanden mit Ägypten und den sumerischen Stadtstaaten die ersten Hochkulturen. Ihre Kennzeichen sind zentrale Verwaltung, Schrift, städtische Lebensformen sowie ein gegliedertes Gesellschaftssystem mit Arbeitsteilung.
Höriger. Ein Bauer, dem ein Grundherr Land gegen Abgaben und Frondienste leiht. Hörigkeit war eine Form der dinglichen Abhängigkeit. Der Hörige bearbeitete den Boden selbstständig, war aber an ihn gebunden; das galt auch für seine Kinder und für den Fall, dass das Land verkauft wurde. Oft wurden Freie durch Schuldknechtschaft zu Hörigen oder sie unterstellten sich freiwillig dem Schutz eines Grundherrn, da sie den Kriegsdienst nicht mehr leisten konnten.
Hoplit. Schwer bewaffneter griechischer Fußsoldat, der in geschlossener Formation (Phalanx) kämpfte. Hopliten mussten das Bürgerrecht besitzen und für ihre Ausrüstung selbst aufkommen.
Hunnen. Nomadisches Reitervolk aus Innerasien, das im 4. Jh. n.Chr. aus den Steppen Südrusslands nach Westen vordrang und die germanische Völkerwanderung auslöste. Als Attila 434 König der Hunnen wurde, beherrschten sie weite Teile Europas zwischen Donau und Ostsee, Rhein und Ukraine. Von dort unternahmen sie Plünderungszüge und erhielten riesige Tributzahlungen. 451 erlitten die Hunnen auf den Katalaunischen Feldern eine verheerende Niederlage gegen ein Bündnis germanischer Stämme unter Führung des Römers Aetius. Danach zerfiel das Hunnenreich rasch.

Ilias. Neben der Odyssee die älteste überlieferte griechische Dichtung in Versform (Epos). Beide entstanden vermutlich im 8. Jahrhundert v. Chr. an der Westküste Kleinasiens und werden dem Dichter Homer zugeschrieben. In der Ilias wird der Endkampf um Troja geschildert, der vermutlich um 1200 v. Chr. stattfand.
Investiturstreit (lat. investire = bekleiden). Investitur ist die Einsetzung eines Bischofs oder Abts in sein geistliches Amt und zugleich die Übertragung von weltlichen Herrschaftsrechten. Als Zeichen der geistlichen Würde übergab der König Ring und Hirtenstab. Diese Mitwirkung eines Laien, selbst des Königs, wollten die Vertreter der Kirchenreform nicht länger dulden. Es folgte der so genannte Investiturstreit, der die religiösen und politischen Grundlagen des Mittelalters erschütterte. Papst und König setzten sich im Jahre 1076 gegenseitig ab und bannten sich. Ein Kompromiss konnte erst 1122 mit dem Wormser Konkordat erreicht werden.

Islam (arab. = Unterwerfung unter Gott). Eine der großen Weltreligionen, die der Prophet Mohammed im 7. Jh. begründete. Seine Anhänger, die Muslime, bekennen sich zu einem einzigen Gott (Allah) und betrachten den Koran, das heilige Buch, als Glaubens- und Lebensgrundlage. Die Ausdehnung des islamischen Herrschaftsbereichs führte zur Verbreitung der Religion in Asien, Afrika und Europa.
Israel (hebräisch = „für den Gott streitet"). Nach der Überlieferung des Alten Testaments erhielt Jakob – einer der legendären Stammväter seines Volks – den Ehrennamen „Israel". Dieser Name ging auf alle Stämme des Volks über, das sich nach ihm „Kinder Israels" oder „Israeliten" nannte. Als das Reich Israel im 6 Jh. v. Chr. vernichtet wurde, bewahrte allein der Stamm Juda die alte Tradition. Von ihm leitet sich der Name Juden ab, der zur neuen Volksbezeichnung wurde.

Judentum. Juden sind Angehörige des jüdischen Volkes und der jüdischen Religion. In ihrer Frühzeit durchzogen sie als Nomadenstämme Vorderasien und siedelten ab etwa 1250 v. Chr. in Palästina. Dort gründeten sie um 1000 v. Chr. ein Reich mit der Hauptstadt Jerusalem. Es zerfiel später in die Staaten Juda und Israel. Die Eroberung Jerusalems durch die Römer 70 n. Chr. zerstörte den jüdischen Staat. Es kam zur Zerstreuung der Juden in alle Länder.

Kaiser. Die Herrscher des antiken Römischen Reiches führten den Beinamen „Ceasar", aus dem das Lehnwort „Kaiser" hervorging. Die Kaiserkrönung Karls des Großen im Jahre 800 setzte diese Tradition im Abendland fort. Mit ihr verband sich die Idee eines geeinten christlichen Weltreichs, dessen Herrscher als Beauftragte Gottes regierten. Als Otto I. 962 das Kaisertum erneuerte, ging der Kaisertitel auf die deutschen Könige über. Die Kaiserwürde war lange Zeit mit der Krönung durch den Papst in Rom verbunden. Diese Tradition endete 1508, als die deutschen Könige nach ihrer Wahl in Frankfurt und der Krönung in Aachen sogleich den Titel „Erwählter Römischer Kaiser" annahmen. Wahl und Krönungsort wurde seit 1562 allein Frankfurt.
Kaiserzeit. Nach Caesars Ermordung führte dessen Adoptivsohn Oktavian, mit dem das römische Kaisertum beginnt, den Beinamen „Caesar". Daraus ging unser Lehnwort „Kaiser" hervor. Zugleich wurde Oktavian der Ehrentitel „Augustus" (= der Erhabene) verliehen. Seither führten alle Herrscher des Römischen Reichs die Kaisertitel Caesar, Augustus und Imperator. Nach dem Sieg des Christentums verstanden sich die römischen Kaiser als Weltenherrscher, die im Auftrag Gottes regierten.
Kalender. Um den Zeitpunkt der jährlichen Nilüberschwemmungen exakt zu berechnen, ersannen die Ägypter ein System der Zeitrechnung: den Kalender. Aus astronomischen Berechnungen ermittelten sie ein Kalenderjahr von 365 Tagen, das sie in drei Jahreszeiten einteilten: Überschwemmung, Aussaat, Ernte. Jede Jahreszeit umfasste 4 Monate zu 30 Tagen; hinzu kamen 5 Zusatztage, die sich am Ende des Jahres befanden, sowie Schalttage.
Kalif. Bezeichnung der Nachfolger bzw. Stellvertreter (= arab. chalifa) des Propheten Mohammed. Der Kalif war geistliches Oberhaupt aller Muslime und weltlicher Herrscher des islamischen Reiches. Nach dem Zerfall der politischen Einheit beanspruchten Herrscher mehrerer islamischer Staaten die Kalifenwürde, erlangten aber keine allgemeine Anerkennung.
Kelten. Volksstamm, der zwischen 800 v. Chr. und Christi Geburt weite Teile Europas beherrschte. Ihr Ursprungsgebiet erstreckte sich über Ostfrankreich, Süddeutschland und Böhmen. Metallverarbeitung und Kunsthandwerk standen bei ihnen in hoher Blüte. Unter ihren Fürsten lebten sie in befestigten Siedlungen, die häufig auf Bergeshöhen lagen. Das Vordringen der Römer und Germanen vernichtete die Macht der Kelten. Reste des keltischen Volkstums finden sich z. B. in Irland, Wales und der Bretagne.
Klient. Die meisten Römer waren in republikanischer Zeit Klienten (Schutzbefohlene) eines einflussreichen adligen Patrons (Schutzherr). Sie unterstützten dessen politische Absichten, traten bei Wahlen für ihn ein und bildeten seine Anhängerschaft. Für diese Treue schuldete der Patron dem Klienten Schutz und Hilfe in allen Nöten und vertrat seine Interessen vor Gericht. Dieses Schutz- und Treueverhältnis (Klientel) stützte den Einfluss adliger Politiker und brachte armen Bürgern manche Vorteile.
Kloster (lat. claustrum = abgeschlossen). Durch eine Mauer von der Welt abgetrennter Lebensraum von Mönchen oder Nonnen. Sie haben das Gelübde abgelegt, in Armut, Gehorsam und Ehelosigkeit ihr Leben im Dienst Gottes zu führen. Die Leitung hat ein Abt oder Prior. Benedikt von Nursia gab um 530 den zahlreichen abendländischen Klöstern einen klaren Aufbau und strenge Regeln, die jahrhundertlang gültig blieben.
Kolonisation. Im Altertum kolonisierten besonders Phöniker, Griechen und Römer durch Neugründung von Städten in fremden Gebieten. Landmangel und Übervölkerung führten im 8.–6. Jh. v. Chr. zur Besiedlung der Mittelmeerküsten durch die Griechen. Die dort gegründeten Kolonien waren von ihren Mutterstädten unabhängig, blieben jedoch durch geistige und oftmals wirtschaftliche Bande mit ihnen verbunden. Die römischen Kolonien dienten der militärischen Sicherung eroberter Gebiete. In ihnen wurden häufig ausgediente Soldaten (Veteranen) angesiedelt.
Konsul. Titel der zwei höchsten Beamten der römischen Republik, die für ein Jahr gewählt wurden. Anfangs stand das Amt nur Patriziern offen, seit 367 v. Chr. auch Plebejern. Die Konsuln führten die Regierungsgeschäfte, beaufsichtigten die Militär- und Zivilverwaltung, beriefen Senat und Volksversammlung ein und hatten im Krieg den Oberbefehl. Das Amt verlor in der Kaiserzeit seine Bedeutung.
Koran. Das heilige Buch des Islam, das die von Mohammed verkündeten Offenbarungen Allahs enthält. Er ist in 114 Kapitel (Suren) gegliedert, die Weissagungen, Belehrungen, Predigten und Prophetenerzählungen enthalten. Der Koran ist für die islamische Welt zugleich Gesetzbuch und religiöses Lehrwerk.
Kreuzzug/Kreuzzüge. Kriegszüge der abendländischen Christenheit zwischen 1096 und 1291 zur Befreiung des Heiligen Landes von der Herrschaft des Islam. Die Kreuzritter haben ihr Ziel nicht erreicht. Der Kontakt mit der islamischen Welt brachte aber neue Kenntnisse und Gedanken nach Europa. Der Begriff umfasst auch die Kriege, zu denen die Kirche im Mittelalter gegen Heiden oder Ketzer aufrief.
Kurfürst (althochdt. kuri = Wahl). Ein Fürst, der das Recht hat, den Herrscher zu wählen. Allmählich erlangte im Deutschen Reich eine Gruppe von sieben Fürsten dieses Privileg und bildete so die Spitze des Hochadels. Es waren die Erzbischöfe von Mainz, Köln und Trier, der Pfalzgraf bei Rhein, der Herzog von Sachsen, der Markgraf von Brandenburg und der König von Böhmen. Die Goldene Bulle von 1356 bestimmte endgültig allein diese Kurfürsten zur Königswahl und legte ein Mehrheitswahlrecht fest. Weiterhin bestimmte sie die Unteilbarkeit der Kurländer sowie das Erstgeburtsrecht bei der Erbfolge.

Landesherr. Inhaber der obersten Gewalt in einem fest umrissenen Gebiet (Territorium). Ursprünglich waren im Mittelalter die Besitzrechte des Adels zersplittert und seine Besitzungen weit zerstreut. Seit dem 12. Jh. versuchte der Adel jedoch, Besitzungen und Herrschaftsrechte zusammenzufassen, andere Herren zu verdrängen oder zu unterwerfen und ein geschlossenes Territorium aufzubauen. In diesem Territorium unterstanden nun alle Einwohner allein der Gewalt des Landesherrn (z. B. Herzog, Graf), der seine Regierung durch eine einheitliche Verwaltungs- und Gerichtsorganisation wirksam verstärkte. Die Bildung der Landesherrschaften führte allerdings zur Schwächung des Königtums.
Legion. Größter Verband des römischen Heeres. Sie hatte zur Zeit Caesars eine Stärke von etwa 6000 Soldaten, untergliedert in 10 Kohorten.
Lehnswesen. Es entstand im 8. Jh. im Frankenreich und bildete die Grundlage der politisch-gesellschaftlichen Ordnung des Mittelalters. Der König (Lehnsherr) verlieh seinen Gefolgsmännern Land und Leute als Lehen. Dafür schuldete der Lehnsmann (Vasall) seinem Lehnsherrn lebenslange Treue, Gefolgschaft und Waffendienst. Mächtige Lehnsleute verliehen Grundbesitz an Untervasallen weiter. Da Lehen frühzeitig erblich wurden, erlangten die Lehnsleute eine starke Machtposition gegenüber dem König. Das führte in

Deutschland zu einer Schwächung der zentralen Staatsgewalt.

Limes. Befestigte Grenzlinie des Römischen Reiches. Umfangreiche Grenzbefestigungen entstanden besonders in Britannien, an Rhein und Donau, in Dakien und Nordafrika.

Magistrat. Bezeichnung der durch Wahl berufenen Beamten im römischen Staat und des Amtes selbst. Die Magistrate übten ihr Amt ehrenhalber und unentgeltlich aus. Für sie galt der Grundsatz der Annuität (einjährige Amtszeit) und Kollegialität (Besetzung eines Amtes mit mehreren Beamten). Die Magistrate konnten nach Ablauf ihrer Amtszeit einen Sitz im Senat einnehmen. In der Kaiserzeit verloren die Magistrate ihre Bedeutung.

Metöken (gr. = Mitbewohner). Name der freien Bewohner Athens, die keine attischen Bürger waren. Gegenüber anderen Fremden genossen sie bestimmte Vorrechte und waren, da ihnen Landbesitz verwehrt war, vorwiegend im Handel und Handwerk tätig.

Monarchie. Im Gegensatz zur Aristokratie und Demokratie die Herrschaft eines Einzelnen im Staat. Entscheidend ist dabei die Rechtmäßigkeit der Herrschaft entweder durch Wahl oder Erbrecht. Die Regierungszeit eines Monarchen ist in der Regel unbeschränkt.

Ministeriale (= Dienstleute) weltliche oder geistliche Herren beauftragen Ministeriale mit Hof- und Kriegsdiensten oder mit der Verwaltung ihrer Besitzungen. Die Könige nahmen für solche Aufgaben oft Unfreie, da sie ihnen treuer ergeben waren als die selbstbewussten großen Adligen. Die Stauferherrscher versuchten sogar – allerdings erfolglos – mithilfe der Ministerialen eine Reichsverwaltung aufzubauen und die Macht des hohen Adels zu brechen. Die Ministerialen glichen sich allmählich dem Adel an und stiegen in den Ritterstand auf.

Mittelalter. Das Mittelalter bezeichnet den Zeitraum zwischen der Antike und der Neuzeit, umfasst also den Zeitraum von etwa 500 bis 1500 n. Chr. Der Anfang und das Ende werden jeweils von bedeutenden Ereignissen, wie zum Beispiel dem Untergang des Weströmischen Reiches 476 n. Chr. oder der Entdeckung Amerikas durch Christoph Kolumbus 1492 markiert. Allerdings ist mit fließenden Übergängen zwischen den Epochen zu rechnen.

Mönchtum. Das christliche Mönchtum wurzelt in der Absage an die Welt und der Hinwendung zu Gott. Erste Mönche waren Einsiedler, die im 4. Jahrhundert n. Chr. Familie und Beruf verließen, um allein an unwirtlichen Orten zu leben. Der Zusammenschluss mehrerer Mönche oder Nonnen zu einer Gesellschaft, die nach bestimmten Regeln lebte, erfolgte im Kloster. Für das westliche Mönchtum wurde die Regel des Benedikt von Nursia aus dem 6. Jahrhundert n. Chr. wegweisend. Grundregeln sind Armut, Gehorsam und sexuelle Enthaltsamkeit.

Monotheismus (gr. mono = Allein; Theismus = Gottesglaube). Der Glaube an einen einzigen Gott. In der vom Polytheismus geprägten Zeit der Hochkulturen und der Antike waren zuerst das Judentum, dann das Christentum die einzigen monotheistischen Religionen.

Neandertaler. Menschengruppe der Altsteinzeit (Steinzeit), benannt nach Skelettresten, die der Forscher J.C. Fuhlrott 1856 im Neandertal bei Düsseldorf entdeckte. Der Neandertaler zählt zu den Altmenschen und tritt mit ersten Vorläufern vermutlich um 250 000 v. Chr. auf. Den klassischen Neandertaler gibt es seit etwa 100 000 v. Chr. mit Fundresten vor allem in Europa. Besondere Kennzeichen sind ein robuster Körperbau, eine fliehende Stirn, kräftige Überaugenwülste sowie ein weit nach vorn gerücktes Gebiss. Die Gründe für ihr Aussterben um 35 000 v. Chr. sind umstritten, werden aber häufig mit der verstärkten Ausbreitung der eiszeitlichen Jetztmenschen in Verbindung gebracht.

Nilschwelle. Bezeichnung für die jährliche Nilflut, die seit der Pharaonenzeit das landwirtschaftliche Jahr in Ägypten bestimmt.

Nobilität (lat. nobilis = edel). Als nach den Ständekämpfen in Rom auch Plebejern höchste Ämter offenstanden, verschmolzen die führenden Plebejerfamilien mit den alten Patriziergeschlechtern allmählich zu einer neuen Oberschicht: der Nobilität. Die Bekleidung eines Staatsamtes wurde nun zum Merkmal des hohen Adels und die Nobilität bestimmte maßgeblich die römische Politik.

Orthodoxe Kirche. Bereits zur Zeit des Römischen Reiches brachen Gegensätze zwischen den christlichen Kirchen des Westens und Ostens auf. Sie betrafen zunächst unterschiedliche Auffassungen vom Wesen des Christentums, später den vom römischen Papst beanspruchten Vorrang (Primat) in der Gesamtkirche. Die Kaiserkrönung Karls des Großen durch den Papst verschärfte die Situation, da nun ein zweites Kaiserreich neben Byzanz (Ostrom) entstand. 1054 kam es zur endgültigen Spaltung der Kirchen. Nach dem Untergang der byzantinischen Reichskirche entwickelten sich mehrere voneinander unabhängige Landeskirchen, die sich als „orthodox“ (gr. = rechtgläubig) bezeichneten (z. B. griechisch-orthodox, russisch-orthodox usw.).

Ostrom. 330 n. Chr. beendete Kaiser Konstantin I. den Ausbau von Byzanz und machte es als Konstantinopel zur zweiten Hauptstadt des Römischen Reichs. Damit verlagerte er das Schwergewicht stärker nach Osten und 395 kam es zur endgültigen Trennung beider Reichshälften. Damit entstand ein griechisch geprägtes Oströmisches Reich und ein lateinisches Westrom. Nach dem Untergang Westroms im Jahr 476 bestand die östliche Reichshälfte fort und erlebte unter Kaiser Justinian I. (527–565) eine Blüte. Erst die Türken versetzten dem Byzantinischen Reich, wie der Staat später hieß, mit der Eroberung Konstantinopels im Jahr 1453 den Todesstoß.

Papst (aus lat. papa = Vater). Die Bischöfe von Rom betrachteten sich als Nachfolger des Apostel Petrus und beanspruchten daher schon früh eine Vorrangstellung in der Gesamtkirche. Dieser Anspruch wurde auf dem Konzil von Nicäa, das Kaiser Konstantin 325 einberufen hatte, von den Bischöfen des lateinischen Westens anerkannt. Die Bischöfe des griechischen Ostens erkannten den Vorrang (Primat) Roms jedoch nicht an, was später zur Abspaltung der Orthodoxen Kirche führte. Den Ehrentitel „papa“, der ursprünglich allen Bischöfen zustand, führte seit dem 5. Jh. allein der römische Bischof.

Papyrus (plur. Papyri). Grasartige Pflanze, die in den Sümpfen des Nil wuchs. Sie lieferte im Alten Ägypten das Rohmaterial für die Herstellung des Schriftträgers Papyrus. Das in Streifen zerschnittene Mark der Pflanze wurde nebeneinander gelegt und mit einer zweiten, rechtwinklig darüber gebreiteten Schicht durch Klopfen und Pressen verbunden. Die Pflanze enthält genügend Bindemittel, sodass Klebstoffe nicht erforderlich waren. Die ältesten Papyri stammen aus dem 3. Jahrtausend v. Chr.

Parlament (mittelat. Parlamentum = Besprechung). Das englische Parlament entwickelte sich aus den Beratungen am königlichen Hof. Dort kamen die Angehörigen des Hofes mit hohen geistlichen und weltlichen Adligen sowie den Vertretern der Grafschaften (Gentry, niedriger Adel) zusammen. Unter dem schwachen König Johann „Ohneland“ erstarkte das Parlament (Magna Charta Libertatum). Im 14. Jh. teilte es sich in das Oberhaus („House of Lords“ – hoher Adel und hohe Geistlichkeit) und das Unterhaus („House of Commons“ – gewählte Vertreter von Gentry und Bürgertum). In den Revolutionen des 17. Jh. besiegte das Parlament die Könige und vereitelte ihre Versuche, den Absolutismus in England einzuführen.

Patrizier (lat. patres = Väter). In der Frühzeit der römischen Republik die alten Adelsfamilien, die die politische Führung bildeten und den Senat stellten. Nach den Ständekämpfen wuchsen sie mit der Führungsschicht der Plebejer zur Nobilität zusammen.

Pfalz (lat. palatium = Palast). Das Frankenreich und das Deutsche Reich des Mittelalters kannten keine Hauptstadt. Der Herrscher reiste mit seinem Hofstaat, seiner Familie, seinen Beamten und Priestern durch sein Herrschaftsgebiet. Auf den Pfalzen, die im ganzen Reichsgebiet verstreut lagen, übte er seine Herrschaft an Ort und Stelle persönlich aus.

Phalanx. Dicht geschlossene Schlachtlinie der schwer bewaffneten griechischen Fußsoldaten (Hopliten).

Pharao (ägypt. = Großes Haus). Die Bezeichnung des ägyptischen Herrschers. Der Name wurde ursprünglich nur für den königlichen Palast gebraucht und ging später auf den König selbst über.

Plebejer. In der Frühzeit der römischen Republik die große Masse der Bürger ganz unterschiedlicher Herkunft, die von der Staatsführung ausgeschlossen waren. Im Kampf gegen die regierenden Patrizier erlangten sie schließlich die politische Gleichberechtigung, und führenden Plebejerfamilien gelang der Aufstieg in den Adel (Nobilität). Die Gleichsetzung des Begriffs Plebejer mit der sozialen Unterschicht wurde erst in der Kaiserzeit üblich.

Polis. Im antiken Griechenland eine Stadt einschließlich des umliegenden Landgebietes. Die Polis (Mz. = Poleis) war politischer und religiöser Mittelpunkt ihres Gebietes und Tagungsort des Rates und der Volksversammlung. Man spricht daher auch von einem Stadtstaat, obwohl viele Poleis kaum die Größe eines Dorfes überschritten. Da jede Polis auf politische Selbstständigkeit und wirtschaftliche Unabhängigkeit bedacht war, kam es zu keinem einheitlichen griechischen Staat.

Polytheismus (gr. poly = viel; Theismus = Gottesglaube). Religion, in der eine Vielzahl von Gottheiten verehrt werden, die nach der Vorstellung der Menschen jeweils verschiedene Wirkungsbereiche hatten. Die Glaubensvorstellungen der alten Ägypter, der Griechen und der Römer war polytheistisch (Monotheismus).

Prätor (lat. = der Vorangehende). Ursprünglich war der Prätor wohl Heerführer des römischen Königs, doch wandelte sich sein Aufgabenbereich zur Zeit der Republik. Seit 367 v. Chr. waren Prätoren für die römische Gerichtsbarkeit zuständig und nach den Konsuln die ranghöchsten Magistrate. Die Ausdehnung des römischen Staates führte zur Einsetzung eines zusätzlichen Fremden-Prätors, der für Prozesse mit Nichtbürgern verantwortlich war. Nach Ablauf ihres Amtsjahres erhielten Prätoren eine Position als Provinzstatthalter und nahmen danach einen Sitz im Senat ein.

Prinzipat. Der römische Kaiser Augustus nannte sich Princeps (= der Erste) um seine Stellung im Staat von Königtum und Diktatur abzugrenzen. Tatsächlich besaß er jedoch die alleinige Macht, obwohl die republikanischen Einrichtungen unter ihm fortbestanden. Diese neue monarchische Staatsform, mit der das römische Kaisertum beginnt, wird als Prinzipat bezeichnet.

Proletarier. Bezeichnung für die besitzlose Schicht römischer Bürger, die lediglich über eine Nachkommenschaft (lat. = proles) verfügten. Sie mussten keine Steuern zahlen und bis ins 1. Jh. v. Chr. auch keinen Militärdienst leisten. Die Proletarier entstammten dem verarmten Bauernstand sowie der Unterschicht der römischen Stadtbevölkerung.

Provinz. Die von Rom erworbenen Gebiete außerhalb Italiens hießen Provinzen. Sie erhielten ein auf ihre politischen und kulturellen Verhältnisse abgestimmtes Provinzrecht (lex provincialis) und wurden von Statthaltern verwaltet. Die Provinzbewohner galten als Untertanen ohne römisches Bürgerrecht (Bürger) und hatten Steuern und Tribute zu entrichten. Unter Kaiser Augustus wurde die Provinzialverwaltung reformiert. Es entstanden Provinziallandtage mit Beschwerderecht beim Kaiser und verschiedene Gesetze, die sich gegen die Ausbeutung der Provinzialen richteten.

Quästor (lat. = der Untersucher). Zur Zeit der römischen Republik waren die Quästoren für das Finanzwesen, die Verwaltung der Staatskasse und den Einzug der Steuern verantwortlich. Mit der Ausdehnung des römischen Staates traten weitere Quästoren hinzu, die ihr Amt in den Provinzen als Gehilfen der Statthalter ausübten. Die Quästoren waren Jahresbeamte und nahmen innerhalb der Magistrate die unterste Rangstufe ein.

Quelle. Überlieferung, aus der Informationen über die Vergangenheit ermittelt werden können. Es werden verschiedene Quellenarten unterschieden: Schriftliche Quellen (z. B. Papyrus- und Pergamenthandschriften, Inschriften, Briefe oder Verträge), gegenständliche Quellen (z. B. Gebrauchsgegenstände oder Bauwerke), Bildquellen (z. B. Gemälde, Fotos oder historische Karten) sowie mündliche Quellen (z. B. Augenzeugenberichte).

Rat der Fünfhundert. Wichtiges Staatsorgan der athenischen Demokratie, das von Kleisthenes begründet wurde. Der Rat hatte 500 Mitglieder, die jährlich durch das Los bestellt wurden. Ratsfähig war jeder Bürger Athens. Ein Gremium von 50 Ratsherren führte für jeweils 36 Tage die Regierungsgeschäfte. Der Rat bereitete die Sitzungen der Volksversammlung vor, überwachte die gesamte Verwaltung und leitete die Außenpolitik.

Reichskirchensystem. Die ottonischen und salischen Könige setzten Bischöfe und Äbte in hohe Staatsämter ein und übertrugen ihnen große Besitzungen. Durch diese Maßnahme wollten sie dem Machtanspruch der Stammesherzöge begegnen, die sich gegen die zentrale Reichsgewalt auflehnten. Die Reichskirche wurde auf diese Weise zur wichtigsten Stütze des Königtums, bildete ein Gegengewicht zu den Herzögen und war Verfechterin der Reichseinheit. Erst der Investiturstreit stellte dieses System in Frage, da dem König die Investitur von Bischöfen entzogen wurde.

Reichsstadt. Städte, die auf Königs- oder Reichsgut lagen und dem König bzw. Kaiser unmittelbar unterstanden (reichsunmittelbare Städte). Sie waren nur ihm zu Abgaben und Diensten verpflichtet und hatten keinen anderen Landesherren über sich (Territorialstaat).

Reichsstände. Politische Mächte im Deutschen Reich, die Sitz und Stimme im Reichstag besaßen. Hierzu zählten die geistlichen Reichsstände (z. B. Bischöfe, Äbte), die weltlichen Reichsstände (Herzöge, Grafen) sowie die Reichsstädte. Im Reichstag, den der König einberief, gliederten sich diese Reichsstände seit 1489 in drei Gruppen (Kurien) auf: Kurfürstenrat, Fürstenrat und Reichsstädte. Das Stimmrecht dieser Kurien war unterschiedlich geregelt.

Republik (aus lat. res publica = öffentliche Angelegenheit). Staatsform, in der das Volk oder eine bestimmte Schicht des Volkes (z. B. der Adel) die Macht ausübt. So war z. B. das antike Athen eine demokratische Republik. Die römische Republik hingegen, die von adligen Patriziern beherrscht wurde, war eine aristokratische Republik (Aristokratie).

Ritter (aus mittelhd. riter = Reiter). Um die Beweglichkeit der Fußheere zu erhöhen, setzten die Karolinger im 8. Jh. berittene Krieger ein, die in schwerer Rüstung zu Fuß kämpften. Aufgrund der kostspieligen Ausrüstung war jedoch nur der begünstigte Adel in der Lage, den Ritterdienst zu leisten. Als Besoldung teilte der Lehnsherr ein Ritterlehen aus, das zu vollem Kriegsdienst verpflichtete (Lehnswesen). Die Abgaben und Dienste der hörigen Bauern, die auf diesem Lehen wohnten, sicherten die Existenz des Ritters. Da die Lehen bald erblich wurden, entwickelten sich die Ritter zu einem eigenen Stand (Ständewesen) mit besonderen Lebensformen und einer höfischen Kultur. Sie fand ihren Niederschlag in der Ausbildung ritterlicher Tugenden (Treue, Tapferkeit, christlicher Lebenswandel), im höfischen Minnesang, in der Ritterdichtung und im Turnier- und Fehdewesen.

Romanisierung. Die Beeinflussung und Durchdringung eines Volkes mit der römischen Kultur und der lateinischen Sprache zur Zeit des Römischen Reiches.

Scherbengericht (Ostrakismos; von gr. ostrakon = Tonscherbe). Sobald ein Bürger Athens im Verdacht stand, die Demokratie zu gefährden, konnte er durch ein Scherbengericht aus der Polis verbannt werden. Am Ostrakismos, den zuvor die Volksversammlung zu beschließen hatte, mussten mindestens 6000 Bürger teilnehmen. Zur Abstimmung schrieben sie den Namen der Person, die sie zu verbannen wünschten, auf eine Tonscherbe. Wer die meisten Stimmen erhielt, musste das Land für 10 Jahre verlassen. Der Verbannte behielt alle bürgerlichen Rechte und Ehren sowie sein Eigentum. Das Scherbengericht war somit keine Strafe für eine Verfehlung, sondern diente der Stabilität der Polis bei innenpolitischen Auseinandersetzungen.

Senat. Ursprünglich „Rat der Alten“, in den zur Zeit der römischen Republik vor allem ehemalige Magistrate auf Lebenszeit aufgenommen wurden. Aufgrund der Autorität und Erfahrung seiner Senatoren lenkte der Senat praktisch den Staat, obwohl seine Aufgaben gesetzlich nirgends festgelegt waren. Besonders im Gegensatz zu den jährlich wechselnden Beamten garantierte er eine kontinuierliche Staatsführung, bestimmte die Außenpolitik und beanspruchte ein Aufsichtsrecht über die staatliche Ordnung.

Sklaventum. Den Ursprung der Sklaverei bilden menschliche Notlagen wie Krieg,

Raub und Verschuldung. Der Sklave war frei verfügbares Eigentum seines Herrn und vererbte diesen Status auf seine Nachkommen. Sklaverei war bei den Völkern des Altertums weit verbreitet, und wir finden Sklaven im Bergbau und Handwerk, im Haushalt und Erziehungswesen, in der Landwirtschaft und Staatsverwaltung. Ihr Los war unterschiedlich und hing vom Herrn und der Tätigkeit ab. Im Römischen Reich kam es auch zur Freilassung von Sklaven, die damit das römische Bürgerrecht erwarben.

Staatsreligion. In einer Gemeinschaft allein zugelassenes Glaubensbekenntnis. Die Abweichung wurde mitunter bestraft. Das Christentum wurde im Jahre 391 n. Chr. unter Kaiser Theodosius I. im Römischen Reich Staatsreligion.

Stadtrecht. Als die Städte des Mittelalters entstanden, entwickelte sich eine Vielzahl von Rechtsvorschriften, die das Leben der Bürger untereinander sowie ihre Beziehungen zum Stadtherrn regelten. Diese Summe von Rechten und Freiheiten bezeichnet man als Stadtrecht. Seine Grundlage bildete das vom Stadtherrn verliehene Marktrecht sowie die von ihm gewährten Privilegien.

Stand, Stände. Die europäische Gesellschaft war bis zur Französischen Revolution (1789) unterteilt in Gruppen mit verschiedenen Rechten. Jeder Mensch wurde in seinen gesellschaftlichen Stand hineingeboren. Diese strenge und verbindliche Rangordnung galt als gottgegeben. Die Geistlichen bildeten den ersten Stand (Lehrstand), die Adligen den zweiten (Wehrstand). Die große Masse der Bauern bildete den dritten Stand (Nährstand), zu dem später auch die Bürger zählten. Außerhalb der Ständegesellschaft blieben sozial Verachtete (z. B. Henker, Spielleute, Dirnen) sowie die Juden.

Steinzeit. Älteste und längste Epoche der Vorgeschichte, benannt nach dem vorwiegend verwendeten Material für Waffen und Werkzeuge. Man unterscheidet „Altsteinzeit" (etwa 2 Mill. Jahre–15 000 v. Chr.) und „Jungsteinzeit" (etwa 10 000–2 000 v. Chr.). Während der Altsteinzeit lebten die Menschen als Jäger und Sammler in umherstreifenden Horden zusammen. In der Jungsteinzeit gingen sie zum Ackerbau und zur Tierzucht über und wohnten in Siedlungen. Auf die Steinzeit folgte die Bronzezeit.

Theater. Der Ursprung des europäischen Theaters liegt in Griechenland, wo es aus Festen zu Ehren des Gottes Dionysos hervorging. Gespielt wurde auf dem runden Tanzplatz des Chores (Orchestra), den ein halbkreisförmig ansteigender Zuschauerraum (Theatron) umschloss, der in einen Hang hineingebaut war. Als die Bedeutung der dramatischen Handlung wuchs, errichtete man am Rand der Orchestra eine bespielbare Bühnenwand, die Skene. Chor und Schauspieler trugen Masken, prunkvolle Gewänder sowie Kothurne, hohe Schaftstiefel mit besonders dicker Sohle.

Thing. Die Volks-, Heeres- und Gerichtsversammlung der Germanen. Auf ihm wurden alle Rechtsangelegenheiten des Stammes behandelt und über Krieg und Frieden entschieden. Das Thing fand unter Vorsitz des Königs bzw. des Stammesober-hauptes statt. Es musste unter freiem Himmel, zu einer bestimmten Zeit und an einem hergebrachten Ort (Thingstätte) abgehalten werden. Für alle Freien bestand die Pflicht, in Waffen zu erscheinen. Die Entscheidungen wurden einstimmig getroffen.

Toleranzedikt. In Mailand beschlossen die Kaiser Konstantin und Licinius im Jahr 313, den Christen die gleichen Rechte wie anderen Kulturen zu gewähren. Diese Zusicherung enthielt vor allem die Freiheit des Gottesdienstes sowie die Rückgabe der vom Staat eingezogenen Güter.

Triere (gr. = Dreiruderer). Griechisches Kriegsschiff von rund 40 m Länge, bemannt mit bis zu 170 Ruderern und 50 Soldaten. Die Ruderer saßen auf jeder Seite in 3 Reihen übereinander und bewegten die Ruderblätter nach Taktanzeige. Auf Grund ihres Rammsporns und ihrer Beweglichkeit waren Trieren eine gefürchtete Seewaffe.

Triumvirat (lat. = Dreimännerbund). In Rom war es nicht unüblich, für verschiedene staatliche Aufgaben Dreimännerkollegien einzusetzen. Rein privater Natur war hingegen das Triumvirat von Caesar, Pompeius und Crassus, das 60 v. Chr. zur Durchsetzung politischer Interessen gegründet wurde. Dieses Bündnis bildete die Grundlage für den späteren Aufstieg Caesars an die Spitze des römischen Staates.

Tyrannis. Herrschaftsform in der griechischen Antike, bei der ein Alleinherrscher (Tyrann) die politische Macht in einer Polis unrechtmäßig übernahm. Häufig hatte er beim Umsturz das Volk auf seiner Seite.

Verfassung. Die politische Grundordnung eines Staates bezeichnet man als Verfassung. Hierzu zählen alle Regelungen über die Staatsform, die Leitung des Staates und über die Bildung und Aufgaben der Staatsorgane. Obwohl Verfassungen in der Regel schriftlich festgelegt sind, gibt es auch Staaten ohne geschriebene Verfassung. So z. B. die römische Republik im Altertum oder Großbritannien heute.

Veteran. Bezeichnung für alle römischen Soldaten, die ihre Dienstzeit beendet hatten und ehrenvoll entlassen worden waren. Je nach Waffengattung und Verwendungszweck betrug die Dienstzeit in der Kaiserzeit 16–26 Jahre. Nach ihrer Verabschiedung erhielten die Veteranen einen Geldbetrag als Abfindung oder eine Zuteilung von Ackerland. Wer durch Geld abgefunden war, kehrte entweder in die Heimat zurück oder blieb in einer Siedlung nahe dem letzten Dienstort. Zur Sicherung der Provinzen und gefährdeter Grenzabschnitte wurden Veteranen auch in planmäßig angelegten Militärkolonien angesiedelt.

Völkerwanderung. Verschiebungen germanischer Völker, die sich vom 4.–6. Jh. n. Chr. in Europa vollzogen. Auslöser der Völkerwanderung waren die Hunnen, die im Jahr 375 in die Donautiefebene vordrangen. Zahlreiche germanische Völker wurden von ihnen mitgerissen oder verlagerten ihre Siedlungsgebiete. Einige Stämme durchzogen plündernd das Römische Reich und gründeten auf seinem Boden kurzlebige Germanenreiche. So z. B. die Ostgoten in Italien, die Westgoten in Spanien und Südfrankreich, die Wandalen in Nordafrika und die Burgunder am Rhein.

Volksgericht. Die Einführung von Volksgerichten in Athen geht auf Solon zurück. Jeder über 30 Jahre alte Bürger konnte als Richter an der Verhandlung teilnehmen. Seit dem 5. Jh. v. Chr. wurden aus der Bürgerschaft jährlich 6 000 Volksrichter ausgelost. Bei Verhandlungen wurde das Urteil nach Anhörung der Parteien in geheimer Abstimmung gefällt. Für ihre Tätigkeit erhielten die Richter Diäten (Tagegelder).

Volkstribun. Um sich vor Übergriffen durch die Patrizier zu schützen, wählten die Plebejer in Rom seit 490 v. Chr. Volkstribunen. Jeder der 10 Volkstribunen war unverletzlich und hatte ein Vetorecht (Einspruchsrecht) gegen jeden Magistrats- und Senatsbeschluss, sofern er den Interessen der Plebejer zuwiderlief. Seit der Kaiserzeit war das Amt entmachtet.

Volksversammlung. Die Versammlung aller stimmberechtigten Bürger eines Staates zur Wahrnehmung ihrer politischen Rechte wird Volksversammlung genannt. Sie war in den demokratischen griechischen Stadtstaaten die höchste politische Instanz und entschied über wichtige politische Angelegenheiten. Die römische Volksversammlung war mehrfach gegliedert, doch hatten hier – im Gegensatz zur demokratischen griechischen Polis – die wohlhabenden Bürger ein Übergewicht. Zur Kaiserzeit büßte die Volksversammlung ihre Bedeutung ein.

Vorgeschichte. Die Epoche der Menschheitsgeschichte, aus der keine schriftlichen Überlieferungen vorliegen. Sie endet um 3000 v. Chr. mit den ersten Schriftquellen der Sumerer und Ägypter.

Zunft. In den mittelalterlichen Städten schlossen sich die Handwerker des gleichen Berufs zu einer Zunft zusammen, um sich gegenseitig im Alter oder bei Krankheit zu unterstützen. Später musste jeder Handwerksmeister einer Zunft beitreten, die – im Einverständnis mit der städtischen Obrigkeit – das Wirtschaftleben lenkte und kontrollierte, um ein angemessenes und gerechtes Auskommen zu sichern. Sie regelte Qualitätsmerkmale und Preise, Ausbildung und Arbeitszeiten, Höchstzahl von Lehrlingen und Gesellen, Herstellungsmengen und Produktionsmethoden. Jeder Verstoß wurde hart bestraft. Aus Angst vor Konkurrenz durften die Handwerker nicht auf Vorrat arbeiten, sondern nur auf Bestellung. Diese strengen Regeln hemmten technische Neuerungen und die freie Entfaltung tüchtiger Handwerker. Seit dem 13. Jh. kämpften die Zünfte gegen de Stadtherrschaft der Patrizier.

Agence Roger-Violett, Paris: 291 M2
akg-images, Berlin: 8 M1, 15 M3 + M4, , 27, 28 M1 o., 32, 40 o.li. (R. O'Dea), 40 u. re, 41 u., 49 M5 (E. Lessing), 53 M3, 59 M3, 65 o. (E. Lessing), 65 Mi.li., 67 M3 (E. Lessing), 72 M1, 75 M8 (J. Hios), 94 M1, 97 M5, 97 M6 (E. Lessing), 103 li.Mi., 104 M2, 110 M4, 112 M2, 117 M2,118 M4, 118 M5 (Nimatallah), 124 M4, 135 M2 (A. Rath),137 M2, 173 M2 (E. Lessing), 192 M4, 195 M3 (Bildarchiv Monheim), 214 M2, 215 M3, 232/233 (Bildarchiv Steffens), 233 o., 244 M5 (H. Eid), 248 M1, 249 M3, 252 M7, 254 M3, 256 M1, 268 o., 278 M1 (Cameraphoto), 280 M4, 283 M3, 288 M6, 294 M2, 295 M4, 296 M7, 301 M3, 305 M2, 308 M1, 312 M1 + M2, 313 M3 + M4
Ancient Egypt Picture Library: 45 M8
Archäologische Rekonstruktionswerkstatt D. von Brandt, Aachen: 30 M6
Archiv der Hansestadt Lübeck: 229 M9
Archives Prehistoric Europe, H, Meyer, Tapfheim: 218 M4
Artothek, Weilheim: 212 M6, 308 M2
Askani, B., Schwetzingen: 74 M5, 84 M1, 85 M2, 195 M5, 196 M1, 197 M2, 206 M5, 236 M4

Batchelor, J.: 284 M5
Bauernkriegs-Panorama, Bad Frankenhausen: 300 M1
Bayerische Staatsbibliothek, München: 184 o. + 202 M3 (Clm. 210, fol. 91 r), 222 M3 (Cod.hebr.200 fol. 10r), 243 M3 (Clm 4456)
Bayerische Staatssammlung für Paläontologie und Geologie, München/Dr. E. Rieber: 16 o.re., 18 M1 - M3, 19 M4, 21 M9
Bayerisches Landesamt für Denkmalpflege, Abt. Bodendenkmalpflege, München: 132 M4 (Dr. E. Keller)
Bevilaqua, C.: 91 M10
Biblioteca dell Archivo Gerneral de la Nacion, Mexico, D.F.: 286 M1
Biblioteca Vaticana: 246 M10
Bibliothèque nationale de France, Paris: 181 M6
Bildarchiv Monheim, Krefeld: 184/185
Bildarchiv Preußischer Kulturbesitz, Berlin: Titel li., 16 o., 23 M4, 26 M1, 46 M1 (Hoffmann), 52 M1, 59 M4, 65 Mi. re., 73 M3 (Antikensammlung/SMB/I. Geske), 79 M6, 86 M6, 87 M7, 89 M3 (Antikensammlung, SMB/J. Laurentius), 91 M8 (Antikensammlung, SMB / J. Laurentius), 113 M3 (Scala), 123 M3, 160 M2, 162 M5 (RMN), 226 M2, 269 o. re. + u., 274 M2, 282 M1, 285 M7, 298 M1 (SMB/Kupferstichkabinett/J.P. Anders), 301 M2, 306 M3, 309 M3, 310 M5
Bildarchiv Steffens, Mainz: 292 M3 (Bridgeman Art Library/Topkapi Palace, Istanbul)
Bilderberg, Hamburg: 7 Mi. + 21 M10 (Rekonstruktion von W. Schnaubelt u. N. Kieser/ Wildlife Art/Hess. Landesmuseum, Darmstadt/Geo/Th. Ernsting)
Bistum Fulda: 148 o., 154 M1, 155 M2
Blase, D., Metelen: 216 M1
Bridgeman Art Library, London: 104 M1 (Giraudon/Museo Nazionale Etrusco di Villa Giulia Rom), 205 M4
British Library, London: 187 M4
British Museum, London: 60 M5, 78 M3, 85 M3

Congress- und Tourismuszentrale, Nürnberg: 262 M1
© CORBIS, Düsseldorf: 98 M7 (R. Vanni)

Dagli-Orti, Paris: 287 M3
Das digitale Bildarchiv P. Widmann, Tutzing: 137 M3
Derenne, A., Paris: 197 M4
Derichs, J., Göttingen: 7 o., 12 (4), 13 (6)
Det Kongelige Bibliotek, Kopenhagen: 188 M7
Deutsches Archäologisches Institut, Madrid: 116 M1 (P. Witte DAI-MAR-01-79-69)
Deutsches Historisches Museum, Berlin: 217 M3
Deutsches Schifffahrtsmuseum, Bremerhaven: 226 M1
Dixon, M., Dover: 103 u., 130 M1
Domkapitel Aachen: 314 M6 (A. Münchow)

Edinburgh University Library: 252 M6
Eulenspiegel Verlagsgesellschaft, Berlin: 297 M8, 299 M3

F1 online, Frankfurt/M.: 15 M6 (image), 169 M3 (Siepmann)
Flimm, F.J.: 194 M1 + M2
Focus, Hamburg: 88 M2
Freiburger Münsterbauverein e. V., Freiburg: 198 M1

Gemeinnützige Stiftung L. von Matt, Buochs: 108 M1
Germanisches Nationalmuseum, Nürnberg: 162 M6

Hansestadt Lübeck, Amt für Archäologische Denkmalpflege: 204 M2 re.
Hehmann, M., Osnabrück: 144 M10
Herzog-Anton-Ulrich Museum, Braunschweig: 268 u. li. + 270 M1 (B.P. Keiser)
Herzog August Bibliothek, Wolfenbüttel: 256 M2
Hessisches Staatsarchiv, Marburg: 234 M2 (Urk. RI Stift Fulda 936 Okt. 14)
Hirmer Verlag, München: 65 u. re., 80 M1
Historisches Archiv der Stadt Köln: 238 M1
Historisches Museum, Frankfurt/M.: 220 M2

Jeiter, M., Morsenich: 257 M5

Kaltenberger Ritterturnier: 185 u., 214 M1
Kärtner Ansichtskartenverlag Schilcher-Steinmann, Klagenfurt: 132 M7 o.
Kesper, I., Salzkotten: 24 M5, 44 M7
Keystone Pressedienst, Hamburg: 191 M2
Klaes, H. Wermelskirchen: 6/7
Klammet, Ohlstadt: 173 M3, 197 M3
KNA-Bild, Bonn: 187 M3
Kunsthistorisches Museum, Wien: 205 M3, 232 o. re.

Lade, Helga, Frankfurt/M.: 40/41
laif, Köln: 64/65 (Huber)
Landesamt für Denkmalpflege Baden-Württemberg, Stuttgart: 9 M3
Landesamt für Denkmalpflege Hessen, Wiesbaden: 17 u. + 36 M5 (A. Stiffler), 36 M4 (O. Braasch), 36 M6 (P. Will), 37 M8–M10 (U. Seitz-Gray), 132 M6 (O. Braasch)
Landeshauptarchiv Sachsen-Anhalt, Abt. Magdeburg: 235 M3 (Rep. U1)
Landesmuseum für Vorgeschichte, Dresden: 22 M2 (Faustkeil)
Landesmuseum, Mainz: 7 u., 134 M1
Landesmuseum Natur und Mensch, Oldenburg: 30 M10
Liepe, J., Berlin: 47 M2
Lorenz, R., Bissendorf: 54 M1
Lotus Film, E. Thiem, Kaufbeuren: 40 o. re., 41 o., 43 M3, 48 M3,

Mahlburg, W., Hanau: 142 M6
Magistrat der Stadt Lorsch: 178 M3 li.
mauritius-images, Mittenwald: 55 M2 (J. Beck), 64 u.re. (Katzer), 102/103 (Pigneter), 117 M3 (Waldkirch), 148 u./S. Vidler), 164 M1 (Photri), 164 M2 (F. Gierth), 174 M4 (Bibikov), 186 M1 (Matassa)
Miller, F.: 300, München, Schreiber & Leser, 1999: 90 M6
Museum für angewandte Kunst, Köln: 204 M2 li.
Museum im Schloss, Bad Pyrmont: 140 M2
Museumsdorf Düppel, Berlin: 204 M1
Museum zu Allerheiligen: Schaffhausen: 190 M1

Naturkundemuseum, Leipzig: 22 M2 (Schaber)
Niedersächsisches Landesarchiv, Wolfenbüttel/ B.P. Keiser: 239 M2 (Sig. 6 Urk. 11)

Österreichische Nationalgalerie, Wien: 286 M2
Otto, W., Oberhausen: 258 M6, 309 M4

Picture Alliance, Franfurt/M.: akg-images: 64 u. li. (D.E. Hoppe), 67 M4 (Rodemann), 92 M12 (E. Lessing), 232 o.li., 233 u., 234 M1, 242 M2, 246 M9, 261 M13, 274 M1 (British Library), 279 M2, 304 M1, 313 M5, 316 M1 (E. Lessing); dpa: 58 M2 (K. Scholz), 65 u. li. (M. Jung), 75 M7 (A. Neumeier), 145 M13 (P. Brenneken), 269 o.li., 275 M4 (H. Wieseler), 294 M1, 295 M3

Réunion des Musées Nationaux, Paris: 125 M5, 241 M4, 248 M2
Rheinisches Amt für Bodendenkmalpflege, Bonn: 9 M4
Rizzoli, Mailand: 210 M2
Rogger, Dr. H., Gröbenzell: 103 o. li. + Mi. li.
Römer, H.-H., Wuppertal: 78 M4
Römisch-Germanische Kommission des Deutschen Archäologischen Instituts, Frankfurt/ M.: 17 o. li., 24 M6
Römisch Germanisches Museum, Köln: 28 M1 + 29 M3 (S. Siegers), 131 M3, 132 M7 u.
Römisch-Germanisches Zentralmuseum, Mainz: 35 M2, 111 M7
Rosgartenmuseum, Konstanz: 22 M2 (Hapunen u. Nadeln)

Sächsische Landesbibliothek, Deutsche Fotothek, Dresden: 136 M1
© Scala, Florenz: 122 M2, 125 M8, 175 M6 + M7, 192 M3, 281 M7
Silkeborg Museum, Silkeborg: 14o M1
Simon, H. u. E., Nürnberg: 29 M5
Staatliche Antikensammlung, München: 66 M2 (Studio Koppermann)
Staatliche Kunstsammlung, Kassel: 68 M5
Staatliche Kunstsammlungen, Dresden: 68 M6 (Skulpturensammlung)
Staatliche Münzsammlung, München: 109 M2, 120 M1 + M2, 139 M8 + M9
Staatsarchiv Worms: 243 M4
Staatsbibliothek, Bamberg: 210 M1 (Msc. Bibl. 59, 3R)
Stadtbibliothek Nürnberg: 220 M1
Stadt Speyer: 195 M4
Stamm, Gießen: 287 M4
St. Marien, Lübeck: 185 o., 228 M7
St. Nicolai, Lüneburg: 184 u., 216 M2
Südtiroler Archäologiemuseum, Bozen, www.iceman.it: 16/17, 31 M11 + M12

Theiss Verlag, Stuttgart: 141 M4
Thüringisches Landesamt für Archäologische Denkmalpflege, Weimar: 22 M2 (Harpune)
Tonn, D., Bovenden: 22 M1, 25 M7, 38/39, 50 M1 + M3, 62/63, 77 M2, 100/101, 146/147, 166 M5, 182/183, 230/231, 266/267, 318/319
Tourist-Information, Trier: 133 M8

ullstein bild, Berlin: 6 o. 15 M6 (photothek)
Universitätsbibliothek, Heidelberg: 209 M2

Verkehrsamt der Stadt Nördlingen: 218 M5
Verkehrsverein Aachen: 148/149, 160 M1
Verlag Philipp von Zabern, Mainz: 58 M1
VG Bild-Kunst, Bonn 2009: 300 M1
VISUM, Hamburg: 19 M5 (D. Gebhardt)

Wadsworth Atheneum, Hartfort: 90 M5
Wallraf-Richartz-Museum, Köln: 281 M6
Westermann Archiv: 43 M1, 44 M6, 81 M2, 268 u. re., 276 M6
Wrobel, W., Freyung: 10 M5, 11 M7 + M8

alle übrigen Karten und Schaubilder: Westermann Kartographie/Technisch Graphische Abteilung, Braunschweig